LA FRANCE A ROME

ALBUM
DE LA
POÉSIE CATHOLIQUE

A L'OCCASION DU

CONCILE OECUMÉNIQUE DE 1869

RECUEIL OFFERT AU SOUVERAIN PONTIFE

AVEC DE NOMBREUSES ADHÉSIONS ÉPISCOPALES

SOUS LA DIRECTION DE

ADRIEN PELADAN

Directeur de la Semaine Religieuse de Lyon,
Chevalier de l'ordre de Saint-Sylvestre, de l'Académie des Arcades,
Auteur de l'Histoire de Jésus-Christ d'après la Science, de Décentralisation intellectuelle,
de la France à Jérusalem, de Brises et Aquilons, Nouvelles Brises et Aquilons,
Assises provinciales, (Poésies), etc., etc.

AVEC

UN DISCOURS

EXPOSANT LA PROTECTION DE LA FRANCE POUR LA PAPAUTÉ DEPUIS CLOVIS

Par Adrien PELADAN fils

LYON
BUREAUX DE LA SEMAINE RELIGIEUSE
23, Rue Sainte-Hélène, 23

1870

LA FRANCE A ROME

ALBUM

DE LA POÉSIE CATHOLIQUE

A l'occasion du Concile

Lyon. — A. PERISSE, Imprimeur de S. S. le Pape et de S. Em. le Cardinal, Ve NICOLLE et J. ROSSIER, successeurs.

LA FRANCE A ROME

ALBUM
DE LA
POÉSIE CATHOLIQUE

A L'OCCASION DU

CONCILE OECUMÉNIQUE DE 1869

RECUEIL OFFERT AU SOUVERAIN PONTIFE

AVEC DE NOMBREUSES ADHÉSIONS EPISCOPALES

SOUS LA DIRECTION DE

ADRIEN PELADAN

Directeur de la Semaine Religieuse de Lyon,
Chevalier de l'ordre de Saint-Sylvestre, de l'Académie des Arcades,
Auteur de l'Histoire de Jésus-Christ d'après la Science, de Décentralisation intellectuelle,
de la France à Jérusalem, de Brises et Aquilons, Nouvelles Brises et Aquilons,
Assises provinciales, (Poésies), etc., etc.

AVEC

UN DISCOURS

EXPOSANT LA PROTECTION DE LA FRANCE POUR LA PAPAUTÉ DEPUIS CLOVIS

Par Adrien PELADAN fils

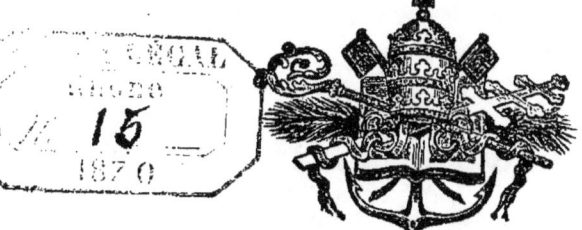

LYON
BUREAUX DE LA SEMAINE RELIGIEUSE
23, Rue Sainte-Héléne, 23

1870

DÉDICACE

A SA SAINTETÉ PIE IX

SOUVERAIN PONTIFE

TRÈS-SAINT-PÈRE

Les poëtes chrétiens de tous les diocèses de France viennent, par mon entremise, le jour de la solennité de l'Immaculée-Conception de Marie et de l'ouverture du Concile œcuménique, présenter à Votre Béatitude, l'*Album de la Poésie catholique, à l'occasion du Concile*, Recueil qu'ils nomment aussi : *La France à Rome*.

En 1841, à peine âgé de 25 ans, je vins offrir mes premiers chants à S. S. Grégoire XVI, de pieuse mémoire, et qui daigna les bénir. Ce livre, intitulé : *Mélodies catholiques*, me valut alors mon agrégation à l'Académie des Arcades. Depuis, mes travaux ont eu pour unique objet d'honorer l'Eglise. En 1848, lorsque les méchants occupèrent Rome pendant quelque temps, je publiai un poëme dont le titre est : *Le triomphe du Saint-Siége*. Il y a trois ans, Votre Sainteté daigna me nommer Chevalier de Saint-Sylvestre, motivant surtout cette distinction sur l'*Histoire de Jésus-Christ d'après la science*, livre dont je suis l'auteur, et auquel trente Evêques avaient accordé d'heureux témoignages.

Je songeais à prendre quelque repos, quand l'approche du Concile est venue me rappeler des précédents qui obligent. Aussitôt j'ai consacré aux Assises de la Catholicité, qui s'assemblent dans la Ville Eternelle, les meilleurs vers que mon dévouement au Saint-Siége Apostolique a pu me dicter, et j'ai invité les chantres catholiques de tous les diocèses de France à unir, dans le même but religieux, leurs inspirations aux miennes.

Le signal a été entendu ; car, des Alpes aux Pyrénées, de la Méditerranée à l'Océan et au Rhin, de la Bretagne à la Normandie et au Lyonnais, du Limousin à l'Auvergne, se sont éveillées des harpes consacrées à la louange du Seigneur. Cent cinquante poëtes ont uni leurs accords pour saluer, dans un imposant ensemble, le Souverain-Pontife, notre héroïque et bien-aimé Pie IX, les Pères du Concile, les prérogatives et la perpétuité de ce Siége de Pierre, contre lequel les portes de l'Enfer ne doivent jamais prévaloir.

La France, Très-Saint-Père, vous a fait des offrandes et donné des soldats. Elle vous devait l'offrande de l'intelligence, et elle vient aujourd'hui acquitter ce noble tribut, qui ne pouvait employer d'autre idiome que celui de la poésie, la parole à son plus haut degré de puissance. En ces jours de magnifiques solennités, les nations apporteront à Pierre des métaux précieux, de riches étoffes, des pierreries, des objets d'art; mais c'est de Lyon, où s'est formée la croisade de la Lyre, que lui arrivera l'*Album de la Poésie catholique, à l'occasion du Concile.*

Cet essaim de la prière et de l'attachement chantés se compose de vétérans du sacerdoce, de prêtres dans la force de l'âge, de fidèles laïques, âmes fortes qui, dans un siècle de vanités et de décrépitude, portent encore la tête haute, et font publiquement le signe de la croix. Quelques-unes des voix de notre concert appartiennent à de grands corps littéraires. Plusieurs viennent de l'ombre bénie du cloître. Jamais peut-être plus de foi, d'amour, de bonne volonté, ne s'associa pour exalter une cause plus sainte.

Les soins nécessités par l'impression d'un volume de 600 pages, et la riche reliure, pour l'exemplaire destiné à Votre Béatitude, ont retardé de quelques jours l'envoi de l'*Album*; mais cette même dédicace, Très-Saint Père, a été mise sous les yeux de Votre Béatitude, il y a plusieurs semaines.

De nombreux Evêques, parmi lesquels trois de nos Cardinaux, ont applaudi à ce concours de l'Enthousiasme poétique; ils ont honoré le Recueil de leur souscription, et beaucoup d'entre eux y ont joint des paroles touchantes dont nous avons enrichi les premières pages de l'*Album*.

*Ce qu'attendent de votre royale munificence, de votre Pontificale bonté, ô Evêque des Evêques, les Auteurs et les Souscripteurs de l'*Album*, c'est la Bénédiction de Votre Sainteté, une Bénédiction spéciale.*

Et moi, le moindre d'entre eux, mais à qui Dieu a voulu donner la première pensée de ce pieux et solennel hommage, humblement prosterné, j'implore personnellement cette Bénédiction, pour moi, pour mon fils, auteur du travail, intitulé dans le volume : *La France à Rome*, pour ma famille, et pour la *Semaine religieuse*, journal qui a servi pour prévenir, pour grouper nos poëtes, et que je dirige depuis longtemps déjà, à Lyon, sous le regard de notre Eminentissime Cardinal, *Ad majorem Dei gloriam.*

Daignez accueillir les profonds sentiments de respect et de vénération, dans lesquels je suis, de toute mon âme, pour tous nos poëtes et pour moi,

O Père commun des fidèles,

De Votre Sainteté,

Le très-humble et très-soumis fils,

Adrien PELADAN,

Directeur de la Semaine Religieuse de Lyon, *chevalier de Saint-Sylvestre, de l'Académie des Arcades de Rome, auteur de l'*Histoire de Jésus-Christ d'après la Science, *etc.*

LYON, LE 8 DÉCEMBRE 1869.

CARDINAUX, PATRIARCHES

ARCHEVÊQUES ET ÉVÊQUES

Qui ont souscrit à l'ALBUM

S. Em. Mgr le Cardinal DE BONALD, Archevêque de Lyon.

S. Em. Mgr DONNET, Cardinal-Archevêque de Bordeaux.

S. Em. Mgr MATHIEU, Cardinal-Archevêque de Besançon.

S. G. Mgr DE LA TOUR-D'AUVERGNE, Archevêque de Bourges.

S. G. Mgr LYONNET, Archevêque d'Alby.

Mgr ANTOINE-PIERRE IX, Hassoum, Patriarche des Arméniens.

Mgr GRÉGOIRE JUSSEF, Patriarche des Grecs, d'Antioche, d'Alexandrie, de Jérusalem et de tout l'Orient.

Mgr PAUL MASSAD, Patriarche d'Antioche et de tout l'Orient, pour les Maronites.

Mgr IGNACE-PHILIPPE HARCUS, Patriarche d'Antioche, pour les Syriens.

Mgr JOSEPH AOUDOU, Patriarche de Babylone, pour les Chaldéens.

Mgr DE DRAMAS, évêque des Grecs-Unis de Constantinople.

Mgr RAPHAEL POPOPH, Evêque des Bulgares.

Mgr AGAPIOS BESEIAD, Evêque des Coptes.
Mgr SPACAPIETRA, Evêque de Smyrne.
S. G. Mgr BELAVAL, Evêque de Pamiers.
S. G. Mgr BRAVARD, Evêque de Coutances et d'Avranches.
S. G. Mgr DE CHARBONNEL, Evêque de Sozopolis.
S. G. Mgr COLET, Evêque de Luçon.
S. G. Mgr DAVID, Evêque de Saint-Brieuc.
S. G. Mgr DELALLE, Evêque de Rodez.
S. G. Mgr DELCUSY, Evêque de Viviers.
S. G. Mgr EPIVENT, Evêque d'Aire.
S. G. Mgr FORCADE, Evêque de Nevers.
S. G. Mgr FOULQUIER, Evêque de Mende.
S. G. Mgr GROS, Evêque de Tarentaise.
S. G. Mgr JORDANY, Evêque de Fréjus et Toulon.
S. G. Mgr DE LA BOUILLERIE, Evêque de Carcassonne.
S. G. Mgr LE BRETON, Evêque du Puy.
S. G. Mgr LEQUETTE, Evêque d'Arras.
S. G. Mgr MERMILLOD, Evêque d'Hébron, auxiliaire de Genève.
S. G. Mgr MAGNIN, Evêque d'Annecy.
S. G. Mgr NOGRET, Evêque de Saint-Claude.
S. G. Mgr RIVET, Evêque de Dijon.
S. G. Mgr le marquis SCANOSSA, Evêque de Vérone.

Voir, à la fin du Volume, la liste générale des souscripteurs.

Voir page XXXVII, les lettres épiscopales dont l'*Album* a été honoré.

LA
FRANCE A ROME

Romæ sedebunt pontifices, quandiù regnabunt
in Galliâ reges. (Prophétie ancienne.)

Quand on visite les musées du Vatican, les yeux émerveillés retrouvent à toutes les portes, à toutes les grilles, notre fleur de lys. Dans la plupart des monuments de la cité papale, sur les murs comme sur les meubles liturgiques, figurent les armes de nos rois. Qui ne connaît la riche série des églises et des institutions possédées par notre patrie dans la ville de saint Pierre? On ne peut y rencontrer un de nos soldats sans se réjouir de retrouver la *France à Rome*. Est-il étonnant que, chez la mère, tout rappelle la fille aînée?

Raconter ce que la France a fait à Rome et pour Rome; montrer que le plus beau de nos priviléges est notre mission providentielle de protéger, de défendre et de venger le Vicaire de Jésus-Christ : tel est le but de cet essai. Un sujet si vaste aurait exigé une docte plume et de grands développements. Ce modeste travail aura du moins pour résultat de donner, un jour, à quelque homme supérieur, la pensée de le refaire.

La France occupe dans l'Eglise le rang qu'avait la royale tribu de Juda sous la loi mosaïque. A elle a été réservé, depuis Clovis jusqu'à Napoléon III, depuis Anastase II jusqu'à Pie IX, le devoir de maintenir la liberté de l'Eglise et l'indépendance du Pape, ce qui revient à dire que les destinées temporelles du catholicisme s'accomplissent par la France: *Gesta Dei per Francos*. Saint François de Sales l'a déclaré : *Le Pape et l'Eglise, c'est tout un ! (Epîtres spirituelles*, livre VII, ép. 49.) Le cardinal Bellarmin avait déjà dit, avec une sagacité qui sera toujours plus admirée, à mesure que les nations deviendront plus sages : *Savez-vous de quoi il s'agit, lorsqu'on parle du Souverain-Pontife ? Il s'agit du christianisme. (De Summo Pontifice*, in Præfat.)

Il existe un ouvrage in-4°, rare et précieux, orné d'un beau frontispice gravé par Gauthier, et qui a pour titre : *Annales de l'Eglise catholicque, apostolicque et romaine, mariées avec l'Histoire de France*..... (A Paris, chez Robert Foüet, 1616). L'auteur, Claude Villette, *prestre parisien, chanoine en l'église Sainct-Marcel lez Paris*, a voulu terminer son long travail par les observations suivantes :

« QUATRE SINGULARITEZ REMARQUÉES EN LA PIÉTÉ DE NOS ROYS DE FRANCE.

» 1° Aucun de nos tres-chrestiens Roys de France n'a assisté ny favorisé pas un des autheurs et nourrissiers des 23 schismes eslevez en l'Eglise contre les légitimes papes ; ains les ont maintenus, soustenus, et défendus, et les ont rendus victorieux de tous les antipapes, schismatiques, et de leurs adherans.

» 2° Aucun de nos tres-chrestiens Roys de France n'a assisté n'y favorisé aucun Empereur, Roy ou prince ennemy, ou persecuteur de l'Eglise catholicque et des Papes, ains les ont receuz en leur adversité, et garenty de tous leurs ennemis, et ont prins leur faict et cause le tort qui leur estoit faict.

» 3° Aucun de nos Roys de France tres-chrestiens n'a esté qui n'ait receu les conciles orthodoxes, œcumeniques, et y ait obey, et leurs subjects.

» 4° Aucun de nos Roys de France tres-chrestiens n'a esté qui ait aimé, soustenu, ou favorisé aucune heresie : ains y ont resisté et poursuivy tous heretiques par conversion, les obstinez par punition. obeyssans aux saincts decrets des papes et canons de l'Eglise catholicque, apostolicque et romaine.

» C'est la couronne de gloire sans pareille qui attourne les chefs héroïques de nos Roys de France depuis douze cens ans, gloire qui surpasse de beaucoup celles de tous Empereurs, Roys et princes chrestiens et payens qui aient oncques esté au monde. »

Dès que saint Pierre commmença la régénération du monde, il dota la France des apôtres les plus zélés et des évêques les plus saints (1). Ses successeurs l'imitèrent, et l'on vit toujours l'Eglise romaine, à partir de son origine même, considérer la France comme sa fille aînée, et l'aimer, la favoriser par-dessus toutes les autres nations de la terre. Il était juste qu'en retour la monarchie française, dès le premier moment de sa fondation, se constituât comme la protectrice née de la papauté.

Dieu réserva à Anastase II le bonheur de recevoir le premier roi chrétien dans le sein de l'Eglise romaine, et avec lui la grande nation soumise à son sceptre. Le Pape monta sur la chaire de saint Pierre le 14 décembre de l'année 496, et Clovis fut baptisé le 24 du même mois. Ce monarque était le seul souverain du monde qui eût le bonheur d'appartenir à la foi catholique ; les autres nations chrétiennes avaient des hérétiques pour chefs. Théodoric, roi des Ostrogoths, en Italie, était arien, ainsi que le roi des Visigoths et celui des Bourguignons, tandis que l'empereur Anastase était eutychien. Le Pape voyait donc dans le roi franc le plus puissant protecteur de la chrétienté et du siége de Rome. Il lui donnait le titre de fils, et le roi l'appelait son père. Les Francs se portaient garants du maintien du patrimoine de saint Pierre et des Pontifes romains, qui traitèrent désormais nos rois comme les fils aînés de l'Eglise. Les Papes se portaient garants de la foi de la nation franque. Dès lors la France et le Saint-Siége devenaient solidaires l'un de l'autre. Dieu a resserré cette alliance de siècle en siècle. Il permettra qu'à la fin des temps, sous le règne d'un nouveau Charlemagne, elle soit encore plus forte que jamais.

Quand Clovis eut été lavé dans les eaux du baptême, toute l'Eglise

---

(1) Rappelons, dans la riche série des fondateurs de nos églises et des apôtres des Gaules, saint Lazare, premier évêque de Marseille; saint Chélidoine, l'aveugle-né de l'Evangile, premier évêque de Nîmes et de Saint-Paul-Trois-Châteaux ; saint Paul, le *Sergius Paulus* des Actes des apôtres, premier évêque de Narbonne ; saint Martial, premier évêque de Limoges ; saint Eutrope, d'Orange ; saint Trophime, d'Arles ; saint Denys l'Aréopagite, de Paris, etc., etc. Parmi les saintes, la France revendique, comme lui ayant apporté l'Evangile, sainte Madeleine, sainte Marthe, les saintes Marie Jacobé et Salomé, sainte Véronique, etc., etc. On n'ignore pas le voyage de saint Paul à travers les Gaules. Plus tard, nous eûmes saint Pothin, saint Irénée, etc. On le sait par le témoignage de tous les pères anciens, il n'est aucun évêché qui n'ait été fondé ou canoniquement validé par saint Pierre ou ses successeurs. C'est donc à la papauté que nous sommes redevables de tous nos pères dans la foi et de tous les fondateurs de nos églises.

se réjouit de cette conversion signalée, et la plupart des évêques lui écrivirent des lettres de félicitation sur un évènement si avantageux pour ce monarque et pour la cause qu'il embrassait. Au-dessus de toutes ces épîtres, il faut placer celle du Pape, qui termine en souhaitant à Clovis de triompher des Visigoths et des Bourguignons, également ariens. Ces deux nations, désignées sous le nom collectif d'*ennemis*, renfermaient beaucoup de catholiques, qui regardaient Clovis comme leur espérance et leur soutien.

La lettre d'Anastase II est conçue en ces termes :

« *Anastase, Evêque, à son glorieux et illustre fils Clovis.*

» Nous nous félicitons que votre entrée dans le Christianisme ait eu lieu à la même époque que le commencement de notre pontificat. Le Siége apostolique ne peut que se réjouir d'un aussi grand évènement, en voyant une si puissante nation se réunir à lui. Je vous ai envoyé le prêtre Eumémius, pour vous témoigner toute la joie de votre père en Jésus-Christ : je ne doute pas que vous ne remplissiez nos espérances, et que vous ne deveniez le plus ferme appui de notre Siége, et la plus grande consolation de l'Eglise, qui vient de vous mettre dans la voie de Dieu. Notre cher, notre glorieux fils, continuez à donner des sujets de joie à votre Mère ; soyez pour elle un soutien aussi solide qu'une colonne de fer, afin que ses prières obtiennent du Ciel que vous marchiez toujours dans la voie du salut, et qu'il fasse tomber à vos pieds les ennemis qui sont autour de vous. » (Viallon, chanoine et bibliothécaire de Sainte-Geneviève : *Clovis-le-Grand, premier roi chrétien....* Paris, 1788, p. 271.)

Le protectorat exercé par la France sur Rome était généralement reconnu, même par les empereurs de Byzance, qui trahissaient systématiquement l'Italie, n'osant pas inquiéter les barbares de ce côté-là, parce qu'ils avaient des traités avec ceux qui les menaçaient autour de Constantinople (1). C'est ainsi que l'empereur Tibère, successeur de Justin, répondait aux plaintes des patriciens, envoyés de Rome en ambassade, l'an 568, en les engageant lui-même à acheter par des présents la paix avec les rois lombards, *ou à implorer les secours des Francs* (2). En présence de ce lâche abandon, les papes étaient de plus en plus obligés de diriger les choses temporelles. L'Italie entière

---

(1) J. de Maistre. *Du Pape*, liv. II, chap. 6.
(2) Gibbon. *Decline and Fall of the Roman Empire*, vol. v. — Muratori, *Annali d'Italia*, ann. 568, t. v.

avait les yeux tournés vers le successeur de saint Pierre, et tous les peuples, Français, Italiens, Hérules, Lombards, étaient d'accord sur ce point, que le chef de l'Eglise était vraiment roi, quoiqu'il ne le fût pas encore nominalement.

En 741, le pape Grégoire III envoya à Charles-Martel une ambassade solennelle, pour le supplier de prendre la défense de Rome contre les incursions incessantes des Lombards. Les ambassadeurs pontificaux étaient chargés d'offrir au duc de France les clés du tombeau de saint Pierre, avec l'étendard de la ville de Rome et la dignité de patrice romain. Charles-Martel envoya à son tour des présents magnifiques, comme un hommage au Vicaire de Jésus-Christ. Le pape Zacharie, qui succéda la même année à Grégoire III, recueillit un peu plus tard les fruits des démarches de son prédécesseur, car Luitprand fit par écrit la restitution à Saint-Pierre de toutes les villes enlevées au duché de Rome et de divers patrimoines pontificaux.

Le pape Zacharie assura le titre et la dignité de roi de France à Pépin, qui avait succédé à la puissance de son père, Charles-Martel.

Le misérable Constantin-Copronyme ne faisait rien pour l'Italie, tandis qu'Astolphe, roi des Lombards, après avoir pris Ravenne, soumis tout l'Exarchat et les autres provinces du nord de l'Italie, menaçait de réduire entièrement par ses armes le duché de Rome, sur les terres duquel il était entré. Dans sa détresse, Etienne II en écrivit à Pépin, le conjurant de venir au secours de Rome. Les ambassadeurs du roi des Francs ne tardèrent pas à paraître en Italie. Alors le Pape, au milieu des pleurs et des gémissements de son peuple, résolut d'aller apaiser par des présents les injustes prétentions d'Astolphe, ou de se rendre, en cas de refus, à la cour de France, pour implorer la commisération de Pépin. Il fit ce voyage accompagné des envoyés du roi franc. Le roi des Lombards fut inexorable; mais ses menaces ne purent rien sur le Pape, qui se hâta d'aller trouver le roi des Francs, dont la protection ne lui fit jamais défaut.

Etienne fut reçu comme le chef de l'Eglise universelle. Pépin vint à sa rencontre avec sa famille, et, en présence de toute sa cour, lui rendit les honneurs souverains. Les fils du roi se prosternèrent devant le Pape, et lui baisèrent les pieds avec respect. Dans l'assemblée du Champ-de-Mai, qui eut lieu quelque temps après, le Pape exposa avec émotion, en présence de la valeureuse nation des Francs, les griefs dont il avait à se plaindre. Bientôt après il repassait les Alpes, mais en véritable triomphateur, escorté de toute l'armée française, que Pépin commandait en personne.

Après une faible résistance, les Lombards demandèrent la paix, qu'ils n'obtinrent qu'à des conditions honteuses pour eux, et jurèrent de restituer à l'Eglise romaine toutes ses possessions usurpées. Mais l'armée française n'eut pas plus tôt repassé les monts, qu'Astolphe reprit de nouveau l'offensive, et Rome fut très-étroitement assiégée, tandis que son territoire était cruellement ravagé.

Etienne eut de nouveau recours à Pépin. Dans une lettre touchante, il mettait dans la bouche de saint Pierre les supplications les plus ardentes au royal protecteur de son patrimoine.

Pépin ne tarda pas à revenir en Italie, avec une armée aussi nombreuse qu'aguerrie. Cette seconde expédition fut encore plus rapide et plus heureuse que la première. Rome fut délivrée. La *restitution* de l'exarchat de Ravenne au Pape fut le premier fruit de ces nouvelles conquêtes. Les clés des principales villes furent livrées avec des ôtages entre les mains de l'ambassadeur franc, qui alla solennellement les déposer sur le tombeau de saint Pierre. Pépin ne songeait qu'à rendre ce qui appartenait au patrimoine de saint Pierre. Avant d'attaquer Astolphe, il lui avait envoyé plusieurs fois des ambassadeurs, pour l'engager à rétablir la paix et à *restituer les propriétés de la sainte Eglise de Dieu et de la république romaine*, tant la souveraineté pontificale était reconnue, antérieurement aux donations carlovingiennes (1). La magnifique restitution du roi des Francs fut octroyée avec le domaine souverain des provinces impériales, que le Pape posséda dès-lors de plein droit, en vertu de la concession que Pépin lui fit de ses conquêtes. Mosheim (*Institut. Hist. Eccles.*, p. 263) pèse cette donation avec autant de sang-froid que de prudence. L'original n'en a jamais été produit; mais le *Codex Carolinus* suppose cette vaste donation, et le *Liber Pontificalis* la donne (p. 171). De ces deux témoignages contemporains, le dernier est d'une authenticité qu'un incrédule même ne peut contester, puisqu'il a été conservé dans les archives de l'Empire. Gibbon, qu'on n'accusera pas de partialité envers le Siége de Rome, s'exprime en ces termes sur la conduite du roi et celle du Pape : «.... Suivant l'interprétation la plus rigoureuse de la loi, chacun peut accepter sans crime tout ce qu'un bienfaiteur peut lui octroyer avec justice.... Ce n'était pas pour prendre en main la cause de l'iconoclaste que Pépin avait deux fois exposé sa personne et son armée dans une expédition au-delà des Alpes. Il possédait donc et pouvait

---

(1) De Maistre, *Du Pape*, l. II, ch. 5.

aliéner légitimement ses conquêtes; il répondit en conséquence aux importunités des Grecs, en leur disant qu'aucune considération ne saurait le faire résoudre à reprendre le don qu'il avait fait au Pontife romain pour le salut de son âme et la rémission de ses péchés. » (*Op. citat.*, vol. VI, ch. 49.)

Charlemagne fut un de ces hommes prodigieux qui ne sont ni d'un siècle, ni d'un peuple, mais qui appartiennent à l'humanité, et projettent l'ombre de leur grandeur sur tout ce qui leur succède. Tellement grandiose par les lumières, le courage, le caractère, par toutes les supériorités, que la grandeur même est entrée dans son nom : on le voit à la fois législateur, fondateur d'empire, conquérant, et l'initiateur de son époque par le génie qui pressent et prépare l'avenir. Un jour ce grand homme fut amené dans la Notre-Dame d'alors par son héroïque père. Un pape, l'auguste protégé de la France, Etienne II, attendait au pied de l'autel Pépin-le-Bref et son fils. Celui qui fut plus tard Charlemagne s'agenouilla devant le Christ présent en son Vicaire, et reçut des mains qui bénissent le monde le présage de sa royauté future. Ainsi se rencontrèrent les deux plus sublimes puissances de l'histoire, la monarchie française et la papauté. Charlemagne fonda son empire sous la bénédiction de la papauté; ses successeurs le perdirent le jour où ils voulurent dominer les pontifes romains.

Charlemagne ayant succédé à Pépin voulut s'assurer de l'accomplissement des volontés de son père, les princes Lombards étant des parjures. Après avoir envoyé deux ambassades en Italie, pour obtenir par les exhortations que Didier restituât les patrimoines octroyés par Pépin à saint Pierre, le grand Charles, voyant à découvert l'imposture du successeur d'Astolphe, ne pensa plus dès-lors qu'à passer lui-même en Italie. L'avant-garde de l'armée française s'empara des passages des Alpes fortifiées par les Lombards. Dans cette position avantageuse, Charles eut encore la bonté d'essayer les moyens de conciliation. Mais tandis qu'il s'avançait vers Didier, dont il n'avait pu vaincre l'obstination, celui-ci prit la fuite, et alla s'enfermer dans Pavie, tandis que son fils Adalgise se retirait dans Vérone. Charlemagne, laissant à ses généraux le soin de bloquer ces deux places, traversa rapidement la Lombardie, qui se soumit presque entièrement à ses armes.

Au commencement de l'année suivante, il se mit en chemin pour aller voir le pape Adrien et honorer le tombeau des Apôtres. Il fut reçu avec des honneurs inouïs. Quand il fut monté sur le vestibule de Saint-Pierre, Adrien le reçut dans ses bras : le grand monarque et le saint pontife se donnèrent publiquement le baiser de paix. Depuis des siècles, Rome n'avait pas contemplé une pompe comparable à celle qu'on déploya quand Charlemagne fit son entrée triomphale dans la vieille capitale du monde. Le mercredi qui suivit la fête de Pâques, le monarque franc vint dans un grand appareil à Saint-Pierre, où il confirma solennellement toutes les donations de son père Pépin, en présence d'une nombreuse assemblée de seigneurs francs et de nobles Romains, et en déposa respectueusement le diplôme sur la Confession apostolique. Il y ajouta le don d'une partie des provinces de la Lombardie, de la Vénétie, de l'Istrie, de l'île de Corse, des duchés de Bénévent et de Spolette, avec un décret qui confirmait l'élection d'un duc que les Spolétains venaient de faire.

C'est ainsi que les rois francs donnèrent définitivement la cité des Césars et ses dépendances aux Papes. Charlemagne acheva de fonder la puissance pontificale. La charité, la munificence et le courage déployés par les successeurs de saint Pierre avaient mérité mille fois d'hériter de toutes les prérogatives des lâches monarques du Bas-Empire sur Rome et les provinces impériales. Grâce à Charlemagne, Adrien Ier fut réellement le roi de Rome. C'est le premier pape qui ait exercé d'une manière absolue la souveraineté temporelle, dont il pouvait désormais porter le titre uni à la possession de droit et de fait. Il suffirait, pour conserver sa mémoire, de l'amitié dont l'honora Charlemagne, et des larmes que ce grand monarque répandit sur sa mort.

Léon III succéda à Adrien. En donnant avis à Charlemagne de son exaltation, il lui envoya des ambassadeurs chargés de lui présenter l'étendard de la ville de Rome, avec les clés de la Confession de Saint-Pierre, afin de lui rappeler symboliquement, par cet hommage, qu'il s'en était constitué le défenseur.

Quelques années après, Léon ayant été audacieusement outragé par des officiers de son palais, révoltés contre son autorité, le roi franc, dont il était allé réclamer l'appui, le fit reconduire à Rome avec honneur, accompagné d'un grand nombre de prélats et de princes français, qui le ramenèrent en triomphe à l'église de Saint-Pierre.

Charlemagne retourna lui-même à Rome à la fin de l'année suivante, 800e de notre ère. Ce fut son quatrième et dernier voyage dans la cité pontificale. On le reçut avec tous les honneurs dus à sa double qualité de roi et de patrice. On sait comment, le jour de Noël, dans la basilique de Saint-Pierre, le Pape mit une couronne d'or sur la tête de Charlemagne, aux acclamations de tout le peuple et du clergé qui criaient : « Vie et victoire à Charles Auguste, au grand et pacifique Empereur des Romains ! » Le Pontife lui fit ensuite l'onction de l'huile sainte, ainsi qu'à son fils Pépin. A leur tour, les deux princes jurèrent de maintenir la foi et de soutenir les priviléges de l'Eglise romaine.

La politique chrétienne fut organisée le jour où fut fondé un empire nouveau, créé pour l'honneur et le service du christianisme, et dont l'inaugurateur était un homme si sublime, que la grandeur a pénétré son nom. Les autres monarques ont des épithètes : le Grand, le Juste, le Sage; l'empereur couronné par le pape Léon III n'a point de surnom, car on l'appelle Charlemagne.

Quatorze ans après sa proclamation comme empereur d'Occident, cet homme immense descendait dans la tombe, en recommandant à ses fils, héritiers de ses vastes Etats, de demeurer les fidèles défenseurs des droits spirituels et temporels des papes, comme la chose la plus importante à considérer dans l'exercice du pouvoir souverain.

Peu de temps après son intronisation, le pape Etienne IV se transporta en France. Louis-le-Pieux, successeur de Charlemagne, était à Reims. A leur entrevue, le pontife pressa dans ses bras le monarque, et ils entrèrent ensemble dans l'église pour remercier Dieu de les avoir réunis. Le Pape reçut une ample confirmation de la donation de Pépin et de celle de Charlemagne. Cette fameuse charte, commençant par ces paroles : *Ego Ludovicus*, énonce d'une manière formelle que Pépin et Charlemagne avaient depuis longtemps, par un acte de donation de leurs conquêtes, *restitué* l'exarchat au bienheureux apôtre Pierre et aux papes. Un auteur du temps déclare qu'Etienne, avant de s'en retourner en Italie, obtint de Louis tout ce qu'il lui demanda. « *Et quidquid postulavit ab eo accepit.* » (Agnell., *Rerum Italic. pars prima*, tom. II.)

En 875, Charles-le-Chauve vint se faire couronner empereur à Rome. Il y renouvela les diplômes donnés par Pépin, Charlemagne et Louis-le-Débonnaire ; et, par les paroles les plus précises, confirma la domination souveraine des pontifes romains : « *Renovavit pactum cum Romanis, perdonans illis jura regni et consuetudinis illius*, etc. » (Marca, *De Concord. Sacerd. et Imperii*, lib. III, cap. 2.) C'était alors un temps d'angoisse et de tribulation pour l'Eglise romaine. Cependant, les titres de saint Pierre à la possession de son patrimoine éclataient toujours, et les souverains français ne cessaient de s'honorer de porter le titre de défenseurs du Saint-Siége. C'est ainsi que Charles-le-Chauve avait promis sur la tombe de saint Pierre d'être le défenseur du pontife romain et de ses domaines. Les empereurs d'Allemagne confirmaient solennellement, de temps à autre, la possession indépendante des biens et des Etats que les monarques francs avaient octroyés à l'Eglise romaine. Les empereurs d'Allemagne juraient tour à tour, en recevant leur couronne des mains du Pape, de se dévouer à la défense du Siége de saint Pierre, d'en être les avoués et les défenseurs, de maintenir les libertés de Rome et les priviléges du Pape. Mais de même que les rois francs avaient pris la défense de Rome, quand les empereurs de Constantinople la laissaient sans secours; ainsi, quand les empereurs allemands cessèrent de soutenir la papauté, les rois de France surent prendre ce noble rôle et en recueillir les prérogatives.

Mais que confirmaient les empereurs d'Allemagne ? Les donations de nos monarques francs. C'est ainsi que Henri de Bavière, dans les premières années du onzième siècle, confirma les diplômes et les chartes accordés par Charlemagne et ses successeurs. Ils ajoutaient à tous ces priviléges, mais ne faisaient jamais que continuer des fondations originairement françaises. Leur patronage se réduisait d'ailleurs à défendre les droits et les domaines de saint Pierre, sans toucher à la souveraineté dont nos rois avaient investi la papauté, bien qu'ils cherchassent souvent à asseoir leur suzeraineté sur Rome.

Un Français, Hildebrand, qui avait été prieur de Cluny, fut élu pape sous le nom de Grégoire VII, après avoir été, pendant vingt ans, le bras droit et le défenseur le plus ardent des droits sacrés du Saint-Siége.

Nous ne faisons que rappeler le pape Urbain II, qui convoqua, en 1095, l'assemblée de Clermont, où fut résolue la première croisade, une de nos plus belles gloires nationales.

La France est l'asile ordinaire des papes persécutés. Le pape Gélase, inquiété à Rome, se retira dans notre patrie. Alexandre III s'y retira également, ne trouvant d'abri nulle part en Italie, persécuté qu'il était par Frédéric Barberousse et les schismatiques du parti de cet empereur. (Muratori, *Op. citat.*, an. 1162.)

Quand Othon de Saxe, en 1210, se jeta sur les terres de l'Eglise, il fut excommunié avec ses partisans par le grand Innocent III. Le roi de France prit parti contre Othon, ainsi que tous les princes de l'Allemagne.

La critique historique a, de nos jours, démontré complètement que la Pragmatique sanction n'était qu'une fable. Saint Louis fut le plus exact continuateur de la piété de ses ancêtres envers le Vicaire de Jésus-Christ. Aussi mérita-t-il que le pape Grégoire IX lui écrivît les sublimes paroles qu'on va lire. Ce texte donne la clef de plusieurs prophéties. C'est, pour la France, un des plus glorieux témoignages de ses prérogatives providentielles. Rendu au plus parfait de nos rois par un des plus grands papes qui aient gouverné la Chrétienté, cet hommage fait pressentir tout ce que l'Eglise nous réserve de splendeur en récompense de notre dévouement :

« Le Fils de Dieu, dont le monde entier exécute les lois, et aux désirs duquel les armées célestes s'empressent d'obéir, a établi sur la terre divers royaumes et divers gouvernements pour l'accomplissement des célestes conseils. Mais, comme autrefois, entre les tribus d'Israël, la tribu de Juda reçut des priviléges tout particuliers : ainsi le royaume de France a été distingué entre tous les peuples de la terre, par une prérogative d'honneur et de grâce.

» De même que cette tribu n'imita jamais les autres dans leur apostasie, mais vainquit au contraire en maints combats les infidèles, ainsi le royaume de France ne put jamais être ébranlé dans son dévouement à Dieu et à l'Eglise ; jamais il n'a laissé périr dans son sein la liberté ecclésiastique ; jamais il n'a souffert que la foi chrétienne perdît son énergie propre ; bien plus, pour la conservation de ces biens, rois et peuples n'ont pas hésité à s'exposer à toutes sortes de dangers et à verser leur sang.

» Il est donc manifeste que ce royaume béni de Dieu a été choisi par notre Rédempteur pour être l'exécuteur spécial de ses divines volontés. Jésus-Christ l'a pris en sa possession comme un carquois d'où il tire fréquemment des flèches choisies, qu'il lance avec la force irrésistible de son bras, pour la protection de la liberté et de la foi de l'Eglise, le châtiment des impies et la défense de la justice. » (Labbe, *Collect. Concil.*, t. XI, p. 366.)

Sous la tyrannie usurpatrice de Frédéric II, se voyant entouré d'ennemis au dedans et au dehors de Rome, le successeur du courageux Grégoire IX, Innocent IV, vint en France. Il y convoqua à Lyon, l'an 1245, un concile général qui excommunia l'empereur. Dès qu'il apprit la mort de Frédéric II, Innocent IV, qui était à Lyon, quitta cette ville pour retourner en Italie. Ce grand pontife eut la gloire d'abattre ce despotisme antichrétien, qui voulait oppresser l'Italie et engloutir le pouvoir du Pape, en se couvrant astucieusement de la gloire de Charlemagne. Lorsqu'ensuite les discordes civiles et l'insolence des barons romains eurent forcé les papes à se retirer en

France, l'Italie, envahie par les empereurs de la maison de Bavière, perdit pour jamais cette indépendance qu'elle n'avait pas su conserver, et dont elle n'avait que trop abusé.

Pendant le siége odieux de Viterbe, fait par les Romains sous le règne de Grégoire VII, mais malgré les efforts de ce pontife, les auxiliaires du Pape étaient commandés par un comte de Toulouse et un évêque de Winchester. (Gibbon, *Op. citat.*, vol. VIII, chap. 69.)

L'an 1273, Grégoire X présida dans Lyon un concile œcuménique, où les Grecs se réconcilièrent avec l'Eglise romaine.

Plus d'une fois, pour échapper aux persécutions suscitées par les Hohenstauffen, les papes avaient cherché un refuge au-delà des Alpes. Mais, au commencement du quatorzième siècle, Avignon devint le séjour de la papauté fugitive, et les Romains, en voyant le trône du Pape s'établir sur les rives du Rhône, crurent pendant longtemps que les bords du Tibre ne le reverraient plus, car la papauté resta à Avignon au-delà de trois quarts de siècle.

Bertrand de Goth, archevêque de Bordeaux, élu pape sous le nom de Clément V, fixa son séjour à Avignon.

« A l'ombre de la monarchie française, et au milieu d'une population obéissante, les papes jouirent d'un honorable et doux repos auquel ils avaient été trop longtemps étrangers. » (Gibbon, *Op. citat.*, vol. VIII, chap. 69.)

« Les calamités de l'Italie, en l'absence des papes, surpassèrent tout ce qu'elle avait pu endurer anciennement de l'envahissement des hordes les plus barbares. » (Ughelli, *Italia sacra*, t. I.)

Au mois de septembre 1370, Urbain V s'en retourna tout à coup en France, où il mourut en arrivant. Mais un nouveau pape français, élu à Avignon, Grégoire XI, ramena le Saint-Siége à Rome, en 1376.

Le concile de Constance, qui ne fut rien moins qu'œcuménique, doit être considéré comme l'origine du gallicanisme. On trouve, dans ce conciliabule, les racines des quatre maximes de la Déclaration du clergé de France, que Bossuet s'est laissé entraîner à défendre, sans trop savoir ce qu'il faisait et sans y tenir beaucoup, car son *Sermon sur l'Unité de l'Eglise* est une véritable réfutation du gallicanisme. Des maximes complètement subversives de l'ordre, des idées éminemment socialistes, des principes anarchiques qui ne seraient pas seulement la ruine de l'Eglise, mais celle de tous les pouvoirs civils, furent applaudis dans les discussions de Constance. Le Dauphin de France le comprit, cela est évident, vu la manière dont il reçut les docteurs de l'Université, à leur retour de Constance : « Qui vous a faits si hardis, leur dit-il, que d'avoir osé attaquer notre seigneur le Pape et lui enlever la tiare ? Il ne vous reste plus, après cela, que de disposer de la couronne du Roi, mon maître, et de l'état des princes de son sang ! » M. l'abbé J. Corblet dit à ce propos (1) : « Le duc de Guyenne avait le coup-d'œil juste, et il se disait sans doute que l'on ne peut point briser la clé de voûte de l'édifice social, sans que tous les arceaux ne soient bientôt emportés dans leur chute. La négation de l'infaillibilité religieuse conduit à la négation de la souveraineté dans l'ordre temporel. Tout pouvoir qui est discuté perd sa force et son prestige. Si l'on peut soumettre à l'appel d'un Concile les décrets du Pape, dont la puissance est essentiellement monarchique, à combien plus forte raison pourra-t-on discuter l'autorité du roi qui gouverne, du ministre qui exécute, de la loi qui condamne, du juge qui prononce ! »

Sixte IV fixa le nombre des auditeurs de la Rote à douze, dont un Français, nommé par le Roi Très-Chrétien.

Avant de reprendre par les armes les villes du patrimoine de saint Pierre, dont les Vénitiens s'étaient emparés, Jules II, après les avoir inutilement réclamées par son ambassadeur, avait employé à la même fin les bons offices du roi de France et de l'empereur. Le règne de ce pape fut admirable. « Toute cette belle contrée, de Plaisance à Terracine, reconnut son autorité. Il avait cherché partout à se présenter avec le caractère d'un libérateur. Gouvernant ses sujets avec une sage douceur, il s'assura leur attachement et leur dévoûment. Les princes temporels n'étaient pas sans alarmes à la vue de tant de populations courageuses unies au Pape. » (Ranke, *Hist. de la Papauté au XVIe siècle*.) Le temps était passé, disait Machiavel, où le baron le plus insignifiant pouvait braver le pouvoir papal, regardé maintenant avec respect même par le roi de France.

Quand Clément VII s'échappa du château Saint-Ange, au bout de sept mois de captivité, il avait reçu quelque espérance d'être secouru par les Français.

A qui Bossuet crut-il devoir exposer le plan de l'éducation du Dauphin ? Au Pape. Il fallait bien que le père sût comment on élevait son fils aîné.

Louis XIV, type du gouvernement personnel, soutint le gallicanisme, parce que cette doctrine était devenue un corollaire de l'ab-

---

(1) *Le Concile de Constance et les origines du gallicanisme*. 1869, in-8, p. 24, (Extrait de la *Revue des sciences ecclésiastiques*.)

solutisme royal. Il ne comprenait pas qu'en diminuant l'obéissance due au Pape, il détruisait en principe la soumission de son peuple. Cependant le roi-soleil ne transigea pas avec le jansénisme, et se montra digne du titre de *très-chrétien* en l'étouffant. Cette hérésie, si bien enveloppée d'austérité, n'était, au fond, qu'un gallicanisme individuel, tandis que le gallicanisme était lui-même un protestantisme à l'usage des rois et de certains groupes d'évêques, qui voulaient, tout en évitant le schisme, se rendre indépendants du Siége de saint Pierre. Mais si la France a eu des princes et des réunions cléricales pour soutenir le gallicanisme, hâtons-nous d'ajouter que le peuple français, trop vif d'ailleurs pour s'inquiéter d'arguties théologiques, n'a jamais séparé la foi catholique de l'obéissance due au Pape. Nos populations ont toujours suivi en cela l'invincible courant de la tradition évangélique, qui fait du Pape la pierre sur laquelle est établie l'Eglise

Quand l'infortuné Pie VI fut amené dans notre pays, il eut du moins la consolation d'être environné des pieux hommages de toutes les populations du midi de la France. Grâce à Dieu, ce n'étaient point des Français qui avaient envahi le patrimoine de saint Pierre et enlevé le Pape; c'étaient des révolutionnaires, êtres déclassés qui n'ont aucune nationalité et ne sauraient représenter un peuple. Ceux qui représentaient la France alors, c'étaient les âmes généreuses qui se faisaient bénir par le Pontife ou qui jetaient des fleurs dans sa voiture. Au moment où Pie VI mourait, la défaite et des désastres sans nombre poursuivaient les armées du Directoire dans leur fuite à travers l'Italie. La victoire ne devait favoriser nos soldats que lorsque celui qui allait les commander relèverait les autels du Très-Haut.

En protégeant la papauté, Napoléon Ier fonda un empire; il le perdit quand il osa toucher à la tiare. Quatre ans après qu'il eut fait de Rome une préfecture de l'empire français et emmené le Pape en captivité, la plus grande armée qui eût existé en Europe, depuis l'origine de la civilisation, était ensevelie dans un linceul de neige. Quand l'Empire eut cessé, Pie VII quitta son exil, en donnant sa bénédiction à ce peuple français, dont les hommages en avaient si souvent adouci l'amertume. Il regagna l'Italie au milieu des bénédictions et des cris d'allégresse des populations accourues sur son passage.

On connaît le triomphe momentané du mazzinisme à Rome, en 1849, et l'exil de notre Saint-Père Pie IX à Gaëte. Il nous était réservé de mettre un terme aux horreurs opérées à Rome par les révolutionnaires, et de rétablir le Pape sur son trône. Quoique républicaine alors, la France se souvint qu'elle était toujours la fille aînée de l'Eglise. Un autre Napoléon allait préparer un nouvel empire, en restaurant la souveraineté du successeur de Pie VII. L'expédition de Rome fut résolue. La Ville éternelle fut assiégée. Moins de deux mois après, l'armée française y entrait, le 5 juillet 1849. Lorsque la nouvelle en arriva dans Paris, les démagogues furent furieux de la victoire de nos soldats : preuve évidente que l'esprit révolutionnaire détruit tout patriotisme ! Ils tentèrent, pour réparer leur défaite, d'obtenir de l'Assemblée nationale un vote contre la puissance pontificale. Le comte de Montalembert prit la parole et décida la question romaine. Il dit, en concluant :

« L'histoire annoncera que, mille ans après que Charlemagne eut gagné une gloire immortelle en consolidant la puissance papale, et cinquante ans après que Napoléon, au sommet de la toute-puissance, avait succombé dans l'essai de détruire l'œuvre de son immortel prédécesseur ; l'histoire annoncera que la France est demeurée fidèle à ses traditions, et sourde à d'odieuses provocations. Elle parlera de ces trente mille hommes commandés par le digne fils d'un des géants de notre grande époque impériale, qui laissèrent la patrie pour aller rétablir à Rome, dans la personne du Pape, le droit, l'équité, les intérêts français et européens ; elle redira les paroles de Pie IX, dans sa lettre de félicitation au général Oudinot : « Les armes françaises ont triomphé des ennemis de la société humaine. » Oui, l'histoire le proclamera ainsi, et ce sera une des plus belles gloires recueillies par la France dans le dix-neuvième siècle. Sans doute, vous ne voudriez pas amoindrir, ternir cette gloire par un tissu de contradictions et d'inconsistances inextricables. Savez-vous ce qui souillerait à jamais le drapeau français ? Ce serait si vous deveniez les adversaires de l'étendard de la croix, si des soldats français, au lieu d'être les protecteurs du Pape, s'en faisaient les persécuteurs ! Ce serait échanger le glorieux rôle de Charlemagne contre la pitoyable contrefaçon de Garibaldi. »

La victoire qui fut annoncée bientôt après ce discours est digne d'être rangée parmi les plus hauts faits d'armes que les Français aient jamais accomplis, en combattant pour l'Eglise ou, ce qui est tout un, en défendant le Siége de saint Pierre contre ses ennemis. Ce fut un grand jour pour la Papauté, un jour glorieux pour la France, qui rendit au Pape son trône, en rendant Rome au monde catholique.

Les courageux efforts de nos soldats triomphèrent d'un vil ramas de spoliateurs. Le vote de l'Assemblée nationale rouvrit les portes de la Ville éternelle aux cardinaux envoyés par le Souverain-Pontife pour y rétablir son autorité.

« Quelques semaines après, dit M. l'abbé Brasseur de Bourbourg (1), Pie IX, rentrant dans sa capitale, voyait à genoux son peuple, implorant, avec sa bénédiction, un pardon généreux (12 avril 1850). Ainsi le dix-huitième siècle, qui avait espéré une première fois anéantir la Papauté avec Pie VI, donnait au dix-neuvième d'être trois fois témoin de son triomphe le plus glorieux et le plus inattendu. Grand et précieux enseignement dont les princes et les peuples éclairés surtout par la triste expérience de ces dernières années, sauront enfin profiter; qui leur fera comprendre que rien n'est stable que ce qui est fondé sur la Religion et sur la pierre inébranlable de l'Eglise, et qu'on ne saurait toucher au Patrimoine de saint Pierre, sans ébranler la société et s'attirer inévitablement les châtiments que Dieu réserve à ceux qui osent étendre la main sur l'arche sainte. »

Nous n'en dirons pas davantage sur les évènements accomplis sous le règne de notre Saint-Père Pie IX. Le denier de saint Pierre, les zouaves pontificaux, les noms de Lamoricière et de Pimodan, le combat de Castelfidardo, les courageuses paroles de nos évêques, et tant d'autres grandes choses faites par des Français pour notre bien-aimé pontife, sont des actes si récents, si publics, si particulièrement connus de tout le monde, que nous ne tracerions qu'une page dont la mémoire est vivante dans tous les esprits.

Il s'agit de faits accomplis sous les yeux de toute la chrétienté de nos jours. L'histoire de Pie IX est une de ces admirables biographies que la postérité seule peut recueillir en entier et évoquer dans toute leur splendeur. Comment, quand on est au milieu de la tempête actuelle, résumer des actes si nombreux et si grands qu'ils tiennent en suspens le monde entier ?

Au moment où s'ouvre un Concile œcuménique destiné à régénérer le monde, nous ne chercherons pas à pénétrer l'avenir de la Papauté. Nous savons qu'elle durera autant que l'Eglise militante, c'est-à-dire autant que le monde, et cela suffit à la foi du chrétien.

Si la barque de Pierre est momentanément assaillie par la tourmente, si Rome est attaquée, si le Pape est menacé, que doit faire

---

(1) *Histoire du Patrimoine de saint Pierre, depuis les temps apostoliques jusqu'à nos jours.* 1853, in-8º, p. 374 à 375.

la France? Demandez-le à Pépin, à Charlemagne, à Louis-le-Pieux, à nos plus grands rois. Toutes nos traditions nous obligent à défendre Rome et le Souverain-Pontife, depuis la lettre d'Anastase II à Clovis jusqu'au fameux « JAMAIS ! » de M. Rouher.

Le Prince Impérial est le filleul du Pape. Pourrait-il abandonner son parrain? Il est des titres dont la seule valeur morale oblige sous peine d'ignominie.

Quoi qu'il arrive, rappelons-nous toujours que la France est à Rome comme chez sa mère, et que les destinées de notre pays étant liées à celles de la Papauté, cette glorieuse alliance durera jusqu'à la consommation des siècles.

Nous avons à Rome des priviléges. Les ambassadeurs extraordinaires délégués par les puissances catholiques auprès du Sacré-Collége, pendant la vacance du Saint-Siége, se rendent en grande pompe à l'audience du conclave, pour remettre leurs lettres de créance et prononcer un discours, auquel le cardinal chef de l'ordre des évêques est chargé de répondre. Ces envoyés diplomatiques haranguent en latin, excepté le représentant de la France, qui seul a le privilége de parler au Sacré-Collége dans la langue de son pays.

Nos établissements nationaux de Rome sont : 1º Saint-Louis-des-Français, église et clergé de douze chapelains ; 2º Saint-Yves-des-Bretons, église et rectorat; 3º Saint-Nicolas-des-Lorrains, église et rectorat; 4º Saint-Denis-aux-Quatre-Fontaines, église et religieuses de Notre-Dame; 5º Saint-Sauveur-*in-Thermis,* oratoire et chapellenie ; 6º la Purification-*ai-Banchi,* église et chapellenie ; 7º la Trinité-des-Monts, église et couvent de dames du Sacré-Cœur ; 8º Sainte-Claire, séminaire ; 9º Saint-Claude-des-Bourguignons, église et congrégation de prêtres polonais. Cette congrégation n'a que la desservance de l'église et la jouissance de la maison qui y est annexée, la propriété demeurant à la France. Il en est de même pour les dames du Sacré-Cœur, à la Trinité-des-Monts, et pour les religieuses de Notre-Dame, à Saint-Denis. Notre point de vue étant spécialement religieux, nous n'avons pas à parler des institutions artistiques que nous possédons à Rome.

Les arts ont toujours aimé à marier les lis français à la tiare et aux clefs romaines.

Trois prophéties, accompagnées de figures symboliques, ont été conservées dans un opuscule introuvable. Les voici :

Foràs timor : servi Dei sub umbrâ lilii quiescent. Éloignez la crainte : les serviteurs de Dieu reposeront à l'ombre du lis.

Des clefs, emblèmes de l'Eglise romaine, entourées de lis, armes de la France monarchique, et pour âme : *Propugnabunt lilia claves.* Les lis combattront pour les clefs.

Romœ sedebunt pontifices, quandiù regnabunt in Galliâ reges. A Rome siégeront les papes, tant qu'en France règneront des rois.

L'élévation de l'Eglise de France se manifeste surtout par trois caractères essentiels : elle est aussi ancienne que le christianisme ; elle compte plus d'enfants qu'aucune autre Eglise ; et elle a rendu aux papes plus de services que toutes les autres Eglises du monde.

Dans la dispensation de l'Evangile, la France a eu la meilleure part, et elle ne lui sera point ôtée. Notre-Seigneur, en nous envoyant sainte Madeleine, nous a aussi donné tout entière la famille chérie où il avait coutume d'être reçu.

Toutes les fois que l'hérésie ou le schisme ont voulu souiller ou déchirer la robe immaculée et sans couture de l'Epouse de Jésus-Christ ; toutes les fois que la puissance jointe à la malice ont voulu renverser la triple couronne romaine, la France a donné à l'Eglise ses plus saints évêques pour terrasser les monstres ; ses plus grands monarques et ses plus forts soldats pour défendre le patrimoine inaliénable de saint Pierre. Cela fut ainsi préparé dès les temps anciens par la divine Providence. Aussi Jésus-Christ, dans la personne de ses vicaires, a-t-il toujours manifesté un amour de prédilection pour notre patrie.

D'anciennes prophéties assurent que jamais l'hérésie n'enlacera toute la France, et que jamais elle ne sera soumise à un souverain étranger, car Dieu semble avoir dit à nos rois, comme autrefois à David : J'ai trouvé David mon serviteur ; je l'ai oint de mon huile sainte (1) ; si ses enfants abandonnent ma loi, je visiterai avec la verge leurs iniquités, mais je ferai subsister sa race dans tous les siècles et son trône autant que les cieux (2). Ayons confiance dans les textes sacrés dont on nous a fait une si heureuse application. Jusqu'au second avènement du Seigneur, le sceptre ne sera point ôté de la France, et l'autorité législative ne sortira point d'entre ses étendards (3), comme cela se vit pour Juda, tribu qui ne perdit point l'autorité jusqu'à la venue du Messie.

N'est-ce pas une loi providentielle bien digne d'être méditée que

---

(1) La sainte Ampoule.

(2) Ps. LXXXVIII. Voyez ces idées exposées par Baronius.

(3) Genèse, ch. XLIX, 10. Nous suivons le texte samaritain, qui paraît plus clair et plus précis que tout autre dans ce passage, quoique l'hébreu soit peu différent.

celle qui fait dépendre la durée des rois et des dynasties de leur respect pour le Pape? On en trouve la preuve à chaque page de l'histoire. Quiconque a protégé la tiare a fait pleuvoir les bénédictions sur sa race ; mais nul n'a voulu renverser l'autorité pontificale qu'il n'ait par là préparé sa perte et celle de sa famille. Selon l'énergique expression d'un célèbre écrivain de nos jours : *Celui qui a la maladie du Pape en meurt!* En donnant à son fils le titre de roi de Rome, Napoléon I*er* a porté malheur à ce prince.

Le personnage qui domine toutes les prophéties est un grand monarque français, qui doit procurer à la Papauté la gloire la plus complète et, de concert avec un saint pontife, écraser les hérésies, détruire les schismes, anéantir le mahométisme, pacifier la terre, faire fleurir la religion catholique dans le monde entier, procurer enfin à l'Eglise un triomphe universel et simultané. Le Pape et l'Empereur feront goûter aux nations, régénérées sous leur influence, le bonheur et l'abondance dans les biens spirituels et temporels, qu'elles avaient perdus. L'idée qui agita tous les voyants sort, par la logique des faits, d'une simple méditation de l'histoire. Quelques années avant l'avènement de Pie IX, un critique français, M. Martin Maillefert, disait en terminant un article relatif à l'influence du christianisme : « Qu'un grand pape se rencontre, qu'un habile et puissant gouvernement le seconde, *exoriare aliquis!* nul mortel ne peut dire où finiront les progrès de cette grande école d'unité, de justice, de liberté et de bienfaisance, qui remonte à la loi de Moïse, qui s'est assimilé toute la sagesse égyptienne, grecque et romaine, et ne s'est pas arrêtée au code Napoléon. »

Le Concile du Vatican préparera la régénération du monde. Ensuite un nouveau Charlemagne consacrera sa puissance à en faire exécuter les décrets. Quoi qu'il arrive, Rome ne se *défera pas* (1) !

Pourquoi les catholiques auraient-ils peur, si la révolution venait à se ruer sur la chaire de saint Pierre? Un Pape ne perd jamais la conscience de la suprématie de son Siége, de la divinité de son origine, de l'infaillibilité de sa parole. De droit divin et de droit de légitimité, il est partout le Vicaire de Jésus-Christ et le roi de Rome, comme Dieu est Dieu partout, dans une crèche ou dans un temple, sur un autel d'or ou d'argile, dans un cachot ou dans la gloire. Sa grandeur croît en raison de son abaissement ; jamais le malheur ne lui arrachera la plus petite concession. Dans l'infortune, son nom,

---

(1) Parole de Pie IX.

c'est son diadème. Son aspect seul dit : « Tuez-moi, vous ne tuerez pas les siècles écrits sur mon front ! » Qu'importerait au Souverain-Pontife que Rome même fût saccagée et qu'on martelât ses armes au Vatican ? Ses armes ne sont-elles pas gravées partout ; le globe n'en est-il pas pavoisé ? Les arrachera-t-on de toutes les églises de la terre ? Enverra-t-on des commissaires les gratter dans tous les coins de l'univers, les détruire dans tous les pèlerinages du monde chrétien ? Les effacera-t-on dans toute l'Europe, en Afrique, en Asie, dans les deux Amériques, en Océanie, sur les murs, les palais, les œuvres d'art, les monnaies, les chartes et les livres ? Pourra-t-on anéantir tous les monuments, brûler toutes les bibliothèques, incendier toutes les archives, faire oublier l'histoire entière ? Détruira-t-on jusqu'au dernier exemplaire de la Bible, qui, même entre les mains des protestants, va raconter dans toutes les langues écrites la primauté et l'infaillibilité de saint Pierre ? Enfin la révolution pourra-t-elle monter au ciel antarctique pour lui arracher sa plus remarquable constellation, la *Croix du Sud*, qu'on ne peut voir, au moment de son inversion complète, lorsque son sommet touche presque les flots, sans se rappeler que saint Pierre obtint d'être crucifié la tête en bas ?

Qu'importe à l'Eglise d'avoir des ennemis ! Elle se sert d'eux contre eux-mêmes, ainsi que les navigateurs se servent du vent pour marcher contre le vent. Chaque fois que la Papauté se prépare à un triomphe, toutes les influences concourent à le préparer, celles même au détriment de qui s'accomplit le mouvement.

Bientôt nous verrons l'Eglise romaine, qu'affaisse le lourd manteau de l'oppression, lever la tête pour marcher vers un nouveau Thabor. On la verra, comme un navire abrité de la tempête, qu'une brise forte et régulière avertit enfin du retour de la sérénité, dérouler vivement ses voiles depuis trop longtemps ployées, arborer ses splendides étendards, et saluer de fanfares magnifiques les mains bénies du grand monarque et du pontife saint, qui la rendront à l'espace, au mouvement, à la gloire, à la liberté.

Dr Adrien PELADAN fils.

LETTRES

DE NOS SEIGNEURS LES ÉVÊQUES

Archevêché de Bordeaux.

« *Bordeaux, le 3 octobre* 1869.

« Monsieur,

« J'approuve parfaitement l'idée de faire concourir les poëtes de nos diocèses pour célébrer l'imposante autorité de l'Eglise réunie en Concile général. C'est en même temps une œuvre de filiale affection pour l'illustre et bien-aimé Pontife dont Dieu élève le courage à la hauteur des attaques et des difficultés auxquelles il n'a cessé d'être en butte depuis son élection. Je fais des vœux ardents pour le succès de cette gracieuse et pacifique croisade, et c'est avec empressement que je vous offre ma souscription. Je suis heureux d'y ajouter une ode que vient de m'envoyer M. Donis, curé de Saint-Louis de Bordeaux. Dès que vous lui aurez accusé réception, il vous fera passer sans retard la somme exigée dans votre programme. Espérons qu'il ne sera pas le seul, et que d'autres poésies suivront ce premier envoi.

« Je vous remercie des offres de service et des sentiments que vous m'exprimez dans votre lettre, certainement trop élogieuse. Mais Horace accorde une grande licence aux peintres et aux poëtes. Et, quand un cœur pieux comme le vôtre dépasse les bornes, on courbe la tête et l'on ne peut s'empêcher de lui payer un tribut d'estime et d'affection.

« Agréez, mon très-cher Monsieur Peladan, l'assurance de mes meilleurs sentiments.

« † Ferdinand, Card. Donnet,

« Arch. de Bordeaux. »

« *Besançon, 23 septembre 1869.*

« Monsieur,

« Vous pouvez me compter au nombre de vos souscripteurs pour l'*Album de la Poésie catholique;* mais autre chose est que je vous donne cette souscription, et autre chose que je vous fournisse un poëme. Notre Jura est plutôt mathématicien que poëte, et, sous ce rapport, sans vouloir lui porter préjudice, je ne peux pas le garantir.

« Veuillez agréer, Monsieur, l'assurance de ma considération distinguée.

« † Césaire, Card. Archev. de Besançon. »

Archevêché de Bourges.

« *Bourges, le 11 octobre 1869.*

« Monsieur le Directeur,

« Je souscris bien volontiers à l'*Album de la Poésie catholique* que vous préparez à l'occasion du Concile.

« Dans les circonstances actuelles, plus que jamais peut-être, toute œuvre qui a pour but de resserrer les liens entre Rome et la France, doit être encouragée et soutenue. Aussi est-ce de tout mon cœur que je m'associe à votre pensée de glorifier, par la poésie catholique, le grand événement religieux qui se prépare, persuadé que le Concile fera éclater, une fois de plus, aux yeux de tous, la grande unité catholique, et, en particulier, l'union intime de l'Eglise de France avec l'Eglise mère et maîtresse des églises du monde.

« Agréez, Monsieur le Directeur, avec tous mes vœux pour le succès de votre œuvre, l'assurance de mon humble dévouement en N.-S.

« † C. A., Archev. de Bourges. »

Petit Séminaire de Castres.

« *Castres, le 28 septembre.*

« MONSIEUR,

« Il me serait difficile de trouver dans mon diocèse, quelque religieux qu'il soit, des muses à la hauteur des sujets que vous proposez.

« Je me bornerai par conséquent à souscrire pour un exemplaire, au prix que vous avez indiqué, à l'*Album* que vous pensez offrir au Saint-Père.

« Veuillez, en attendant, recevoir, avec mes félicitations, la nouvelle assurance de mon cordial dévouement.

« † J. P. Archev. d'Alby. »

Évêché de Pamiers.

« *Pamiers, le 16 novembre 1869.*

« Monsieur le Directeur,

« Votre projet d'*Album* se recommande par les sentiments qui vous l'ont inspiré à l'intérêt des bons catholiques. Veuillez donc me compter au nombre des souscripteurs qui en désirent le plus vivement le succès, et me croyez,

Monsieur le Directeur, votre très-humble
et dévoué serviteur en N. S.

« † Auguste, évêque de Pamiers. »

« *Coutances, le 30 octobre 1869.*

« M. le Rédacteur de la *Semaine Religieuse*,

« La poésie est une forme du langage dont l'Eglise aime à se servir, pour chanter les louanges de Dieu, et pour lui adresser ses prières.

« Il était juste, qu'une manière si noble d'exprimer les pensées de l'esprit et les mouvements du cœur, fût employée au sujet de ce grand événement du Concile œcuménique sous les voûtes du Vatican.

« J'approuve donc avec bonheur votre idée d'offrir au Saint-Père un Recueil de poésies françaises, ayant trait à cette réunion de tous les Evêques du monde, autour de cette *Pierre* mystérieuse, dont parle l'Ecriture, et qui n'est autre que Jésus-Christ.

« Veuillez me compter au nombre de vos souscripteurs, et daignez agréer l'assurance de mes sentiments respectueux et tout dévoués.

« † J. P. Evêque de Coutances et d'Avranches. »

« *Lyon, le 22 novembre* 1869.

« Cher Monsieur Peladan,

« Avec bonheur je vous envoie mes vœux pour le plein succès de votre *Album*.

« A ses Auteurs,

« Poëtes inspirés de la foi catholique,
Vous avez de David repris la harpe antique.
Et vous venez chanter, dans vos transports chrétiens,
De la cause de Dieu les généreux soutiens.

« † F. Armand, Cap. Ev. de Sozopolis. »

Evêché de Luçon
(Cabinet du Prélat).

« *Luçon, le 25 octobre* 1869.

« Monsieur,

« J'ai l'honneur de vous adresser un mandat de cinq francs, montant de ma souscription à l'*Album de la Poésie catholique, à l'occasion du Concile.*

« Agréez, Monsieur, l'assurance de ma haute considération.

« † Charles, Ev. de Luçon. »

Evêché de Saint-Brieuc.

« *Saint-Brieuc, le 15 octobre* 1869.

« Monsieur,

« Je regrette que votre projet de l'*Album de la Poésie catholique* ne m'ait pas été connu plus tôt.

« Je vais faire appel, par notre *Semaine religieuse*, à la verve de nos poëtes. Si, au lieu de s'exprimer en français, elle parlait notre vieux et énergique *brezouek* (1),

---

(1) Nous avons, parmi nos poésies de l'Album, des pièces en idiome *brezouek* ou breton, en idiome languedocien et en idiome provençal. La traduction française accompagne ces poésies.

la plus ancienne langue parlée en Europe, elle serait plus à l'aise ; mais il faudrait renoncer à se faire comprendre de la foule.

« Agréez, Monsieur, mes meilleurs sentiments.

« † AUGUSTIN, Ev. de Saint-Brieuc.

« P.-S. Je souscris pour cinq exemplaires, et je les désirerais reliés. »

Evêché de Rodez.

« *Rodez, le 21 octobre 1869.*

« MONSIEUR,

« Mgr l'Evêque de Rodez regarde comme bonne la pensée que vous avez d'un Recueil de Poésies sur le prochain Concile, et souhaite que l'exécution du projet réponde à la pensée qui l'inspire.

« Il me charge de vous dire qu'il souscrit pour un exemplaire.

« Veuillez, Monsieur, agréer mes hommages respectueux et empressés.

« J. BURGUIÈRE, Ch. secr. part. »

Evêché de Viviers.

« *Viviers, le 15 novembre* 1869.

« Monsieur,

« Je connais votre excellent esprit sur le choix des bonnes et utiles impressions, et je vous prie de me réserver deux *Albums* relatifs au Concile.

« Votre livre, j'en suis persuadé, n'anticipera pas, comme le font tant de journaux, même réputés bons, qui commencent par s'ériger en Pères du Concile, et qui dictent à cette vénérable Assemblée les décrets qu'elle devra porter.

« Agréez, Monsieur, mes sincères félicitations de vouloir suivre le saint Concile au lieu de le précéder.

« † Louis, Ev. de Viviers. »

Evêché d'Aire.

« *Aire, le 26 septembre* 1869

« Monsieur,

« Je vous envoie bien volontiers la modique somme de cinq francs pour ma souscription à l'*Album de la Poésie catholique*, que vous préparez à l'occasion du prochain Concile universel. Vous en trouverez ci-inclus le montant en timbres-postes.

« Vous me rappelez, Monsieur, nos relations en librairie. Je profite de cette occasion pour vous féliciter de votre loyauté dans les transactions et pour vous remercier de votre exactitude dans les envois.

« Agréez, Monsieur, mes sentiments respectueux et tout dévoués.

« † Louis Marie, Ev. d'Aire. »

Évêché de Nevers.

« *Nevers, le 25 octobre* 1869.

« Monsieur,

« Monseigneur m'a chargé de vous informer qu'il souscrit pour un exemplaire de l'*Album de la Poésie catholique*, dont je vous ferai passer le prix aussitôt livraison.

« Veuillez agréer, Monsieur, l'expression de mon respect.

« Baron, Chancelier. »

Évêché de Mende.

« *Mende, 18 octobre* 1869.

« Monsieur le Directeur,

« On ne peut aimer l'Eglise, sans applaudir à tout ce qui tend à sa glorification; et on ne peut non plus aimer la France, sa fille aînée, sans être heureux de la voir figurer au premier rang des contrées qui saisissent toutes les occasions et prennent tous les moyens de lui offrir le tribut filial de leur obéissance et de leur amour. Aussi est-ce avec bonheur que j'ai appris le noble et pieux projet, celui de la lyre française, inspirée par la foi des Clovis et des Clotilde, des Charlemagne et des saint Louis : elle fera entendre, dans des hymnes sans nombre, dont le concert formera comme un grand hymne national, la voix de la nation très-chrétienne (1). Inspirée par le cœur de la France, elle dira ce qu'il y eut dans le passé, ce qu'il y aura toujours dans ce grand cœur de tendresse dévouée pour le Vicaire de Jésus-Christ, et d'admiration pour la pensée qu'il a conçue de faire entendre au monde, avec sa grande voix, qui est bien la voix de l'Eglise, celle de l'Eglise elle-même tout entière.

(1) Cette parole de Mgr l'Evêque de Mende est vraie de tout point ; les 600 pages de notre *Album*, glorifient, sous une admirable diversité de titres, l'Église de Jésus-Christ et les services qui lui ont été rendus par la grande nation française, depuis plus de quatorze siècles.

« Elle dira les vœux ardents de tous les cœurs catholiques, elle dira leurs espérances, appuyées sur les promesses divines ; et, pour sa part, elle aussi disposera les âmes à recevoir, à réveiller avec un saint respect, aux âmes pieuses, à méditer les oracles du Vatican, qui doivent faire briller à tous les yeux la céleste lumière, et ramener le calme après les tempêtes d'une époque tourmentée.

« Je m'empresse de souscrire à votre *Album*, et je voudrais pouvoir en favoriser la diffusion.

« Veuillez agréer, Monsieur le Directeur, l'assurance de ma haute estime et de mon affectueux dévouement.

« † Jean-A.-Marie, évêque de Mende. »

Evêché de Fréjus et Toulon.

« *Fréjus, le 23 novembre.*

« Monsieur,

« Si mes nombreuses occupations ne m'ont pas permis de vous remercier plus tôt de votre gracieuse communication, je ne veux pas, du moins, partir pour le Concile, sans m'acquitter d'un devoir bien doux à mon cœur.

« Offrir à Sa Sainteté Pie IX un Album de poésie, dont ce vénéré et cher Pontife forme tout le sujet, est une heureuse et belle pensée. C'est là une preuve de filial attachement au Père commun de tous les fidèles.

Aussi ne puis-je que vous en louer et vous en féliciter bien cordialement.

« Recevez, Monsieur, l'assurance de ma considération distinguée.

« † J. HENRI, Ev. de Fréjus et Toulon. »

Evêché de Carcassonne.

« *Carcassonne, le 5 novembre* 1869.

« MONSIEUR,

« J'ai bien vivement regretté que mes nombreuses occupations ne m'aient pas permis de répondre plus tôt à votre aimable et engageante lettre. J'ai été très-heureux d'apprendre que mon diocèse avait fourni quelques vers (1) à votre beau Recueil, et *j'aurais été très-fier moi-même d'être rangé au nombre des collaborateurs de votre Œuvre;* mais les travaux qu'exige de moi la prochaine réunion du Concile ne me permettent malheureusement pas de consacrer à la poésie une seule minute de mon temps. Permettez-moi, du moins, Monsieur, de vous féliciter cordialement de votre belle et chrétienne pensée, et veuillez agréer l'expression de mes plus sympathiques et distingués hommages.

« † FRANÇOIS, Ev. de Carcassonne. »

(1) Le diocèse de Carcassonne est celui qui nous a donné le plus grand nombre de poëtes. La *Semaine religieuse* du diocèse et un ami nous y ont admirablement secondé, il est vrai. C'est toute une pléiade gracieuse qui nous est venue de ce point privilégié du Midi. Faut-il s'étonner que des lyres nombreuses chantent les amabilités de la Foi, là où l'Evêque est héritier de la harpe du Psalmiste ?

Évêché du Puy.

« *Le Puy*, 17 *novembre* 1869.

. . . .
« Je vous autorise à me mettre au nombre des souscripteurs.

« L'Œuvre est bonne en soi assurément, l'entreprise honorable ; et je ne reconnais à personne le droit de se croire plus dévoué que moi au Saint-Père et à l'Eglise de J.-C.

« † P. Evêque du Puy. »

Évêché d'Arras.

« *Arras, le 3 novembre* 1869.

« Monsieur,

« Absent depuis longtemps pour une tournée pastorale, je n'ai pris connaissance que bien tard de votre projet d'*Album*. Je joins bien volontiers ma souscription à celles dont l'ont déjà honoré un grand nombre de mes vénérables collègues.

« Agréez, Monsieur, l'assurance de mes sentiments bien dévoués en Notre-Seigneur.

« † S.-B.-J., Ev. d'Arras. »

Évêché d'Annecy.

« *Annecy, le 25 octobre* 1869.

« Monsieur le Directeur,

« Ce n'est qu'aujourd'hui, et même par l'effet du hasard, que j'ai pu prendre connaissance de la lettre et du prospectus y annexé que vous avez bien voulu m'adresser sur la fin du mois de février dernier, au sujet de l'*Album* de poésies à offrir au Très-Saint-Père, à l'ouverture du prochain Concile. Cette lettre me sera parvenue sans doute au moment où j'entreprenais quelque course, et je l'ai si bien serrée, que je ne l'ai découverte qu'aujourd'hui. Je vous fais mes excuses de ce retard involontaire que je m'empresse de réparer autant que faire se peut.

« Je ne puis qu'applaudir, Monsieur le Directeur, à votre ingénieuse idée, et je vous prie de m'inscrire au nombre des souscripteurs de votre *Album*. J'espère pouvoir sous peu, vous transmettre une pièce que je viens de demander à l'un de mes jeunes prêtres.

« Veuillez agréer, Monsieur le Directeur, l'assurance de mes sentiments très-distingués.

† C. Marie, Ev. d'Annecy.

Évêché de Saint-Claude.

« *Saint-Claude, le 6 octobre* 1869.

« Monsieur.

« Je souscris volontiers et avec grand empressement à l'*Album de la Poésie catholique*, que vous faites paraître à l'occasion du Concile, et pour être offert en hommage au Saint-Père. Je serai heureux d'y voir le faible tribut de mon diocèse.

« Il manque à ma collection de votre *Semaine religieuse* le 1ᵉʳ numéro de 1868 que je n'ai pas reçu. Vous m'obligeriez beaucoup en me le procurant.

« Recevez, Monsieur, l'assurance de mes sentiments dévoués.

« Louis-Anne, Ev. de St.-Claude. »

Evêché de Dijon.

« *Dijon, le 18 octobre* 1869.

« Monsieur,

« J'ai l'honneur de vous adresser en timbres-postes, la somme de f. 17. Cette somme solde : 1° les annuités 1868 et 1869 de Monseigneur l'Evêque de Dijon à votre *Semaine religieuse;* 2° sa souscription à l'*Album de la Poésie catholique*.

« Agréez, Monsieur, l'assurance de ma considération distinguée.

« V. Silvestre, C. h. S. G.

PRÉFACE

Au pied de cette colline de Fourvière dont le sommet présente au regard l'image de la Mère de Dieu, de quelque point que l'on entre dans la ville des Martyrs et des aumônes, un signal a été donné ; il a été dit : « La Poésie, c'est l'idiome divin ; c'est le langage par excellence de l'âme ; formons de tous les points de la France, ô chantres Chrétiens, un concert pour l'Église, pour son Chef visible, pour les Évêques, au moment où va se réunir à Rome le Concile, et saluons de nos accords ces grandes Assises du Catholicisme. »

Cette invitation, prononcée sur le seuil de la Primatiale de Lyon et celui du Sanctuaire de Fourvière, a été redit par l'ange de ces Eglises aux échos d'autres lieux saints, et quelques semaines ont suffi pour grouper un nombre imposant de lyres. Sans avoir eu recours aux moyens ordinaires de la publicité, nous avons vu accourir pour la croisade harmonieuse, plus de poëtes que n'en attiraient, dans la même cité, les jeux célèbres institués par un prince romain, à l'autel de Rome et d'Auguste, qui s'élevait au confluent du Rhône et de la Saône.

Plus d'une personne, d'ailleurs bienveillante, avait d'abord douté du succès de notre *Album*, en en voyant éclore le projet. Ce doute n'existait pas pour nous, alors même que le temps fût court, et que nous ne dussions pas nous dissimuler que le plus grand nombre des journaux religieux laisseraient passer près d'eux l'ange de l'inspiration chrétienne, sans s'apercevoir de sa présence et sans répondre à sa demande. Quelques-uns ont admirablement accueilli le messager céleste, et nous leur en témoignons ici tous nos remerciements pour lui. Si la presse catholique, moins distraite, eût écouté et reproduit le cri de foi qui lui arrivait, notre manifestation poétique, si belle d'ailleurs, fût devenue prodigieuse. Nous savons que beaucoup d'auteurs n'ont rien su de notre mélodieuse levée de boucliers, ou du moins qu'ils ont été informés trop tard.

Quelle vitalité de croyance et de génie, cependant, dans cette France que tant d'influences mauvaises sembleraient avoir énervée ! Que de qualités précieuses au fond de ce pays si fortement travaillé par l'action ténébreuse de l'abîme ! On reconnaît en l'observant que la protection divine est là manifeste, et que la vertu apostolique semée sur le sol de notre patrie, depuis saint Paul qui la parcourut, pour aller en Espagne, jusqu'aux martyrs de 93, lui a donné une force énorme de résistance contre le mal, et une égale énergie pour accomplir, dans les occasions solennelles, les œuvres de Dieu. Cette parole de nos aïeux est toujours vraie : *Gesta Dei per Francos.*

Nous assistons aux dernières scènes de ce drame formidable, engagé depuis plus de trois siècles entre l'impiété et l'erreur, et qui est à la veille de se terminer par le triomphe éclatant de l'Église. La célébration actuelle du Concile du Vatican, au milieu des ruines à la fois morales, religieuses et politiques qui couvrent l'Europe, est un fait éminemment providentiel. C'est la plus grande ironie que le Maître des mondes, dont le doigt mène et régit toutes choses avec nombre, poids et mesure, ait jamais jetée, peut-être, à la face de l'incrédulité et de la révolution. Ce tribunal suprême est assemblé pour condamner les démences doctrinales de nos temps et pour confirmer à la face du monde les traditions catholiques. Or, celui qui a tendu la main au Concile œcuménique pour le réunir, n'aura pas de peine à en couronner les travaux, par la pleine application de ses décrets.

Quelle est cependant la situation sociale, à l'heure qu'il est, en dehors des grands coupables qui sont les ministres directs de l'athéisme et des complices qui en sont les propagateurs?

Des âmes choisies, un peu dans toutes les conditions, vivent disséminées et sont, par leur foi et leur pureté, l'objet des complaisances du Seigneur. Là se sont réfugiés tous les héroïsmes, tous les mérites, toutes les perfections. Si une circonstance venait à grouper ces âmes privilégiées, elles attireraient, pensons-nous, les esprits célestes, qui les visiteraient familièrement comme cela avait lieu pour nos premiers parents dans l'Eden. Ces véritables fils de la Justice sont destinés à préparer le règne de Dieu vers lequel nous marchons et ils seront alors les envoyés de Celui qui commande en maître aux éléments, qui renverse les superbes, et qui en soufflant sur les puissances de la terre, les dissipe comme une fumée.

Nous laissons donc de côté les grands coupables qui outragent la Majesté Suprême avec une ardeur effrénée, et qui se déclarent les lieutenants de l'archange infernal. Ceux-là n'éviteront pas les flèches des jugements d'En-Haut, et leur chute sera d'autant plus retentissante qu'ils auront affecté plus de frénésie, plus d'hypocrisie sacrilége.

Nous interpellerons seulement cette grande majorité des hommes qui, avec l'apparence du respect des principes, n'en sacrifient pas moins à l'indifférence perturbatrice de l'accord divin, à l'avidité qui pétrifie, à l'égoïsme qui étouffe la sensibilité, au vice qui dégrade et rend cruel, à l'affaissement qui captive les élans de l'âme et paralyse les mouvements du cœur. Au sein de cette presque généralité des individus, la poésie n'a point d'accès ; ces hommes ne s'élèvent plus dans ces régions supérieures où le Ciel se communique à nous avec ses lumières et sa douce influence. Rien de vraiment grand ne s'agite parmi ces créatures aplaties ; le beau n'a plus le pouvoir de les transporter ; les rapports avec eux sont d'un prosaïsme desséchant. Le chiffre rigide, le froid calcul, les vues rétrécies, la médiocrité en tout, établissent leur servitude sur ce monde ainsi corrodé par un marasme qui atteint aussi bien l'esprit que le corps.

Se figure-t-on la désolation du juste, plein des énergies et des mansuétudes évangéliques, jeté à travers ces foules adoratrices de la matière, et tellement rivées à leur servitude sensuelle qu'elles finissent, en partie du moins, par s'imaginer remplir les desseins de Dieu lorsqu'elles en grimacent pitoyablement les œuvres ? L'ignorance domine là en souveraine et la vanité réussit néanmoins à y faire paraître de la science. La médiocrité, ce désespoir constant des natures d'élite, affiche son despotisme, et les choses vont se traînant dans un état de délabrement qui effraie.

Le Concile, barrière lumineuse entre un passé qui s'efface et un avenir qui paraît, se trouve en face de cette société dont nous n'examinons ni les fraudes, ni les tromperies habilement calculées, ni les fortunes insolentes greffées sur la rouerie et les escamotages des mystères de la finance. Nous ne touchons pas non plus aux chapitres des mœurs, du luxe, de la prodigalité pour les choses vaines ou illicites, toujours suivies de lésinerie, lorsqu'il s'agit d'encourager ce qui a trait à la vie de l'esprit.

Le Concile édictera les volontés d'En-Haut, et la patience de Dieu étant lasse, ce sera le moment pour chacun de choisir. Or, les endurcis, les lâches, les prévaricateurs qui ne se soumettront pas seront exterminés. Les avertissements n'auront pas manqué et la miséricorde ayant épuisé ses invitations, la justice visitera les hommes. Tout ce qui ne sera pas trouvé doux, pacifique, croyant, charitable, sera retranché de la présence du Seigneur.

Les auteurs de l'*Album de la Poésie Catholique*, eux que la tiédeur, le respect humain, la pente commune n'a pas retenus, appartiennent à cette partie fidèle que le Christ considère avec amour. Ils sont au nombre de cette postérité des saints, et ils ne sont pas déshonorés par la rouille qui dévore le reste. Ils ont manifesté une foi vive, et ont attaché un prix considérable à la bénédiction du Père commun des fidèles. Leur foi sera récompensée.

Il n'y a donc pas seulement dans ce recueil un magnifique hommage rendu au Concile, l'événement le plus mémorable du XIX⁰ siècle, mais une haute leçon de sagesse et de généreux enthousiasme donnée à la dégradation et à l'affaissement moral de nos jours. Ce livre est une vive protestation contre les indécentes clameurs et les conciliabules de la libre pensée, comme aussi un blâme jeté sur les écarts de certains écrits irritants sortis du camp religieux. Le Concile étant l'Église, et l'Église étant infaillible, certaines criailleries ont été une sorte de manque de foi et un mauvais exemple.

Paris, la ville du mirage par excellence, la ville centralisatrice, la ville du scandale, aura eu ses poëtes chrétiens dans les pages de notre *Album* du Saint-Père, mais elle n'en aura pas eu l'honneur. Dieu ne permet pas que les fronts flétris, portant des stigmates, puissent se couvrir des roses destinées au sacrifice. C'est peut-être parce que Lyon a possédé, dès le onzième siècle, un autel dédié à l'Immaculée Conception, qu'il lui a été donné d'être la ville où se sont réunis nos poëtes, pour aller exécuter leur concert sacré à Rome, tandis que les Pères du Concile, présidés par le Pape, auront fait leur entrée dans la cathédrale du monde, pour y prendre place dans la salle conciliaire.

Le vulgaire, et plus d'un esprit dédaigneux de parti pris, n'apercevront peut-être dans cette manifestation qu'une sorte de curieux concours dû à une active et heureuse témérité. Ce ne sont pas de pareils ramollis ou de tels suffisants que nous prenons pour juges. Rien d'humain ne nous ayant guidé, et les intentions de nos poëtes nous étant connues, nous considérons avec une conviction profonde cet hommage de l'intelligence au souverain Pontife, comme un fait capital qui sera du domaine de l'histoire. Le Concile du Vatican l'enregistrera dans ses fastes, comme une des circonstances les plus dignes d'attention que sa célébration ait provoquées et comme un des plus fermes témoignages d'amour exprimés à l'Église par le talent, dans une occasion si solennelle. Ce présent de l'inspiration poétique sera unique dans son genre, et comme l'intelligence, et surtout la poésie, sa forme la plus éthérée, est la reine des choses d'ici-bas, il nous sera permis de placer ce don qui, par sa nature, doit demeurer pour la postérité, au-dessus des dons matériels déposés aux pieds de Pie IX.

Quels sont cependant les poëtes qui composent notre essaim harmonieux ? Nous les signalons dans leur ordre alphabétique, auquel nous ne nous permettrons de déroger que pour donner la place d'honneur à :

EDOUARD TURQUÉTY, une grande voix de la tombe, dont le chant du cygne avait ici sa place marquée. On dit à bon droit de ce créateur, en parlant de plusieurs de ses travaux : Cela est beau comme Homère et les Livres Saints !

Viennent ensuite par ordre alphabétique :

M. ASTIER, une de ces âmes fortes comme elles abondent dans le diocèse de Nîmes, où l'on vit encore et où l'on mourrait pour la foi.

M. ANDREVETAN, une nature alpestre et qui en a l'originalité.

M. ANGER, un esprit supérieur, qui forma longtemps les jeunes lévites dans les saintes lettres, et qui actuellement, dans sa retraite laborieuse, cultive avec un succès égal la muse latine, la muse française, les études orientales.

Mlle AMIGUES, une âme nourrie à l'école de sainte Thérèse.

M. ANCÉ, M. ALBOISE, M. ANDRIEU, M. AIGUEPERSE, des hommes de Dieu, qui, après avoir répété au temple les psaumes du Roi-prophète, en écrivent eux-êmes dans leurs moments de loisir.

M. AULARD, un patriarche de l'harmonie.

M. BOURRELLY, un *félibre* provençal, héritier de la lyre des troubadours.

M. BURGADE, un investigateur des archives des temps passés, dont il répand le parfum dans ses rapports et dans ses travaux poétiques.

M. Hector BERGE, un disciple de Lamartine et de Victor Hugo, au temps de leur heureuse renommée.

M. BOURGOIN, un de ces chantres de la province qui ne le cèdent en rien en mérite aux poëtes prônés à Paris.

M. BOUDEVILLAIN, M. BASCANS, M. BARBIER, trois mérites cachés comme il en est tant à notre époque, où la médiocrité tapageuse occupe injustement une place imméritée.

Mme BARUTEL, lauréat de l'Institut, un talent aussi naturel que gracieux et solide.

M. Jules BASSET, une bonne volonté que l'on aime.

M. BRUN (Marie), le zèle personnifié du bien.

M. De BAUMEFORT, un chevalier, un ami des voyages d'art, un archéologue, un poëte agréable.

Mme CAVAILLEZ, la foi qui prie et qui chante devant le crucifix et la madone, dans le sanctuaire de la famille.

M. BRIAULT, M. CARBONEL, deux prêtres qui réveillent le psaltérion de la Bible.

M. COURDOUAN, l'amour de la vérité, la foi des vieux âges, la simplicité antique.

M. Joseph CARSIGNOL, le poëte qui a visité Rome, qui en a baisé les reliques et respiré la poésie, qu'il s'efforce de reproduire dans ses chants frappés au coin d'une piété ardente.

M. CAUBLOT, M. CHAMSON, M. CONSTANTIN, trois hommes du sanctuaire que le zèle de la maison de Dieu dévore, et qui l'expriment en langage mesuré.

Mme Eugénie CAZANOVA, de Zicavo, une autre Desbordes-Valmore, avec plus d'énergie dans la voix et une foi mieux accusée.

M. CAMINAT, un poëte de la bonne école, qui médite les fortes conceptions de Michel-Ange, les chants vigoureux de Dante.

M. CHARTIEZ, une organisation éminemment poétique, carrière interrompue par l'infortune.

M. Henri CALHIAT, un Millevoye catholique.

Mme Flavie CABROL, une Rachel qui pleure un fils atteint d'une maladie incurable, et dont la foi espère en la sainteté de Pie IX, pour obtenir une guérison par un prodige.

M. Jean CALVET, M. Léon CROS, M. Abel CHAUVET : la loyauté, la piété, le zèle du beau leur mettent la lyre à la main.

M. Gustave DEMANGE, la croyance vivace des pays montagneux, et qui avec de la culture conserve les parfums de la solitude.

M. l'abbé DONIS, une belle intelligence du sacerdoce catholique, un brillant satellite de cette éminente illustration de la pourpre qui se nomme le cardinal Donnet.

M. L. DROUX, une fleur agreste du Jura, mais avec toute la vivacité de ses couleurs et de son arome natifs.

M. l'abbé DAUJARD, un disciple de saint François de Sales, qui trouve des heures pour répandre son âme dans des vers bien frappés.

M. Emile DESCHAMPS, un émule de C. Nodier, une des plus délicates individualités de cette grande école lyrique dont Lamartine fut l'initiateur.

M. DADOR, un lévite de la loi nouvelle.

M. l'abbé FAYET, un philosophe catholique, un poëte à la diction pure, au langage dicté par la Bible.

M. FÉRAUD, M. FANIER, deux mérites dont la parole captive.

M. FITERRE, un conteur aimable, la foi qui chante.

M. le docteur FRESTIER, un homme de la science qui sait exprimer en vers de pieuses pensées.

M. Eugène GALAIS, un jeune chantre très-heureusement doué.

M. GIRARD, pèlerin de la Terre-Sainte, le défenseur des Saints-Lieux, directeur infatigable de *l'OEuvre religieuse de l'Orient,* justement aimé des vénérables Évêques de ces pays, qu'avec quelques dons on peut régénérer.

M. GAY-TRÉHU, un croyant, un sage, un homme de méditation.

M. l'abbé GIRAUDET, une lyre harmonieuse.

M. D. GINOUX, un chantre chrétien.

M. Georges GARNIER, une nature douce qui module de délicieuses prières sur les falaises de la Normandie, où le flot murmure et unit son hymne à celle du poëte.

M. P. GADRAT, un autre Jean Reboul, qui allie le travail manuel au doux labeur de l'intelligence.

M. Armand GRANEL, une voix éclose des accords que fait encore entendre la harpe des *Méditations.*

M. l'abbé GANNAT, un poëte à la parole mâle autant qu'inspirée.

Mme Pauline HENRY, une mère pieuse, ange qui veille sur la famille, en répandant au dehors sa charité, et qui, à ses heures, glorifie les amabilités de la religion.

M. le Comte D'HUMIÈRES, un digne fils des Croisés.

M. JAMEAUX, un vétéran du sacerdoce qui a des strophes pour exalter les principes, d'autres pour flageller les tendances subversives.

M. JOBEY jeune, le père de famille des âges de foi, pèlerin de Rome, défenseur des bonnes et vraies traditions.

M. G. De KERHARDÈNE, le narrateur de ses voyages en Palestine, le collaborateur de Michaud, le poëte légendaire.

Mme MARIE DE KERHARDÈNE, nous l'appellerons la violette qui s'épanouit à côté du rosier.

M. AULARD, baron DE KINNER, un sage, un de ceux dont un grand écrivain a pu dire : Je suis vieux, écoutez les paroles d'un vieillard.

M. VICTOR DE LAPRADE, le poëte le plus justement en renom des temps présents, honneur de Lyon par sa résidence ordinaire, gloire de Paris comme membre de l'Académie française.

M. le Marquis DE LAINCEL, poëte qui unit l'énergie à la grâce, et dont les travaux critiques ou d'*humour*, prouvent que C. Nodier n'est pas mort entièrement.

M. AUGUSTE LESTOURGIE, un des chantres que prendrait aujourd'hui l'Equité si elle devait former en France une pléiade contemporaine.

M. l'abbé V. DE LESTANG, M. l'abbé LEMAIRE, deux vétérans du sacerdoce, qui retrouvent la vigueur du jeune âge pour célébrer le Christ et la Vierge Immaculée.

M. J.-P.-M. LESCOUR, une de ces âmes à forte trempe du pays breton, dont les poésies ont la vivacité de celles des anciens bardes, dans ce même langage des Celtes encore conservé sur ce sol où les traditions demeurent. M. Lescour, à l'énergie antique, à la piété des âges de foi, unit une sensibilité exquise et des formes non moins aimables.

M. J.-M. LE JEAN, M. MILIN, M. PRIGENT, trois autres bardes bretons, avec les qualités de M. Lescour, leur doyen, leur président.

Mme MARIE LECORPS, une charmante muse chrétienne.

M. l'abbé LOMINY, un poëte nourri de la lecture de la Bible.

M. Victor LAC de BOSREDON, un chantre de l'école des *Odes et Ballades*, avec le catholicisme d'Édouard Turquety.

M. l'abbé LESAGE, un poëte qui chante, lors même qu'il peint des choses belles, mais peu susceptibles d'ornements, et qui a des idées et des images pour les célébrer.

M. De LAUGERIE, un chevalier, un croisé de la parole.

M. l'abbé LAMOUROUX, la foi qui agit, l'enthousiasme du bien et du vrai.

M. F. MAURY, un autre poëte qui choisirait l'Équité si elle avait à composer une pléiade.

Le fr. MARIE-SYMPHORIEN, la contemplation du cloître, l'amour du Crucifix, le goût de la prière.

M. Charles MARTEL, M. Charles SOULEYROL, deux adolescents, deux cousins, petits-fils d'un homme de la

science aujourd'hui un Siméon qui, avant de dire son *Nunc dimittis*, voudrait voir, si l'Église le trouve juste, Marie-Ange, celle qu'il croit pouvoir appeler la Sainte de Béziers, et dont il a écrit la vie toute surnaturelle, béatifiée.

M. Félix MARQUÉSY, un artiste distingué de la Normandie, une supériorité qui, comme Michel-Ange, à la palette du peintre unit la lyre du poëte.

M. Johannis MORGON, le chantre voyageur, touchant également bien la lyre latine et la lyre française.

M. l'abbé MESNARD, M. l'abbé MINGASSON, M. l'abbé MANUEL, une triade qui monte à l'autel, au marbre duquel elle attache l'instrument divin docile sous ses doigts.

M. MAHON DE MONAGHAN, un philosophe catholique, un Millevoye chrétien.

M. MAVRÉ, une aurore poétique que la culture rendra un beau jour.

M. Alphonse MARTIN, la simplicité, mais la sincérité du chrétien.

M. MÉGURY, encore une aurore pleine de promesse.

M. P. MAURIÈS, un cœur qui aime Dieu et qui l'honore.

M. Achille MILLIEN, poëte qui rappelle Virgile dans les *Géorgiques*, Théocrite dans l'*Idylle*, Soulary dans le sonnet humouristique, Gœthe dans la légende ; le tout forme un esprit plein de distinction et d'originalité. M. Millien a atteint aujourd'hui beaucoup de perfection littéraire.

M. Théobald NEVEUX, c'est Lefranc de Pompignan dans ses meilleures odes.

M. Stanislas NEVEU, grâce et fermeté dans les vers.

M. Louis OPPEPIN, il mérite le titre d'un de ses recueils : *Le Barde aux pieds de Marie*.

Le Fr. PAGÈS, un survivant des âges de foi.

M. l'abbé PEYRET, la fidélité, la foi agissante, le cœur, un prêtre selon l'esprit de l'Évangile.

Mlle Marie-Amélie PROST, Mme RICHARD, deux personnes qui ont l'expérience des hommes et des choses, et qui ont de bonne heure embrassé la sublime folie de la Croix.

M. Adrien PELADAN, qui ne nous permet de parler de lui que pour rappeler les 25 années de sa vie consacrées à la glorification de l'Église, et pour dire qu'il a écrit dans l'*Album*, le prologue, l'épilogue et trois autres pièces qui complètent le plan auquel devait répondre l'ouvrage.

M. Adrien PELADAN fils, jeune érudit dont de vieux savants recherchent la conversation et louent le tact médical et les connaissances nombreuses.

M. PRACHE, M. POSTEL, l'affirmation de la croyance dans un siècle indifférent.

M. l'abbé PECH, nous l'appellerons volontiers un fort devant le Seigneur, parce que sa poésie a des accents qui révèlent un caractère élevé, des idées lumineuses, l'intelligence des temps mauvais que nous traversons.

M. Paul REYNAUD, âme droite, forte conviction, dévouement à toute épreuve, cette loyauté qu'un poëte épique choisirait pour un type de l'amitié.

M. l'abbé ROBIN, M. l'abbé REVERTÉGAT, la vertu sacerdotale qui fait l'œuvre de Dieu sans préoccupation humaine.

M. le chanoine RIBIERE, administrateur, directeur de la jeunesse, revêtant d'atours naturels les leçons qu'il présente ; sage, dont les discours s'adressent avec fruit à tous les âges.

M. Antony RÉNAL, aujourd'hui dans la tombe, mais dont le charme poétique vit dans la mémoire de tous ceux qui le connurent.

M. Camille REY, le cœur droit qui exprime ce qu'il sent.

M. l'abbé TURCY; ses œuvres accusent deux fortes études, les plus grandes au point de vue littéraire : la Bible et Homère.

M. J.-B. VALLÉE, l'amabilité de l'âge mûr qui retrace des souvenirs ou peint de douces impressions.

M. VAUCHOT, la simplicité qui prie avec confiance.

M. Louis de VERRIERES, le Soulary chrétien du Limousin, le poëte du sonnet, l'appréciateur des sonnettistes : ces mots renferment tout un éloge.

Enfin vingt-cinq ou trente auteurs dont nous omettons les noms, ou qui ont signé par de simples initiales : ces poëtes luttent avec leurs confrères, de mérite, d'originalité, de charme, d'élévation.

Cette longue énumération faite, que dirons-nous de l'Episcopat français, relativement à l'*Album* du Saint-Père ? Le nombre imposant des Evêques qui nous ont honorés de leur souscription et qui nous ont adressé des encouragements si touchants, sont pour nous comme une cassolette de parfums exquis, que nous tiendrons dans nos mains avec amour et dont la vue sera toujours pour nous un sujet de joie. C'est à peine si nous oserons faire remarquer que les préparatifs de départ de nos vénérés prélats, leurs travaux pour le Concile, ont coïncidé avec la publication de l'*Album* et ont sans doute empêché plus d'un d'entre eux de nous donner aussi son précieux suffrage.

Nous ne saurions clore ces réflexions, sans nous réjouir devant ces listes nombreuses de souscripteurs qui, protestant contre l'inertie actuelle des âmes pour les actes de foi qui demandent un dérangement, nous ont spontanément apporté leur généreux concours. C'est là un dédommagement qui nous fait oublier la longueur de nos veilles, la persistance de notre sollicitude pour atteindre le but désiré.

Oui, oui, ô poëtes aimés, heureux confidents des anges qui vous prêtent leur voix, oui, chrétiens qui vous êtes réunis à nous pour écouter nos poëtes et pour participer à leur hommage solennel au Saint-Père, votre action est belle, votre conduite digne d'admiration. Et nous, qui n'avons fait que deviner votre pensée et vos dispositions, en vous conviant à cette pacifique croisade, nous ne pouvons achever d'écrire ces lignes sans nous sentir attendris. C'est que vous nous avez révélé tant de respect pour nos dogmes saints, tant d'amour pour Jésus-Christ, que nous bénirons jusqu'à notre dernier jour l'occasion qui nous a fait connaître ces riches trésors de génie et de tendre piété possédés par notre France adorée. Exaltez, exaltons à l'envi Pie IX, notre souverain Pontife, le concours de nos Evêques, l'Eglise en un mot, cette mère céleste qui nous reste toujours, quand tout nous abandonne dans ce monde menteur. C'est l'unique pensée de ce livre, et nul n'oserait avancer qu'elle n'ait pas été couronnée de succès.

La Commission de l'Album.

TABLEAU

DES

COLLABORATEURS DE L'ALBUM

Par ordre alphabétique

Aigueperse (Auguste), Dioc. de Tulle . 367
Alboise (l'abbé), Dioc. de Carcassonne. 111
Amigues (Mlle Eulalie), Dio. de Toulouse. 78
Anger (l'abbé), Dioc. de Coutances . . 164
Ancé (l'abbé J. P.), Dioc. de Carcassonne. 114
Andrieu (l'abbé A.), Dioc. de Cahors . 327
Andrevetan (le D^r), Dioc. d'Annecy. . 253
Astier (l'abbé), Dioc. de Nîmes . . . 135
        Le même 139
Aulard, (Baron de Kinner) 54
A. B., Dioc. d'Alby 136

Barbier, Dioc. de Pamiers 293
Bascans (l'abbé), Dioc. de Toulouse . 80
Barutel (Mme, née Adolphine Bonnet),
    Dioc. de Carcassonne . . . 379
Basset (Jules), Dioc. de Bordeaux . . 433

Baumefort (V. de), Dioc. d'Avignon. . 495
        Le même 497
Berge (Hector), Dioc. de Bordeaux. . 25
Bourelly, Dioc. d'Aix 190
        Le même 195
Boudevillain (l'abbé L.), Dioc. de Blois.
Bourgoin (E.), Dioc. de Poitiers. . . 27
Briault (l'abbé Ludovic), Dioc. de Carcassonne 45
Brun (Marie), Dioc. de Lyon. . . . 492

Cavaillez (Mme), Dioc. de Carcassonne. 118
Carbonel (l'abbé), Dioc. de Digne . . 200
Carsignol (Joseph), Dioc. de Viviers. 432
Caublot (l'abbé), Dioc. de Poitiers. . 44
Cazanova, de Zicavo (Mme Eugénie), Dioc. de Bourges. 50
Caminat, Dioc. de Paris. 69
Calhiat (Henry, Silve de St-Henry), Dioc. de Montauban. . . . 266
        Le même. 268
Cabrol (Mme Flavie), Dioc. de Carcassonne. 389
Calvet (Jean), Dioc. de Carcassonne. 359
        Le même. 339
Chamson (l'abbé), Dioc. de Dijon. . . 13
Chartiez (A. J.), Dioc. de Bordeaux. . 280
        Le même. 342

CHAUVET (Abel), Dioc. de Carcassonne.	84
Le même	116
C. D., Dioc. de Nancy.	436
CONSTANTIN (l'abbé), Dioc. de St-Claude.	15
COURDOUAN, Dioc. de Marseille . . .	185
CROS (Léon), Dioc. de Carcassonne. .	109
COMMISSION de l'ALBUM. (La)	61
DAUJARD (l'abbé), Dioc. de Toulouse. .	121
DADOR, Dioc. de Bordeaux.	405
DESCHAMPS (Emile), Dioc. de Versailles.	384
DEMANGE (Gustave), Dioc. de St-Dié. .	237
DONIS, curé de St-Louis de Bordeaux.	21
DROUX (L.), Dioc. de St-Claude. . .	17
D. E. F., Dioc. de Strasbourg. . .	438
FAYET (l'abbé), Dioc. de Moulins. . .	132
FANIER (l'abbé), Dioc. d'Arras . . .	440
FÉRAUD (l'abbé), Dioc. de Fréjus. . .	202
FITERRE (J. B.), Dioc. de Bayonne. .	527
FRESTIER (Le D^r), Dioc. de Lyon. . .	387
F. L., Dioc. de Mende	262
F. A., Dioc. de Moulins.	124
GACHARD, curé, Dioc. d'Aire. . . .	340
GANNAT, curé de St-Pierre-les-Minimes de Clermont.	407

Galais (Eugène), Dioc. de La Rochelle.	481
Le même	483
Gay-Tréhu, Dioc. de Coutances	523
Garnier (Georges), Dioc. de Bayeux et Lisieux.	177
Gadrat (P.), Dioc. de Carcassonne.	85
Girard, directeur de la Terre-Sainte, Dioc. de Grenoble	499
Giraudet (l'abbé Alph.-Marie), Dioc. de Poitiers.	29
Ginoux (D.), Dioc. d'Aix.	187
Granel (Armand), Dioc. de Carcassonne	345
Guméry (Désiré), Dioc. de Tarentaise.	487
Henry, née Lemaire (Mme Pauline) Dioc. d'Arras	257
Humières (le Comte d').	493
Le même.	391
Jameaux (l'abbé), Dioc. de Rennes.	241
Jobey jeune, Dioc. de Seez	183
J. L., Dioc. de Besançon.	225
Kerhardène (G. de), Dioc. de Nantes.	209
Le même	211
Le même	255
Kerhardène (Mme Marie de) idem.	213

LAPRADE (V. de), de l'Académie franç.	277
LAINCEL (Marquis Louis de) Dioc. de Valence	140
LAC de BOSREDON (Victor), Dioc. d'Agen.	400
LAUGERIE (de), Dioc. de Bordeaux. . .	478
LAMOUROUX (l'abbé), Dioc. de Rodez.	353
Le même	356
LABOUREUR (un), Dioc. de Lyon. . .	490
LESTOURGIE (A.), Dioc. de Tulle. . .	63
LESTANG (l'abbé Victor de), Dioc. du Puy.	61
Le même	382
Le même	304
LEMAIRE (l'abbé), Dioc. de Cambrai .	251
LESCOUR (J. P. M.), Président de la Société des Bardes bretons, Dioc. de Quimper	246
Le même	509
LECORPS, née Ravenel (Mme Marie), Dioc. de Coutances.	174
LE JEAN (J.-M.), Dioc. de St-Brieuc .	361
LESAGE (l'abbé), Dioc. d'Arras . . .	427
LOMINY (l'abbé), Dioc. de Lyon. . .	396
MAURY (F.), Dioc. de Clermont. . .	414
Le même	420
MARIE-SYMPHORIEN (le frère), religieux cistercien, Dioc. d'Avignon. .	152

Martel (Charles), Dioc. de Montpellier.	330
Mahon de Monaghan (Eugène), Dioc. de Paris	74
Marquésy (Félix), Dioc. de Rouen	154
Maire de village (un), Dioc. de C.	245
Manuel (l'abbé), Dioc. d'Agen.	321
Mavré (A.), Dioc. de Meaux.	466
Martin (Alph.), Dioc. de Montpellier.	383
Mauries (P.), Dioc. de Quimper.	484
Mesnard (l'abbé), Dioc. de Luçon	34
Millien (Achille), Dioc. de Nevers.	522
Missionnaire (un), Dioc. du Mans	215
Le même.	219
Milin, Dioc. de Quimper.	515
Mingasson (l'abbé).	41
Le même.	55
Le même.	318
Morgon (Johannis), Dioc. de Belley.	227
Le même	232
Le même	349
M. P., Dioc. de Nantes	299
Neveux (Théobald), Dioc. de Limoges.	309
Le même.	311
Le même	315
Neveu (Stanislas)	57
Le même.	58

Oppepin (Louis), Dioc. de Nevers . .	133
Pagès (Fr.), Dioc. de Montpellier . .	182
Peladan (Adrien), Dioc. de Lyon. .	ix
Le même.	1
Le même	5
Le même.	146
Le même	546
Le même	551
Peladan (Adrien fils), Dioc. de Lyon. .	xvii
Pech (l'abbé), Dioc. de Carcassonne. .	102
Peyret (l'abbé), Dioc. de Montpellier .	150
Postel (Charles), Dioc. de Poitiers. .	375
Prigent (l'abbé), Dioc. de St-Brieuc. .	502
Prost (Marie-Amélie Melle), Dioc. de Lyon	11
Prache (Honoré), Dioc. de Carcassonne.	93
Poete villageois (un), Dioc. de Reims.	263
A. P., Dioc. de La Rochelle . . .	435
Raynaud (Paul), Dioc. de Carcassonne.	98
Rey (Camille), idem. . . .	469
Religieuse de l'Institution de l'Enfant-Jésus (une), Dioc. du Puy. .	59
Revertégat (l'abbé), Dioc. de Fréjus. .	471
Rénal (Antony), Dioc. de Lyon. . .	285
Ribière, Chanoine de Limoges. . .	281

RICHARD (Mme), Dioc. de Lyon.	9
ROBIN (l'abbé Léon), Dioc. de St-Claude.	19
SOULARY (Joséphin), Dioc. de Lyon.	399
SAULEYROL (Charles), Dioc. de Montpellier.	144
SOLITAIRE (un), Dioc. de Tours.	207
Sr C. de M. rel. Ursuline.	393
TURQUETY (Edouard)	542
THIERRY (Joseph-Henry), Dio. de Rouen.	525
TURCY (l'abbé), Dioc. de Carcassonne.	323
T. (Louis de), Dioc. d'Auch.	205
VALLÉE (J.-B.), Dioc. de Lyon	7
VAUCHOT (J.-J.), Algérie.	351
VERRIÈRES (Louis de), Dioc. de Tulle.	67

FIN DU TABLEAU DES COLLABORATEURS.

PROLOGUE

JÉSUS-CHRIST A LA NOUVELLE JÉRUSALEM

ou

LE CONCILE OECUMÉNIQUE DE 1869

Ne dis plus, ô Jacob : Mon Dieu m'a délaissé !
La mère éloigne-t-elle un fils qu'elle a bercé ?
Mais quand elle oublirait le fruit de ses entrailles,
Je ne t'oublirai pas, Sion, dont les murailles,
A chaque instant du jour sont devant mes regards.
C'est moi qui, de ma main, ai fondé tes remparts.
Ceux qui te désolaient désertent ton enceinte.
De tes restaurateurs voici la foule sainte.
Leur nombre, autour de toi, précieux ornement,
Brille comme une épouse au riche vêtement.

Ton ennemi criait : « Voyez la solitude
» De l'auguste cité, » lorsque la multitude
Accourt des quatre vents s'agglomérer en toi.
Et tu dis en ton cœur : Qui donc produit en moi
Ces enfants que n'ont pas allaités mes mamelles ?
L'ange de mon amour t'ombrage de ses ailes.

Sur tous les continents s'étend sa grande main,
Doux soleil des esprits qui luit au genre humain.
Des peuples éloignés les nombreuses familles
T'apportent dans leurs bras et leurs fils et leurs filles.
Découvrant sur les monts la trace de mes pieds,
Les prophètes menteurs tombent de leurs trépieds.
Les rois de tes parvis baiseront la poussière ;
Ils seront de tes fils la source nourricière.
Du Dieu qui te défend, peuple, écoute la voix ;
Honore la cité, la cité de mon choix !
Les îles de la mer demeurent dans l'attente ;
Le Sauveur à leurs yeux a déroulé sa tente.
Devant la majesté de l'Envoyé des cieux,
Les chefs des nations restent silencieux.
Ceux qui se prosternaient devant des dieux d'argile
S'éveillent tout à coup au jour de l'Evangile.
Chante, Jérusalem, mon triomphe ici-bas,
Le Dieu qui met la vie où régnait le trépas.
Chante à ce Maître saint de sublimes louanges,
O mère à qui de fils je donne des phalanges.
Celui qui te créa lui-même est ton époux ;
C'est le Ressuscité qui s'immola pour tous.
Vase d'affliction qu'a rempli la tempête,
Ton opprobre se change en ornement de fête !
Tes fondements nouveaux posent sur des rubis.
D'un jaspe éblouissant tes murs seront bâtis.
Et tes fils s'abreuvant à mes coupes divines,
Un bonheur inconnu ravira tes collines.

Eglise, lève-toi ; resplendis de clarté :
Ton front d'Adonaï revêt la majesté.

Tressaillez d'allégresse et bondissez de joie,
Peuples qu'en sa cité le Dieu du ciel envoie !
Rois, marchez aux clartés de ses feux jaillissants ;
Portez-lui de Saba l'or, la myrrhe et l'encens.
Ennemis de Juda, qui l'insultiez en face,
De ses pas glorieux vous honorez la trace.
Ton aliment, Sion, n'est plus un pain amer :
La paix répand le miel de l'une à l'autre mer.
J'ai décoré ton front d'un brillant diadème.
J'ai doublé ton éclat, pour me plaire en toi-même.
Le voilà donc le Dieu devant qui tout fléchit,
Le Vainqueur, le Puissant, le Bras qui t'affranchit.
Tu seras dans mes mains une riche couronne.
J'ai dit aux nations que l'erreur environne :
Voyez, dans votre ciel par l'abîme obscurci,
J'allume mon soleil ; le voici ! le voici !
Et toutes se levant à ces vives lumières,
Ainsi que des coursiers aux flottantes crinières,
Elles ont pris l'essor vers le mont du Seigneur,
Et dans l'élan d'amour qui débordait leur cœur,
Elles ont dit, chantant tes sublimes cantiques :
« Rome, Sion nouvelle, élargis tes portiques ! »

ADRIEN PELADAN,

Directeur de la SEMAINE RELIGIEUSE DE LYON,
*chevalier de Saint-Sylvestre, de l'Académie
des Arcades, auteur de l'*HISTOIRE DE JÉSUS
CHRIST D'APRÈS LA SCIENCE, *etc.*

PROVINCE ECCLÉSIASTIQUE DE LYON

JE SUIS CATHOLIQUE ROMAIN
Crux de cruce

A SA SAINTETÉ PIE IX
SOUVERAIN PONTIFE

Hommes de peu de foi, vous courbez donc la tête
Aux sinistres clameurs de la sombre tempête
Que de l'Ange infernal a déchaînée la main !
Je ne rougirai pas de la foi de mes pères :
Viennent des jours de bronze après des temps prospères,
    Je suis catholique romain.

Des lumières d'en haut les nations sont veuves.
Elles vont cheminant, à travers les épreuves,
Dans le calme aujourd'hui, dans le trouble demain.
Affaissement, torpeur, somnolentes pensées,
C'est donc ce qui survit dans les âmes glacées....
    Je suis catholique romain.

Ambassadeur du Ciel, que le poëte tonne,
Sa parole de feu ne captive personne ;
Si l'émotion naît, c'est pour tomber soudain.
Mais verrais-je partout périr ta confiance,
O Christ, serais-je seul ferme dans ta croyance,
    Je suis catholique romain.

S'entoure qui voudra d'une lâche prudence,
Sina, Thabor, Carmel, à vous ma dépendance;
Je reste avec Elie aux rives du Jourdain.
Etoiles, pâlissez ; monde, prends le vertige ;
Vieilles races des rois, séchez dans votre tige;
    Je suis catholique romain.

Pontife conspué, mon âme te révère,
Je veux suivre ta trace et monter ton calvaire ;
Je veux boire le fiel dont ton calice est plein.
Image du Sauveur que le lâche abandonne,
Sous le poids de ta croix, je baise ta couronne.
    Je suis catholique romain.

Oui, oui, je le proclame en face de la foule :
Au moment où l'on dit que ta puissance croule ;
Où l'on croit t'arracher le bandeau souverain ;
J'attache avec amour mes yeux sur la tiare :
Au sein de la tourmente elle reste le phare...
    Je suis catholique romain.

Adrien PELADAN,

Directeur de la Semaine Religieuse de Lyon,
*chevalier de Saint-Sylvestre, de l'Académie
des Arcades de Rome, auteur de l'*Histoire
de Jésus-Christ, d'après la Science, *etc.*

(diocèse de lyon)

A SA SAINTETÉ PIE IX

A L'OCCASION DU CONCILE

Le Seigneur contemplait la ville catholique,
Rome, en butte à la haine, aux complots des pervers ;
Et se levant bientôt comme dans l'âge antique,
Au Moïse nouveau, son Pontife héroïque,
« Affirme, lui dit-il, mon nom à l'Univers. »

A cet ordre d'en haut le Grand-Prêtre docile,
Convoque les Pasteurs dans la sainte Cité.
Tressaillez d'allégresse, ô fils de l'Evangile ;
Au Vatican bientôt siégera le Concile
Qui fera refleurir l'antique autorité.

Evêques, accourez, de tous les points du monde ;
De Pierre, le premier de vous tous, c'est la voix.
Du Dragon infernal sur nous la fureur gronde ;
Enchaînez les effets de sa haine profonde
Par l'immense vertu qui descend de la croix.

Entendez ses clameurs, écoutez ses menaces,
Indice trop marqué de ses hideux desseins ;
On reconnaît au loin l'effet de ses audaces ;
Partout il a laissé de lamentables traces
De ses discours impurs, de ses conseils malsains.

L'athéisme a semé ses abjectes maximes ;
Par ses débordements rien n'est plus respecté.
Il a poussé le siècle au penchant des abîmes :
Nul temps plus que nos jours n'enregistra de crimes ;
Le Seigneur est proscrit de la société.

Le flot envahisseur inonde la vallée,
Escalade les monts. Accourez, ô Docteurs ;
Commandez fortement à cette onde troublée ;
Et ranimant la foi dans toute âme ébranlée,
Vous vaincrez de Satan les fatales erreurs.

ENVOI

De l'apôtre saint Pierre,
Bien-aimé successeur,
En vous est la lumière,
Qui nous vient du Seigneur.

O Pontife suprême,
Mon cœur est plein d'amour
Pour le pur diadème
Que Dieu sur votre front met du divin séjour.

J.-B. VALLÉE.

(DIOCÈSE DE LYON)

LE CONCILE ŒCUMÉNIQUE DE 1869

A toi nos âmes sont soumises,
Eglise, objet de notre amour.
Qu'il brille à nos yeux l'heureux jour
Où s'ouvriront encor tes divines Assises.

D'où nous viendra-t-il le remède
Capable de guérir ces maux
Qui nous entraînent aux tombeaux ?
Ce remède puissant, seul le Ciel le possède.

L'impiété, par ses manœuvres
Sème le venin de l'erreur ;
Elle a proscrit ton nom, Seigneur !
Les malheurs de nos temps sont le fruit de ses œuvres.

Avant de frapper, ta colère
Paraît sur ton front irrité.
D'où nous reviendra ta bonté ?
De nos vœux adressés à ton auguste Mère.

Puis, de cette auguste assemblée
Que l'Esprit-Saint dirigera,
Et que Pierre présidera
Dans le temple où la foi garde son mausolée.

Par l'Église qui nous éclaire
Toujours le Verbe parlera;
Par elle, d'en haut nous viendra
Le secours qu'a promis le rachat du Calvaire.

O Rome, Rome catholique,
Qu'en toi tressaillent tes enfants,
De l'Enfer rends-les triomphants,
Qu'ils soient les défenseurs du Siége Apostolique.

Et toi, noble pays de France,
Toi, de l'Église le bras droit,
Du Saint-Père défends le droit,
Sois sa consolatrice en sa longue souffrance.

A ta mère fille docile,
Pleine de respect à sa voix,
Sois son héraut comme autrefois,
Appuyant de ton bras les lois du saint Concile.

Madame RICHARD.

(DIOCÈSE DE LYON)

ESPERANCE

Sur l'Église du Christ s'est déchaîné l'orage.
L'horizon ténébreux inspire la terreur,
Des sombres aquilons se déchaîne la rage.
Mais on ne verra pas mollir notre courage :
Protégé par la croix, on résiste à la peur.

Le Seigneur a promis de nous être propice :
Pour vaincre le danger, que faut-il? le bénir.
N'est-il pas la vertu? N'est-il pas la justice ?
Golgotha n'a-t-il pas, par son grand sacrifice,
Racheté le présent, racheté l'avenir ?

Non, non, ne tremblons point; fils de Dieu, si l'abîme
A paru, sous nos pieds, au point de s'entr'ouvrir ;
L'impie égyptien seul sera la victime.
Moïse n'est-il pas le prophète sublime
Qui conduit Israël où Dieu veut l'établir.

Le voyez-vous siégeant, plus puissant qu'une armée,
Ce sénat de vieillards dans la ville aux sept monts !
En vain tes ennemis, ô Rome bien-aimée,
S'agitent; leur fureur meurt comme une fumée ;
Dans ta grande victoire en chœur nous t'acclamons.

O vous qu'a réunis le Pontife suprême,
Evêques, prononcez, ordonnez, défendez ;
Dans vos décisions parle la voix que j'aime,
Vos décrets sont l'écho de l'Esprit-Saint lui-même,
Dieu lui-même a prescrit ce que vous décidez.

Protége nos Pasteurs, Vierge, Reine des anges ;
Garde-les sur les flots, aplanis leur chemin ;
De notre Rédempteur ne sont-ils pas les anges ?
Naguère n'ont-ils pas à tes saintes louanges
Ajouté la splendeur d'un hommage divin (1) ?

Alors nous chanterons, pleins de reconnaissance,
Un hymne qui dira ta gloire et tes bienfaits.
Du Christ sur l'Univers brillera la puissance.
Pierre aura tout soumis à son obéissance,
Secondé par l'amour d'un monarque français (2).

Marie-Amélie PROST.

(DIOCÈSE DE LYON)

(1) Le Dogme de l'Immaculée Conception.
(2) Allusion à plusieurs prophéties des plus respectables, annonçant pour nos âges, le retour à l'Eglise de l'hérésie et du schisme, la fin de l'islamisme, sous un Pape angélique, secondé par un Monarque français.

CANTIQUE POUR LE JUBILÉ

Air du Cantique populaire en l'honneur de sainte Germaine

Fille du Ciel, Église notre Mère,
Pour qui ces fleurs, ce concours solennel ?
Quel est le nom que redit la prière
Parmi l'encens et les feux de l'autel ?

   O Très-Saint-Père,
   Heureuse, en toi
   L'Église espère ;
   Confirme notre foi !

Accourons tous en ce doux sanctuaire,
Et, par nos chants, fêtons un si beau jour ;
D'un glorieux et saint anniversaire
Rome avec nous célèbre le retour.

   O Très-Saint-Père, etc.

O saint Pontife, à cette heure bénie
Où tu gravis les marches de l'autel,
En saints transports ta belle âme ravie
Se réjouit, exalte l'Éternel.

   O Très-Saint-Père, etc.

Pour ses enfants le cœur plein de tendresse,
Il veut que tous fêtent ses Noces d'or.
Il a parlé : pour nous, avec largesse,
Des biens divins il ouvre le trésor.

   O Très-Saint-Père, etc.

Du bon Pasteur prolongez les années,
Dieu tout-puissant, bénissez-en le cours.
Pour accomplir ses nobles destinées
De votre bras il attend le secours.
   O Très-Saint-Père, etc.

CHAMSON,

Curé de Noiron-les-Citeaux

(DIOCÈSE DE DIJON)

TU ES PETRUS

L'entendez-vous ce mot, vaillants, dont la folie
Au Vicaire du Christ fait une guerre impie ?
  Cette parole est du Sauveur.
Satan le foudroyé vous inspire ses haines ;
Mais contre le Seigneur vos manœuvres sont vaines ;
  Il se rit de votre fureur.

Contre la papauté cependant que de ligues !
Que de piéges secrets ! Que de sourdes intrigues !
  Insensés, le Dieu des combats,
Le maître qui domine et le temps et les âges,
Pour briser vos complots et détruire vos rages,
  A pour ministre le trépas.

L'Abime veut régner sur la ville éternelle,
A la lutte succède une lutte nouvelle.
  Frappez, multipliez les coups ;
Sus, Titans, épuisez vos audaces viriles.
Mais pour vous disperser dans vos efforts stériles,
  Dieu se lève, et souffle sur vous.

« Rome ou la mort ! » tel est l'éclatant cri de guerre ;
« De la grande cité qui commande à la terre,

« Expulsons le Pontife-Roi. »
La mort ! elle sera votre horrible partage,
Et vous n'obtiendrez pas Rome pour héritage ;
    Le Christ l'a dit : « Elle est à moi ! »

Constantin n'osa pas y maintenir son trône.
L'orgueil qui tentera d'en briser la couronne,
    Le bras d'en haut le brisera.
Pour ses représentants, Jéhovah l'a choisie.
Arrière les tyrans, arrière l'hérésie !
    Pierre seul y dominera.

O père bien-aimé que l'univers admire,
C'est en vain que l'erreur dans ses antres conspire
    Contre ta sainte autorité ;
Elle doit des chrétiens recevoir les hommages,
Jusqu'au jour qui sera la limite des âges,
    Et jusques à l'éternité.

C. CONSTANTIN,
Curé de Saint-Maur

(DIOCÈSE DE SAINT-CLAUDE)

HOMMAGE

A vous ce chant pieux, ô magnanime Pie !

Souffrez qu'un humble enfant, au mazzinisme impie
Adresse devant tous de sévères accents.

Sur vous l'Enfer a beau s'acharner en tous sens ;
Former l'iniquité, ourdir de noires trames :
Inutiles efforts ! le Pasteur de nos âmes
Ne sera pas souillé par des flots corrompus.
Toujours par sa puissance ils seront confondus.
En butte aux traits du mal, l'Eglise militante
Tient élevée aux cieux sa bannière éclatante
Et l'emporte sur vous, artisans de forfaits.

Le Christ nous parle, ô Pie, en vos nombreux bienfaits ;
En vous de cent vertus est le noble assemblage.

Pourquoi résistez-vous au plus terrible orage ?
Ah ! c'est que le Très-Haut sur vous ayant son bras,
Protége son Eglise et vit dans vos combats,
Et qu'a prié pour vous notre Reine des Anges.

Pontife vénéré, les célestes phalanges
Inspirent à vos preux l'héroïsme du bien.
Enhardi par leur cœur, je vous offre le mien.

Ne cessant de prier, le monde catholique
Espère de la paix entonner le cantique,
Un retour à la foi des peuples égarés.
Faites luire, Seigneur, ces jours tant désirés.

Heureux ceux qui, soumis à l'Eglise romaine,
En défendent les droits, en gardent le domaine !
Un jour ils recevront le prix de leur amour.
Rome, reste mon culte et la nuit et le jour..
Etre jusqu'à la fin humble fils de l'Eglise,
Unir ma vie à Dieu jusqu'à ce qu'il me brise,
Servir la vérité qui descend du Seigneur,
Est le vœu le plus cher qui germe dans mon cœur.
Mon âme, il nous faut vivre et marcher de la sorte.
Et si chez la plupart cette foi vive est morte,
N'en tenons que plus fort le céleste drapeau :
Tête, poitrine, bras, à lui jusqu'au tombeau.

Régnez longtemps encor, Pontife vénérable.
Elevez nos esprits dans le temple adorable.
Gardez du Rédempteur le culte inaltérable ;
Nourrissez le troupeau de l'aliment divin.
Appelez les bienfaits d'en haut sur notre France ;
Nous sommes, nous serons avec persévérance,
Toujours vos fils aînés comme le fut Pepin.

L. DROUX.

(DIOCÈSE DE SAINT-CLAUDE)

A PIE IX, PONTIFE-ROI

Vous nous l'avez dit, ô Saint-Père,
Dans les siècles antérieurs,
Jamais la barque de saint Pierre
Ne subit autant de fureurs
Qu'en ces jours de fer où nous sommes.
Mais la rage du flot mouvant
Vous redoute, au milieu des hommes,
Comme l'Ange du Dieu vivant.

O royauté du sanctuaire
Que ne peut renverser le mal !
De Jésus-Christ c'est le Vicaire
Qui soutient le monde moral.
Il est la céleste espérance
Protectrice de nos destins ;
Il garde de notre croyance
Le dépôt, les décrets divins.

En lui règne comme en sa source
Le charme de la charité,
Et l'astre du jour dans sa course
Symbolise sa majesté.
Aussi ferme que saint Grégoire,
Tout aussi grand Léon dix,
Il est un prodige de gloire
Le porte-clef du paradis.

Sa vertu proclame, ô Marie,
O lis virginal de Sion,
O toi que l'âme chaste prie,
Ta très-pure Conception.
Aussi regarde-t-il sans crainte
Les trames de ses ennemis,
Protégé par l'égide sainte
L'égide de tes bras amis.

A sa parole évangélique,
Les Evêques passent les mers ;
Pour lui, sur la lyre angélique,
Retentissent d'heureux concerts,
Et l'erreur qui sans résistance
Croyait s'asseoir au Saint des saints,
S'étonne de cette puissance
Qui déconcerte ses desseins.

O Pontife, lève la tête
Devant le Concile charmé ;
Rome pousse un long cri de fête :
Vive Pie neuf le bien-aimé !
Et circulant de plage en plage,
Sur les continents et les mers,
L'acclamation se propage
Jusques au bout de l'univers.

Léon ROBIN,

*Curé de Digna, directeur de l'Association
de prières pour le Japon.*

(DIOCÈSE DE SAINT-CLAUDE)

PROVINCE ECCLÈSIASTIQUE DE BORDEAUX

EMITTES SPIRITUM TUUM ET CREABUNTUR, ET RENOVABIS FACIEM TERRÆ

Rien n'existait encor... Dans un concert intime
Exprimant son bonheur, sa gloire, son amour,
L'Auguste Trinité, sur un trône sublime,
    Régnait dans l'éternel séjour.
Une nuit sans aurore et d'horribles ténèbres
    Étendaient leurs voiles funèbres
    Sur l'immensité du chaos....
Mais la bonté divine enfin se manifeste,
Et, prenant son essor, la Colombe céleste
    S'abaisse, en volant, sur les eaux.

O prodige ! Du sein de l'élément liquide,
Que son souffle fécond a mis en mouvement,
Se dégage une masse inerte, froide, aride,
    Produit informe du néant.
« Que la lumière soit ! » dit une voix puissante,
    Et la lumière obéissante
    Comme l'éclair jaillit soudain.
Jehovah se complaît dans ce premier ouvrage !
Du Jour et de la Nuit il fixe le partage,
    Entre le soir et le matin.

Ainsi, dans notre siècle où rugit le blasphème,
Où tout est confondu, les devoirs et les droits,
Où, dans son fol orgueil, s'attaquant à Dieu même
    L'impie ose élever la voix,
On voit régner partout le doute et la licence...
D'audacieux tribuns frappent avec démence
    L'autel et les trônes croulants...
Les ombres de la mort couvrent la terre entière,
Les peuples éperdus attendent la lumière
    Qui doit guider leurs pas tremblants.....

Paraclet ineffable, ô don par excellence,
Que dispense aux humains l'éternelle bonté,
Fontaine dont les eaux coulent en abondance,
    Foyer brûlant de charité,
Venez... Un froid mortel s'est emparé des âmes...
Tout souffre, tout languit... De vos divines flammes
    Faites-nous ressentir l'ardeur.
Sur sa base ébranlé, le monde est à refaire...
Ouvrez sur ce chaos votre aile tutélaire,
    Descendez, Esprit créateur.

Il va venir... Déjà l'horizon se colore...
Des signes précurseurs annoncent son retour...
Bientôt va se lever cette brillante aurore
    Dont l'éclat présage un beau jour.
Du Concile sacré l'heure est enfin venue...
La prière des saints, en pénétrant la nue,

Du Ciel a vaincu le courroux.
La justice de Dieu fait place à sa clémence...
Gage consolateur de l'antique alliance,
 L'arc-en-ciel rayonne sur nous...

Le Saint-Père a parlé... Des quatre coins du monde,
Pontifes du Seigneur, confesseurs de la foi,
Sans craindre la fureur des autans et de l'onde,
 Venez auprès de votre Roi.
Venez des bords heureux où le soleil se lève,
Des rivages lointains où sa course s'achève,
 Venez du nord et du midi...
Vaisseaux, appareillez et déployez la voile
Pour ces Mages nouveaux, car les feux de l'étoile
 Au Vatican ont resplendi.

Là règne, couronné du triple diadème,
Que la terre et le ciel vénèrent à la fois,
Ce débile vieillard, dont la faiblesse même
 Désarme la force des rois.
Du juste et de l'injuste il trace la limite...
Contre son trône en vain l'impiété s'agite
 Et brandit un fer menaçant...
C'est le phare établi, pour éclairer nos âmes,
Sur ce roc immuable où se heurtent les lames,
 Pour se briser en mugissant.

» Pierre, avait dit le Christ, je veux sur cette pierre
» De l'Église à venir poser le fondement;
» Je veux être avec toi jusqu'à l'heure dernière
 » De mon suprême Avènement... »

Et le Pontife-Roi représente dans Rome
L'Apôtre qui reçut des mains du Fils de l'homme
    Les clefs de la sainte Cité.
Le Christ, par son Esprit, le dirige et l'inspire,
Le Christ triomphe et règne, au Christ revient l'empire
    Du temps et de l'éternité.....

                    DONIS,

                Curé de Saint-Louis de Bordeaux.

ROME CATHOLIQUE

La Rome des Césars, la Rome des conquêtes,
    Où le fer était souverain,
Vit le sang des martyrs ruisseler à ses fêtes,
    Comme le fleuve du Jourdain.

A la voix de l'Apôtre on vit le Paganisme,
    Comme l'hydre aux hideux contours,
Lancer son noir venin sur le Catholicisme,
    Qui comptait alors peu de jours.

Le temple des faux dieux pierre à pierre s'écroule :
    Des chrétiens écoutez la voix !
Jésus parle en leur cœur, et l'on voit de la foule
    Surgir les soldats de la croix.

Les tenailles de fer, les chevalets, la flamme,
    Les dents du lion rugissant,
Rien ne peut ébranler leur courage, leur âme :
    Pour le Ciel ils versent leur sang !

Durant un siècle entier, ô Rome, que de crimes !
    Tes vieux palais en ont horreur !
Tes bourreaux ont trempé dans le sang des victimes
    Leurs mains tremblantes de fureur.

Et c'est après ce temps, que dans Rome l'antique,
    A la place où trônaient les dieux,
On vit briller la croix sur une basilique
    Dont la coupole touche aux cieux.

Depuis *dix-huit cents ans* les successeurs de *Pierre*,
    Ces flambeaux de la chrétienté,
Ont fait germer la foi par des flots de lumière,
    Leurs vertus, et leur charité !

Dignes représentants du Dieu qui s'est fait homme,
    A vous le sceptre, à vous la croix ;
Vous êtes souverains de l'Eglise et de Rome :
    Pepin-le-Bref vous a faits rois.

A vous de commander, à nous l'obéissance :
    Votre sagesse vient du Ciel !
Les clés que vous tenez prouvent votre puissance
    D'ouvrir le royaume éternel.

Les révolutions peuvent briser un trône,
    Un sceptre d'or, mais non l'autel :
L'Eglise est une reine, il lui faut la couronne,
    Comme la gloire à l'immortel !

A. Hector BERGE,

Membre des académies impériales de Reims et de Poitiers.

(DIOCÈSE DE BORDEAUX)

SURGE ET LOQUERE

L'heure est venue, ô Rome, agrandis ton enceinte :
L'univers dans tes murs vient saluer son roi...
Debout! guerriers du Christ, pour la croisade sainte
Aux tombeaux des martyrs retrempons notre foi.
Revêts-toi de splendeur, ville aux gloires antiques,
Pour un nouveau triomphe ouvre-nous tes portiques :
Au temple de ton Dieu des peuples vont monter.
Et vous, hérauts vieillis des victoires latines,
Élevez votre voix, échos des sept collines :
La terre est à genoux prête à vous écouter.

La haine sans merci contre nous se déchaîne,
Mais de ses flots impurs qu'importent les fureurs... !
Le devoir et l'amour ont d'une double chaîne
Aux branches de la croix déjà fixé nos cœurs.
O Pie Neuf, lève-toi ! ta main de la tourmente
Arrêtera soudain la vague frémissante,
A ta voix s'enfuiront les horreurs de la nuit ;
Ta barque séculaire ignore le naufrage :
Nous, passagers, des flots craindrions-nous l'orage,
Quand Dieu veille sur nous, quand Pierre nous conduit !

O terre, qu'à tes bruits succède le silence,
Vers les rives du Tibre entends-tu cette voix?
Un vieillard couronné proclame sa puissance,
Et contre le mensonge affirme tous ses droits.
    Parle, ô Pontife aimé, si les rois te délaissent,
Qu'importe...? Tes enfants par millions se dressent :
Leurs cœurs sont plus aimants, leurs bras plus vigoureux.
Tu n'as qu'à le vouloir pour triompher encore :
Que craindrait le guerrier que ton amour dévore...?
Parle! des Francs sont là fiers comme leurs aïeux!

E. BOURGOUIN.

(DIOCÈSE DE POITIERS)

NON PRÆVALEBUNT!

L'homme d'en bas, assis au festin de colère,
Dans sa fureur voudrait effacer de la terre
  Le nom du seul Pontife-Roi.
Il voudrait que saint Pierre encor aux Catacombes
S'en allât dans la nuit et la poudre des tombes,
  Pour mieux opprimer notre foi !

« Que fait-il, ce vieillard endormi sur son trône,
» Avec sa Chape d'or et sa lourde couronne,
  » Et son sceptre à demi brisé ?
» Il a comblé ses jours ; réveillez-le, le prêtre
» Dont le temps ne veut plus, le prince sans ancêtre
  » Seul au fond de son Elysé.

» Assez il a vécu ; la tombe le réclame.
» Assez, par ses lenteurs, il a glacé la flamme
  » De la divine Liberté.
» Qu'il aille sans regrets, sans larmes et sans gloire,
» Embrasser dans la mort les Benoît, les Grégoire,
  » Vrais tyrans de l'humanité !

» Qu'il meure! Mais qu'aussi son Église et son culte
» S'exilent à jamais de l'héritage inculte
    » Du peuple et du sénat romain.
» Qu'on jette aux vents du Ciel de ses chartes la poudre,
» Et que dans Rome encor on entende la foudre
    » De Jupiter Capitolin !

» Il est un droit nouveau que tu n'ignores, Prêtre,
» C'est le vouloir du peuple ; or, le peuple, seul maître,
    » Le peuple ne veut plus de toi.
» Depuis quatre-vingts ans il déterge le monde :
» Et sur les flots pressés quand sa voix roule et gronde,
    » C'est pour faire ou défaire un roi.

» Vas, tu comptes en vain les prières des femmes,
» Des pâles tonsurés les odieuses trames,
    » Et tous tes sectaires en deuil ;
» Voici d'en haut venir la déesse immortelle,
» La sainte Liberté!! venger la loi nouvelle,
    » Et te clouer en ton cercueil ! »

O Pape, ô Roi notre Saint-Père,
O Pontife unique et sacré,
Ainsi l'impie en sa colère
Souille votre nom vénéré.

Mais nous baisons vos mains royales ;
Mais, sur le blanc pavé des dalles,
Nous cherchons le pas imprimé
Par la poudre de vos sandales,
O Pape, ô Père bien-aimé !

Que l'antique serpent dans la fange se roule,
Et, de sa lèvre impure, au courroux de la foule,
    Désigne l'immortel nocher.
Pierre, ce grand vainqueur, s'en rit et le méprise :
Il parle à l'Univers ; il commande à l'Église,
    Toujours debout sur son rocher.

Ah ! c'est qu'en son grand cœur, le Pontife de Rome
Sait qu'il porte le bien et la foi de tout homme
    Au nom du Christ purifié.
C'est que malgré la nuit et malgré sa détresse,
Il croit en la parole, il croit en la promesse
    De Jésus-Christ crucifié.

Or, le Sauveur a dit au fils de la Colombe,
A ce Galiléen dont la royale tombe
    Est faite l'autel du Seigneur.
« Simon, te voilà Pierre, et l'Église immortelle
» Sur toi reposera son assise éternelle,
    » Malgré l'Enfer et sa fureur. »
Depuis, l'Église a vu s'accomplir tous les crimes :
Dans la fleur de leurs ans, des milliers de victimes

Tomber et mourir sans combats,
Ses papes dans les fers, ses prêtres en alarmes,
Les chrétiens outragés, arrosant de leurs larmes
Le pain de leur pauvre repas.

Elle a vu dans son sein les nations avides
Chasser de leur moustier les phalanges timides,
Son cher et son plus doux trésor ;
Brûler les temples saints, profaner les images,
Et, sur l'autel muet, souiller de leurs outrages
La croix et les calices d'or.

Mais l'orage a passé. Les vieilles basiliques
Un jour ont tressailli sur leurs bases antiques.
Au chant de l'Hosanna nouveau,
Le moine a regagné sa couche virginale.
L'autel a revêtu sa chlamyde royale,
Et Pierre est sorti du tombeau.

Ainsi, Dieu, fécond en miracles,
De son peuple a vengé les pleurs,
La foi de ses sacrés oracles,
Et nos revers et nos malheurs.
L'Église tout éblouissante,
Rajeunie et resplendissante,
Aujourd'hui répand la clarté
De son auréole brillante
De foi, d'espoir, de charité !
. . . .
. . . .

O doux Roi des chrétiens, ô vivante relique,
Des droits les plus sacrés défenseur héroïque,
    Prêtre selon l'ordre éternel !
Oui, toujours vous vivrez. Malgré l'heure suprême,
Malgré Satan, toujours le triple diadème
    Ceindra votre front immortel.

L'abbé Alphonse-Marie GIRAUDET.

(DIOCÈSE DE LYON)

LE CONCILE

Stellæ vocatæ sunt et dixerunt : adsumus.

D'où vient que, traversant et les monts et les ondes,
Une parole a fait tressaillir nos deux mondes ?
Tout s'ébranle, là même où le grand cri jeté
Ne devrait être, hélas ! qu'aux tombeaux répété !...
L'Eglise d'Orient, de la Ville éternelle
Autrefois la compagne et l'émule fidèle,
A la voix de Pie IX s'arrache à son sommeil
Et lui fait espérer le jour du grand réveil.
L'Allemagne, au flambeau de sa vaste science,
Prise depuis longtemps comme d'un doute immense.
A l'appel du Pontife aujourd'hui se souvient
Qu'à Rome existe encor le symbole chrétien.
La superbe Albion, dans la droite des femmes
Honteuse d'avoir mis le beau sceptre des âmes,
Au spectacle étonnant que lui donne un Vieillard,
Vers Rome a reporté son cœur et son regard.
Mais surtout, à l'appel du Pontife suprême,
L'univers catholique est digne de lui-même :
Pas de cité sur terre et d'île dans les flots
Qui ne rende à sa voix les plus puissants échos !

Des plaines de Pologne aux plages de la France,
L'Europe en ses pasteurs noble et fière s'avance ;
Le Nouveau-Monde aussi, pour la première fois,
Au monde ancien s'unit et vient dire : « Je crois ! »

Lève-toi, lève-toi, Jérusalem nouvelle !
Et redressant ton front inondé de clartés,
Regarde tes enfants venir de tous côtés.....
  D'où viennent-ils ?... Qui les appelle ?...
  C'est Pie IX, leur Pontife-Roi.....
Ils viennent de partout, car partout est la foi !...

Voix du Nord, du Midi, du couchant, de l'aurore !
Voix de tout continent que notre soleil dore !
Voix sur terre et sur mer qui disent : « Nous voici !
Nous voici du pays de saint Jean Chrysostome,
De Bernard, d'Augustin, d'Anselme, de Jérôme.....
Et ce qu'ils croyaient tous, nous le croyons aussi ! »
Écoutez ! comprenez enfin cette prière
Qu'à Rome mille voix vous répètent : « Mon Père !
  Qu'ils soient un comme nous ! »

Et toi, monde flétri, qui ne vois que la terre,
Dont les biens sont le culte, et l'or est le mystère !
Hors de là, sans amour, sans espoir et sans foi !
O triste champ de mort que voyait le Prophète,
  Écoute ! et relevant la tête,
Vrai peuple de croyants, sur tes pieds dresse-toi !

Ecoutons, nous aussi, catholiques fidèles,
Tressaillons à l'écho de ces voix solennelles ;
Et nous sentant soudain et plus grands et plus forts,
Qu'en ce cri de triomphe éclatent nos transports :
« Rome ! sainte cité ! Si jamais je t'oublie,
Que ma langue glacée à mon palais se lie !
Si jamais en ma joie, ainsi qu'en ma douleur,
Rome ! tu ne reviens la première en mon cœur ! »

O Pie IX ! tu verras ces grands jours de victoire ;
Et tu pourras alors, chargé d'ans et de gloire,
Dans le sein du Seigneur t'endormir radieux,
Comme un brillant soleil au bout de sa carrière,
Qui, trouvant trop petit le monde qu'il éclaire,
Dans l'immense Océan descend majestueux ! ! !

M. MESNARD,

Professeur au Petit-Séminaire des Sables d'Olonne.

(DIOCÈSE DE LUÇON)

LE CHRISTIANISME

A SA SAINTETÉ PIE IX

Religion sainte, sublime,
Dicte-moi les divins accords
Que tes poëtes dans Solyme
Ont modulé dans leurs transports.
J'entends, sur l'Océan des âges,
Dans le calme, dans les orages,
Ces voix instruisant les mortels.
Les générations s'écoulent,
Les vastes empires s'écroulent,
Mais debout restent les autels.

Le Fils de Dieu lègue, au Calvaire,
Sa vie au monde chancelant,
Quand le soleil, dans sa carrière,
Voile son disque étincelant.
Quand les murs du temple s'agitent,
Que plusieurs justes ressuscitent,
Que le monde est saisi d'effroi,
S'éclipse l'antique mystère;
Et tandis que tremble la terre,
Apparaît la nouvelle loi.

Un long soupir s'est fait entendre
Du Golgotha sur l'univers ;
Le rocher nu vient de se fendre ;
L'ancien monde brise ses fers.
Vainement prodiguant l'outrage,
Les tyrans, dans leur folle rage,
Versent le sang de toutes parts ;
Les dieux s'affaissent dans leurs tombes,
Et s'élançant des Catacombes,
La croix monte au front des Césars.

Élevez-vous, voix du génie,
Pures voix, montez jusqu'au cieux :
Retentissez, mâle harmonie
De tant de Papes glorieux.
Le Roi, paré du diadème,
Devant leur majesté suprême
Vient courber un front vénéré.
Le dernier cri du paganisme
S'éteint avec le despotisme,
Et le monde est régénéré.

Comme ce fleuve au cours rapide
Qui descend de monts sourcilleux,
Au sein d'une campagne avide
Laissant un limon précieux ;
Ainsi dans la plaine du monde
Que l'erreur rendait inféconde,
S'élance le culte proscrit ;
Le genre humain se fertilise

Du ferment que répand l'Église,
Rouge du sang de Jésus-Christ.

Attila, de l'immense empire,
De son glaive fait des lambeaux,
Et sur la terre qu'il déchire,
Il creuse de vastes tombeaux.
De ce barbare la parole
Épouvante le Capitole,
Qui murmure un dernier adieu ;
Il tombe le colosse antique !...
Mais voyez, un front angélique
Arrête le fléau de Dieu.

Rome, élève ta tête altière,
Le genre humain est à genoux,
Non devant ta force guerrière,
Mais devant le céleste époux
Qu'en tes murs la gloire couronne.
La vertu du Ciel t'environne,
Et tu commandes par sa voix.
Tes Nérons n'effraient plus la terre,
Leur aigle a perdu son tonnerre
Qui s'est éteint devant la croix.

Qu'était cette morale austère
Et de Socrate, et de Platon ;
Qu'était cette morgue sévère
De celui qu'on nomma Caton ;
Lucrèce, qu'était ce délire,

Qui, pour ce qu'un monde peut dire,
Souffre l'outrage à son époux;
Auprès de ces pures victimes,
Et de ces chastetés sublimes
Qu'inspire la foi parmi nous?

Vaillants de la philosophie,
Vous qui passez sans lendemain,
Votre raison qu'on déifie
Qu'inspira-t-elle au genre humain?
Ouvrez vos pompeuses annales,
Vos célébrités patronales
Ne nous offrent qu'obscurité,
Et nous ne trouvons la lumière
Que dans cette barque de Pierre
Où le Christ lui-même est monté.

C'est la foi qui brave la haine
Et le fer de l'impiété;
La colère qui les déchaîne
Meurt contre son éternité.
Qu'un Luther sorte de la poudre,
Un Bossuet saisit la foudre,
Et précipite le géant.
Toute ligue contre l'Église,
Rencontre un vengeur qui la brise,
Et l'engloutit dans le néant.

E. BURGADE,
*Professeur émérite, Bibliothécaire-Archiviste
de Libourne.*

L'ÉMILIENNE

Air de la Varsovienne

Pourquoi Satan, les Rois, les nations,
Contre le Christ ont-ils frémi de rage ?
Ils sont en proie à ces convulsions
Qu'occasionne une haine sauvage.
De notre Rédempteur ils proscrivent le nom ;
Au prêtre couronné, son élu sur la terre,
    Ils déclarent la guerre :
C'est Moïse devant les chars de Pharaon.
    Chrétiens, défendons l'arche sainte
    Contre ces hordes d'apostats.
    Que leurs cœurs soient glacés de crainte,
      Aux tours l'airain tinte ;
      Aux combats ! aux combats !

    Titans poussés par l'Esprit ténébreux,
    Monstres hideux sous une face d'homme,
    Et se targuant de l'audace des preux,
    Ils ont promis de s'emparer de Rome.
Ils ont, ils ont déjà volé plusieurs États ;
C'est Parme, c'est Modène, et la riche Plaisance.
    Ils vont dans leur démence,
Sur la ville aux sept monts ils dirigent leurs pas.
    Chrétiens, défendons l'arche sainte, etc.

Jusqu'où pourra de leur ambition
Se diriger la fureur adultère ?
Agents de trouble et de confusion,
Leur tentative épouvante la terre.
La Sicile est en proie à ces suppôts d'enfer ;
Ils ont d'un coup de main emporté l'Émilie ;
    Et dans leur frénésie,
Contre Rome à présent ils aiguisent le fer.
    Chrétiens, défendons l'arche sainte, etc.

S'armant pourtant pour défendre nos droits,
De nobles preux l'indépendance altière
Se précipite et se range à la voix
De Pimodan et de Lamoricière.
Des héros de Modin, la gloire des hébreux,
C'est l'image ; à leur nom ont frémi les rebelles ;
    Dans le camp des fidèles,
Chacun se dit : ce sont des envoyés des Cieux.
    Chrétiens, défendons l'arche sainte, etc.

Honneur à vous, défenseurs d'Israël ;
Notre énergie a dans vos âmes fortes,
Vu des croisés et des soldats du Ciel.
Autour de vous s'avancent les cohortes
Que commandait Michel, dont le glaive vengeur
Entraîna sur ses pas les divines phalanges.
    Allons, frères des anges,
Avancez, combattez les combats du Seigneur !
    Chrétiens, défendons l'arche sainte, etc.

Pontife saint que vénèrent nos cœurs,
Longtemps en butte à de cruels outrages,
Qu'on te sature à plaisir de douleurs,
Nous te verrons triompher des orages.
C'est que Dieu te protége et demeure avec toi ;
Que les clefs de Céphas brillent sur ta bannière ;
    Que, fort par la prière,
Tu sais que rien ne peut l'emporter sur la Foi.
    Chrétiens, défendons l'arche sainte
      Contre ces hordes d'apostats ;
    Que leurs cœurs soient glacés de crainte,
      Aux tours l'airain tinte ;
      Aux combats ! aux combats !

                MINGASSON, curé.

                    (DIOCÈSE DE LA ROCHELLE)

LE SIÈCLE DE PIE IX

SONNET

> « *Et super cœlos gloria ejus.* »
> *Ps.* 112 ; *v.* 4.

Chaque siècle, à son front, n'a pas la même gloire,
Et tous ne portent pas un cachet de grandeurs :
Tous ne font pas planer, sur le ciel de l'histoire,
L'étoile de leurs noms dans les mêmes splendeurs.

Par lui-même, le temps n'est qu'une page noire,
Où doivent s'imprimer, en brillantes couleurs,
De grands faits, de grands noms, une illustre mémoire
Eclairant l'avenir jusqu'en ses profondeurs.

Notre siècle n'est pas de ceux qu'on voit s'éteindre,
Non ; la mort de l'oubli pour lui n'est point à craindre
Il aura pour briller deux éternels éclairs :

Un grand évènement et le nom d'un grand homme...
Saint Père, vous avez mis l'univers dans Rome ;
Le Concile mettra Rome dans l'univers !...

A. CAUBLOT.

(DIOCÈSE DE POITIERS)

TRIOMPHE !

*Ode composée à l'occasion du martyre des neuf missionnaires
français morts en Corée, en 1866*

Frères, la nuit est sombre et le ciel plein d'orage,
Autour de nous, les flots bondissant avec rage
Font entendre déjà de sinistres clameurs,
Et comme l'ouragan des plages africaines,
Le torrent furieux des passions humaines
    Entraîne et dessèche les cœurs.

La matière est le dieu du grand siècle où nous sommes,
L'impiété, flattant les caprices des hommes,
Ne craint plus maintenant de paraître au grand jour.
O honte ! et pour mieux plaire à cette reine immonde,
Ses vils adulateurs veulent ravir au monde
    La foi, cette sœur de l'amour !

Dans leur folie alors sur le Christ et l'Eglise,
Superbes histrions que l'enfer préconise,
De leur bouche empestée ils versent le poison,
Et, foulant à leurs pieds la parole divine,
S'efforcent de fonder leur stupide doctrine
    D'après les sens et la raison.

Mais ne les craignons pas! — Car malgré les tempêtes
Et la foudre en fureur qui gronde sur nos têtes,
Le calme sur les flots peut revenir encor :
C'est quand le monde entier proclame qu'elle expire
Que l'Eglise, depuis longtemps faite au martyre,
    Prend un plus vigoureux essor.

Insensés, sous vos coups peut-elle être abattue
Celle que Dieu lui-même a toujours soutenue,
Et que rien ici-bas n'a jamais pu flétrir ?
Quoi donc! ignorez-vous qu'encore sur la terre
Il est, quand il s'agit de l'honneur d'une Mère,
    Des enfants qui savent mourir ?

Oui, pendant que d'un bras déchirant ses entrailles,
De l'autre vous sonnez gaîment ses funérailles,
Croyant déjà la voir étendue au tombeau,
Des héros, qu'a nourris sa mamelle féconde,
Vont, au prix de leur sang, sur tous les points du monde,
    Planter son glorieux drapeau.

Ecoutez! — L'Océan, bondissant dans l'arène,
Fait entendre sa voix puissante et souveraine,
Ses flots mélodieux apportent des soupirs : —
Est-ce un cri de douleur, est-ce un chant d'allégresse ?
O superbes, cessez vos longs transports d'ivresse :
    C'est la grande voix des Martyrs !

Salut, salut à vous, ô phalange héroïque,
Indomptables guerriers dont le chœur pacifique
Au grand jour du combat chanta l'hymne vainqueur !
Gloire à vous, ô lutteurs couronnés dans la lice,
A vous qui sans pâlir avez bu le calice
    Que vous présentait le Seigneur !

Car vous n'avez pas craint, ô valeureux athlètes,
Des hommes et des flots d'affronter les tempêtes ;
Pasteurs aux cœurs de feu, aux fronts calmes et doux,
Vous n'avez pas, cédant à d'injustes menaces,
Livré honteusement aux dents des loups voraces
    Le troupeau qui criait vers vous.

Non, vous n'avez pas fui, le jour de la bataille,
Mais, vous dressant soudain de toute votre taille,
Vous avez pour le Ciel fait un sublime effort,
Et vous êtes tombés, l'âme libre d'entraves,
Les armes à la main, comme tombent les braves,
    Joyeux en face de la mort.

Aussi, malgré les faits qui souillent son histoire,
Par vous ce siècle encore est un siècle de gloire ;
Sur ses hontes vos mains ont tiré le rideau ;
Et l'avenir, jugeant les hommes et les choses,
Parlant de lui dira, dans ses apothéoses :
    Corée et Castelfidardo !

Oui, ces grands noms qu'entoure une double auréole
Seront du dévouement le glorieux symbole,
Et brillant pour nos fils d'un éclat radieux,
Leur apprendront comment dans un siècle en délire,
Vous avez noblement vengé par le martyre
    La France, l'Eglise et les Cieux.

Ah! malgré ses erreurs, — et ses fautes peut-être, —
La France se souvient qu'elle vous a vus naître;
Vous serez à jamais sa joie et son orgueil,
Et si les flots un jour exaucent sa prière,
Son peuple, avec respect, courbé dans la poussière,
    Viendra baiser votre cercueil.

Dormez, dormez en paix, dans vos tombes lointaines,
O soldats généreux, ô vaillants capitaines (*),
Votre sang vainement ne s'est pas répandu;
C'est un germe immortel qui croît et qui féconde,
Le sang de Jésus-Christ a racheté le monde :
    Le vôtre a la même vertu!

Que ce sang, ô Seigneur, apaise ta colère;
Donne aux hommes la foi, rends la paix à la terre,
Viens dissiper la nuit qui te voile à nos yeux,
Fais ton Eglise encor resplendissante et belle,
Et mets dans tous les cœurs une vive étincelle
    De l'amour qui conduit aux Cieux.

(*) Parmi les neuf missionnaires français on compte deux évêques.

Et vous, dont le trépas devient notre espérance,
Soyez, ô saints martyrs, les gardiens de la France ;
Des Cieux où vous régnez joyeux et triomphants,
Oh ! songez que son sein vous a nourris naguère,
Et qu'elle a sur vos cœurs tous les droits qu'une mère
      A sur le cœur de ses enfants !

Ludovic BRIAULT.

(DIOCÈSE DE BOURGES)

L'Église Catholique ralliant le monde autour de la Croix.

A NOTRE SAINT-PÈRE LE PAPE PIE IX

Portæ inferi non prævalebunt adversùs eam.

Quand Néron en mourant, pour tout cri d'agonie,
Regrettait ici-bas un souffle d'harmonie ;
Quand, couronné de fleurs, une lyre à la main,
Il regardait brûler tout son peuple romain ;
Quand la Grèce aux regards offrait un Diogène
Etalant sans rougir toute misère humaine,
L'éclair du Sinaï n'avait pas à leurs yeux
Laissé voir son sillon qui parcourait les cieux,
Le voile de la nuit pour eux fut sans aurore ;
Le sage était un sage, et n'était rien encore !...

Cependant, sur la croix il venait de mourir
Celui qu'avait déjà pressenti l'avenir !
Point de pourpre à ses pieds, point de fleurs à sa tête ;
La couronne sanglante au tribunal s'apprête....
Il est déjà marqué... Le signe rédempteur
Eclate sur son front. Comme un consolateur
Il apparaît soudain... Sa bouche évangélique
Aux préceptes divins donne un charme mystique.

Qu'offre-t-il cependant à qui suivra ses lois?
L'opprobre et la misère... Et l'on entend sa voix!
Il se mêle à la foule et sait calmer d'un geste
Toute âme qui reçoit cet envoyé céleste.
Puis, quand le temps approche, il présente au bourreau
Ce corps qui va sortir triomphant du tombeau!
Nulle plainte n'échappe à la douce victime,
Dont le sang généreux nous sauve de l'abîme.
Il bénit en mourant, et sa bouche au pardon
S'ouvre encore une fois au désir du larron.
Il promet aux souffrants le plus vaste royaume,
Ce Dieu qui s'abrita si souvent sous le chaume...
Il n'est plus..., et la terre a compris son forfait!
Pilate s'est lavé... mais c'est tout ce qu'il fait.
En leur livrant ce juste, il ressent quelque crainte...
Les siècles passeront..., sans effacer l'empreinte.
Associé toujours au signe menaçant,
Pilate aura la main recouverte de sang!

Mais l'étoile a brillé, la lumière est venue,
Les peuples étonnés l'ont enfin reconnue;
Martyre à sa naissance, elle tient un flambeau
Dont la flamme céleste embellit le tombeau.
L'égalité commence avec l'ère chrétienne :
Plus d'esclave au marché. Cette femme est la tienne?
Conserve-la, chrétien, on ne vend à l'encan
Que les troupeaux qu'on voit paître l'herbe du champ?
Sers le Dieu qui commande à toute la nature,
Eloigne de ton cœur l'envie et l'imposture,
Demande la vertu, l'ardente charité,
Afin que de ton cœur le mal soit rejeté.

De ces préceptes saints la divine influence
Se fait bientôt sentir..., heureuse renaissance !
Les arts et la vertu se tenant par la main
Trouveront ici-bas un lumineux chemin.
Rien ne peut retenir la foi qui les embrase ;
Ils iront en tous lieux comme un précieux vase
Répandre les parfums que renferment leurs cœurs,
Pour remonter au Ciel en glorieux vainqueurs !
Et l'on voit s'élever d'immenses basiliques,
Gloires de nos cités. Ces monuments antiques
Reçoivent ces chrétiens et ces humbles pasteurs,
Qui d'un Dieu tout d'amour se font les serviteurs.

Puis, les temps ont marché... Sous la sainte bannière,
Les prêtres et les rois ont mêlé leur prière...
Saint Vincent, sous les plis de son humble manteau,
A recueilli l'enfant dont le lange en lambeau
Couvre à peine le corps ; chétive créature,
Qu'une mère abandonne aux soins de la nature,
Mère, hélas ! sans amour, et qu'un prêtre de Dieu
Réchauffe sur son cœur et dépose en un lieu
Où des mères sans fils sauront former son âme.
Charité ! charité ! par ton ardente flamme
Que d'êtres sont sauvés au nom du Créateur !
Bénissons à jamais l'astre libérateur
Sous lequel s'est formée une vertu sublime,
Qu'un souffle du Seigneur à tout instant anime !
La croix, divin symbole, a surmonté les temps,
En famille elle unit entre eux les continents.

Clovis roi la reçut avec l'eau du baptême,
Constantin la grava sur son fier diadème !
En Palestine, Louis l'a sur le mont Liban
Plantée en étendard aux pieds du Musulman.
C'est en vain que l'athée, en un jour de colère,
Nous a dit : Le néant sera ton seul salaire ;
Nous avons, vers la croix portant un œil serein,
Répondu : Le néant ne germe qu'en ton sein !
Sous l'étendard sacré, chrétiens, marchons encore,
Le Pontife de Rome a, d'une voix sonore,
En nous montrant la croix, convié ses enfants.
Ah ! vers la ville sainte accourons triomphants !
Aux pieds du Roi-Pontife arborons la bannière,
Et que l'on vienne encore en phalange guerrière,
Se ranger, se presser, comme aux temps glorieux
Où l'on voyait les rois combattre pour les Cieux !
Le cèdre du Liban peut redresser la tête,
Nous saurons l'asservir ; et, pour prix de conquête,
Partageant ses lambeaux, nous en ferons la croix
Qu'on veut nous arracher... Et de ce même bois
Formant le bouclier pour le jour de bataille,
Nous verrons sans pâlir le fer et la mitraille ;
Animés par le Dieu qui préside aux combats,
Nous mourrons s'il le faut..., et ne tremblerons pas !

Eugénie CASANOVA, DE ZICAVO.

(DIOCÈSE DE BOURGES)

A SA SAINTETÉ PIE IX

Expression de profond respect de deux âmes catholiques.

SONNET

Quel bonheur, ô Saint-Père, en vous rendant hommage,
D'exprimer, à vos pieds, mon filial amour !
Ma compagne s'unit à mon pieux langage,
Et son cœur de chrétienne est un cœur sans détour.

Nos yeux avec respect contemplent votre image ;
Nous aimons prier Dieu, l'implorant chaque jour,
Pour qu'il daigne abriter Rome et votre héritage
Contre tout traître armé des griffes du vautour !

Vos enfants sont nombreux ; tous vous seront fidèles,
N'en doutez pas, Saint-Père, et Dieu, plein de bonté,
Réserve à vos vertus des bouquets d'immortelles !

De nos premiers pasteurs la grande autorité
Fera briller bientôt le pouvoir de l'Eglise,
Et la terre à ses lois se montrera soumise.

AULARD, Baron de KINNER.

(DIOCÈSE DE BOURGES)

UN MOT SUR LE HÉROS D'ASPROMONTE

Dans un estaminet où j'étais vendredi,
On parlait d'Aspromonte et de Garibaldi.
Quelqu'un de demander si le nom de cet homme
Serait préconisé du Japon jusqu'à Rome,
Dans les siècles futurs autant qu'en ce moment.
On osa lui répondre affirmativement.
L'un disait, par exemple, à l'appui de sa thèse :
« Il me semble avoir l'air de l'Hercule Farnèse.
» S'il déteste le prêtre, il le déclare haut,
» Et pour lui carrément il dresse l'échafaud. »
Un autre reprenait : « Il parle comme un livre ;
» Aussi, je le déclare, à sa voix, je suis ivre.
» Je sens que de ma main je répandrais le sang,
» Sans m'occuper du sexe, et du nom, et du rang. »
Et chacun, déclamant au gré de son délire,
Exhalait son blasphème accompagné de rire.
Le propos d'un malin tout à coup domina :
« Le général est grand, dit-il, à *Mentana*. »
De la foule à ce mot la faconde est troublée,
Et la voix reprenant, domine l'assemblée :
« Amis, dit-elle, amis, je trouve hors de propos
» D'énumérer ici les hauts faits du héros.

» Pour prouver que son nom appartient à l'histoire,
» Qu'il réunit en lui tous les genres de gloire,
» Il suffit devant vous d'articuler un fait
» Connu des descendants de Cham et de Japhet,
» Savoir, que l'on baptise aujourd'hui dans l'Empire
» Tout ce qu'en fait de vin nous connaissons de pire
» Du nom de ce hautain ; tout n'est-il donc pas dit,
» Lorsqu'on a murmuré : *C'est du Garibaldi !* »

MINGASSON,

Ex-curé de Sainte-Montaine.

(DIOCÈSE DE BOURGES)

PRIONS POUR LE CONCILE

A Monsieur Alfred de Laborderie, sergent-major dans les zouaves pontificaux.

Soldat, devant le Dieu de votre sainte mère
Vous avez su toujours incliner votre front ;
Eh bien ! priez encore à genoux sur la pierre,
Pour que du Ciel touché vienne un secours plus prompt.

L'arme ne suffit pas ; il nous faut la prière,
Car le sabre peut moins que ne peut l'oraison,
Et souvent l'humble vierge au fond d'un monastère
En mettant Dieu pour nous fait plus que le canon...

Prions ; — le Seigneur donne avec sa main puissante
A Lorette la mort, la victoire à Lépante !...
Prions ; — et Dieu fera qu'en un baiser fécond,

— Sur un sol qu'ont heurté tant de peuples en guerre,
Sur ce mont Vatican qui devient un Calvaire, —
La Justice et la Paix demain s'embrasseront.

L'Abbé Stanislas NEVEU.

ROME CHRÉTIENNE

AUX JOURS DU CONCILE

Notre Rome, ont-ils dit, n'égale pas l'ancienne. —
Qu'ils seraient confondus, si les nobles païens,
Laissant pour un moment leur tombe patricienne,
Contemplaient aujourd'hui la Ville des chrétiens!...

Admirant malgré lui la force surhumaine
D'un pouvoir sans soldats, sans faisceaux, sans liens,
Marius se tairait, et comprendrait à peine
Comment furent domptés les fils des Cimbriens.

Retrouvant plus d'honneur, de vertus virginales
Avec la croix de bois qu'avec l'or des vestales,
Scipion l'Africain, — qui fut chaste une fois, —

Des prêtres mendiants baiserait les sandales;
Et, — s'il entrait soudain sous les voûtes papales, —
Le ministre d'Epire y verrait SIX CENTS ROIS !

L'Abbé STANISLAS NEVEU,

Au grand Séminaire de Bourges.

PIE IX ET LE CONCILE

Le Seigneur s'est levé ; la terre s'est émue ;
Tout ce qui prie et croit élève vers la nue
Un regard d'espérance, et la Ville aux sept monts,
Dépouillant ses chagrins, ajoute à sa couronne,
Comme un fleuron nouveau, l'espoir que Dieu lui donne
D'un monument sacré, signé des plus beaux noms.

Et pourtant quel rayon manquait-il à ta gloire,
O cité des martyrs, cité de la victoire ?
Serait-ce, en notre temps, la suprême beauté
Qu'imprime le malheur au front persécuté ?
Ou bien un jour du ciel égaré sur la terre,
Comme, il y a deux ans, celui du Centenaire ?
Un de ces jours si beaux, si pleins de souvenir,
Qui font dire aux chrétiens : Voir Rome, et puis mourir !

Non. D'un œil inquiet, le Vieillard magnanime
Voit des fils sans vertu s'avancer vers l'abîme,
Et déserter à flots les parvis du saint lieu ;
Il les voit, dédaignant son pacifique empire,
Fiévreux de libertés, suivre un siècle en délire,
A genoux devant l'homme et debout devant Dieu.

La voix qui saluait du nom d'Immaculée
La fille de David, lis de notre vallée,
Alors a retenti jusqu'au fond des déserts,
Sur le sommet des monts, au bord des flots amers.
Et bientôt l'on verra sur leur chaise curule
Les Vieillards des saints lieux... Déjà l'enfer recule,
Mais en jetant sa bave et ses cris furieux
Au roi qui nous bénit et nous ouvre les Cieux.

C'est en vain qu'il est bon, ce vieillard plein de grâce,
Qu'en des chaînes d'amour son âme nous enlace :
« Une couronne au front est une épine au cœur. »
Le Vicaire du Christ porte trois diadèmes...
Ses douleurs atteindront les limites suprêmes.
Qu'importe ! de son siècle il restera vainqueur.

Vers lui s'en vont nos vœux, nos prières, nos larmes;
Pour le défendre, hélas! ce sont de faibles armes.
Quand il faudra du sang, nous mourrons sans effroi;
On triomphe en mourant pour le Pontife-Roi.
Quand ses yeux chercheront Notre-Dame de France,
Puissent-ils rencontrer le nid qui se balance
Aux flancs du Mont-Anis; qu'il étende sa main,
Et notre vie aura le Ciel pour lendemain.

Une religieuse de l'INSTITUTION DE
L'ENFANT-JÉSUS.

(DIOCÈSE DU PUY)

BIENFAITS DE PIE IX

Magnus es tu, et faciens mirabilia.
Ps. 85, v. 10.

Je suis rempli de jours, mais fils de l'Espérance,
J'invoque à deux genoux Notre-Dame-de-France (1),
Celle qui détruisit l'empire de Satan,
Celle dont le Vieillard qui règne au Vatican,
Naguère proclama l'origine sans tache.
A toi, Pontife aimé, ce souvenir m'attache,
Et pour ton caractère augmente mon amour.
Lieutenant du Seigneur au terrestre séjour,
Dieu veut que présidant aux destins de l'Eglise,
Tu sois sur la hauteur le moderne Moïse,
Qui, priant et levant les bras vers l'Eternel,
Assure la victoire aux enfants d'Israël.
Il habite avec toi dans la Ville-Eternelle,
Son ange protecteur te couvre de son aile,

(1) L'auteur est habitant du Puy.

Et te glorifiant de ce céleste appui,
« S'en prendre à moi, dis-tu, sera s'en prendre à lui. »
Le Christ veille sur Rome, ô successeur de Pierre !
N'as-tu pas fait monter ton ardente prière
Vers Celle qu'il choisit pour sa Mère ici-bas.
Il triomphera donc pour lui dans ses combats,
Et nous associant à sa grande victoire,
Nous bénirons la main du Dieu qu'il nous faut croire.

L'abbé Victor DE LESTANG.

(DIOCÈSE DU PUY)

ODE A PIE IX

Et novus renascitur ordo

D'un long frémissement la terre s'est émue,
Lorsque le divin souffle a passé sur nos fronts.
D'où vient donc cette voix qui soudain nous remue,
Vibrant comme l'appel des sonores clairons ?

Forte comme le bronze au milieu des batailles,
Elle ébranle le monde ; — et ce vieil endormi,
Ce Lazare, qui sent tressaillir ses entrailles,
Dans son linceul glacé se soulève à demi !

Qui me parle, dit-il ? quelle est cette merveille ?
De mes bras décharnés j'embrassais le néant ;
Je dormais pour toujours et voici qu'on m'éveille !
N'ai-je point reconnu la voix du Dieu vivant ?

Tu ne t'es point trompé, Lazare, c'était elle !
Tu ne t'es point méprise, ô pauvre humanité !
Dans la tombe où tu gis, c'est le Christ qui t'appelle
Pour te rendre la vie et l'immortalité !

Hélas! tu n'étais plus qu'un cadavre livide,
Et déjà dans l'horreur de ton suaire étroit,
De la destruction montait l'œuvre rapide...
Mais le Maître a parlé : Lazare, lève-toi!

Marche vers le bonheur, marche vers la lumière!
Viens chercher la justice avec la liberté!
Lève-toi! dans l'azur dresse ta tête fière,
Et tout être avec toi sera ressuscité!

Car les temps sont venus, les siècles vont renaître!
Dans nos veines à tous palpite un sang nouveau!
Oui, le Christ a parlé par la voix de son prêtre,
Et le Juste a paru, t'arrachant au tombeau!

C'était peu pour l'amour, c'était peu pour la gloire
De cet autre Messie au doux front radieux.
T'enlever au sépulcre, ô vulgaire victoire!
Ce qu'il veut, ce qu'il faut, c'est te conduire aux Cieux!

C'est te mener au port après tant de tempêtes,
Clore l'ère des pleurs et des gémissements!
Et son œil tout rempli du rayon des prophètes
Voit l'aube qui sera la fin de tes tourments!

O vision céleste et si chère à nos âmes,
Descendez jusqu'à nous, venez nous embraser!
Ah! que l'humanité se ravive à vos flammes
Et dans sa paix enfin vienne se reposer!

O Père, tes enfants ont compris ta pensée :
Ils viennent plus nombreux que les vagues des mers,
Que les astres des nuits, foule ardente et pressée,
Pour apprendre à tes pieds la loi de l'univers !

Ah ! si ton Sinaï, trop semblable au Calvaire,
Vit tes affres sans nom, Pontife bien-aimé,
Tu parlas face à face avec Dieu ! Sa colère
Fut apaisée alors et son bras désarmé.

Et lorsque descendu des hauteurs extatiques,
Où l'ombre du Très-Haut avait touché ton front,
Tu reportas vers nous tes regards angéliques,
Ton cœur tout lacéré ne jeta qu'un pardon.

Parle-nous maintenant, car ton peuple t'écoute,
De ton verbe sublime il attend le trésor,
Dis-lui qu'il faut marcher, et montre-lui la route,
Et donne-lui la vie, ô vainqueur de la mort !

Tu sais combien le mal a fait d'âpres morsures
Sur ces membres glacés par le froid des tombeaux ;
Ta vigilante main a sondé nos blessures ;
Lazare n'avait plus qu'une chair en lambeaux....

Il avait tout perdu, ce monde que tu presses
Pour l'échauffer encor sur ton cœur paternel !
Ah ! comme il a besoin de toutes tes tendresses !
Ah ! comme il était mort, Père, cet immortel !

Où donc était la foi, ce flambeau de la vie ?
Où donc était l'espoir ? où donc était l'amour ?
L'honneur, la liberté, l'innocence ravie ?..,
L'immense nuit régnait, tu ramènes le jour !

Ton peuple peut marcher : lumineuse colonne
Prête à guider ses pas, il a sur son chemin
Le nimbe de ton front, la splendeur de ton trône...
S'il allait défaillir, tu lui tendrais la main !

Là-bas, à l'horizon du siècle qui commence,
Est le pays de lait et de miel ! en avant !
Là-bas l'humanité laissera la souffrance,
Dernier pli du linceul qui couvrait son néant !

Là-bas elle entrera dans la terre promise
Que parfume la fleur de toute vérité !
Et tu l'y conduiras, — plus heureux que Moïse, —
Rayonnant dans la gloire et l'immortalité !

Auguste LESTOURGIE.

Argentat (Corrèze).

(DIOCÈSE DE TULLE)

L'ÉGLISE

Oh ! je ne saurais plus affronter le trépas ;
Non, le présent tient trop ma pensée asservie !
Désormais trois amours ne me quitteront pas ;
Ils sont mon seul bonheur et bornent mon envie !

C'est vous qui me charmez par de chastes appas,
Compagne, chers enfants, dont mon âme est ravie ;
C'est toi, France, qui sais enchaîner tous mes pas,
Car ton ancienne gloire à l'espoir me convie !

Suis-je donc insensé ! Quel lien plus puissant
Que l'Epouse du Christ ? Et qu'est la voix du sang ?
Celle de Dieu l'emporte en cette vie amère.

Oui, quand soudain j'aspire à l'éternel séjour,
Mon beau pays s'efface, et je sens qu'en ce jour
La France est ma nourrice, et l'Eglise ma mère !

Louis DE VEYRIÈRES.

Beaulieu (Corrèze).

(DIOCÈSE DE TULLE)

LA VENGEANCE DIVINE

Vous cherchez, loin de la patrie,
En tenant Joseph par la main,
La plus petite hôtellerie
Pour le Sauveur du genre humain !

Votre époux en vain frappe et prie :
Tous s'éloignent de son chemin ;
Et dans une étable, ô Marie,
Jésus-Christ naît le lendemain !

Au fond de cet étroit espace
Le Rédempteur un instant passe
Près de ceux qui l'ont rejeté !

Sur la paille de l'indigence
Il dit, en sa noble vengeance :
« J'abriterai l'humanité ! »

Louis DE VEYRIÈRES.

(DIOCÈSE DE TULLE)

LE BUT

A CELUI QUI CONDUIT LA BARQUE DE SAINT PIERRE

Oh ! oui, le monde est une mer,
Je l'ai su par plus d'un naufrage ;
Mais, au temps même de l'orage,
J'espérais sur le gouffre amer !

Un astre à mes yeux s'est offert !
J'étais conduit comme un roi mage ;
Ce n'est point une simple image,
J'ai bien ramé, j'ai bien souffert !

Et si je n'ai plus qu'une planche,
Si l'onde encor d'écume est blanche,
Je vogue en paix et sans remord !

C'est une épreuve salutaire ;
Et ce n'est qu'en voyant la mort
Que je m'écrierai : « Terre ! terre ! »

Louis DE VEYRIÈRES.

(DIOCÈSE DE TULLE)

TABLEAU DU JUGEMENT DERNIER

D'APRÈS

LE TABLEAU DE MICHEL-ANGE

Enfer et Paradis, ouvrez, ouvrez vos portes :
Aujourd'hui paraîtront de brillantes escortes.
Hâtez-vous, éclairez vos torches, vos flambeaux,
Arborez en tous lieux vos aigles, vos drapeaux ;
    Armez légions et cohortes.

Dieu, devant qui le jour à la nuit est égal,
Couvre-moi de l'égide ou du bandeau royal,
Quand l'étendard de feu rougira dans la nue,
Quand aux cieux étonnés, à la terre éperdue
    Ta voix donnera le signal.

Pour qui sont ces volcans, ces fleuves de bitume,
Et ces prisons de feu que ta colère allume,
Seigneur ? Pour qui tiens-tu ces foudres dans tes mains ?
Doit-il ce bras vengeur écraser les humains,
    Comme on bat l'airain sur l'enclume ?

Quel lugubre appareil! Ici de noirs serpents,
Hôtes impurs, nourris dans ces brasiers mouvants,
Dans leurs anneaux d'écaille enserrent leurs victimes,
Roulent de gouffre en gouffre et d'abîme en abîmes,
    Ainsi que des flots mugissants.

Là, toujours l'œil fixé sur sa débile proie,
Le vautour, roi des monts, dans son aire flamboie ;
Et quand, rassasié de meurtres odieux,
Quand, ivre encor d'un sang impur, incestueux,
    Son aile immense se déploie ;

Tigres, lions, brisant leurs cellules de fer,
Parcourent sans effroi les cités de l'enfer ;
Le butin de Satan les anime au carnage,
Et dès lors ne mettant aucun frein à leur rage,
    Ils se repaissent de sa chair.

Voici l'heure ; écoutons résonner la trompette ;
Des mondes assoupis le grand réveil s'apprête.
Les uns, marqués au front du sceau de l'Eternel,
Brilleront comme un phare, ou comme l'arc-en-ciel
    Dans la nue après la tempête ;

Les autres, quand la nuit aura fini son tour,
Se verront tout à coup dévoilés au grand jour,
Et le juge contre eux s'armant de l'anathème,
Fermera son oreille au murmurant blasphème,
    Aux douces plaintes de l'amour.

Que ta droite, Seigneur, récompense ou punisse,
Homme libre, je rends hommage à ta justice.
Brise mon cœur s'il n'est l'image de ton cœur,
Mais s'il bat pour le Ciel, ravis-le moi, de peur
    Qu'avant le soir il se flétrisse.

De cet affreux dédale et de ces pas-perdus,
Mon âme, viens t'asseoir au parvis des élus.
La Reine-Vierge en tête et tous les chœurs des vierges,
Les lys, les lampes d'or, les couronnes, les cierges,
    Les parfums dans l'air répandus ;

Les hymnes modulés sur la lyre des anges,
Et les corps rayonnants des célestes phalanges,
L'auréole des saints, la pourpre des martyrs,
Les plaisirs renaissant au milieu des plaisirs,
    Et le luth sacré des archanges.

Vois l'auguste Vieillard, le soleil à ses pieds,
Et son front blanchissant à travers les lauriers,
Et le chœur des vieillards aux barbes argentées,
Et le cortége heureux des vierges, assistées
    D'un corps brillant de chevaliers.

Des filles essuyant les larmes de leurs mères,
De tendres fils penchés sur le cœur de leurs pères,
L'orphelin, le captif, l'exilé, le proscrit,
Les pauvres enivrés du sang de Jésus-Christ,
    Les frères unis à leurs frères.

Satan succombe, et Dieu lève son bras puissant;
Peuples élus, chantez l'hosannah triomphant ;
Autour de vos faisceaux appendez votre glaive.
Je vois, et ce n'est point l'illusion d'un rêve,
    A vos pieds Lucifer rampant.

Enfer et Paradis, ouvrez, ouvrez vos portes,
Aujourd'hui paraîtront de brillantes escortes :
Hâtez-vous, allumez vos torches, vos flambeaux,
Arborez en tous lieux vos aigles, vos drapeaux,
    Armez légions et cohortes.

            CAMINAT,

Membre de l'Académie des Poètes.

(DIOCÈSE DE PARIS)

CONSOLATIONS CHRÉTIENNES

A S. A. R. MADAME LA PRINCESSE HENRI DES PAYS-BAS

Sur la mort de sa sœur la Princesse Anne de Saxe-Weymar

Quand les premiers chrétiens, l'âme grave et sereine,
Paraissaient pour mourir dans la sanglante arène,
La foule, qui venait savourer leurs tourments,
Saluait chacun d'eux de ses longs hurlements ;
Mais que leur importait cette rage insensée ?
Vers les choses d'en haut élevant leur pensée,
Tandis qu'ils subissaient les plus cruels affronts,
Un rayon lumineux descendait sur leurs fronts.
Et si quelques amis, des épouses, des mères
Contemplaient en pleurant l'œuvre des victimaires,
Si leur cœur plein d'angoisse éclatait en sanglots,
Alors l'un des martyrs laissait tomber ces mots :

« Amis, ne pleurez pas à cette heure bénie
» Où notre âme s'arrache à son ignominie,
» Où la foi nous transporte et nous ouvre les yeux,
» Où notre esprit déjà s'élance vers les cieux...

» Lorsque la vérité nous tend une couronne,
» Pleurez plutôt sur ceux que l'erreur environne...
» Amis, pourquoi gémir? Pourquoi ce désespoir?
» Nous goûtons un bonheur qu'on ne peut concevoir.
» La mort n'existe pas : adorable merveille !
» C'est le corps qui s'affaisse et l'âme qui s'éveille...
» Non, ce n'est pas la nuit : c'est l'éclat, c'est le jour,
» C'est la joie et la paix, l'harmonie et l'amour !...
» Ne vous affligez pas en voyant nos tortures,
» C'est l'adieu de la vie à toutes créatures,
» Ce n'est plus la douleur, c'est la félicité ;
» Non, ce n'est point la mort... mais c'est la liberté !...
» Nous ne regrettons rien des biens de cette vie,
» Où pauvre on vous méprise, où riche on vous envie.
» Nous ne regrettons rien d'un monde décevant
» Où la joie est un sable emporté par le vent,
» Où tout espoir se fond comme un flocon d'écume,
» Où les plus heureux jours sont remplis d'amertume.
» Nous ne regrettons rien de ce lieu de douleurs,
» Rien que votre tendresse, hélas ! et que vos pleurs.
» Nous plaindre ?... Lorsque Dieu nous prouve sa clémence !
» Quand l'ombre disparaît, quand l'ivresse commence !
» Nous plaindre ? Quand sa main nous ouvre avec bonté
» Les portes de la vie et de l'éternité !...
» Que du Ciel en tous lieux la volonté soit faite ;
» Amis, ne pleurez pas : notre joie est parfaite...
» Dites-vous que ce jour est un jour de bonheur ;
» Car bienheureux sont ceux qui vont vers le Seigneur. »

Et la voix s'éteignait sous les bruits de la foule
Dont la clameur grondait comme un torrent qui roule ;

Et l'on n'entendait plus rien que ces bruits stridents
Des os qui sont broyés par d'implacables dents.
Puis, des accents confus, inspirés, prophétiques...
Quelques versets sacrés ou quelques saints cantiques ;
Des mots inachevés, quelque suprême adieu,
Que dominait toujours ce grand cri : « Gloire à Dieu ! »

En face du trépas, en butte à tant d'outrages,
Madame, ils disaient vrai ces chrétiens des vieux âges ;
Exaltés par la foi, leur œil avait à nu
Sondé les profondeurs de ce monde inconnu ;
Ils avaient entrevu la source universelle
D'où la grâce descend, d'où la clarté ruisselle ;
Ils avaient tout saisi, tout compris, ils avaient
Face à face admiré ce que d'autres rêvaient.
S'ils achetaient la mort aux prix de la souffrance,
C'est donc un grand bonheur que cette délivrance ?...
Oui, car l'espoir paraît sur le sombre horizon ;
L'âme commence à vivre en quittant sa prison.
Pour le croyant, la mort cesse d'être un mystère
Enfoui dans la tombe obscure et solitaire,
Sur laquelle se brise un amer souvenir :
C'est la terre féconde où fleurit l'avenir.
En elle tout s'épure et tout se vivifie ;
Déjouant les calculs de la philosophie,
Elle promet aux cœurs par le doute égarés
Des pardons infinis, des biens inespérés...
Combien plus elle accorde à ces âmes rêveuses
Que le souffle divin emplit d'ardeurs pieuses,
Dont la foi, les vertus sont les seuls ornements !...
Pour elles que la mort a de ravissements !...

Puisqu'il en est ainsi, d'où viennent ces alarmes?
Pourquoi ce deuil profond, ces soupirs et ces larmes?
Enfin pourquoi gémir sur ces heureux chrétiens
Arrachés de bonne heure aux terrestres liens?...
Peuple d'élection, âmes pures et neuves
Que Dieu n'a pas voulu soumettre à plus d'épreuves,
Et qui vont s'éveiller dans le sein du Seigneur,
Le sourire à la lèvre et la croyance au cœur.

Non, ils n'étaient pas faits pour cette terre aride
Où l'ennui chaque jour creuse en nous quelque ride,
Où l'air est âpre et dur, où les cœurs sont si froids,
Où tout être s'absorbe en des calculs étroits...
Ils se sont effrayés de nos luttes mortelles...
Levant les yeux plus haut et déployant leurs ailes,
Ils se sont élancés vers ce monde meilleur
Où s'épanouit l'âme, où s'éteint la douleur.

Ah! nous qui les aimions, saluons leur conquête,
Car le jour du trépas est un grand jour de fête!
Et le cœur encor gros de leur dernier adieu,
Comme les vieux chrétiens répétons : « Gloire à Dieu ! »

EUGÈNE MAHON DE MONAGHAN,

Consul de France, chevalier de la Légion d'honneur, de Saint-Sylvestre, etc., de plusieurs Académies, auteur de ROME ET LA CIVILISATION, LES SOUVENIRS *poésies,* HEURES D'ÉTUDES, *la comédie au coin du feu, etc.*

PROVINCE ECCLÉSIASTIQUE

DE

TOULOUSE

CHANT DE L'ÉPOUX

> Les chefs des nations, ô ma bien-aimée, courberont la tête devant toi ; te soumettront humblement leur concours et baiseront la poussière de tes pieds.
> ISAÏE.

A mon Eglise uni par un lien mystique,
Je veux de mon amour lui chanter le cantique :
Le suave rayon qui jaillit de ses yeux
Dissipe le nuage obscurci dans les cieux.
Dans sa grâce j'ai mis le divin privilége
De rendre toujours fort celui qu'elle protége.
Et puisant au trésor que remplit ma bonté,
Son jugement s'appelle infaillibilité.

Mon Eglise est ma joie ; elle est ma bien-aimée.
Mortels, pour votre paix le Verbe l'a formée.
Elle est du malheureux la consolation.
Riche de tous les biens de la Rédemption,
De ses deux mains j'ai fait une source féconde
Qui sans jamais tarir se répand sur le monde.
O vous qui gémissez, je suis le Dieu jaloux
Que l'on doit invoquer par elle à deux genoux.

L'Eglise, comme moi, pour ses enfants s'immole,
Malheur à qui vénère une odieuse idole
Au lieu d'elle; il essaie en vain de me tromper.
Dans les eaux de la foi venez vous retremper :
La lèvre rafraîchie aux flots de ces eaux vives
Procure constamment mille prérogatives.
Mon Epouse est le lis qui ravit Israël
Et dont le doux parfum embaume le Carmel.

Prodigues, retournez vers cette Mère tendre;
Rachel pleure ses fils; pouvez-vous vous défendre
D'écouter ses regrets, d'accourir dans son sein?
Cœurs affamés, allez apaiser votre faim.
Elle vous nourrira d'une pure substance,
Froment délicieux qui double l'existence.
Mon Épouse, ma Sœur est l'orgueil de ses fils.
Sa céleste beauté se plaît parmi les lis.

En elle j'ai placé les désirs de mon âme,
Pour son autorité, pour elle je réclame
Fidélité constante, humble soumission.
Apportez-lui des fleurs, ô filles de Sion;
Dans votre piété, associez pour elle
Le champêtre muguet, la rose, l'immortelle.
Mon Église revêt pour manteau l'unité,
Et son front resplendit ceint par la Trinité.

Mlle Eulalie AMIGUES.

(DIOCÈSE DE TOULOUSE)

LE PAPE A ROME

Rex a Deo super Sion.
(Ps. 2, v. 6.)

Ivre d'orgueil et de colère,
Saisi d'un aveugle transport,
Bravant le Maître du tonnerre,
L'impie a dit : « Rome ou la mort !
» Arrachons la cité du Tibre
» Au vampire d'un peuple libre.
» Guerre ! En avant, soldats de feu ! »
Mais la France et Rome s'avancent,
Leurs bataillons unis s'élancent :
Halte ! bandits, Rome est à Dieu !

Ce Dieu, de son bras redoutable,
L'environnne de toutes parts,
Et du Christ la force indomptable
Garde son temple et ses remparts.
En vain, dans le courant des âges,
Les tyrans, les hordes sauvages
Aspirent à l'anéantir;
Leur fureur, qui frappe et qui gronde,
S'épuise ; la Reine du monde
Reste debout pour les bénir.

Marchant de conquête en conquête,
Les terribles enfants du Nord,
Sur les ailes de la tempête,
Lui portaient le deuil et la mort.
Mais un ange veille à ses portes ;
Vers les innombrables cohortes
Il s'avance avec majesté ;
Et devant l'auguste visage,
D'Attila s'apaise la rage ;
Il s'éloigne déconcerté.

Sur Rome Paul étend son glaive,
Pierre, le Labarum vengeur ;
A leur prière qui s'élève,
Descend l'Ange exterminateur.
Des martyrs voyez-vous les âmes
Opposer comme un mur de flammes
A de formidables assauts,
Et faire reculer l'audace
De l'impiété, qui menace
Les apôtres et leurs tombeaux ?

Sous la tiare vénérée,
Le monarque aux pouvoirs divins,
Du haut de la chaire inspirée
A pour gardes les Séraphins.
Sur l'Océan du temps qui gronde,
Il guide les destins du monde

Vers le port de l'éternité;
C'est le phare qui sur nos têtes
Rayonne, au milieu des tempêtes,
D'une intarissable clarté.

A ses pieds mugissent et passent
Les flots des révolutions;
Sur les ruines qu'ils entassent
Survit ce roi des nations.
Pontife entouré de miracles,
Quand il prononce ses oracles,
L'univers recueillant sa voix,
De l'Euphrate au froid Boristhène,
Et de l'Arkansas à la Seine,
Avec amour reçoit ses lois.

Le Seigneur met sur sa couronne
Le sceau de son élection;
De sa droite, il assied son trône
Dans cette nouvelle Sion.
Malheur aux mortels en délire,
Armés pour troubler son empire,
Son règne de paix et d'amour!
Tombe, tombe, race adultère,
Aux éclats du divin tonnerre
Qui part du céleste séjour.

Ville-Éternelle, où la Victoire
Céda son autel à la Foi,
Que serais-tu donc sans la gloire
Que le Pape répand sur toi ?
Ame, centre, soleil du monde,
Sans cette puissance féconde
Qui t'environne de grandeurs,
Nouvelle Sion désolée,
Tu gémirais inconsolée,
Sur le cercueil de tes splendeurs.

L'abbé BASCANS,

Curé de Ciadoux

(DIOCÈSE DE TOULOUSE)

ÉCRIT SUR UN PORTRAIT DU SOUVERAIN PONTIFE

PIE IX

Qu'un artiste en renom se soit mis à l'étude
Pour donner à ses traits toute leur pureté,
Chef-d'œuvre... S'il eût peint cette mansuétude
Que mes yeux de chrétien voient dans Sa Sainteté !

Abel CHAUVET,

presque contemporain du Souv.-Pont.

(DIOCÈSE DE CARCASSONNE)

A NOSTRÉ SANT-PÈRO PIO IX

(IDIOME LANGUEDOCIEN)

Réprésentant dal Christ, gran Pountifo è mounarco
Que goubernax amé raro capacitat,
La Santo, Catoulico, Apoustoulico barco,
Que Pierré goubernèt amé célébritat :

Es inutillomèn qué l'infamé tétrarco
Dal distric infernal, rèmèt à l'impiètat
Un pelhoc, per ana pertout raya la marco
Dal respèt qu'es dègut à bostro aoutouritat;

Nostré respèt per bous, sara caouzo éternèlo!
Malur! as insençats qué fan bostrès tourméns...
N'aouran pas dins l'istouèro uno pajo pla bèlo !

Nostrès nébouts aouran ourrou de talos géns ;
Tandis qué bous dounant uno palmo immourtèlo,
Diran qu'etx le soul gran Èros de nostré téms!...

A NOTRE SAINT-PÈRE PIE IX

(TRADUCTION)

Représentant du Christ, grand Pontife et Monarque,
Qui gouvernez avec rare capacité,
La Sainte, Catholique, Apostolique barque,
Que Pierre sut régir avec célébrité,

C'est inutilement que l'infâme tétrarque
Du district infernal remet à l'impiété
Un chiffon, pour aller partout rayer la marque
Du respect que l'on doit à votre autorité.

Notre respect pour vous sera chose éternelle !
Malheur aux insensés qui causent vos tourments...
Dans l'histoire aucun d'eux n'aura page bien belle !

Nos petits-fils auront horreur de telles gens ;
Tandis que vous offrant une palme immortelle,
Ils vous diront seul grand héros de notre temps.

A LA PROUBIDENÇO

Gran Dious dount les counséls soun plénis d'équiat
É dount le moundé entiè bénitx la Proubidenço,
Explicatx-mé siouplèt couci l'iniquitat
Ouprimo tant soubén ayci-bas l'inoucenço ?

Dégnatx récoumpensa per la prouspéritat,
L'ardit qu'à bostro lé gaouzo fa rézistenço,
É descargatx le pés de la necessitat,
Sul Justé qu'ès per bous ramplit de rébérenço !

Le bici fiéromén asseyt su le bélours,
Dé flouridis laouriés a sa ma dreyto pléno !
É su le gran Pi-IX l'enfer se descadéno !

Atal parlabi yéou, quand courounat de flours,
Un Anjo bèn dal cèl, mê ditx : « sios pas en pèno,
Tal désordré, moun cher, durara pas toujours !...»

A LA PROVIDENCE

(TRADUCTION)

Grand Dieu dont les conseils sont remplis d'équité,
Et dont le monde entier bénit la providence,
Daignez donc m'expliquer comment l'iniquité
Opprime si souvent ici-bas l'innocence ?

Vous comblez des douceurs de la prospérité
L'ingrat qui vous résiste avec noire insolence,
Et vous chargez du poids de la nécessité
Le juste pénétré pour vous de révérence !

Le vice fièrement assis sur le velours,
Des lauriers de victoire a sa main droite pleine,
Et sur le grand Pie IX tout l'enfer se déchaîne !

Je raisonnais ainsi, quand radieux d'atours,
Un bel Ange du ciel me dit : « Calme ta peine,
Le désordre, mon cher, ne dure pas toujours !.. »

A L'OMÉ MOUDÉRAT

L'abidé traficant se décido sans péno,
A passa milo mars per gagna pla d'argèn;
Quand tourno dal Brézil amé la bourso pléno,
Si'l crézetx satisfayt, bous troumpatx grandomèn !

Victor-Emmanuel dounario bouno estréno,
Al qu'y pouyrio céda Roumo dount a talèn ;
Manjario'l Batican frètat d'uno coudèno,
De tant qu'amé appétis le counboito soubèn !

De Roumo si jamay poudio culhi la pruno,
Crézetx que satisfayt Victor-Emmanuel
De touto aoutro annexiou distournesse soun èl ?

Nani ! bouldrio pus tard le soulél ou la luno !
Y'a pas cap d'omé urous joust la capo dal cèl,
Qué'l qué sap moudéra soun dézir de fourtuno !...

A L'HOMME MODÉRÉ

(TRADUCTION)

—⌘—

L'avide traficant se décide sans peine
A passer mille mers pour gagner de l'argent;
Quand de l'or du Brésil il a sa bourse pleine,
Qui le croit satisfait se trompe grandement.

Victor-Emmanuel donnerait bonne étrenne
A qui Rome mettrait sous sa plus longue dent ;
Il mangerait, dit-on, frotté d'une couenne,
Le Palais-Vatican qu'il convoite ardemment !

De Rome s'il pouvait jamais cueillir la prune,
Croyez-vous, que content, Victor-Emmanuel
De n'annexer plus rien conçût le plan réel ?

Non ! il voudrait plus tard le soleil ou la lune !
Il n'est pas d'homme heureux sous le manteau du ciel,
S'il ne sait modérer son désir de fortune !

—⌘—

SOUNET

A L'IMMACULADO BIERJO MARIO

PROUTETTRIÇO DE SA SANTÉTAT PI-IX

Qué bostro purétat sio pertout bénézido,
Bierjo qué Dious le Péro aymo tant tendromèn,
Qué per estré dal cèl le pu bèl ornomèn,
De touto éternitat sa ma bous a caouzido !

Bostro âmo de sous dits sourtiguèt tant poulido,
Bostro grâço y caouzèt un tal rabissomèn,
Qué le Berbo-Fayt-Car à soun abènomén,
Dins bostré caste sé dégnèt préné la bido ;

Reyno qué triounfatx dins l'éternel séjour,
Bous ouffrissi moun cos, moun âmo, moun amour,
Prénetx-mé tout éntiè, sancto Bierjo-Mario !

Mais dégnatx m'accourda léou la counsoulatiou,
Debézé anfin Pi-IX traspassat d'afflictiou,
Das ouragans d'anfèr mestréja la Furio !...

SONNET

A L'IMMACULÉE VIERGE MARIE

PROTECTRICE DE SA SAINTETÉ PIE IX

(TRADUCTION)

Que votre pureté soit à jamais bénie,
Vierge, que Dieu le Père aime si tendrement,
Que pour être du ciel le plus bel ornement,
De toute éternité sa main vous a choisie !

Votre âme de ses doigts s'échappa si jolie,
Votre grâce l'éprit d'un tel ravissement,
Que le Verbe fait chair, à son avènement,
Dans votre chaste sein daigna prendre la vie.

Reine qui triomphez dans l'éternel séjour,
Je vous offre mon corps, mon âme, mon amour,
Prenez-moi tout entier, sainte Vierge Marie !

Mais daignez m'accorder la consolation
De voir enfin Pie IX, rempli d'affliction,
Des ouragans d'enfer enchaîner la furie !

P. GADRAT, libr.

DIOCÈSE DE CARCASSONNE)

NOTA. Ces divers poëmes en idiome languedocien sont du même auteur, et ont été couronnés par diverses Académies du midi de la France. (Note de l'Editeur).

OUMATGÉ DÉ PROUFOUN RESPÊT

D'UN PRONFESSOU DE PINTURO

A SA SANTÉTAT PIO IX

(Idiome Languedocien)

Digné succèssou de sant Pierré,
Reçeou mous pla proufouns respêts,
San qué moun esprit ané quêrré
De bersés richés et parfets.

Al mestré de las destinados,
A Dious, démandi déboun cor
Qu'aloungué tas bièilhos annados,
May préféraplos qu'un trézor !

L'unibers entié té bénèro,
A tous pès el és prousternat,
Car jamay dé pus gran sant Pèro
Jusquos à bey s'és pas moustrat.

Sus Jéruzalem Jérémio
Plourec, et plourec fort loungtens ;
Sus dézordrés dé ta patrio
Hélas, tu nou plouros pas mens !

Gran patriarcho bénéraplé,
Coumoul de toutos las bertuts,
D'un Dious, nascut dins un estaplé
Sièguès lés camis paouc batuts.

Sus débrissés dé Roumo antico,
Toun noum demourara grabat
Coumo uno supèrbo rélico
Légado à la poustéritat.

Tu gardien dé tant dé merbeïlhos
Dé las scienços é dés arts,
Ha! t'ès bist plamay qu'à las beilhos
D'ana pourta leng tous régards.

Al mièch dé toutis tous tracassés,
T'és arribat dé fosso endréyts
D'argen, é dé milhés dé brassés,
Armats per défendré tous dréyts.

Qué marchen bés tu las armados,
N'as pas bézoun dé t'éstouna,
Ja saran bité embrézénados,
Si sercoun à té destrouna.

Ès pla persuadat d'abanço,
Qué n'importo lours oupinious,
Toujours les souldats de la Franço
Saouran té prouba qué soun tious.

E coumo al tens dé Charlémagno
Dé Roumo saboun lés camis,
Car bey trés cops an fayt campagno
Per alaougéri tous soucis.

Tabé la França és bénazido;
Pot pourta soun drapéou pla naout.
N'importo, qu'un qué sio soun guido,
Quand ba cal pren Roumo d'assaout !

Podés dounc coundézi sans crento
La barco dount Dious t'a cargat ;
Nabigo sans cap d'espoubento,
Y la randras en boun estat !

Honoré PRACHE.

(DIOCÈSE DE CARCASSONNE)

HOMMAGE DE PROFOND RESPECT

D'UN PROFESSEUR DE PEINTURE

A SA SAINTETÉ PIE IX

(TRADUCTION)

Digne successeur de saint Pierre, reçois mes respects les plus profonds, sans que mon esprit aille rechercher des vers riches et parfaits.

Je demande de bon cœur, au maître de nos destins, à Dieu, d'allonger tes vieilles années préférables à un trésor.

Tu es vénéré par l'univers entier, prosterné à tes pieds, car jamais de plus grand Saint-Père ne s'est montré jusqu'à ce jour.

Jérémie pleura, et pleura fort longtemps sur Jérusalem ; hélas ! toi tu ne pleures pas moins sur les désordres de ta patrie !

Grand Patriarche vénérable, riche de toutes les vertus, tu suis les chemins peu fréquentés d'un Dieu né dans une étable.

Ton nom gravé sur les débris de Rome antique restera comme une superbe relique léguée à la postérité.

Toi, gardien de tant de merveilles, des sciences et des arts, tu t'es vu plus qu'au moment d'aller porter tes regards au loin.

Au milieu de tous tes tracas tu as vu arriver de l'argent et des milliers de bras armés pour défendre tes droits.

Que les armées marchent vers toi, tu n'as pas besoin de t'en étonner, elles seront vite écrasées si elles cherchent à te ravir le trône.

D'avance sois persuadé que n'importe leurs opinions, les soldats de la France sauront te prouver qu'ils sont à toi.

Et, comme au temps de Charlemagne, de Rome ils savent les chemins, car aujourd'hui ils ont fait campagne trois fois afin d'alléger tes soucis.

Aussi la France est bénie, elle peut tenir son drapeau bien haut; et quel que soit son guide, au besoin, elle prend Rome d'assaut.

Tu peux donc conduire sans crainte la barque dont Dieu t'a chargé. Va sans aucune alarme, tu la lui rendras en bon état.

Honoré PRACHE.

GLOIRE A PIE IX, A ROME ET AU CONCILE

Diligam te, Domine, fortitudo mea.
(Ps. XVIII.)

La paix va refleurir dans la ville éternelle,
Le Vatican orné d'éclatantes couleurs,
Elève dans les airs sa tête solennelle,
Peuple chrétien, cueillons à pleines mains des fleurs.

L'hôte de ce palais en a franchi l'enceinte :
C'est le Pontife-Roi ! de ses pieds triomphants
Baisons avec amour l'ineffaçable empreinte.
Quel moment fortuné, Rome, pour tes enfants !

Devant les saints autels il vient courber sa tête,
Vénérable vieillard si longtemps éprouvé,
Et la foule le suit empressée et muette :
Seul, le remords au cœur, gémit le réprouvé.

De la robe du Christ il voulait le partage ;
Arrière, vil tyran vomi par les enfers !
Il n'est pas fait pour toi cet antique héritage,
Un monde s'est levé pour repousser tes fers.

Non, ils ne craignent point les tempêtes horribles,
Ces jeunes, mais vaillants et robustes soldats ;
Ils sont là tous debout, menaçants et terribles,
Prêts à voler encore à de nouveaux combats.

Leur cause est noble et sainte, et leur mâle courage
En a fait en un jour d'intrépides guerriers.
Aux sommets de l'histoire ils vivront d'âge en âge,
Nous, redisons bien haut : qu'ils sont beaux leurs lauriers !

Dieu le veut ! fut aussi le cri sorti de l'âme
De nos nouveaux croisés ; que le monde envieux
S'écrie en admirant leur superbe oriflamme :
Ils sont par leur valeur dignes de leurs aïeux.

Plus de vents en courroux, plus de cris, plus d'alarmes :
Le salut c'est le port, il est là grand ouvert ;
Mortels inconsolés, séchez vos chaudes larmes,
La colombe à son bec porte le rameau vert.

Devant l'oint du Seigneur va tomber le vampire ;
La colère de Dieu contre lui s'arme enfin,
Déjà Rome triomphe et l'univers respire :
C'est l'aurore d'un jour sans nuage et sans fin.

L'air s'emplit de parfums, l'horizon de lumière,
La terre a retrouvé ses chants harmonieux,
Hâtons-nous d'embellir l'autel de la prière,
Qu'en flots épais l'encens inonde les saints lieux.

Acclamons le vainqueur et publions sa gloire,
Que nos pieux transports s'élèvent jusqu'au Ciel,
Unissons tous nos voix pour chanter la victoire :
Ils ne sont plus ces jours empoisonnés de fiel.

Il a jusqu'à la lie épuisé les calices
Lâchement préparés par ses persécuteurs,
Il a souffert pour Dieu les plus cruels supplices :
Opprobre à l'insensé, honte aux spoliateurs !

Toute sa force à lui c'est son ardeur divine,
C'est son front pacifique et son austérité,
C'est cette croix qui fait jaillir de sa poitrine
Les sources de la grâce et de la charité.

O mère des Beaux-Arts, des Princes de la lyre,
Je vois d'ici passer le cortége pompeux
De tes nobles enfants qu'enflamme le délire ;
Sois fière de ton nom plus que jamais fameux !

Mais pour rendre ta gloire encore plus féconde,
Tu sais changer d'armure et d'intrépidité,
Et ta voix va tonner pour conquérir le monde,
Contre l'erreur funeste et l'incrédulité.

Et nous verrons par toi, reine des catholiques,
Bientôt nos saints drapeaux flotter de toutes parts,
Les temples de Sion élargir leurs portiques
Et des Gentils crouler les orgueilleux remparts.

Et la paix en tous lieux règnera sur la terre ;
Les peuples désormais goûteront ses douceurs ;
Ils seront tous unis. Loin du bruit de la guerre,
Les nations vivront s'aimant comme des sœurs.

Pour cet œuvre si grand qui pour nous se prépare,
En haut nos cœurs, chrétiens, intercédons les Cieux;
Que ceux que leur raison si follement égare
A la lumière vraie ouvrent enfin les yeux.

France, enorgueillis-toi ! car cette ère nouvelle
Te devra les trésors de sa félicité ;
Le sang de tes martyrs fume encore pour elle,
Pour elle quel grand cœur n'a-t-il pas palpité?

Paul RAYNAUD.

(DIOCÈSE DE CARCASSONNE)

ROME OU LA MORT

Ego sum via, veritas et vita.
Joa., 14, 6.

Rome ou la mort !.. Tel est le cri sauvage
Poussé par le héros, déshonneur de notre âge.
Rome ou la mort !.. que ce cri, détourné
De l'infernal délire
Qui l'inspire,
En ce jour
D'amour,
Sainte devise de la France,
Cri d'espérance,
Soit par nos cœurs vers le Ciel retourné.

Rome ou la mort ! Anges du sanctuaire,
Oints du Seigneur,
Que votre cœur
Mêle ces cris à sa prière.
Et vous, des Cieux
Hôtes heureux,
Dans l'allégresse,
Avec transport
Chantez sans cesse :
« Rome ou la mort ! »

Ils l'ont chanté ces Enfants de la France,
De l'avenir nobles aïeux.
Nouveaux croisés victorieux
   Dont la vaillance
Dit aujourd'hui, comme autrefois
   Nos fiers Gaulois :
    « Ma lance
  « Soutiendrait les Cieux ! »
Elle est debout l'audace héréditaire,
De Jésus-Christ protégeant le Vicaire,
Comme autrefois nos pères glorieux.

Accourez donc des plus lointains rivages,
Frères aimés du saint Pontife-Roi.
Avec vos cœurs offrez-lui vos courages ;
N'êtes-vous pas les juges de la foi ?
Rome a parlé, l'Église vous appelle,
  Qu'à sa voix chacun soit fidèle :
   Cette heure est solennelle
   En ces précieux jours.
   Partout l'orage gronde ;
   Il sauvera le monde,
    Votre concours.

  Le Ciel obscurci tonne,
  L'homme égaré s'étonne,
    Tâtonne,
    Frissonne ;

Loin du chemin
De l'espérance,
Il a faim
De délivrance,
De foi, d'amour et de félicité ;
Et dans les fers de l'esclavage
Chante avec rage :
« Liberté ! »

Fille du Ciel, la liberté s'envole
Loin des impurs ;
Et le monde frivole,
De la vertu brisant les murs,
Vole
A l'enfance
L'innocence,
A la Vierge la candeur :
Et du vice la laideur,
Des blancs cheveux de la vieillesse,
Fleur de tendresse,
Souille l'honneur.

Eh quoi ! mon Dieu, des hautes cimes
Où j'écoutais les sons mélodieux,
Et les leçons sublimes,
Et les accents pieux
D'une voix que le Ciel inspire,
Le foudre que l'orgueil attire
A renversé l'audacieux.

Où va cette étoile qui file ?...
Où va le nuage sans eau ?...
A ton tribunal, au Concile
            Nouveau,
      Il en appelle
      Moine rebelle !..
      Homme déçu,
            Il tombe !...
Resteras-tu dans la tombe
            Ange déchu ?

      Tout chancelle,
      Tout se mêle,
Et l'erreur et la vérité,
Et la haine et la charité :
C'est un chaos immonde
De hontes, de noirceurs,
D'impiétés, d'horreurs.
Au premier jour du monde,
Flottant sur l'abîme des eaux,
Esprit-Saint, à ta voix fidèle,
Le néant s'anima. Qu'ils étaient beaux
      Les Cieux ! Que la terre était belle !
L'ange sourit au Roi de la création,
L'homme entendit ce cri : « Tout est beau, tout est bon. »

      Que ta voix créatrice
            En ce jour
D'un pôle à l'autre retentisse,
            Esprit d'amour !

Fuyez, ténèbres
Funèbres
Des esprits
Que l'erreur a meurtris.
Voici la lumière :
Je suis la vérité !
Cœurs attiédis, cœurs morts, quittez votre suaire,
Je suis la Charité !
A la vertu je vous convie,
C'est moi qui suis la vie !
Vous surtout que le Ciel envie,
Chrétiens sans reproche et sans peur,
Ennemis du monde trompeur,
Espérez ! car je suis la Force !
Vertus du pécheur qui s'efforce,
Et du repentir à genoux,
Croissez et multipliez-vous !

Prosternez-vous dans la poussière,
Vous qui prédisiez l'ouragan
Au Concile de saint Pierre,
Au Concile du Vatican !
La cause est finie :
Anathème à qui nie !
Honte à qui renie !
Rome a dicté
La vérité.

Gloire à la Vierge Immaculée !
Rome, réjouis-toi !
La dernière heure est reculée,
Pie neuf est gardé par la foi ;

Enfer, Enfer, malgré tes haines acharnées,
Nous l'espérons, de Pierre il verra les années.

Crux de cruce

　　Croix de la Croix,
　　Bien-aimé Père,
　　　Je le vois
　　　Le Calvaire
　　Devient Thabor !
　　　Forte encor,
　　　L'Église
Ne connaît plus le vinaigre et le fiel :
　　C'est le lait et le miel
　　De la terre promise,
　　　Lumière au Ciel !

« *Lumen in calo.* »

Nations sœurs, les yeux humides,
Du bien seul suivez les attraits,
Brisez les armes homicides,
Donnez-vous le baiser de paix.
Partout relevés s'affermissent
　　Les trônes abattus ;
Près des autels qui s'embellissent,
　　　Fleurissent
　　De nouvelles vertus.

Rome, de tes hauts faits ne vante plus la gloire,
De l'Église du Christ seule vit la mémoire.
　　Couronne-toi de ces lauriers
　　Que t'offrent nos pieux guerriers.

La foule électrisée,
Baise les murs du Colysée.
Le capitole
Chrétien
Sourit au môle
D'Adrien ;
Et des trésors d'amour que le monde accumule
A la porte du Vatican,
La colonne du Janicule
Porte le drapeau triomphant.

Héros des Catacombes,
Tressaillez dans vos tombes.
Et vous, triomphateurs,
Rois, tribuns, orateurs,
Généraux, Empereurs
De la Rome impudique.
Levez-vous, saluez la gloire pacifique
De notre Rome catholique.
De mon cœur attendri partagez le transport;
Fils de saint Pierre,
Chantez, chantons avec la terre entière :
« Rome ou la mort ! »

L'abbé PECH,

Curé de Saint-Jean.

(DIOCÈSE DE CARCASSONNE)

AU GLORIEUX PIE IX

Quarè fremuerunt gentes?
Ps. XI.

Le Seigneur, ô Pontife, imposa ta puissance,
Qui console et bénit, à l'univers entier.
La croyance soumise à ton obéissance
    Suivra toujours le droit sentier.

Oint de Dieu, Prêtre-Roi, lorsque ta voix ordonne,
Je vois l'humble de cœur s'incliner sous ta loi,
Mais la libre pensée a levé sur ton trône
    Un regard qui répand l'effroi.

Où sont-ils cependant tous ces hérésiarques
Qui voulaient renverser le Pontife romain ?
Un violent trépas a frappé les monarques
    Qui sur lui portèrent la main.

« Sur Rome, disaient-ils, s'assiéra le silence,
» Et nous le salûrons par un rire moqueur.
» Sur ses autels en deuil, sur sa magnificence
    » Frappera le marteau vainqueur. »

Et ces audacieux n'ont marqué dans le monde
Que par leurs vains complots contre l'autorité
Dont la force ici-bas reste à jamais féconde,
    Et dont le nom est Papauté.

Naguère un potentat transporté d'arrogance
Au sein du Vatican portait un œil jaloux,
Mais un éclair soudain de la Toute-Puissance
    Le fit trembler sur ses genoux (1).

A Pierre nous vouons nos fortunes, nos vies;
Nous les consacrerons à défendre ses droits;
Pour vaincre des méchants l'infernale furie,
    Nous sommes soldats de la croix !

Léon CROS.

(DIOCÈSE DE CARCASSONNE)

(1) Allusion à une visite de l'empereur Nicolas à Grégoire XVI.

VIR DEI ES TU

Ton front rayonnera d'une douce auréole,
  O Pontife, dans l'avenir.
Les papes qui suivront, viendront à ton école
  Imiter et se souvenir.

En vain l'iniquité te prodigue l'outrage,
  Et d'épines couvre ton front,
Les anges ont pris soin d'essuyer ton visage,
  Leurs ailes te protégeront.

Nous avons vu sur toi la haine du sectaire
  S'acharner, lion rugissant;
Mais Dieu t'avait marqué de ce beau caractère
  Qui commande au flot mugissant.

Oui, oui, dans tes discours nous parle la sagesse
  Et son enseignement profond.
Tu demandes au Ciel d'assister ta détresse,
  Et le Ciel ami te répond.

L'orgueil s'était promis, abjecte messagère,
　　D'atteindre en toi la vérité ;
Il a vu maintenant que nul effort n'altère
　　Ton infaillible autorité:

Un diamant nouveau scintille à la couronne
　　De la souveraine des Cieux;
Un dogme est proclamé, la terre entière entonne
　　Un cantique mélodieux.

Ta main sur nos autels a placé les images
　　De bienheureux et de martyrs;
Des célestes palais, sur nos terrestres plages
　　Rayonnent ces nouveaux saphirs.

Les pasteurs d'Orient, les pasteurs de l'Afrique
　　Viennent s'unir au Grand Pasteur;
Voici ceux de l'Europe et ceux de l'Amérique
　　Ne formant qu'une âme et qu'un cœur.

O Moïse nouveau, ton visage étincelle
　　Au front d'un autre Sinaï.
Viens, porte-nous la loi que le Ciel te révèle,
　　O lieutenant d'Adonaï.

L'impie Antiochus a projeté ta chute;
　　Mais verra-t-on jamais plier
Le combattant divin, l'ange qui, dans la lutte,
　　A Jésus-Christ pour bouclier?

Ton front rayonnera d'une douce auréole,
  O Pontife, dans l'avenir.
Les papes qui suivront, viendront à ton école
  Imiter et se souvenir.

L'abbé ALBOIZE, prédicateur.

(DIOCÈSE DE CARCASSONNE)

MA PAGE DE L'ALBUM

Resterais-tu muette en ce jour, ô ma lyre ?
Encore un chant dicté par la foi qui m'inspire :
Nous aurons notre note au poétique chœur
Qui célèbre le nom du suprême Pasteur.
J'aime mieux ces accords, ces douces mélopées
Que les tableaux sanglants des grandes épopées.
Aux bardes des combats, aux chantres des héros,
Je préfère la harpe aux célestes échos :
Dans les parvis sacrés, au sein des basiliques,
Mon âme est transportée aux accords angéliques.
Les voilà réunis les Pères vénérés ;
Ils passent revêtus des vêtements sacrés.
Au divin Paraclet leurs âmes sont soumises ;
Ils vont tenir de Dieu les puissantes Assises.
Leur bouche est en ces lieux étrangère à l'erreur.
Dans leurs décisions parlera le Seigneur.
La sagesse, l'amour, la foi, l'intelligence,
De tous ces Salomons dicteront la sentence.
Ils sont les envoyés choisis par l'Eternel,
Lumière de Juda, couronne d'Israël.

Des idoles de Tyr, leur prudence profonde
Réprouvera le culte à la pratique immonde.
Pontifes du Seigneur, dans votre enseignement,
Je reconnais l'Esprit qui vient du firmament.
La ténébreuse erreur obscurcissait notre âge ;
Vous le préserverez d'un terrible naufrage.
Triomphez, triomphez, sainte religion,
Dans le Verbe fait chair, la gloire de Sion.
A quel but surhumain, gigantesque entreprise,
Osez-vous aspirer, ô Sénat de l'Eglise ?
Les dogmes affermir, et réformer les mœurs,
Quelle œuvre magnifique et quels nobles labeurs !
Dans la nuit que jetait sur nous l'erreur grossière,
Jaillit subitement la céleste lumière.
O Pasteurs, quelques jours vous quittez vos troupeaux,
Mais pour quelle conquête et quels heureux travaux !
Vous aurez ajouté, vous couronnant de gloire,
Une page sublime au livre de l'histoire.

J.-P. ANCÉ, curé.

(DIOCÈSE DE CARCASSONNE)

STANCE A LA TRÈS-SAINTE VIERGE

A L'OCCASION DU JUBILÉ

Dulce refrigerium.

Sous le pesant fardeau de ma misère,
Humble et contrit, soupirant vers le Ciel,
Je viens fort tard, clémente et bonne Mère,
Chercher la paix aux pieds de votre Autel.

Ai-je goûté ce calme pur de l'âme,
Présent céleste, ô Mère de mon Dieu !
Que dès ce jour un saint amour m'enflamme
Pour vous louer en tout temps, en tout lieu !

Dans mes pensers, ô doux nom de Marie,
Viens remplacer ce trop facile attrait
Qui m'attachait à cette triste vie ;
En t'invoquant, c'est attendre un bienfait !

Nom trois fois saint ! de cette humble prière
Soutiens l'éclat qu'elle emprunte à la Foi ;
Serai-je heureux, au bout de ma carrière,
D'avoir compris l'amour que je te doi.

Vierge aux pécheurs propice, avant que je ne meure
Appelez le pardon sur mes iniquités,
Afin que votre Fils m'admette en sa demeure,
A ses ravissements, à ses félicités.

Abel CHAUVET.

(DIOCÈSE DE CARCASSONNE)

A NOTRE SAINT-PÈRE LE PAPE

A L'OCCASION DU CONCILE

Je crois et j'espère.

Très-Saint-Père, je viens de mon humble parole,
Répéter sur la lyre, à vos pieds, le symbole
    Des vieux jours et de l'avenir ;
Vous voir et vous parler si je ne puis prétendre,
Vous pouvez toutefois du Vatican m'entendre,
    Et de votre main me bénir.

O temple de Céphas, ouvre ta vaste enceinte ;
Des Vieillards, nos Pasteurs, voici la troupe sainte.
    O vengeurs de la vérité,
Je vois à votre aspect les grandes basiliques
D'allégresse bondir sur leurs bases antiques,
    Dans l'apostolique cité.

Évêques accourus de l'un à l'autre pôle,
Vous êtes assemblés sous la vaste coupole
    Qui de Pierre couvre l'autel.
Quel est donc ce pouvoir qui, des confins du monde,
Dans le rayonnement d'une unité féconde,
    Vous rassemble au premier appel !

Culte de nos aïeux, ô divine croyance,
Qui me séparera de ta douce influence,
    Du bonheur que je trouve en toi !
Quel cœur pur ne s'échauffe et ne vit de ta flamme !
Religion du Christ, seule nourris mon âme
    Du pain céleste de la foi !

Docteurs, Vierges, Martyrs, honneur des catacombes,
Secouant un instant la poudre de vos tombes,
    Apparaissez et dites-nous :
Si le Ciel n'est qu'un nom, notre esprit qu'un atome,
Si l'homme en louant Dieu n'adore qu'un fantôme
    Qui se raille à plaisir de nous ?

Mère de mon Sauveur, Marie, ô ma patronne,
L'abîme pourrait-il atteindre la couronne
    Qui resplendit à votre front !
Le Pape pourrait-il de la Ville-Eternelle
Être proscrit ? non, non, votre auguste tutelle
    Nous épargnera cet affront.

Et nous, fils de l'Église en butte à la tourmente,
En face du danger, que notre ardeur augmente ;
    Et tous dans la prière unis,
Ayons pour notre Mère une crainte docile,
Accueillons humblement les décrets du Concile,
    Et nous verrons des jours bénis.

Attendons, recueillis dans un pieux silence,
Ce que nous donnera la sainte Providence ;
    Nul ne se soustrait à sa loi ;
Elle change à son gré le deuil en chant de fête;
Elle peut d'un regard dissiper la tempête
    Qui mugit sur le Prêtre-Roi.

S'il nous faut le prouver cependant notre zèle,
Chrétiens, si le devoir au combat nous appelle,
    Chacun de nous sera soldat.
Si de nouveaux Nérons se rencontre la haine,
Oui, nous nous souviendrons qu'un martyr dans l'arène
    Meurt debout et ne se rend pas.

Mᵐᵉ Marie CAVAILLEZ.

(DIOCÈSE DE CARCASSONNE)

GRANDEUR DE PIE IX

Quel est-il ce mortel que contemple la terre ?
Les puissants potentats tombent à ses genoux.
Il n'a pourtant ni chars, ni bataillons de guerre,
Et sa main pour bénir toujours plane sur nous.

Assis sur le rocher où repose l'Eglise,
La Trinité divine a couronné son front ;
Contre les conjurés il n'a que sa devise ([1]) ;
Mais le Christ frappera ceux qui le toucheront.

En vain le paganisme exhume ses idoles,
En vain de l'hérésie on répand le venin,
Elles ne peuvent pas nous mentir les paroles
Que Jésus écrivit dans le Livre divin.

Le Seigneur l'a placé sur le roc immobile
Que toujours vainement la tourmente a battu.
Chrétiens, il est la main qui porte l'Évangile,
Et le Christ dans son âme a soufflé sa vertu.

([1]) Non possumus.

Voyez-le, le Vieillard au triple diadème,
Outragé, menacé, dépouillé de ses biens :
Mais quelque noir chagrin qui gémisse en lui-même,
Il sait que le Très-Haut protégera les siens.

Si, comme le Sauveur, il gravit le Calvaire,
Sa bonté, comme lui, pardonne à ses bourreaux;
Et si du Rédempteur il revêt le suaire,
C'est pour vaincre la mort dans le sein des tombeaux.

Mais au Déshérité, des confins de la terre
Accourent des vengeurs, arrivent des présents.
Une vie inconnue, au tombeau de Saint-Pierre
Attire des chrétiens venus des quatre vents.

Ainsi reste debout la vertu des Apôtres,
Et contre les méchants ont protesté les bons;
Ainsi les cœurs des saints ont battu dans les nôtres,
N'étions-nous pas formés à leurs grandes leçons?

O Pontife, poursuis ton œuvre surhumaine !
Le Souverain du Ciel a veillé sur tes pas ;
Il gouverne avec toi cette Église romaine
Que l'Archange déchu ne renversera pas.

Seigneur, protégez-le ce Roi du Sanctuaire ;
Et de ses ennemis rendez-le triomphant.
Comme Pierre autrefois il est votre Vicaire.
Et moi, prêtre, je suis votre très-humble enfant.

F. DAUJARD, prêtre.

(DIOCÈSE DE TOULOUSE)

ROME ET PARIS

ou

PIE IX ET L'EXPOSITION

EN 1867 (1)

Grands et majestueux les siècles se déroulent,
Comme un fleuve à pleins bords lentement ils s'écoulent
Dans les replis cachés de leur cours ténébreux,
Sommeillent inconnus des mystères nombreux.
En vain au philosophe, au savant, comme au sage,
J'ai demandé la clef du plus simple présage :
Pour eux rien n'est certain sur le temps à venir,
Et le temps qui n'est plus n'a que leur souvenir.
Vanité des humains ! L'historien raconte ;
Jusqu'au berceau du monde à son aise il remonte ;
Mais tout ce qu'il me dit, je ne le saurais voir ;
Je le crois cependant, c'est pour tous un devoir.

---

(1) Ces vers ont été débités en présence de Monseigneur l'Evêque, dans la séance solennelle de l'Académie d'Emulation de Saint-Gilles, le 27 décembre 1867, par MM. Ludovic Liotard, secrétaire, et Arthur Moreau, académicien.

Inspiré par sa muse, à son tour le poëte
A chanter ce qui fut pompeusement s'apprête.
Et que me dira-t-il de réel, de certain,
Celui qui de soi-même ignore le destin ?
Oh! que j'aime bien mieux le chrétien philosophe,
Qui, le regard au ciel lors d'une catastrophe,
Ne cherche pas en vain à sonder des secrets
Que Dieu n'a point livrés aux mortels indiscrets !
Rien ne trouble sa vie : il en parcourt l'espace
Aussi tranquillement qu'un pèlerin qui passe.
Cet homme-là du moins connaît l'art d'être heureux :
Il jouit du présent tout en attendant mieux.
Qu'en dis-tu, Ludovic, toi dont un pur délire
Si souvent fait vibrer les cordes de ta lyre ?
Chante ; j'aime à t'entendre : heureux plus que Nason,
Tu sais joindre avec art la rime à la raison.

Des siècles écoulés, de ceux à venir même,
En est-il de pareils au siècle dix-neuvième ?
A peine il a suivi les deux tiers de son cours,
Et sa gloire si grande augmente tous les jours.
J'étudie avec soin la suite des années
Que sur le char du Temps ce siècle a ramenées ;
Et j'en trouve beaucoup, je le dis hardiment,
Dont le front est marqué d'un symbole éclatant.
L'humanité, l'Europe, et surtout ma patrie,
Les sciences, les arts, la guerre et l'industrie,
Tout lui doit un tribut, juste autant que flatteur,
Pour les chefs-d'œuvre éclos sous son œil protecteur

Tu le vois, il n'est plus aujourd'hui dans le monde
D'assez vaste océan, de mer assez profonde,
Pour effrayer l'audace ou le génie humain :
Le regard en avant, la boussole à la main,
Il s'élance..... Et le feu, comme un coursier docile,
Le promène en sifflant du désert à la ville.
Rien n'arrête sa course, accoutumé qu'il est
A briser sous son joug tout ce qui lui déplaît.
Pour lui les éléments ne sont point des obstacles ;
Au contraire, il leur doit ses plus brillants spectacles :
Une vapeur infecte, un incommode gaz
Jettera sous ses doigts l'éclat du plus pur strass.
Par ses efforts constants, il perce les montagnes,
Transforme un sol aride en fertiles campagnes,
Couvre de monuments, de comptoirs, de fortins,
Des pays inconnus, des parages lointains.
En un vaste canal, de deux mers éloignées
Bientôt se mêleront les ondes étonnées.
Ainsi le monde ancien donne au monde nouveau
Un baiser d'alliance : est-il rien de plus beau ?
Que te dirai-je encor ? Sur des fils élancée,
J'ai vu passer sans bruit l'invisible pensée :
Obéissant à l'homme, elle avait pris un corps
Pour porter un message aux plus sauvages bords.
Et le soleil lui-même a dû nous rendre hommage :
Que je lui fasse un signe, il peindra ton image.....
Arrêtons-nous, Arthur ; j'en ai bien dit assez ;
Les Anciens sans nul doute ont été dépassés.
Ni Rome, ni Memphis, ni la Grèce elle-même
N'ont rien vu de semblable au siècle dix-neuvième.

Et tu ne nous dis rien des Expositions,
Où l'on voit affluer toutes les nations ;
De ces nobles combats de lutteurs pacifiques,
Disputant à l'envi des palmes magnifiques ;
De ce banquet immense, où de tout l'univers
Se sont assis joyeux mille peuples divers.
Fut-il jamais à Rome un spectacle aussi rare?
Et même aux jeux des Grecs qu'a célébrés Pindare?
Ce que l'Antiquité n'aurait jamais osé,
La France l'a conçu, mûri, réalisé.
Durant sept mois entiers, malgré des bruits de guerre,
Ma patrie à sa voix vit s'ébranler la terre.
Des hommes par millions, de l'Amazone au Rhin,
Sont venus y camper sur son mouvant terrain.
Oubliant de concert leurs torts, leurs droits, leurs haines,
Ils se sont renoués par d'éternelles chaînes.
Voyez, dans ce Palais International,
Ils se donnent la main d'un sourire amical.
Spectacle ravissant, noble et sublime exemple ;
Puisse-t-il profiter à l'œil qui le contemple!

N'a-t-on pas trop prôné ce triomphe éclatant?
Tu le trouves parfait, je n'en dis pas autant.
L'industrie et les arts ont leur enthousiasme :
Evitons l'engoûment, autant que le sarcasme.
J'aime les exposants, je suis de leurs amis.
Certes, lorsque je vois les animaux soumis,
Les éléments domptés reconnaissant un maître,
L'homme me paraît grand, et je suis fier de l'être.

J'ai vu tous ces chefs-d'œuvre, au Palais exposés,
Ces produits naturels avec art disposés ;
Une matière brute, animée, agissante,
Changée en un clin d'œil, par une main puissante,
En meubles élégants, en bijoux gracieux,
En mille objets divers qui fascinent les yeux.
On se sent ébloui. Moi-même, je l'avoue,
J'ai dit : *C'est admirable !...* Et pourtant je ne loue,
Sache-le bien, Arthur, dans l'Exposition,
Que des provocateurs la noble intention.
Peut-être je provoque un sourire de doute ;
Mais laisse-moi parler, tu vas comprendre. Ecoute.
Faire lutter entre eux les puissants et les forts,
Des travailleurs obscurs soutenir les efforts ;
Récompenser des uns les œuvres remarquables,
Aux autres signaler des progrès désirables ;
Distribuer à tous d'encourageants tributs :
Voilà bien, je le crois, quels ont été leurs buts.
Belle et noble pensée, admirable utopie,
Digne certainement de la philanthropie.
Eh bien ! c'est le progrès au point de vue humain,
Celui-là même où Dieu n'a pas la haute main.
Qu'arrive-t-il alors ? Ce qu'on gagne en bien-être,
On le perd en grandeur ; l'homme n'est plus qu'un maî
Servilement courbé sous mille jougs divers :
L'or, la mode, le luxe, et cent autres travers.
Où sont, en ces temps-ci, les gens à caractère ?
Les hommes vraiment francs, au cœur que rien n'altère
Qui n'ont qu'une parole, un principe, un serment ?
Dont la fidélité jamais ne se dément ?

Qui n'immoleront point leur noble indépendance
Sous le prétexte faux d'une utile prudence ?
Tu vantes l'industrie ; ah ! je l'admire moins
Depuis qu'elle a créé de factices besoins,
Un luxe, un superflu devenu nécessaire,
Que tant de monde alors ne saurait satisfaire.
Et puis je ne vois pas quelle nécessité
D'attirer tant la foule en la grande cité ?
Le naïf montagnard, le paysan honnête,
Ont-ils bien à gagner d'être à pareille fête ?
Si peu qu'ils soient encor gens de religion
Quelle sera, dis-moi, leur triste impression
En voyant pleuvoir l'or, l'onde diamantée
Sous les pas d'un danseur, d'une artiste éhontée ?
Ne nous étonnons plus d'être dans l'embarras,
De voir partout qu'il manque ou d'ouvrage ou de bras.
Nos travailleurs d'hier, désertant leurs charrues,
Promènent leur famille aujourd'hui dans les rues.
Tu lis l'histoire, Arthur ; elle abonde en leçons
Qui viennent à propos appuyer mes raisons.
Souviens-toi de Memphis, de Rome, de Carthage,
De Tyr, de Babylone, et d'Athènes la sage :
Toujours leur décadence a suivi leur splendeur.
Pourquoi ? Je le comprends : le poids de leur grandeur
Faiblement soutenu sur des vertus usées,
Les a sous ses débris aisément écrasées.

Détournons nos regards d'un si pénible objet,
Egayons nos pensers en changeant de sujet.

Prophète de malheur, tes remarques sont justes,
Surtout quand tu nous peins la Rome des Augustes.
Mais Rome est aujourd'hui la ville du chrétien,
Et son nom fait vibrer les cœurs comme le tien.
C'est du catholicisme et la reine et la mère ;
On l'aime, on la chérit, autant qu'on la vénère.
Elle aussi, cette année, avait son grand concours,
Qui pourra se compter parmi ses plus beaux jours.
L'univers tout entier, l'univers catholique
Accourut avec joie au Siége apostolique.
Sans doute, Ludovic, entre Rome et Paris
Il existe un abîme où sombrent nos esprits.
Ici c'est un Vieillard que les Cieux seuls secondent,
Et pourtant à sa voix toutes nos voix répondent.
Entouré d'ennemis et nombreux et puissants,
Il brave, calme et doux, leurs projets menaçants.
Les prélats, les pasteurs, les fidèles sans nombre,
Prosternés à ses pieds, le couvrent de leur ombre.
Il parle et l'on s'incline avec soumission ;
Il bénit, et chacun pleure d'émotion.
On ne se lasse point de le voir, de l'entendre ;
C'est un Père pour tous si généreux, si tendre !
Je n'ai point fait, tu sais, le voyage à Paris ;
Mais pour voir le Pape, oh ! je l'aurais entrepris.

Quoi ! le Pape à Paris ! oses-tu bien le dire ?
On l'a dit avant toi, mais je n'ai fait qu'en rire.
Ah ! cher Arthur, qu'on trouve aux Expositions
Les princes, les puissants, les rois des nations,

Qu'on aille y saluer l'empereur de Russie,
Le sultan, le koubo, bien peu je m'en soucie ;
Mais il ne convient point, je le dis sans détour,
De voir le saint Pontife y descendre à son tour.
Je ne crains pas pour lui la froide indifférence,
Ni de la foule avide un peu d'irrévérence.
Il n'aurait qu'à paraître un instant parmi nous,
Pour qu'aussitôt chacun tombât à ses genoux.
Ce que j'avance là, Rome l'a vu naguère,
Alors que les méchants lui déclaraient la guerre.
La France était bien loin (on le croyait ainsi),
Mais au nom seul du Pape, elle a dit : Me voici !
Et ceux qui répondaient unis comme un seul homme,
N'est-il pas superflu qu'ici je te les nomme ?
Les champs de Mentana, de Monte-Rotondo,
Comme autrefois celui de Castelfidardo,
Ont entendu leurs noms ; et les échos fidèles
Nous les ont apportés sur leurs rapides ailes.
Oui, ces nouveaux croisés, le monde les connaît :
Monteynard, Dufournel, et Melin, et Bonnet,
Bourbon et Quatrebarbe, et mille autres encore
Dont la Religion à tout jamais s'honore [1].
Et ces preux chevaliers, ces héros triomphants,
Étaient pour la plupart presque encor des enfants.

---

[1] Il était impossible de citer ici tous les noms des braves volontaires. Il en est trois cependant qui avaient des droits imprescriptibles à un souvenir tout spécial : M. Hugues de Monteynard, neveu de Monseigneur l'Evêque de Moulins ; M. Noël Bonnet, frère de M. l'abbé Bonnet, aumônier de Saint-Gilles ; il a été blessé à Mentana ; et M. Etienne Melin, ancien élève de Saint-Gilles, frère de M. l'abbé Melin, de Moulins ; il a été malheureusement écrasé sous les débris de la caserne Serristori, le 22 octobre dernier. M. Oscar de Poli lui consacre trois belles pages dans ses *Soldats du Pape* (408-410).

Mais le poëte a dit : Dans les âmes bien nées,
La valeur n'attend pas le nombre des années.
Que n'ai-je pu moi-même à leur suite partir,
Combattre à leurs côtés, comme eux tomber martyr !
Quand il s'agit du Pape, on peut n'être pas brave,
Mais il faut bien, Arthur, *qu'on soit un peu zouave.*

F. A.

(DIOCÈSE DE MOULINS)

A SA SAINTETÉ PIE IX

Tu bois comme le Christ la coupe d'amertume,
A ton Gethsémani, la douleur te consume.
    Dans la tristesse de la mort,
Le sommeil a des tiens alourdi la paupière,
Et seul du firmament un ange de lumière
    Te soutient comme le Dieu fort.

Le divin Rédempteur, du haut de son Calvaire,
D'âge en âge, avait vu ce deuil du sanctuaire
    Se renouvelant bien des fois ;
Mais il dit : « Résistez à l'épreuve qui passe,
» Mon Église a reçu les secours de la grâce,
    » La protection de la Croix. »

Que les agitateurs de la libre-pensée
Songent à renverser, dans leur fièvre insensée,
    La voûte et les murs du saint lieu ;
Pour les ensevelir ils creuseront l'abîme,
Et rien n'ébranlera sur sa base sublime
    L'antique autel de notre Dieu.

Quels sinistres éclats! Quels discours! Quels outrages!
Il semble qu'on entend les souffles des orages
    Sortir des bouches de l'Enfer.
Ils ne savent donc pas, ces faiseurs de ruines,
Que le Pontife, armé des promesses divines,
    Se rit de la flamme et du fer.

Pontife, dans ta main éclate cette épée
Que le Christ dans les eaux de sa force a trempée,
    Elle se nomme le trépas.
Au jour de la bataille, ô magnanime Pie,
Tu la feras briller aux regards de l'impie;
    C'est par elle que tu vaincras.

Gédéon conduisit ses soldats à la gloire;
Pour être triomphants, il leur suffit de croire.
    Eh bien! nous aussi nous croyons :
Sois notre Gédéon, ô monarque de Rome,
Sous ton autorité, marchant comme un seul homme,
    Avec toi, Pierre, nous vaincrons.

Louis OPPEPIN.

(DIOCÈSE DE NEVERS)

LE DRAPEAU CATHOLIQUE

AUX ZOUAVES PONTIFICAUX

Géants des temps passés, quittez votre suaire ;
    Nobles défenseurs de la Croix,
Sortez de vos tombeaux, et que la terre entière
    Se lève encore à votre voix !
    Qu'à votre parole féconde
    Se rallume l'antique feu,
    Et que tous les échos du monde
    Redisent le cri : Dieu le veut !

    La liberté, c'est notre vie,
    La liberté, c'est notre foi.
    Chrétiens, Rome est notre patrie,
    Et son Pontife est notre Roi.

Les forfaits d'aujourd'hui dépassent la mesure
    Des crimes commis autrefois :
L'injustice et l'orgueil, la ruse et le parjure
    Cachés sous le manteau des rois,

Sur le Christ, au sein de l'Eglise,
Rêvant un attentat nouveau,
Sur la terre qu'il a conquise
Voudraient lui creuser un tombeau.
    La liberté, etc.

Leurs vœux sont insensés, leur espérance est vaine :
    La Providence ne dort pas.
Catholiques, debout ! Voyez-vous, dans l'arène,
    Vos frères vous tendant les bras ?
    Volez aussi prompts que des anges ;
    Serrez vos rangs, soyez unis ;
    Et qu'en face de vos phalanges
    Tremblent enfin vos ennemis.
    La liberté, etc.

Non, non, le temps n'est plus d'humilier vos têtes
    Et d'offrir vos bras à leurs fers.
S'ils veulent vous compter et savoir qui vous êtes,
    Dites : « Nous sommes l'univers !
    Nobles héritiers d'une gloire
    Que rien ne saurait obscurcir,
    L'antiquité, c'est notre histoire,
    L'éternité, notre avenir. »
    La liberté, etc.

Prenez votre drapeau : que la Croix du Calvaire
    Brille et rayonne dans vos mains.
Faudrait-il la porter jusqu'au bout de la terre,
    Elle en connaît tous les chemins.

Dieu veut que sa vertu féconde
A l'univers dicte des lois,
Et que, pour le salut du monde,
Elle remonte au front des rois.
    La liberté, etc.

Qu'ils tremblent les ingrats, qui, dans leur insolence,
    Obscurcissant la vérité,
Ont nié ses bienfaits et voué sa puissance
    Au mépris de l'humanité !
    La Croix méprisant leur délire
    Et les vains bruits de leur orgueil,
    Des vils débris de leur empire
    Leur prépare à tous un cercueil.
    La liberté, etc.

Les insensés ont dit : « Que le Christ se retire ;
    Les peuples l'ont abandonné.
Tout marche et tout grandit, tout se lève et conspire
    Contre son culte suranné.
    Le progrès seul et sans limite,
    Voilà le Dieu que nous voulons,
    Qu'il vienne et qu'il vienne au plus vite
    Son règne que nous attendons.. »
    La liberté, etc.

Peuples, ils ont menti : non, le Christ n'a pas d'âge ;
    Il sera ce qu'il fut toujours :
Monarque sans égal, souverain sans partage,
    Des anciens et des nouveaux jours.

Le vrai progrès est dans son règne ;
En lui seul est l'humanité,
Et la vérité qu'il enseigne
Est l'éternelle vérité.
    La liberté, etc.

Peuples, vous vous trompez, si, pour briser vos chaînes,
    Vous cherchez l'appui de leur bras;
Ils boiront, s'il le faut, tout le sang de vos veines,
    Ils ne vous affranchiront pas.
    Sur les efforts et la puissance
    Des grands, des guerriers et des rois,
    Pourquoi fonder votre espérance ?
    La liberté vient de la Croix !

La liberté, c'est notre vie,
La liberté, c'est notre foi.
Chrétiens, Rome est notre patrie,
Et son Pontife est notre Roi !

ASTIER,

Curé de Laudun.

(DIOCÈSE DE NIMES)

PIE IX

SONNET

Peuples et rois, tout s'en allait;
Leur ruine était imminente;
Partout l'horreur et l'épouvante,
Le monde moral s'écroulait.

L'univers était dans l'attente;
Dieu dans sa barque sommeillait;
L'Église outragée et tremblante
Pensait au Christ et l'appelait.

Mais Pie était sur son Calvaire.
Longue, ardente fut sa prière.
Quand le martyr eut achevé,

Il lui fut dit : « Lève la tête;
Voici la fin de la tempête :
Rome a vaincu... tout est sauvé! »

ASTIER,

Curé de Laudun.

(DIOCÈSE DE NIMES.)

O CRUX, AVE

Un mort a tressailli dans sa couche de pierre...
Ecoutez ! d'une tombe il sort un rire affreux ;
L'Enfer a semblé vaincre, aussitôt de Voltaire
La joie a secoué les ossements poudreux.

Celui qui commença cette guerre sans trève,
Que même nos enfants ne verront point finir,
N'aurait osé penser que son plus méchant rêve
Pût se réaliser si tôt dans l'avenir.

De son temps, il fallait s'entourer de mystère,
Dans l'ombre les complots se tramaient lentement ;
C'est en face du Ciel, c'est en pleine lumière
Qu'à l'assaut les maudits marchent résolument.

Éblouissant ses yeux au brasier qu'elle allume,
L'ardente impiété cache à peine son vœu,
Et le roc de l'Église est battu par l'écume
Dont les bouillonnements veulent atteindre Dieu !

On vit, pour arracher à la Ville éternelle
Son diadème saint, courir d'impurs soudards ;
Ceux-là prétendaient rendre à la Rome nouvelle
Le bonnet de Brutus, le laurier des Césars.

Tout en se dispersant, la horde frémissante
Jura de revenir dans les murs convoités,
Et la haine à l'écart veille encor menaçante,
L'espoir survit toujours aux complots avortés !

Dans Rome, cependant, la Croix plus rayonnante
Va grouper autour d'elle un auguste congrès
De sages, de docteurs, comme aux grands jours de Trente,
Ils viendront, confiants, délibérer en paix.

Du Nord et du Midi, des confins de la terre,
Ils viendront, croix en mains, tutélaire drapeau !
Qu'importe que les loups hurlent dans leur tanière,
A l'abri le berger réunit son troupeau.

O Croix, salut ! Salut, notre seule espérance !
Car, en ces jours de deuil, tu donnes le signal
D'une tranquille, sainte et ferme résistance
    Aux courants du souffle infernal.

Et silence aux damnés dont la rage ricane !
La foudre va gronder en haut du Sinaï ;
Ils entendront bientôt la voix qui les condamne,
    La grande voix d'Adonaï !

Elle parle plus haut que le canon qui tonne,
Aucun baillon ne peut étouffer cette voix ;
Qu'on brise, si l'on veut, la terrestre couronne,
    Toujours debout sera la Croix.

Aux clartés des éclairs on pourra voir la fange
Des égoûts débordés et sonder ces limons,
Et comme aux anciens jours, par le glaive d'un Ange
    Seront dispersés les démons.

Croix ! ton pieux fardeau fut la rançon du monde,
Arbre saint, puisses-tu, sauvant l'humanité,
Ainsi qu'un fruit béni, d'une branche féconde
    Faire tomber la liberté !

Pas cette Liberté, qui, terrestre déesse,
Sous un masque imposteur dicte d'injustes lois,
Mais l'effluve du Ciel, rayon de la Sagesse,
    Qui met d'accord peuples et rois.

Il faut au bord des mers de salutaires phares
Versant sur les écueils une clarté qui luit,
Lorsque le brouillard monte ; ainsi quand les Barbares
Dans le monde vieilli vinrent porter la nuit,

Rome seule suffit pour chasser les ténèbres,
Seule, elle sut vivant maintenir le flambeau ;
Et l'Église sortit de ces ombres funèbres
Comme le Christ, son chef, avait fait du tombeau.

Ce que vit le passé, nous le verrons encore,
Dieu peut paralyser les serres du vautour ;
Voyez à l'horizon les lueurs d'une aurore,
Confiance, Chrétiens ! Voici venir le jour !

— Et toi remets ton front sur le chevet de pierre,
Les échos restent sourds à ton rire moqueur,
Tu peux te rendormir, Spectre du vieux Voltaire,
Le Christ règne, et toujours il commande en vainqueur.

Marquis Louis de LAINCEL.

(DIOCÈSE DE VALENCE)

LE ROCHER DE PIERRE

Monde trompeur, Océan sans rivages,
Où nous plaça la main de l'Eternel :
C'est sur tes flots si féconds en naufrages
Que nous voguons, passagers, vers le Ciel.

L'orage vient ; la foudre éclate et gronde :
Le vent mugit, les flots sont en courroux,
L'abîme s'ouvre, horrible et vaste tombe ;
Gouffre béant, qui nous réclame tous.

Mais une voix fait taire la tempête :
Voguez, dit-elle ; abordez vers ce rocher.
En même temps, les flots courbent la tête ;
Et dans le port nous courons nous cacher.

Rocher béni, figure de l'Eglise,
Inébranlable au milieu du danger :
L'enfer en vain se déchaîne et se brise,
Satan rugit, mais ne peut le ronger.

Sur ce rocher, soleil de l'Espérance,
Brillant et pur, tu nous montres les Cieux.
Chacun y vit rempli de confiance ;
Chacun y meurt paisible et radieux.

Là, dans des creux, la timide colombe
Trouve un abri contre le noir serpent;
Et le vieillard qui penche vers la tombe,
Trouve un soutien pour son dernier moment.

Séjour de paix, séjour de l'innocence;
Nouvel Éden où croissent les vertus :
Encore un peu, puis un triomphe immense
Réjouira tout ton peuple d'élus.

Divin Sauveur, veillez sur votre Église;
Gardez-nous tous, pilote et matelots.
Et dans ces jours, comme une douce brise,
Poussez la barque et maîtrisez les flots.

Charles SOULAIROL.

(DIOCÈSE DE MONTPELLIER.)

DÉPART POUR ROME

A. B. DE B.

Ami, je vais quitter la paisible retraite,
Temple de la pensée où chante le poëte,
Où tu viens, chaque année, au retour des frimas,
Allumer près de moi ton encens au génie,
Où la harpe module une douce harmonie,
    Voix d'en haut pleurant ici-bas.

Je vivrai quelques jours loin d'un être que j'aime,
De ton cœur où mon cœur se retrouve lui-même,
Et des suavités de ta bouche de miel,
Autel où le savoir à la vertu s'allie,
Coupe d'or où je bois sans rencontrer de lie,
    Comme en un calice du Ciel.

Le barde, tu le sais, dans sa nature ardente,
Doit toujours être prêt à replier sa tente :
Apôtre de Celui qu'annonce l'Aquilon,
Au signe qui l'appelle il reconnaît sa voie,
Il obéit docile au Maître qui l'envoie
    Publier l'éclat de son nom.

Chantre de Jéhovah, dans l'élan qui m'entraine,
Je vais donc visiter la cité souveraine,
Cette Rome du Christ, à l'horizon plus beau
Qu'aux siècles où la terre aux Césars fut livrée,
Malgré les noirs débris dont elle est entourée
    Comme d'un lugubre manteau.

Mon pied des dieux éteints foulera la poussière,
Mon regard planera de ce haut nid de pierre
Où l'aigle impérial, implacable forban,
Etreignait le tonnerre en sa serre profonde,
Jusqu'au faîte où nous luit cet autre aigle du monde,
    La grande croix du Vatican.

Sur ta pompe a passé le souffle qui désole,
La ruine s'assied sur ton vieux Capitole,
Demeure sépulcrale où ta majesté dort,
Rome; des vains mortels ainsi les grandeurs passent,
Ainsi les monuments de leur orgueil s'effacent,
    Sous le pied glacé de la mort.

Mais s'il t'a dépouillé de ta magnificence,
Le Verbe dans tes murs mit une autre puissance
Qui sur le monde entier légitima tes droits;
Non les droits odieux des faisceaux et du glaive
Mais celle dont la main, au nom du Ciel se lève,
    Pour bénir nations et rois.

Ta gloire qui n'est plus, usurpant un rivage,
Y portait trop souvent un sinistre veuvage,
Le joug avilissant de la captivité ;
Plus un peuple aujourd'hui de ta vertu s'inspire,
Plus il voit le progrès élever son empire,
    Sa justice et sa liberté.

Quel silence pourtant règne sur tes collines,
Où le vent fait voler des poussières divines !
Portiques, panthéons, temples, palais, tombeaux,
Théâtres, aqueducs aux arches colossales,
Que reste-t-il de vous ? quelques débris, des dalles,
    Et quelques pans d'arcs-triomphaux.

Géant dans le cercueil, voilà le Colysée,
Monstre de ces vieux temps où, partout écrasée,
L'humanité servait aux plaisirs des tyrans.
La Croix est maintenant la pacifique Reine
Etendant ses deux bras sur la terrible arène
    Où le sang coula par torrents.

Mais allons saluer ces riches basiliques
Orgueil de la cité, merveilles catholiques,
Poëmes de granit, d'airain, de marbre, d'or,
Où l'art, vivant reflet de la pensée humaine,
Prodigue les trésors de son brillant domaine,
    Au culte du Dieu du Thabor.

Arrêtons-nous surtout au temple de Saint-Pierre,
Cathédrale du monde où, de la terre entière
Sont nos Pasteurs conduits par le divin Esprit :
Ils sont les successeurs et les fils des prophètes ;
De la sainte doctrine ils sont les interprètes ;
 C'est le Sénat de Jésus-Christ.

Adrien PELADAN,

Directeur de la Semaine Religieuse de Lyon, *chevalier de Saint-Sylvestre, de l'Académie des Arcades, auteur de l'*Histoire de Jésus-Christ d'après la science, *etc.*

(DIOCÈSE DE NIMES)

Seconde patrie de l'Auteur.

A SA SAINTETÉ PIE IX

Celui-là porte un nom parmi les noms infâmes
Qui marche contre toi, Pie, ô Roi de nos âmes !
Esclave de l'abîme, hôte abject de la nuit,
Il ose, en son Vicaire, insulter Jésus-Christ !

Des terres du Couchant au terres de l'Aurore,
Il n'est pas de cœur droit, Père, qui ne t'honore;
Et quiconque au Seigneur élève son esprit,
En toi salue un saint que le Très-Haut conduit.

Exemple de vertu pour la suite des âges,
Ton front demeure calme au milieu des orages,
Et monarque clément envers les attentats,
Tu laisses un bienfait sur chacun de tes pas.

Un peuple crie : Au meurtre !.. alors ta voix s'élève ;
Du tyran qui l'égorge elle maudit le glaive.
L'égoïsme ou la peur glaçant le cœur des rois,
Toi seul de la Pologne as proclamé les droits.

Puissent tes ennemis devenir ta conquête !...
Sur ton front de Marie un doux regard s'arrête ;
Ta parole est pour nous la loi, la vérité.
Pour la conduire au Ciel régis l'humanité !

Infaillible Docteur et Pontife suprême,
Tu vas contre l'erreur fulminer l'anathème.
Le Concile romain en ton nom parlera ;
Les Cieux applaudiront, et Satan tremblera.

Les peuples, menacés par un nouveau déluge,
Dans l'Église du Christ chercheront un refuge :
De l'Enfer déchaîné les assauts seront vains,
Et rien n'ébranlera les décrets souverains.

L'impiété moderne, en son ardent délire,
Aux conjurés du mal fait espérer l'empire ;
Mais l'empire est à Dieu : Contempteurs de ses lois,
Vous serez foudroyés par le Maître des rois !!!

L'abbé PEYRET.

(DIOCÈSE DE MONTPELLIER)

A PIE IX

Pie IX, Pontife-Roi, je t'offre mes hommages :
Respect, honneur, amour à ton nom vénéré,
Aujourd'hui laisse-moi chanter ce nom sacré
    Que doivent bénir tous les âges !

De l'Église de Dieu j'interroge l'histoire :
J'y découvre, il est vrai, plus d'un fait éclatant ;
Plus d'un pape a sauvé le monde s'écroulant,
    Mais aucun avec plus de gloire.

Pie IX le Grand, ce siècle outrage ta mémoire,
De l'Eglise il se rit, il méconnaît sa loi ;
Mais si l'Enfer rugit, Père, console-toi,
    La prière obtient la victoire.

Tremblez, audacieux : tes projets, ô sectaire,
Seront par le Seigneur à jamais confondus,
Qui méprise ce front rayonnant de vertus
    Aura l'abîme pour salaire.

PIE IX, NOUVEAU MARTYR, au seuil du sanctuaire
Tu viens de ces méchants oublier les affronts,
Comme autrefois Jésus demandait le pardon
    Pour ses bourreaux, sur le Calvaire !

Insensés qui bravez la suprême puissance,
Cessez, il en est temps, vos injustes complots :
L'Église sait survivre à la fureur des flots ;
    De son Christ craignez la vengeance !

PIE IX, AUGUSTE ROI, que ta main nous bénisse !
Que tous nos saints Pasteurs, se pressant sur tes pas,
Triomphent de l'erreur, et la paix règnera.
    Que là-haut mon vœu s'accomplisse !

Fils aînés de l'Église, en cette guerre impie
Que notre Père à tous soutient depuis longtemps,
Maintenons son pouvoir ; montrons-nous ses enfants.
    Et sachons donner notre vie !

PIE IX, VIEILLARD divin, que ta couronne est belle !
Je veux la vénérer sur ton front glorieux ;
Et pour régner un jour avec toi dans les cieux,
    Je veux te demeurer fidèle !

              F. MARIE SYMPHORIEN,

Religieux prêtre de l'Ordre de Cîteaux,
secrétaire général et Bibliothécaire
à l'abbaye de Sénanques (Vaucluse).

(DIOCÈSE D'AVIGNON)

CHANTS D'ESPÉRANCE

ROME. — LE PAPE. — LE CONCILE.

A SA SAINTETÉ LE PAPE PIE IX

Visum est Spiritui Sancto et nobis.

ROME

Longtemps, symbole de la haine,
Symbole du glaive abhorré,
Rome sous une lourde chaîne
Tint le monde deshonoré.
Elle contempla des rois braves
Enchaînés comme des esclaves
Derrière son char odieux,
Et de ses mains déifiées,
Aux nations terrifiées
Imposa son joug et ses dieux.

Mais comme un flot loin de sa source,
Comme un astre loin du matin,
Sa gloire s'accrut dans sa course,
Et la croix grandit son destin.

La déesse de l'épouvante
Trop longtemps marcha la suivante
De cette reine des combats;
Usé par sa longue victoire,
Le glaive sanglant de la gloire
Enfin s'échappa de son bras.

Depuis cette heure solennelle,
Rome est un bienfaisant séjour;
C'est une maison paternelle,
C'est le symbole de l'amour.
C'est, à l'heure de la souffrance,
Un chant d'invincible espérance,
Un regard de fraternité,
C'est la mère qui s'ingénie
A panser de sa main bénie
Les douleurs de l'humanité.

C'est l'arche unique, l'arche auguste,
Sur les flots mobiles du temps,
Qui porte la race du juste
Parmi tous les débris flottants.
C'est un chêne dont la tourmente,
Autant que la brise clémente,
Etend les bras mieux reverdis,
Et qui recueille sous son ombre,
L'hiver, lorsque le jour est sombre,
Les colombes du Paradis.

Oui, le Ciel t'a marqué d'un signe,
Ville, sommet de l'univers,
Et tu tiens de l'aigle et du cygne
Aux yeux des bons et des pervers.
Dieu t'a laissé tous tes prestiges :
Tes champs marqués de grands vestiges.
D'un charme étrange sont parés ;
Dans les oreilles attentives,
La voix de tes brises plaintives
Éveille des échos sacrés.

Quel sol est plus aimé des lierres ?
Est-il ailleurs d'humbles hameaux,
Où dorment tant de nobles pierres
Dans les ronces, sous les rameaux ?
Là le ciel pur, le doux zéphyre
Respectent l'airain ;.. le porphyre,
Les chefs-d'œuvre sont immortels ;
Là, comme des ombres divines,
Veillent les marbres en ruines,
Là, les tombeaux sont des autels.

O Rome, ô l'illustre, ô la sainte,
Touchant berceau, vaste cercueil,
Quel pied franchissant ton enceinte
Ne fut ému d'un noble orgueil ?

Qui donc, lisant ta vieille histoire
Sur les colonnes de ta gloire
Et les tombeaux de tes aïeux,
Plus fier d'être chrétien qu'être homme,
N'a, sur tes murs croulants, ô Rome,
Déposé des baisers pieux ?

LE PAPE

Là, ceint d'une triple couronne,
Règne un Pasteur, Pontife et Roi;
L'éclat divin qui l'environne
Au loin ne porte pas l'effroi.
A l'ombre d'un sceptre invisible,
Il conduit son troupeau paisible
Sur les rivages de la paix ;
Et des plis de sa roche blanche
Vers laquelle l'amour se penche
Ne s'échappent que des bienfaits.

Trois fois pour lui pria son Maître,
Afin qu'au doigt son lourd anneau
A jamais le fît reconnaître
De la brebis et de l'agneau ;
Afin qu'en ses mains tutélaires,
Sourd aux baisers comme aux colères,
Sans taches il gardât la loi ;
Et que tranquille en sa vaillance
Il n'eût jamais de défaillance
Dans son amour ni dans sa foi.

C'est lui dont la voix paternelle,
Depuis dix-huit siècles bénis,
Plane, dans la Ville-Eternelle,
Sur les pèlerins réunis.
C'est le premier de ces phalanges
Qui sur terre font croire aux anges
Et passent en chantant des chœurs.
C'est le plus fort de ces bras vierges
Qui jettent la clarté des cierges
Sur les justes et les pécheurs.

La bonté qui charme la terre,
La grâce qui ravit les Cieux
Entourent ce Vieillard austère
D'un prestige mystérieux.
Pourtant il a connu les larmes...
Un fils, sur lui levant ses armes,

D'un haillon sanglant s'est vêtu...
Mais tout l'effort de la tempête
N'a pu faire incliner sa tête
Et n'a prouvé que sa vertu.

LE CONCILE

Il a fait un signe à ses frères...
Comme s'ils entendaient Jésus,
Malgré des rois, des vents contraires,
Tous viendront... fallût-il pieds nus.
Ils viendront des lointains rivages
Où vivent ces hordes sauvages
Dont les palmiers font la maison ;
Ils viendront des cités superbes
Où, des astres jusqu'aux brins d'herbes,
Tout s'explique par la raison.

Ils viendront près de leur Monarque,
Humble pêcheur dans un palais,
Qui du monde conduit la barque
Et prend nos cœurs dans ses filets.
Archevêques et Patriarches,
Ils viendront tous monter les marches
De la chaire où Pierre est assis,
Et, courbés sous le poids de l'âge,
Se faire le touchant partage
De l'espérance et des soucis.

Le voilà, cet Aréopage !
Il ose dire au genre humain :
« Nous allons écrire une page
« Que Dieu signera de sa main.
« Fils des palais, fils des chaumières,
« Nous possédons toutes lumières,
« Des vastes flots jusqu'au ciel bleu :
« Nos fronts qu'une flamme illumine
« Nagent dans la clarté divine
« Comme aux jours des langues de feu.

« Que nous font les voix applaudies
« Des mélodieux orateurs,
« Les éclairs et les incendies
« Des célèbres réformateurs ?
« Loin de nous les sages antiques...
« Et les disciples des portiques...

« Et les législateurs profonds...
« L'enfant d'Athènes et de Spartes
« A genoux eut baisé nos chartes...
« L'Esprit-Saint pense sous nos fronts. »

Oui, Dieu vous montrera sa face !!
Et forts de cette grande voix,
Exempts de faiblesse ou d'audace,
Vous parlerez même à des rois.
Pour condamner ou pour absoudre,
Vous tonnerez comme la foudre,
Vous chanterez comme une sœur...
Comme le maître qui commande,
Ou l'épouse qui tout demande
Et tout obtient avec son cœur.

Comme les cèdres et les roses
Que flétrissent quelques instants,
Vous direz si les saintes choses
Doivent subir la loi du temps,
Si la justice et la clémence
Sont les rêves de la démence,
Si l'effroi seul fait le remords,
Si l'homme a brisé la balance
Où dans un suprême silence
Autrefois Dieu pesait les morts.

Vous nous direz si l'héroïsme
Est le rêve des jours passés,
Si le souffle de l'égoïsme
Doit flétrir tous nos cœurs glacés.
S'il faut borner toute espérance
A vaincre ici-bas la souffrance,
Si la douleur n'a plus d'attraits,
Et si du couchant à l'aurore
Il n'est un enfant qui n'adore
Bientôt le soleil du progrès.

Vous direz si les philosophes
Font l'enfant humble, chaste et fort,
Si les poëtes ont des strophes
Dont le souffle conduise au port;
Si l'enfant que la foi délaisse
Ne peut parfois de la faiblesse
Tomber jusqu'au crime à pas lents,
Et devenir ce monstre avide
Qui, la nuit, sur la tombe vide,
Frappe la mère et les enfants.

Ah! proclamez le droit des âmes!
Si le corps doit tuer l'esprit,
Si lui seul a ces droits infâmes
Dont l'enfant de douze ans sourit.
Si l'ombre égale la lumière,
Si le doute vaut la prière,

S'il n'est ni bon, ni mauvais fruit. ...
Si tous ces principes funèbres
Ne sont que le droit aux ténèbres
Des tristes oiseaux de la nuit.

Les vents jetteront vos paroles
Au frais vallon, sur le rescif,
Aux froids penseurs, aux cœurs frivoles,
Au grand navire, au frêle esquif.
Vous rallumerez dans les âmes
Le feu mourant des nobles flammes,
L'amour du bien, l'amour du beau.
Nous verrons encor des merveilles :
Les sourds ouvriront les oreilles,
Les morts sortiront du tombeau.

Oh! dites à l'âme ravie,
Dites au cœur déshérité :
Quelle est la mort, quelle est la vie,
Et l'erreur et la vérité.
Quand vous descendrez la montagne,
Qu'une clarté vous accompagne,
De vos rayons éclairez-nous...
Parlez... Sur les antiques dalles
Des chapelles, des cathédrales,
La foi vous attend à genoux.

Félix MARQUEZY.

(DIOCÈSE DE ROUEN)

IN CONCILII ŒCUMENICI CELEBRATIONEM

MENS. DECEMBR. VIII DIE PROXIMÈ HABENDAM

Lapsa postquam Prisca Fides supernè
Sustinet nostris fera bella terris,
Hostium victrix digito sepulcra
    Irrita monstrat.

Audeam illud, Musa, decus? Camœna
Si probat flavis Tiberina ripis,
Fonte Permessi, tua fit poetis
    Clarior unda!

E sacris olim Solymis profecta
Veritas, fortis juga Vaticana
Occupat; clarum hinc radiat serenâ
    Luce per orbem.

Turba virtutum simul hìc quievit:
Exit alto vertice vox perennis,
Una quæ cunctas sonitu plagarum
    Pervolat oras.

Te dedit nobis peperitque Christus
Sancta Libertas! tua temperet si
Frena virtus, sæcla malo redibunt
    Aurea mundo.

Nam tyrannis hæc inimica sævis
Improbas leges animosa cædit;
Jura, dùm reges metuunt silentque,
    Vindicat audax.

O quot ætati meditaris, alma
Roma, nostræ et dona sinu benigno,
O ferax tellus, paries; fovet spem
    Anxius orbis.

Sola mortales numero ferarum
Eximit virtus : loquitur superna :
Aure si voces docili sequamur
    Itur ad astra.

Membra quis sudor moribunda inundat!
Quæ tuos solvit populos tumultu
Pestis, Europa, et miseros febris de-
    Pascitur artus!

Effer, o fluctu revoluta multo,
Plebs, caput; nam est qui poterit salutem
Ferre : vult tantùm domitique ponti
    Stagna recumbunt.

Certiùs tendis temerè in pericla
O ratis! circùm vada jam barathri
Murmurant; te, ni caveas, revolvet
  Turbine vortex.

Pone spes, oro, nimiùm snperbos;
Haud semel puppes pelagi procellis
Sauciæ elanguent; abies dehiscit
  Fracta biremis.

Væ tibi! te nulla regunt guberna.
Quæ plagis te vela dabunt beatis?
Nùm tibi erranti Phariæ refulgent
  Lumina flammæ?

Imminent diræ capiti ruinæ :
Mox tuo ruinæ lateri patebunt,
Splendidis, ò nata propago, fatis,
  Ni fuit error.

Roma casus per dubios perita
Dux erit : tutam apta viam docebit
Insequi, et pinus bonum iter tenebit
  Auspice Româ!

Arbiter regnat Latio Deorum;
Esse non ulli patitur secundum :
Si rebellas, tùm reboant Olympo
  Fulminis arces!

Præparas illi faciles triumphos :
Unus in terrâ ipse potens ; ut adsit,
Concidunt fractis fugiuntque victa
    Numina fanis.

Utitur donis humili ; superbo
Viribus : diræ properant sagittæ
Impiis, jam, ni veniam precentur,
    Colligit iras.

Jam manus ad vos, populi, Sacerdos
Magnus attollit : proceres Senatus
Convocat : mox sancta Patrum tenebit
    Curia sedes.

Ipsa erit quæ demum agitabitur res
Summa consessu medio ; foro nec
Quanta Conscriptis Patribus fuere,
    Sortibus æquant.

Quæ suos non desipuisse reges
Sentiet gens, post celebres triumphos ?
Imperî non sunt potiora multæ
    Numina turmæ.

Vestra, reges, sceptra tuetur ensis
Haud benè ; incassum clypeis cohortes
Protegunt. Heu ! non solii ruinas
    Arma retardant.

Debiles turmæ, juga, castra, turres :
Prosperi reges populusque cujus
Integri mores scelerumque puri
   Fœda repellunt.

Nulla virtuti patriæ superstes
Gens fuit : quæquæ quatiant columnas,
Spes adest si virtus ; poteruntque rebus
   Fausta redire.

Orbis es tu, Roma, parens, magistra.
Non egent, te quotquot amant, sagittis.
Oppido prosunt magis æqua sancto
   Turribus altis !

ODE SUR LA PROCHAINE CÉLÉBRATION

DU

CONCILE ŒCUMÉNIQUE

(TRADUCTION.)

Depuis que la Vérité sainte, fille du Ciel, est descendue sur la terre, l'enfer lui a livré des combats sans trève; mais toujours victorieuse, elle montre du doigt les tombeaux où s'amasse la poussière de ses ennemis.

O ma muse, oseras-tu chanter tant de gloire ? Va, si tes sœurs du Tibre approuvent tes accords, tes ondes seront plus sacrées aux poëtes que celles même du Permesse.

Des sommets sacrés de l'antique Solyme, la Vérité prenant son essor est venue se reposer sur le mont Vatican. Elle y règne glorieuse et forte. Du pied de son trône rayonne une lumière sereine jusqu'aux limites du monde.

Là s'est arrêté le chœur paisible des vertus. Du faîte de cette sainte Colline sort une voix éternelle qui, jamais étouffée par les bruits ennemis, va retentissant sur tous les rivages du monde.

Entre tous les dons, héritage du Christ, ô sainte Liberté, tu es l'un des plus beaux! Ah! si notre siècle infortuné voulait t'unir à la vertu dans une indissoluble alliance, l'âge d'or reviendrait ici-bas!

Sa voix intrépide dénonce à la face du monde les fureurs des tyrans : elle flétrit sans crainte les lois iniques. Et seule sur la terre, quand les rois complices, esclaves d'un silence pusillanime, voient périr la Justice, cette sainte Liberté réveille le monde par ses audacieuses protestations.

O Rome, foyer de la vérité, que médites-tu pour sauver ce malheureux siècle? O féconde et vénérable mère, il faut que nous nous réchauffions sur ton sein, et ce vieux monde aux abois n'a plus d'espoir qu'en toi!

Il n'y a que la vertu qui maintienne l'humanité à son rang : elle nous arrache aux vulgaires et terrestres préoccupations. Prêtons-lui donc une oreille docile et nous nous élèverons à notre divine destinée.

O lamentable état de notre société ! elle ressemble à un moribond en proie aux affres du trépas ; et toi, Europe, quelles crises tourmentent donc tes peuples et quelle fièvre dévorante torture leurs entrailles ?

O peuple chrétien, vois-tu jusqu'où les orages t'emportent ? Et pourtant si tu veux l'invoquer, il est un Dieu qui te sauvera. Car quelque courroucés que soient les flots, il n'a qu'à vouloir, et ils redeviendront paisibles à sa voix.

Ah, je le vois, ton navire court droit aux abîmes : déjà j'entends gronder au loin le gouffre, et bientôt, hélas ! ô téméraire, si tu ne t'arrêtes, le tourbillon t'emportera au fond des mers.

Renonce, je t'en conjure, à tes orgueilleux desseins. Mille fois la tempête a fondu sur toi ; ton esquif est délabré et menace de s'entr'ouvrir au sein des flots.

Ah, malheur à toi ! tu t'aventures sur l'Océan sans boussole. Quels sont ces rivages où tu poursuis la félicité ! Je n'en vois pas où reluise un phare qui t'arrache à ta route ténébreuse.

Je ne vois que la mort qui te menace et ta ruine qui commence : et pourtant, sans ce pacte maudit avec le mensonge, ta destinée aurait été incomparable.

Rome est le seul phare qui te guidera dans les hasards, hâte-toi donc d'y attacher ton regard. Et guidé par ses feux salutaires, tu toucheras bientôt des plages heureuses.

Rome est le séjour de la seule et vraie religion. Dieu ne souffre pas impunément qu'on lui préfère l'erreur. La rébellion attire sur sa tête les foudres vengeresses.

La jactance humaine prépare au Ciel de faciles triomphes. Dieu seul est puissant ici-bas. Il n'a qu'à se montrer pour que tout ce vain appareil de l'orgueil passe comme une fumée.

Il regarde l'humble avec complaisance, mais le superbe irrite sa colère. Déjà, si l'impie ne se convertit, la vengeance divine s'apprête à tomber sur sa tête.

O peuples, soyez attentifs, le Grand-Prêtre vous tend les bras. Il appelle autour de lui le sénat de l'Église et bientôt la sainte assemblée se tiendra rangée au pied du trône apostolique.

Les questions du plus haut intérêt seront traitées dans le Conseil sacré des Pères; non, jamais les Pères Conscrits n'ont délibéré sur des sujets plus grands et plus augustes dans l'enceinte du Forum antique.

Les nations verront bientôt que les triomphes ne sont que de brillantes folies : elles se demanderont où est pour elles le fruit des victoires : elles comprendront enfin que les formidables bataillons gardent mal un empire.

O Rois, les épées ne protégent pas bien vos sceptres : que les boucliers, que les cohortes sous les armes ne vous inspirent pas une fatale sécurité. Un trône est caduc, Dieu seul le garde bien.

Vos phalanges, vos lois qui tiennent les peuples sous le joug d'une discipline sévère, vos légions toujours prêtes, vos palais pareils à des forteresses, tout est faible et débile. Les seuls rois, les seuls peuples heureux et sûrs du lendemain sont ceux qui pratiquent la vertu et ternissent le vice.

Il n'est pas de peuple qui survive aux vertus de ses pères. Quels que soient au contraire les orages qui agitent les colonnes de la société, si la vertu est respectée, il ne faut pas désespérer, et la prospérité rentrera tôt ou tard au foyer de ce peuple.

O Rome, tu es encore la mère et la maîtresse du monde. Les peuples qui t'aiment trouveront dans cette affection une puissance plus sûre que dans leurs armes; car lorsque la Justice règne au milieu d'une nation, elle en est le rempart inexpugnable.

Ach. ANGER, prêtre,

Ancien professeur de Rhétorique, membre de la Société Asiatique de Paris, commandant de l'Ordre du St-Sépulcre.

(DIOCÈSE DE COUTANCES)

A SA GRANDEUR MONSEIGNEUR BRAVARD

ÉVÊQUE DE COUTANCES ET D'AVRANCHES

Partant pour le Concile et emportant au Saint-Père les vœux de son Diocèse

---

Le terme approche enfin, l'Église universelle
Hâte de tous ses vœux l'époque solennelle
Où tant de grands docteurs, colonnes de la foi,
S'assembleront en foule autour de cette chaire,
De ce centre divin, dix-huit fois séculaire,
    Où siége le Pontife-Roi.

Notre Mère, ici-bas, sans cesse militante,
Convoque ses héros pour cette heure éclatante :
Bon Prélat, revêtez l'armure du Seigneur :
Allez, fiers combattants, votre cause est si belle !
Allez, et ramenez la nation rebelle
    Entre les bras du Bon Pasteur.

Qu'elle est noble, ô mon Dieu, cette reine du monde,
La Rome du Pêcheur, à la terre féconde,
Où bouillonnent pour tous les sources du salut !
Qu'il est grand, ce Vieillard, en robe immaculée,
Cet homme aux pieds duquel une telle assemblée
      Se réunit, dans un tel but !

Qu'il est grand, ce Vieillard, à qui Dieu, sur la terre,
A confié ses clefs, a dit : « Vous êtes Pierre,
Administrez mes biens jusqu'au dernier soupir.
Votre sceptre est la croix, votre empire est l'Eglise,
Secouée, et toujours solidement assise
      Sur les ossements d'un martyr. »

Depuis lors, autour d'elle, il veille sans relâche,
Et combat jour et nuit pour la garder sans tache,
Jusqu'à l'avènement de son divin Epoux.
Et tandis qu'en son nom, sur toutes les contrées,
Cet homme incomparable étend ses mains sacrées,
      Le genre humain tombe à genoux.

Puisse, dès ici-bas, le Maître qui l'envoie
Lui donner l'avant-goût de l'éternelle joie !
Lui payer en succès tout ce qu'il a souffert.
Puisse-t-il voir, avant le déclin du Concile,
L'erreur, baissant le front, venir d'un bras docile,
      Murer les portes de l'enfer !

O vous, dont le courage ignore toute crainte,
Volez, dès le matin, vers cette arène sainte,
Tous nos cœurs vous suivront, en un seul cœur fondus
Oui, Monseigneur, volez; l'Eglise de Coutances,
Au Père des Chrétiens, doit porter les avances
    Des hommages qui lui sont dus.

Allez, vaillant nocher de la barque céleste.
Une sainte espérance en nous se manifeste :
Dieu l'a dit : Les méchants se fondront devant moi.
Déjà, de tous côtés, vers les portes de Rome,
D'épaisses légions marchent comme un seul homme,
    Pour le triomphe de la foi.

Et nous, en votre absence, unis dans la prière,
Nous sommes Israël, épiant la lumière,
Levant les yeux, pour voir le jour du Rédempteur.
Nous sommes le troupeau caché dans le cénacle,
Priant avec amour pour l'effet de l'oracle
    Qui promet un consolateur.

                      Marie LECORPS, née RAVENEL.

                      (DIOCÈSE DE COUTANCES)

PIE IX ET LE CONCILE

Magnus ab integro seclorum nascitur ordo.

I

FOI

Credo!

Ils sont venus, ces temps révélés par l'Apôtre
Dans le Livre inspiré que lui dicta l'Esprit ;
Le duel acharné que Satan entreprit
Dès l'ère de l'Eden, se poursuit dans la nôtre.

Sur la fange du mal où la foule se vautre
Flotte l'affreux drapeau levé par l'Antéchrist ;
De Jésus renié l'étendard est proscrit...
— Ah ! qui déserte l'un doit combattre sous l'autre !

Chrétiens, serrons nos rangs !... Pacifiques lions,
Bravons la perfidie et les rébellions ;
Il n'est avec le Ciel point de lutte possible.

Un Vieillard nous conduit — sacré Pontife et Roi —
Mais sous le Labarum son peuple est invincible,
Car la Croix est son sceptre, et son manteau la Foi !

II

ESPÉRANCE

Dùm spiro, spero.

J'ai vu l'Impiété, l'œil ardent, le front haut,
Menacer les remparts de la Sion nouvelle ;
Ses soldats affamés, s'apprêtant à l'assaut,
Dévoraient de ses champs la dernière javelle,

Et la meute aux cent voix qui leur sert de héraut
Hurlait : « Du Fanatisme à bas la citadelle !
» Sur ses débris fumants qu'on dresse l'échafaud,
» Que sous nos pas vainqueurs le Forum se nivelle ! »

Et les enfants-perdus, échappés de leur camp,
Croyant escalader les murs du Vatican,
Reculaient... au mot d'ordre échangé : « Rome et Fr...

Et la vieille oriflamme... où fleurirent les lis !...
De Saint-Pierre abritant le dôme sous ses plis,
Portait en lettres d'or ce seul mot : « Espérance ! »

III

CHARITÉ

AMOR-ROMA
(*Anagramme*).

Frémissez, nations !... Peuples, agitez-vous,
— Comme les flots amers que l'Océan soulève,
Mais qu'un doigt invisible arrête sur la grève
Où l'on voit expirer leur impuissant courroux. —

Pie a parlé : de Dieu voici la Grande-Trêve ;
Le Paraclet descend... Rebelles, à genoux !...
Qu'un vaste embrassement nous réunisse tous ;
Car le droit de l'Amour succède au droit du Glaive.

Assez et trop longtemps, au scrutin des combats,
Les despotes d'en haut, les despotes d'en bas
De la terre asservie ont ballotté l'empire...

O céleste Vesta, l'homme déshérité
A l'affranchissement, sous tes rayons, aspire :
— L'indépendance règne où luit la Charité ! —

IV

CONCLUSION

1846-1849

Nec deficit occiduus Sol.

Jamais d'un jour plus pur vit-on poindre l'aurore ?
Ainsi qu'un fiancé, jeune, beau, souriant,
Du firmament le Roi surgit à l'orient,
Et d'un reflet divin l'horizon se colore.

Soudain — comme la nuit de Sodome et Gomorrhe —
Un cyclone a voilé l'astre vivifiant,
Et la plèbe, au cœur vil, s'ameute, injuriant
Le demi-dieu qu'hier elle adorait encore !

Qu'importe ?... Dédaigneux de leurs vaines clameurs
Il poursuit sa carrière, et des noires vapeurs
Un souffle a dissipé le brouillard délétère :

Et, de nuages d'or et de pourpre escorté,
Le Soleil, prodiguant ses trésors à la terre,
Se couche dans sa gloire et dans sa majesté !

Georges GARNIER.

(DIOCÈSE DE BAYEUX)

VENI, SANCTE SPIRITUS

Sur les Apôtres assemblés
Descendit l'esprit de lumière,
Leurs cœurs étant renouvelés,
Ils renouvelèrent la terre.

Par une céleste terreur,
Dieu fait précéder sa parole ;
Le tonnerre de sa grandeur
N'est-il pas pour nous le symbole ?

Pères que Dieu plaça sur nous
Pour la conduite de nos âmes,
Au Vatican assemblez-vous,
De l'Esprit descendront les flammes.

O Ministres du Rédempteur,
Les bien-aimés de sa promesse,
Vous êtes la voix du Seigneur
Et les flambeaux de la sagesse.

Les temps enfin sont accomplis,
L'erreur se tait, l'orgueil succombe;
Nous voyons refleurir les lis
Que le Christ sema sur sa tombe.

Et ces fleurs emplissent vos mains,
Pères inspirés du Concile,
Vous embaumerez nos chemins
Des doux parfums de l'Évangile.

Vous irez, hérauts glorieux,
Dans tous les pays de la terre,
Assurer le règne des Cieux
Et de l'Église notre Mère.

LE FRÈRE PAGÈS.

(DIOCÈSE DE MONTPELLIER)

VOUS ÊTES PIERRE

Laissez-moi, Pontife suprême,
Laissez-moi vous dire en ce jour,
Humble fils, combien je vous aime,
Vous qui méritez tant d'amour.

Le veau d'or est le Dieu du monde
Que chacun invoque à genoux ;
Envoyé du Sauveur du monde,
Le Sauveur nous parle par vous.

Une soif ardente consume
Les insensés, les vains mortels,
Mais tout noble désir s'allume
A la flamme de nos autels.

De ces autels, ô Très-Saint-Père,
Vous êtes le premier gardien;
Jésus vous dit comme à saint Pierre
De confirmer tout cœur chrétien.

J'entends encor ta voix sublime
Proclamant un dogme nouveau ;
La foi, d'un élan unanime,
Salua cet honneur si beau.

Depuis, le trône apostolique,
Source de toute vérité,
Toujours jeune, toujours antique,
Paraît accroître sa clarté.

Foyer où s'épure tout homme
Qui de Jéhovah craint le nom,
L'âme fidèle qui te nomme
Bravera l'infernal dragon.

Tout magnifique privilége
Se peut en toi glorifier.
Salut, inébranlable siége
Où Pierre fleurit le premier.

JOBEY jeune.

(diocèse de séez)

A ROME CATHOLIQUE

O Rome, dans tes murs le Christ envoya Pierre
Célébrer le premier les mystères divins,
Lorsque sur toute plage et sur toute frontière
Dominaient les faux dieux aux temples, aux festins.

Et bientôt tu comptas des tribus innombrables
Qui mirent sur leurs fronts le signe du chrétien,
Malgré tous les bourreaux de quelques misérables
Que l'on nomme Néron, Dèce, Dioclétien.

Rome, depuis ce jour d'influence bénie,
Tes papes sur le monde ont élevé la Croix,
Gage de liberté, lumière du génie,
Foyer de la vertu, garant de tous les droits.

Dans la main des pasteurs tu places la houlette,
Et tu leur dis : Allez et paissez mes troupeaux.
Des volontés du Ciel permanent interprète,
Par toi, pour nous guider s'allument les flambeaux.

Mais Lucifer, toujours jaloux de tes conquêtes,
Déchaîne de nouveau l'impiété contre toi :
Il veut anéantir la splendeur de tes fêtes,
Et dépouiller le front de ton Pontife-Roi.

Mais tu sais que le Christ, ô Rome catholique,
T'a promis sur la terre un empire éternel,
Empire plus puissant que ton empire antique,
Où ne prévaudront point les idoles de Bel.

Tu peux bien éprouver des échecs, des outrages,
Ta vie est de combattre aux plages d'ici-bas ;
Mais pour ta barque, ô Pierre, il n'est point de naufrage
Et pour notre symbole il n'est point de trépas.

Moïse, en élevant les bras sur la montagne,
Assurait la victoire aux enfants d'Israël,
Nos Evêques sont là que l'Esprit accompagne,
Et le Pape, leur chef, monte et prie à l'autel.

Puis, ne sommes-nous pas, ô Vierge immaculée,
Les frères de Jésus et vos enfants soumis,
Jésus qui doit donner à la grande assemblée
Cet appui tout-puissant qu'à Pierre il a promis ?

COURDOUAN.

(DIOCÈSE DE MARSEILLE)

AD TE DOMINUM CLAMAVI

AU BIEN-AIMÉ PIE IX

O Dieu, qui du chaos d'un mot tiras le monde,
Semant de ses splendeurs l'immensité des Cieux,
Peuplant d'êtres vivants les airs, la terre, l'onde,
Plaçant à l'horizon le soleil radieux ;

Toi dont la voix commande à la foudre, à l'orage,
Qui des feux souterrains captives les fureurs,
Dont le doigt tout-puissant fait mourir au rivage
Des vastes Océans les terribles clameurs ;

Toi qui dis chaque jour aux Maîtres de la terre :
« Je suis Celui qui mit le sceptre dans vos mains,
J'ai pour ambassadeurs et la paix et la guerre,
De biens et de trésors je comble des humains ; »

Toi que le doux oiseau chante dans la verdure,
Que l'abeille bénit en visitant la fleur,
Et de qui la bonté dispense avec mesure
La fraîcheur à la nuit, à nos champs la chaleur ;

Je reconnais, Seigneur, que l'homme, ton ouvrage,
Rebelle à ton amour, abandonne ta loi,
Et que, fils dégradé, serviteur sans courage,
Il va perdant ta crainte, et rougit de ta foi.

De ton temple adorable il déserte la route,
Ce chemin embaumé que suivaient nos aïeux ;
Son cœur est corrodé par l'atteinte du doute,
Il ne sait plus lever le regard vers les Cieux.

Et voilà que le Pape est en butte à la haine
D'hypocrites brigands, de sombres sectateurs ;
Je ne sais quels complots, sainte Eglise romaine,
Tendent à renverser ta foi, tes défenseurs.

Seigneur, tant d'autres fois les tyrans, l'hérésie
Ont en vain essayé d'abattre les Saints-Lieux,
Que je puis sans effroi voir monter la furie
Des Titans mutinés pour assiéger les Cieux.

Mais je me sens navré d'une douleur immense
En voyant le mépris pour ton autorité
S'afficher hautement, et la vile insolence
Dans sa fièvre fouler aux pieds la vérité.

Pour moi, je veux toujours marcher à ta lumière ;
Je veux fuir à jamais les ombres de l'erreur ;
Soldat du Christ, je suis fidèle à sa bannière,
Je consacre à l'Église et mon bras et mon cœur.

Tu la protégeras cette Église, ma Mère,
O toi qui fus vainqueur de l'Enfer, de la mort ;
Toi dont j'entends le nom béni de sphère en sphère,
Toi que les Séraphins appellent le Dieu fort.

Lève-toi, car voici le jour de la vengeance,
Lève-toi dans ta force et dans ta majesté,
Et que tes ennemis connaissent ta puissance,
Appesantis ton bras sur leur iniquité.

Alors s'apaisera la terrible tourmente,
Alors s'éloigneront les ombres de la mort,
Et l'esquif du Pêcheur que la vague tourmente,
Sous de riants festons sera paisible au port.

Denis GINOUX,

*Membre d'honneur des concours
poétiques de Bordeaux.*

(DIOCÈSE D'AIX)

LOU CONCILE

Sèmblo qu'auvès passa dins leis aire, â chasquo ouro
    De crio que vous sarron lou couer.
Sarié-ti coumo autan uno maire que plouro,
    En diant que seis enfant soun mouert?

La pauro umanita, se vès, es bèn malauto :
    L'ome s'es aluencha de Diéu;
Plego souto lou pes de seis enciànei fauto
    E la fèbre lou roueigo viéu.

Qu'ës dounc que mi dirié se l'aura sus la terre
    Un remèdi pèr tant de mau,
Iéu que viéu lei febrous esmòugu de coulèro
    Crida que degun es malau?

De remèdi n'a qu'un : sara la sourço puro,
    Aboundanto dòu Vatican;
E Roumo sauvara, la fé nous v'asseguro,
    Rachel que plouro e seis enfant.

Roumo, de tei Cesar te fèron richo e bello,
  Pèr ourguéi e pèr embicien,
Pèr nautre Catouli sies la ciéutat fidèlo
  La grando rèino dei nacien.

Que de vilo avans tu, sèti de grands Empèri
  Esvalido coumo lou fum,
Eron de fourniguié de sàgi emai d'arlèri !...
  Vuei regardan : l'a plus degun.

Babilouno, Menfis, qu'es qué soun devengudo ?
  E Tèbo qu'avié cent pourtau ?
E la richo Tadmor, la sultano perdudo
  Dins soun desert òurientau ?

Tu, Roumo, quand as vist que tant de vilo enciano
  Soun devourido pèr lou tèms,
As coumpres que d'amount uno man soubeirano
  Contro lei secle te soustèn.

Toutei toumbon en frun : tu soulo sies etèrno,
  E pouertes em'un noble amour
Lei santeis armarié d'aquéu qu'en tu gouvèrno,
  O Reino ! la nau dòu Signour.

Leis erso de la mar, d'aquelo mar neblouso
  Mòugudo pèr l'esprit dòu mau,
Vanégon dins lou toumple e boundon souloumbrouso
  Coumo pèr enclouti la nau.

Lou Piloto es adret, mai la besougno es rudo;
  Matelot, tenès leis auban;
Batelié d'en pertout adusès-li d'ajudo;
  Courrès; car lou dangié es grand.

Vautre, Emperaire, Rèi que gouvernas lou mounde,
  Déurrias avé quasimen pòu;
L'a souto vouestei trone un grand fué que s'escounde
  E que déjà brulo lou sòu.

Se venié lou moumen qu'uno lavo bouiènto
  S'escapesse d'aquéu volcan,
Rèn pourrié vous sauva de l'avalanco ardènto
  Que coumbouririé tout subran.

De mounte vèn lou mau, gouvernant de la terro?
  Se lou volcan es aluma,
E sus aquelo mar se rounflo lou tounerro,
  E se dins l'aire s'es fourma

L'òuràgi des passien e dei faussei d'ontrino
  Qu'ar desavia tant de cervèu,
Es que v'avès vougu. Picas vouestei pèitrino
  E saludas lou sant drapéu.

Vers Roumo, la grand vilo, e dins la nau de Pèire,
  S'acampo l'onnourable vòu
Dei Prelat catouli que fara gau de vèire,
  A l'entour dòu grand Pio nòu.

Leissas leis‚arriba vers lei santeis Assiso
 En travès terro, aigo, desert.
Aduen la pas de Dièu lei Jura de l'Égliso,
 Pèr lou salut de l'univers.

Se dounavias d'en-vanc e d'ajudo au Councile,
 Loi pople devendrien mihour.
Pèr lei rendre soumès, vous sarié pu facile,
 Quand sarien soumes au Signour.

Es d'aquéu soulet biai que veudran lou benèstre
 E l'enciano pas de l'oustau.
Prince, anèn! coumandas; couràgi! Sias lei mèstre,
 Coupas lei racino dòu mau.

Quand, la lèi à la man, foueitejas leis injuro
 Que soun facho à vouestei nacien,
Perqué, prince crestian, contro tant d'impousturo
 Assoustas pas la religien?

Dempiei longtèms leissas ennegri per lou vici
 Tout ço que l'a de pu courous.
Pecaire! vesès pas qu'acò's uno injustici
 Que deja reboumbo sus vous?

Vautre tambèn risias de Diéu e de sei preire
 Coumo leis escrivant dòu tèms.
Signés d'ome nouvèu; recoumenças de creire,
 E n'en sarès que pu countènt.

Leis escaboue perdu, quand saubran que sei pastre
Revènon dins lou bouen camin,
Leissaran peravau la rudo e lou mentastre (¹)
Per courre vers lei prat divin.

BOURRELLY.

(¹) La rue fétide et la menthe sauvage.

LE CONCILE

TRADUCTION

Il semble que vous entendez passer dans les airs à toute heure,
    Des cris qui vous serrent le cœur.
Serait-ce, comme jadis, une mère qui pleure,
    En disant que ses enfants sont morts ?

La pauvre humanité, on le voit, est bien malade :
    L'homme s'est éloigné de Dieu ;
Il ploie sous le fardeau de ses anciennes fautes,
    Et la fièvre le ronge vif.

Quel est donc celui qui voudrait me dire
    S'il y aura sur la terre un remède à tant de maux,
A moi qui vois les fiévreux, émus de colère,
    Crier qu'il n'y a point de malade ?

De remède, il n'y en a qu'un :
    Ce sera la source pure, abondante du Vatican,
Et Rome sauvera, la foi nous l'assure,
    Rachel qui pleure et ses enfants.

Rome, si tes Césars te firent riche et belle
    Par orgueil et par ambition,
Pour nous catholiques, tu es la cité fidèle,
    La grande reine des nations.

Que de villes, avant toi, siéges de grands empires,
    Evanouies comme la fumée,
Etaient des fourmilières de sages et de fous !
Aujourd'hui nous regardons : il n'y a plus personne.

Babylone, Memphis, que sont-elles devenues ?
    Et Thèbes, qui avait cent portes ?
Et la riche Thadmor, la Sultane perdue
    Dans son désert oriental ?

Toi, Rome, quand tu as vu que tant de villes anciennes
    Sont dévorées par le temps,
Tu as compris que de là-haut une main souveraine
    Contre les siècles te défend.

Toutes tombent en poudre : toi seule es éternelle,
    Et tu portes avec un noble amour
Les saintes armoiries de Celui qui, en toi, gouverne,
    O Reine ! la barque du Seigneur.

Les vagues de la mer, de cette mer nébuleuse,
    Agitée par l'esprit du mal,
S'agitent dans le gouffre et bondissent tumultueuses,
    Comme pour engloutir la barque.

Le Pilote est adroit; mais la besogne est rude.
    Matelots, tenez les aubans ;
Nautonniers, de toutes parts apportez-lui du secours;
    Courez, car le danger est grand.

Vous, Empereurs, Rois qui gouvernez le monde,
    Vous devriez avoir presque peur;
Il y a sous vos trônes un grand feu qui se cache
    Et qui déjà brûle le sol.

S'il arrivait un moment qu'une lave bouillante
    S'échappât de ce volcan,
Rien ne pourrait vous sauver de l'avalanche ardente
    Qui consumerait tout soudain.

D'où vient le mal, gouvernants de la terre?
    Si le volcan est allumé,
Et si sur cette mer gronde le tonnerre,
    Et si dans les airs s'est formé

L'orage des passions et des fausses doctrines
    Qui ont dévoyé tant de cerveaux,
C'est que vous l'avez voulu. Frappez vos poitrines
    Et saluez le saint drapeau.

Vers Rome, la grande ville, et dans la nef de saint Pierre,
    Se réunit l'honorable assemblée
Des prélats catholiques, qu'il fera plaisir à voir
    Autour du grand Pie Neuf.

Laissez-les arriver vers les saintes Assises
A travers terres, eaux, déserts.
Ils apportent la paix de Dieu, les Jurés de l'Eglise,
Pour le salut de l'univers.

Si vous donniez de l'élan et de l'appui au Concile,
Les peuples deviendraient meilleurs.
Pour les rendre soumis, il vous serait plus facile,
Quand ils seraient soumis au Seigneur.

C'est de cette seule manière que viendront le bien-être
Et l'ancienne paix du foyer.
Princes, allons! commandez, courage! vous êtes les maîtres
Coupez les racines du mal.

Quand, la loi à la main, vous punissez les injures
Qui sont faites à vos nations,
Pourquoi, princes chrétiens, contre tant d'impostures
Ne protégez-vous pas la religion ?

Depuis longtemps vous laissez dénigrer par le vice
Tout ce qu'il y a de plus honorable.
Pécaïre! (¹) Ne voyez-vous pas que c'est là une injustice
Qui déjà retombe sur vous?

Vous aussi, vous riiez de Dieu et de ses ministres,
Comme les écrivains du temps.
Soyez des hommes nouveaux, commencez encor à croire
Et vous n'en serez que plus contents.

(1) Ce mot signifie ici : Que vous êtes à plaindre !

Les troupeaux égarés, quand ils sauront que leurs pasteurs
  Reviennent dans le bon chemin,
Laisseront par là-bas la rue et la menthe sauvage
  Pour courir vers les prés divins.

LE CONCILE ŒCUMÉNIQUE DE 1869

Allez, Pères, allez dans la ville éternelle
Où la puissante voix de Pierre vous appelle.
Allez, et vous rangeant près du Pontife-Roi,
Soyez aux yeux de tous les vengeurs de la foi.
Nos temps sont menacés d'épouvantables crises.
Mais vous vous assemblez pour ces grandes Assises
Où doit vous enflammer l'irrésistible amour
Du Verbe créateur de la nuit et du jour.
Que Mazzini frémisse en son orgueil farouche,
Le Christ qui ne meurt plus, parlant par votre bouche,
Formidable aujourd'hui comme il fut autrefois,
Les flots s'apaiseront au son de votre voix.
Par vous il vient encore édicter ses oracles,
Par vous éclateront de nouveau ses miracles.
Il nous luit, il nous luit, ce nouvel Univers,
Que vous nous annonciez, prophétiques concerts :
Satan est enchaîné de nouveau dans l'abîme,
Le règne du Seigneur, apaisement sublime,
Nous arrive apportant l'allégresse aux mortels.
Ministres, de parfums embaumez les autels ;
Peuples, des lieux sacrés remplissez les enceintes,
Et dans vos saints transports chantez des hymnes saintes.
Le sophiste n'est plus, l'impie est rejeté,
Nous possédons enfin la sage liberté.

Catilina n'est plus menaçant à nos portes.
Le sombre mazzinisme a rompu ses cohortes,
Et les peuples soumis à la loi du Seigneur,
Aux revers échappés, s'éveillent au bonheur.
De leur sceptre écartant la fraude et l'artifice,
Les rois dans leurs états font fleurir la justice.
Le Prince des Pasteurs dans Rome respecté,
Étend sur l'Univers sa grande autorité;
Des promesses d'en haut heureux dépositaire,
De célestes bienfaits il inonde la terre.

CARBONEL,

Curé de Niozelles.

(DIOCÈSE DE DIGNE)

L'ARCHE SAINTE

ALLÉGORIE

Là-bas, la voyez-vous, si frêle en apparence,
Cette barque avançant sur la vague en courroux?
L'équipage, aux agrès, agit, plein d'assurance,
Le pilote les guide, et son regard est doux.

Ce chef à cheveux blancs gouverne sa carène
Sans se troubler et sûr de la conduire au port;
A travers les écueils l'ouragan la promène,
Et le Vieillard ne craint ni les flots, ni la mort.

Il s'occupe pourtant des dangers où sa barque
Risquerait de trouver quelque grave malheur ;
D'un rocher menaçant s'il aperçoit la marque,
Il tient le gouvernail avec plus de vigueur.

Le vent souffle, mugit; tour à tour l'onde amère
S'élance avec fureur, recule avec fracas ;
Lui, d'un esprit toujours calme et que rien n'altère,
A l'équipage ému redit : « Ne craignez pas!

« Au milieu des périls, tournons nos yeux vers Celle
« Qui fut et qui sera notre puissant soutien ;
« Toujours l'infortuné qui se confie en elle
« Fut sauvé, car elle est le secours du chrétien. »

Puis, regardant le Ciel : « Vierge, sois-nous propice,
« Les frères de ton Fils t'implorent à genoux.
« Que ta main nous retienne aux bords du précipice,
« Nous sommes tes enfants, ô Mère, sauve-nous ! »

Il dit, et tout à coup s'apaise la tempête.
Sur la riante mer où s'étend le regard,
L'équipage a repris soudain ses chants de fête,
De son respect profond honorant le vieillard.

Mais que vois-je ? Que sont ces fiévreuses menaces ?
Regardez ces vaisseaux, ils portent à leur bord
Des hommes furieux, qu'on a mis sur les traces
Du vieillard, contre qui grondent des cris de mort.

Ecoutez, écoutez leur farouche délire :
« Fils de la liberté, du courage ! en avant !
« C'est l'heure de saisir cet abhorré vampire,
« De le précipiter dans l'abîme mouvant !

« C'est trop longtemps l'avoir laissé vivre, ce maître
« Qui rançonnait le peuple et soutenait les rois !
« Allons, point de quartier, qu'il périsse le traître,
« Détruisons avec lui ses odieuses lois. »

Le Vieillard vers le Ciel dirigeant sa paupière,
Avec l'ange de Dieu semblait s'entretenir,
Son âme récitait une ardente prière,
Et sa main se levait ainsi que pour bénir.

O prodige ! où s'en vont ces menaçants navires ?
Un ouragan soudain a soulevé les eaux ;
L'épouvante remplace en eux d'infernaux rires,
Les méchants dans la mer ont trouvé leurs tombeaux.

  Chrétiens, de cette allégorie
  Vous comprendrez quel est le sens ;
Vous bénirez Jésus et la vierge Marie,
  Dans des hymnes reconnaissants.

Puis vous allumerez, dans un pieux hommage,
  A leurs autels mille flambeaux,
Et vous effeuillerez des fleurs sur le passage
De ces hommes bénis dont les pieds sont si beaux [1].

L'abbé FÉRAUD.

(DIOCÈSE DE FRÉJUS)

[1] Quàm speciosi pedes evangelizantium pacem bona ? (*Rom.* X. ⅴ. 15.)

PROVINCE ECCLÉSIASTIQUE D'AUCH

MAGNA PARENS

Je te salue, ô vieille Rome,
Colonne de la vérité,
Où Jésus-Christ, le Dieu fait homme,
Détrôna la Gentilité.
Sur la plus lointaine frontière
Tu fais rayonner la lumière
Dont fut inondé le Thabor ;
Quand arriva la décadence,
Des beaux-arts et de la science
Tu nous conservas les trésors.

Soleil des cœurs, sel de la terre,
En toi le Pontife romain
Est le divin dépositaire
Des croyances du genre humain.
Il a fait cesser l'esclavage,
Il a de rivage en rivage

Fait refleurir la liberté.
Il a, contre la tyrannie,
Constitué la monarchie,
Et par elle l'autorité.

Sur toi de nombreuses tourmentes
S'acharnait le vent qui dissout,
Il t'emplit de ruines fumantes,
Et pourtant tu restes debout.
Sois donc fière, ô Ville-Éternelle,
Dieu te protége sous son aile,
Et sa main abrite ton front ;
Tu survivras aux derniers âges,
Et de tes ennemis les rages
Dans l'impuissance expireront.

Louis DE T.

(DIOCÈSE D'AUCH)

PROVINCE ECCLÉSIASTIQUE DE TOURS

LA VILLE ÉTERNELLE

Si Dieu ne protége une ville,
Vainement on défend ses tours;
Elles ne sont que de l'argile
Et ne vivront que peu de jours.

Mais si le Maître du tonnerre
Est le gardien d'une cité,
Elle atteindra sur cette terre
La dernière postérité.

Quelle ville plus que toi-même,
Rome, où les Apôtres sont morts,
A de la puissance suprême
Reçu des défenseurs plus forts.

Il se peut que la Providence
Veuille t'éprouver quelque temps,
Mais sa redoutable vengeance
Promet des retours éclatants.

Rome, malheur à qui t'oublie,
A qui cesse de te bénir !
De la bienheureuse patrie
Il a perdu le souvenir.

Un Solitaire.

ROME ET LA FRANCE

O Christ, Rome païenne,
Grâce au sang des élus,
Devint Rome chrétienne ;
Les Césars ne sont plus.

En versant la lumière,
Que rien ne peut ternir,
Par les clefs de saint Pierre
Rome ouvrit l'avenir.

Dans l'Italie immonde,
Ivre de ses fureurs,
En vain, onde sur onde,
Se roule un flot d'erreurs.

L'Allemagne en vain marche,
En repoussant les Cieux,
O France, Rome est l'arche
Abri de nos aïeux.

C'est l'heureux tabernacle,
Assis sur un tombeau,
Où d'un dernier miracle
Dieu mit le dernier sceau.

La France est son ouvrage ;
Et les preux nos aïeux
Pour Rome ont d'âge en âge
Su combattre en cent lieux.

Si Rome était surprise
Par des Lombards nouveaux,
La France pour l'Eglise
Déploîrait ses drapeaux.

Pie, héritier de Pierre,
Nous crions : Hosanna !
Tu dois à la prière
L'exploit de Mentana.

J'attends d'autres miracles
Promis à l'avenir,
La suite des oracles
Qui ne peuvent finir.

A la barque immortelle
Qu'assiégent les autans,
Les martyrs prêtent l'aile
Sur l'abîme des temps.

G. DE KERHARDÈNE.

LE CONCILE A ROME

Je cherche à chaque pas Rome au milieu de Rome,
Des Césars n'y pouvant retrouver un atome.
Cirques, thermes, forum, temples et Panthéon,
Théâtres, Colysée et ruines sans nom,
Voilà Rome ! et l'orgueil se mêle à la poussière
Sur ce sol inconstant, qui n'est qu'un cimetière.
Où donc est la cité qui vainquit l'univers?
Sénat, consuls, tribuns, tout est en proie aux vers
Et du temps qui détruit je vois ici l'ouvrage;
D'un tombeau Rome antique est l'immuable image.

Mais lorsque dans la mort tout est précipité,
Le Capitole règne, il est ressuscité.
La vieille Rome enfante une ville nouvelle,
Que saint Pierre a choisie et couvre de son aile.
Oui, Rome est le phénix sorti de son tombeau;
Dans sa métamorphose il n'en est que plus beau.
Ici la main du Christ en bienfaits est féconde,
Rome est toujours vivante et domine le monde ;
Car des trônes qu'émeut l'abîme en mouvement,
La chaire de saint Pierre est le vrai fondement.
Un doux Vieillard soutient le monde en équilibre,
Il tient en main la Croix, et l'univers est libre.

L'enfer cède, et je vois le Vatican s'ouvrir
Aux vérités d'en haut, qui ne peuvent périr.
Le sénat de l'Eglise, où l'Esprit-Saint réside,
De notre âge orgueilleux comble à jamais le vide ;
Car ce n'est pas du temps, mais de l'éternité
Qu'il s'occupe dans Rome avec sérénité (¹).
L'âme et les yeux vers Dieu, que de fois sur la plage
J'ai vu notre Océan se rouler dans l'orage,
Semblable aux sourds complots de l'enfer conjuré !
Quand l'Océan bondit vers l'espace azuré,
Et rugit de fureur, un grain de sable arrête
Aux pieds du spectateur l'effort de la tempête.
En vain l'enfer allume et la haine et le sang ;
Le Christ brisant sa rage, il retombe impuissant
Et s'épuise à rouler ses flots dans son abîme,
De ses propres fureurs éternelle victime.

G. DE KERHARDÈNE.

(DIOCÈSE DE NANTES)

---

(1) Les congrès de la paix sont restés stériles ; le Concile seul peut l donner à l'Europe chrétienne.

CASTELFIDARDO ET MENTANA

Honneur à la Bretagne,
Qui fournit des essaims,
Comme la vieille Espagne,
De héros et de saints.

Des vallons de Lorrette
Où Pimodan périt,
Croisés, l'écho répète :
Gloire aux soldats du Christ !

Aux palmes de l'Afrique
Lamoricière unit
Le cyprès héroïque,
De ses vertus puni.

Guérin et vingt encore
Tombés en combattant,
Des martyrs, que j'honore,
Ont le nimbe éclatant.

Près de Lamoricière,
Ce vaincu glorieux,
N'étant plus que poussière
Ils revivent aux Cieux,

Où saint Louis préside
Le chœur de nos aïeux,
Dont le glaive rapide
A conquis les Saints Lieux.

Là c'est toujours l'aurore :
Quatrebarbes, Quelen
Et vingt élus encore ,
Ce n'est point un déclin,

Quand le martyre change
En autel un tombeau,
Aux morts par un échange
S'ouvre un monde nouveau.

La Vierge immaculée,
En aidant leur essor,
Sur chaque mausolée
Fait luire un rayon d'or.

Mme MARIE DE KERHARDÈNE.

(DIOCÈSE DE NANTES

AU CONCILE

In Concilio Vaticano inito die festivâ
Immaculatæ Conceptionis Virginis Mariæ 1869.

   Fas sit exclamare cum sancto Cyrillo
     In Concilio Ephesino :

« Hilarem video cœtum sanctorum omnium qui
« convenerunt, promptis animis, à sanctâ et Dei Ma-
« tre Mariâ, semper Virgine convocati. Laus et glo-
« ria sit tibi sancta Trinitas, quæ omnes nos ad hanc
« celebritatem convocâsti ! Sit etiam tibi, sancta Dei
« Mater, laus !... » Gaude, virgo Maria, quia, ut can-
tat sancta Ecclesia, *cunctas hæreses sola interemisti
in universo mundo.*

    Beatæ et immaculatæ Virgini
        Mariæ,
Inclytæ Concilii directrici, columnæ
        Ecclesiæ.
   Tot tibi sint laudes, etc.

Exurgat Christus, ruat impia dæmonis aula !
Eccè Leo Judæ vicit mansuetus et agnus !
Exurgat Pater omnipotens, hæc verba triumphi
Intonet : « A dextris Domini sede, Christe, paternis !

« Stabis in æternum Rex regum altusque Sacerdos !
« Cuncta tibi cœli et terræ subjecta manebunt,
« Sub pedibusque tuis inimicos plecte superbos ! »

Exurgat Michaël, radientibus inclytus armis,
Fulguret, ac hostes subitò ad nigra Tartara trudat !
Ut pulvis rapitur vento, igneque cera liquescit,
Sic pereant omnes qui Christi regna repellunt !

Immaculata Dei Genitrix, surge, agmina Cœli
Dirige ! dira premes quoque sub pede colla Draconis !
Et cùm lethalis septem capita ardua tollit
Hæresis ; ô Virgo, nova prælia clara triumpho
Nunc age ! Concilii dux esto, fœdus et obses !
Per te, Pontifices properant ad limina Petri !
A te, summa Parens, sit maxima gloria Nato !
Pro gratisque tuis memori de pectore grates
Fundimus innumeras : O Regina optima mundi,
Tot tibi sint laudes bona quot cœlestia pargis !
Tot tibi sint laudes animas quot tollis ad astra !
Tot tibi sint laudes quot in aere sidera currunt !
Tot tibi sint laudes quot lucis spicula fundit
Aureus in terras sol, cùm solio emicat alto !
Tot tibi sint laudes quot vultu luna sereno,
Cursibus æthereis, nocturnas dissipat umbras !
Tot tibi sint laudes, Virgo, quot cœlicus arcus
Mille trahit varios densâ de nube colores !
Tot tibi sint laudes quot fulgura clara videntur
Et per inane volant, ut flamma nitore coruscans !
Tot tibi sint laudes quot voce tonitrua magnâ
Intonuere polis, et tela quot ignea frangis !

Tot tibi sint laudes quot spargunt frigora brumas
Atque nives, albo quæ exornant vellere terram!
Tot tibi sint laudes quot prospera flamina spirant
Et pulsant imbres et nubila plena procellis!
Tot tibi sint laudes quot dulcia tempora veris
Succedunt gelidis et regnat purior aer!
Tot tibi sint laudes quot aquæ de fonte benigno
Exiliunt placidæ, indè fluunt nova flumina vitæ!
Tot tibi sint laudes quot ab æthere labitur unda!
Tot tibi sint laudes quot gemmæ roris in herbis!
Tot tibi sint laudes quot guttas æquora vertunt!
Tot tibi sint laudes quot bonis gramina pratis!
Tot tibi sint laudes foliis quot sylva virescit!
Tot tibi sint laudes quot agris grana aurea surgunt!
Tot tibi sint laudes quot messes arva coronant!
Tot tibi sint laudes quot arenæ in littore ponti!
Tot tibi sint laudes quot transnant per mare pisces!
Tot tibi sint laudes quot aves nemorum atria lustrant!
Tot tibi sint laudes quot et undiquè carmina cantant!
Tot tibi sint laudes quot apes dant dulcia mella!
Tot tibi sint laudes quot in arbore fructus!
Tot tibi sint laudes quot pendent vitibus uvæ!
Tot tibi sint laudes quot splendent floribus horti!
Tot tibi sint laudes quot odorant lilia campi!
Tot tibi sint laudes quot mystica serta rosarum!
Tot tibi sint laudes quot, per te, mater amoris,
Dona replent mundum et cœli quoque diva lucescent!
Tot tibi sint laudes quot, te duce, Virgo magistra,
Lumina Concilii gentem effunduntur in omnem!
Tot tibi sint laudes quot rex Pastorque supremus
Et benedicat oves, simul imperia urbis et orbis!

Tot tibi sint laudes quot conjunguntur in unum
Pontifices, capitique Pio divinitùs hærent !
Tot tibi sint laudes quot ad aras sacra celebrant
Pastores magnâ populi comitante coronâ !
Tot tibi sint laudes quot sancta Ecclesia fundit
Vota, preces, gemius, longa et suspiria pulsat,
Nam furiis venti et maris est agitata periclis !
Virgo potens, Mater clemens, pia vota tuorum
Audi, dic verbum, jube, nutu, navita Christi,
Ipse Petrus pelago imperet, ac sternentibus undis,
Deducet navim usque ad littora tuta salutis !
Spiritus alme, veni, populos renovare per orbem,
Discuties mentis tenebras et pectora mundes
Expansisque alis aspira flamen amoris !
Tunc Christus regnabit et undiquè carmine plaudant
Gentes, templa canunt Domini benefecta superni,
Laus etiam resonat Christi Genitricis in orbe !

         Amen.

AU CONCILE

(TRADUCTION)

Qu'il nous soit permis, à l'ouverture du Concile qui commence le jour de la fête de l'immaculée Conception de la Très-Sainte-Vierge, dans la Basilique du Vatican, le 8 décembre 1869,

De nous écrier, comme autrefois saint Cyrille au Concile d'Éphèse :

« Je contemple, dans des transports d'allégresse,
« la sainte assemblée des Pontifes convoqués par la
« sainte Mère de Dieu, la Vierge Marie, toujours
« Vierge, et qui se sont réunis dans ce lieu avec
« empressement et exaltation d'esprit. Louange et
« gloire vous soient rendues, ô sainte Trinité, qui
« nous avez appelés à cette solennité si imposante !
« Gloire aussi soit à vous, ô sainte Mère de Dieu....
« Réjouissez-vous, ô Vierge Marie, de ce qu'il vous
« a été donné, comme le chante l'Eglise, de détruire,
« vous seule, toutes les hérésies qui s'élèvent dans
« le monde entier ! »

Oui, à la bienheureuse et immaculée
Vierge Marie,
Glorieuse protectrice du Concile et colonne de l'Église
Louanges infinies, etc.

Que le Christ se lève ! et que la phalange impie du démon et tous ses partisans s'enfuient épouvantés. Le Lion de la tribu de Juda, l'agneau plein de douceur a triomphé !

Que Dieu le père se lève et qu'il entonne les accens du glorieux triomphe : « O Christ, ô mon Fils, « asseyez-vous à ma droite, je vous ai établi Roi des « rois et Pontife suprême pour l'éternité ; tout ce « qui est au Ciel et sur la terre vous sera soumis ; « vous renverserez à vos pieds vos superbes en- « nemis ! »

Que le radieux Michaël se lève et prenne en main ses armes invincibles, qu'il lance la foudre et précipite les ennemis du Très-Haut jusqu'au fond des noirs Enfers ! Que tous ceux qui combattent l'empire du Christ disparaissent comme la poussière emportée par les vents et comme la cire qui se fond devant un brasier ardent !

Et vous, puissante Mère de Dieu, Vierge immaculée, levez-vous, et marchez à la tête des armées célestes ; foulez aussi à vos pieds le Dragon infernal, et lorsque l'hérésie, semblable à l'hydre à sept têtes, veut élever son front audacieux, livrez-lui de nouveaux combats suivis de la victoire; soyez l'appui, le gage et la directrice du saint Concile ; conduisez vous-même les Pontifes empressés d'entrer dans les parvis de Saint-Pierre de Rome, et que, par vous, ô Mère glorifiée du Christ, une gloire infinie soit rendue à votre Fils divin ! Et pour tant de dons gratuits que vous nous distribuez, ô bienfaisante Souveraine du monde, recevez autant de louanges que vous répandez sur nous de bénédictions célestes !

Recevez autant de louanges que vous élevez d'âmes au séjour de la gloire ! autant de louanges qu'il y a d'astres au firmament gravitant dans l'espace !

Recevez autant de louanges que le soleil, du haut de son trône étincelant, fait tomber de rayons lumineux sur les habitants de la terre ! autant de louanges que la lune, en sa course éthérée, lorsqu'elle montre son front radieux et serein, répand de splendeurs au milieu des ténèbres et des ombres de la nuit !

Recevez, ô Vierge sainte, autant de louanges que l'arc-en-ciel fait éclater de couleurs vives et variées au sein des nuages transparents !... Autant de louanges qu'on voit d'éclairs briller à nos regards et voler avec rapidité dans la vaste étendue des Cieux, semblables à une flamme ardente !...

Recevez autant de louanges que vous brisez, dans les mains du tonnerre prêt à lancer la foudre, de traits embrasés, lorsque, en grondant avec un bruit effroyable dans les airs, il se fait entendre d'un pôle du monde à l'autre !... Autant de louanges que les frimas des hivers font pleuvoir sur la terre de flocons de neige qui la couvrent et la décorent d'un vêtement d'une éclatante blancheur !

Recevez autant de louanges que les vents favorables et les zéphirs font, par leur doux murmure, fuir les nuages précurseurs des tempêtes et des ondées désastreuses !... Autant de louanges que le règne de l'aimable printemps qui succède à la saison rigoureuse, procure à l'homme de douces jouissances en faisant respirer un air plus pur !...

Recevez autant de louanges qu'il y a de sources jaillissantes qui, dans leur cours paisible, ressemblent à un fleuve bienfaisant entretenant sur ses bords l'abondance et la vie !...

Recevez autant de louanges qu'il y a de gouttes d'eau qui tombent du sein des nues, qui voyagent dans les mers, et de perles de rosée sur les herbes qui couvrent la terre !...

Recevez autant de louanges qu'il y a de gazons dans les vertes prairies, de feuilles dans les forêts ombreuses, d'épis dorés dans les champs, de moissons abondantes qui couronnent les campagnes !...

Recevez, ô Marie, Vierge sainte, autant de louanges qu'il y a de grains de sable sur les rivages, de poissons qui nagent au sein des vastes mers, d'oiseaux qui chantent au milieu des bosquets qu'ils ont choisis pour leurs palais !...

Recevez autant de louanges qu'il y a d'abeilles qui nous offrent leur doux miel, qu'il y a de fruits sur les différents arbres, et de grappes de raisin suspendues à la vigne !

Recevez autant de louanges qu'il y a de fleurs splendides dans les jardins, de lis odoriférants dans les champs, de roses mystiques et épanouies dans les parterres.

Recevez, ô Marie, Mère aimable, autant de louanges que vous ajoutez à tant de bienfaits qui remplissent le monde, ceux mille fois plus éclatants qui ont pour but de procurer l'héritage céleste !

Recevez, ô Vierge souveraine, autant de louanges que le saint Concile dirigé par vous, fera rayonner de lumières et de vérités aux yeux de toutes les nations de la terre !

Recevez autant de louanges que le Pontife-Roi répandra de bénédictions sur les empires de l'univers, sur la Ville Éternelle et sur tous les fidèles qu'il regarde comme ses brebis !

Recevez autant de louanges qu'il y aura de Pontifes réunis au Chef suprême, Pie IX, qui ne formeront avec lui qu'un seul et même Sénat divinement assemblé !

Recevez autant de louanges qu'il y a de ministres des saints autels, décorés du caractère sacerdotal, et qui célèbrent les divins mystères assistés d'un peuple immense qui compose la couronne de l'Église !

Recevez autant de louanges que, dans l'assemblée des chrétiens, on offre d'ex-voto, de prières ferventes, et qu'on pousse de gémissements et de profonds soupirs ; car de nos jours le vaisseau de l'Église est agité par les vents déchaînés et les flots d'une mer en furie qui présente de toutes parts des écueils !

O Vierge puissante, Mère clémente, exaucez les vœux de vos pieux fidèles ; commandez, dites un seul mot ; un signe de votre volonté suffira, et le gouverneur du vaisseau, représentant le Christ, Pierre lui-même commandera à la mer et lui dira : Calme-toi ! et ses ondes s'inclineront et conduiront la barque du Pêcheur jusqu'au port assuré du salut !

Et vous, ô divin Esprit, venez, assistez-nous, couvrez de vos ailes tutélaires les peuples du monde, renouvelez la face de la terre, éclairez les esprits, purifiez les cœurs, enflammez-les du feu de votre amour !

Alors je vois partout fleurir le règne du Christ ; les nations applaudissent par des chants de triomphe ; les temples célèbrent les bienfaits du Dieu-Très-Haut, et les louanges à la gloire de la Mère du Christ retentissent dans tout l'univers !...

Ainsi soit-il.

Un prêtre-missionnaire.

(DIOCÈSE DE LAVAL)

JÉSUS PONTIFE ÉTERNEL

Celui qu'avaient prédit les antiques prophètes,
Celui que d'Israël symbolisaient les fêtes,
Le Pontife éternel, le Prêtre souverain
Est né pour le rachat de tout le genre humain.
Le Verbe créateur, l'Être incommunicable
A pour royal berceau la crèche d'une étable.
Mais écoutez, là-haut, dans les Cieux entr'ouverts,
Les Anges l'exalter dans leurs vivants concerts.
Un groupe de bergers se présente et l'adore,
Des rois que guide un astre accourent de l'Aurore,
Lui présentant pour dons, l'or, la myrrhe, l'encens.
La terre reconnaît le terme des vieux temps,
A l'aspect éclatant de ces grandes merveilles.
L'événement, d'Hérode a frappé les oreilles,
Il veut faire mourir le Sauveur, il a fui,
Tandis que les faux dieux sont tombés devant lui (1).
Le Sauveur a douze ans ; sa divine science
Efface des docteurs la vieille expérience.
Vingt ans il grandira dans l'ombre et le labeur.
Son heure vient, il dit : « Je suis le Rédempteur ! »

(1) D'après une pieuse tradition les statues des dieux égyptiens s'abattirent, et les oracles se turent en présence de Jésus-Christ.

Il choisit des amis qui seront ses Vicaires.
Il soulage, il bénit de ses mains tutélaires ;
En cent lieux, sur ses pas, le pauvre est consolé ;
Il arrache à ses maux le malade accablé ;
Les morts reprennent vie à sa seule parole.
Son cœur pour enseigner aime la parabole.
A ses discours divins le peuple transporté,
Ecoute auprès de lui la douce vérité.
Ce peuple qui le suit a faim, le Sauveur prie,
Et d'un peu d'aliments que sa voix multiplie
Tous sont rassasiés. Il commande à la mer,
Et la mer obéit au Créateur fait chair.
Les démons sont vaincus en d'étonnants spectacles,
Il sème son chemin d'innombrables miracles.

Mais de sa passion est arrivé le jour.
Il déclare son corps le sacrement d'amour.
Sur un infâme bois meurt le Verbe fait homme,
Et la rédemption du monde se consomme !
Cependant, du tombeau le Christ ressuscité
Parle encore aux amis qu'a choisis sa bonté,
Les disciples aimés que sa grâce illumine.
Leur bouche à l'univers apprendra sa doctrine,
Ils seront dans le temps les gardiens de sa loi,
Les hérauts de son nom, les anges de sa foi.
L'Esprit confirmera leurs puissants ministères,
Mais Pierre en tous les temps confirmera ses Frères.

J. L.

(DIOCÈSE DE BESANÇON)

ODE LATINE

A SA SAINTETÉ PIE IX

Sedis Apostolicæ Princeps, lux aurea Romæ!
    Tu decus et gentis doctor et almus amor!
Ecclesiæ caput es, primus Patriarcha per orbem
    Præclarus meritis et pietate potens.
Sal terræ, mundi lux atque urbs inclita Jesu,
    Das populo æternæ lucis ubique viam.
Pol! tua vox pollet reserare et claudere cœlum,
    Tu qui sceptra regis claviger æthereus;
Principi Apostolico Petro conjunctus in ævum
    In terrà cujus munia sacra geris.
Ad nostrum errores duros Altissimus ævum
    Franges per Mariam, rex Pie, voce pià.
Virginis hinc victor regnâris Papa Mariæ
    Quæ populorum animis immaculata nitet.
Nobilitantque tui regnum miracula, belli
    Hydras per te pax hæreseosque teret.
Floruit usque fides indemutabilis unquàm
    Spiritu adhùc splendet, Maxime, stante tibi.
Schemata sævorum versanti dira caterva
    Digna receptabunt stemmata vota preces.
Sejani et Seji simulârunt perfida castra

Proruet invitus te duce Sauromates.
Dùm coryphæorum turmæ Josephica fulget
　　Ætas, Antitheus, vir cadet ore Dei.
Dum Pharaonum ululat minante dynastia bello,
　　Aurea Rex magnus fœdera pacis init.
Gloria viginti septem labentibus annis
　　Ridet, dùm cedent Anglia Serque tibi.
Parthenopes, Helices oratio vincet Aleram,
　　Pacis mox Pastor solus ovile reget.

ODE LATINE

A SA SAINTETÉ PIE IX

(TRADUCTION)

Souverain du domaine temporel que vous ont légué les droits du Saint-Siège Apostolique, flambeau d'or de Rome,

Vous la gloire et le docteur d'une nation qui repose en vous son libéral amour !

Vous êtes le Chef suprême de l'Eglise, le Patriarche primat de l'univers catholique, illustre par vos mérites et puissant par votre auguste piété.

Sel de la terre, lumière du monde, vous êtes le souverain de cette ville, où réside la puissance éternelle de Jésus, dont vous êtes le représentant perpétuel, vous offrez partout au peuple la voie de la véritable lumière.

Oui, il est vrai, votre parole peut ouvrir et fermer le Ciel, divin Porte-clef, qui dirigez spirituellement les sceptres et les couronnes.

Vous êtes, par un lien indissoluble, attaché à Pierre, le prince des Apôtres, dont vous continuez sur la terre les fonctions sacrées.

Dans cette année de grâce jubilaire (1869), du plus sublime des trônes que supporte le globe terrestre, ô roi *Pie,* de votre parole sainte, par le nom de Marie, vous confondez, vous anathématisez les plus graves erreurs de ce siècle perverti, dégradé.

Pape de la Vierge Marie immaculée, vous aurez, triomphant dans le cœur des peuples, fourni un règne victorieux, immortalisé par de grands prodiges; par vous la paix terrassera l'hydre de la guerre et des hérésies.

Malgré de nombreux et cruels combats, la foi, toujours immuable, ô le plus grand des rois! resplendira sous le souffle vivificateur du saint Paraclet; tandis que les légions ténébreuses des sociétés secrètes dont l'enfer inonde la terre en ces derniers temps, se préparent à tendre les plus infâmes piéges pour répondre à vos immenses bienfaits; les vœux et les prières incessantes de vos fidèles sujets recevront bientôt leur digne récompense.

Nos Photius, nos Luther, nos Lamennais et nos Renan..... ont beau trouver de perfides stratégies, le Sarmate, le Néron du Nord, viendra à vos pieds briser son glaive barbare et sanglant et reconnaître, dans sa honteuse défaite, le terrible coup de lance dont il a percé de nouveau et tant de fois le divin cœur de Jésus.

Par un oracle du Ciel, l'impie, en tombant, verra, dans sa rage infernale, briller le siècle de Joseph, aux yeux de ses impurs coryphées.

Alors que la dynastie des Pharaons vocifère contre les menaces d'une guerre d'envahisseurs, un grand Roi s'en va tracer le pacte d'or de la paix ; et la gloire vient sourire à ces vingt-sept années qui s'écoulent du siècle pour le fermer, et commandera à la Reine des Trois-Royaumes et au Sultan du *Céleste-Empire* de déposer à vos pieds leurs couronnes et leurs tardifs hommages.

Votre langage sublime et vos ardentes prières entraîneront à vos autels les tyrans de la Grèce et de Naples, puis bientôt, dans l'un de vos heureux successeurs, le monde verra l'unique Pontife-Roi prêcher les lois de la paix à toutes les nations évangélisées.

Johannis MORGON.

(DIOCÈSE DE BELLEY)

ODE LATINE

A LA TRÈS-SAINTE VIERGE

Dùm florum calici satis adsit guttula roris
    Oceano quem augent flumina Amoris, Ave!
Tu, Labarum affulgens, cujus lux aurea semper
    Naufragiis vigilat sidera velut, Ave!
Brahmanum atra fremit mens; jam Sivæ ara tremis,
    Hydras, errorum mœnia frangis, Ave!
Crimina, cauponas solidares dira foventes
    Jàm cohibe audaces omnia perpeti, Ave!
Mox tuus Italiâ Thabor splendescat in acri
    Hic, regnante Pio, plebs canat omnis, Ave!
Quàm tibi Gangetis vocitat, *sine littore Tellus!*
    Imperium grates Mzabita reddit Ave.
Berberus instanti dùm tempestate triumphat,
    Touarega in castris, o Mada! dat pium Ave.
Propter Concilium miseratio dat tua grande
    Vitam homini, tibi dant Fuscus et Albus Ave.
Alma *sacri cordis Domina*, in quâ gratia fulget
    Infinita, tibi Roma redhalat Ave.
Tu, *Fidei Genitrix*, profugi spes, vera Magistri
    Matrona, et pulchri Mater amoris, Ave!
Tu quæ ex naufragio salvasti me, *ondula rivi*,

Divinæ Genitrix-Gutta salutis, Ave!
Doctarum tibi Musarum concedit honores
    Ars tibi per terras, *Laus Raphaëlis*, Ave!
Schisma negans! nunc scire tuum nihil omnibus ad sit :
    Virgini adhùc serum mox popa cantet, Ave.
O Maria, *inferni dominatrix* alta furoris,
    Gloria Concilii posterioris, Ave!
Gallorumque Oriens Regis Regina superbi
    Per te Livium olans mox dominatur, Ave!
Gentibus alma tuis nunc nuntia fœderis acti,
    Immaculata pii Virgo pudoris, Ave!

Tossiæ 14 *Octobre* 1869.

A LA TRÈS-SAINTE VIERGE

(TRADUCTION)

Une goutte de rosée suffit au calice des fleurs pour les féconder, mais vous, Océan d'amour, à qui il faut des fleuves, je vous salue, ô Marie ! Vous, Labarum des âmes ! vous répandez autour de vous une lumière d'or, qui éclipse celle des plus brillantes étoiles du firmament, pour veiller sur les naufragés, je vous salue !

Déjà frémit la pensée du Brahme idolâtre ; déjà s'ébranle et chancelle le temple déserté de *Siva*, et voici que vous brisez de vos divines mains les hydres et les remparts souillés de l'erreur : Je vous salue !

Oui, dévoilez et forcez les tavernes sataniques où les clubistes enragés vont tramer tous les crimes, eux dont le cœur ulcéré est capable de tout ; ô Marie, salut !

Que bientôt la perverse Italie voie resplendir votre Thabor, au sol dont il fut expulsé (Lorette), et que tout le peuple y vienne applaudir la gloire du règne de Pie IX ; je vous salue !

O terre sans rivage ! Vous qu'acclament sous ce

nom les peuplades dégénérées du Gange, le Mzabite éclairé par votre culte vous rend ses actions de grâces ; je vous salue !

Tandis que le *Berbère* moins sauvage triomphe des tempêtes que lui suscite le père du mensonge, le Touareg, instruit des lois de votre doux empire, vous offre dans son camp solitaire, ô divine Mère des nègres, ses pieux hommages : Salut !

Dans ce Concile œcuménique, ouvert par votre miséricorde, vous redonnez la vie au monde, le noir et le blanc et le jaune Mongolien vous dressent des autels, je vous salue !

Bienfaisante Dame du Sacré-Cœur ! en qui resplendit la grâce infinie, Rome vous rend le culte de tous ses enfants. Je vous salue !

Mère de la Foi ! espoir du transfuge, véritable Matrone du docteur, Mère du bel amour, Salut !

Onde du ruisseau d'où découla la goutte qui enfante la vie, Mère de la Grâce divine, qui m'avez sauvé du naufrage, Salut !

Vous à qui la science des doctes Muses céda les honneurs et sa prestigieuse influence sur la terre, Mère des beaux-arts, gloire de Raphaël, je vous salue !

Schisme insolent, qui crois faire trôner toujours dans les cœurs ton système de négations, ton savoir n'est plus rien ; ton pope, revenu de sa crasse et ignoble ignorance, va rendre à la Vierge immaculée ses chants d'intègre amour et son tardif salut...

O Marie, puissante dominatrice de l'Enfer jaloux, vous la gloire de ce nouveau Concile, Salut!

Reine dont la splendeur naissante surpasse toutes les grandeurs humaines, Maîtresse des Francs protecteurs de l'Orient, Souveraine de ce Roi magnanime et superbe, dont le lis dominera bientôt ses audacieux ennemis, je vous salue!

C'est maintenant, ô douce messagère de l'heureuse alliance que vous avez contractée avec les nations de l'univers, c'est maintenant, *ô Vierge-Mère immaculée*, que je vous salue avec bonheur dans le couronnement de vos humbles vertus, où resplendit avec le plus pur éclat votre Apothéose immortelle.

Salut à vous, salut trois fois,
O Marie immaculée, Vierge-Mère de Dieu!!!

Johannis MORGON.

(DIOCÈSE DE BELLEY)

A NOTRE TRÈS-SAINT PÈRE PIE IX

Dieu défend ceux qu'il éclaire,
Son secours n'est point trompeur;
Il est la pierre angulaire
Où descend l'ange vengeur.
Lieutenant du divin Maître,
L'orgueil veut te déchirer,
Mais nous verrons disparaître
Le conspirateur, le traître
Ne sachant que t'abhorrer.

Quand de leurs coupables armes,
Tout irait subir la loi;
Quand la guerre et ses alarmes
Rugiraient autour de toi;
Ton cœur plein du Dieu qu'il aime
Resterait sans s'émouvoir :
Dans cette épreuve suprême,
La grandeur du péril même
Affermirait ton espoir.

Oui, tu daigneras entendre,
O mon Dieu, ton serviteur,
Tu te lèveras pour défendre
Ton Pontife, ton serviteur.
Par l'erreur, par l'arrogance
De toutes parts assailli,
Tu demeures son espérance,
En ta force sa confiance
Un instant n'a point failli.

Et vous que lasse l'attente,
Justes au cœur abattu,
Soyez forts, que plus constante
Se montre votre vertu.
Au flot de la bonté sainte
Retrempez votre vigueur ;
Sachez comprimer la plainte,
Sachez espérer sans crainte,
Voici le jour du Seigneur.

Il luit enfin ce jour, cessons l'attente,
Le jour de grâce et de pardon.
Jour qui doit éclairer la victoire éclatante
Du peuple élu sur Pharaon.
En vain, dans sa haine implacable,
Contre l'Église il aura blasphémé ;
Le Seigneur a vengé, de sa main redoutable,
Son oint trop longtemps opprimé.

Que son espoir, illusion grossière,
 Se change en un subit effroi ;
Comme le vent fougueux soulève la poussière,
 Qu'ils soient dirpersés devant toi.
 Qu'à ton aspect hâtant leur fuite,
 Par mille chemins ténébreux,
Ils frémissent longtemps de voir à leur poursuite
 Ton glaive qui frappe sur eux.

Dans leur audace ils te lançaient l'outrage,
 Ils te condamnaient au trépas ;
Ils avaient jour et nuit, pour assouvir leur rage,
 Creusé des piéges sous tes pas.
 Les voilà donc ces mortels implacables,
 Dans leur défaite confondus,
Enlacés dans les rets aux fils inextricables
 Que leur superbe avait tendus.

Pontife, alors que croissait leur malice,
 Qu'ils tramaient leurs desseins affreux,
Tu veillais, tu priais, et, vêtu d'un cilice,
 Tu conjurais le Ciel pour eux.
 Ils complotaient contre leur Père,
 Ils lui préparaient un cercueil ;
Aux aspirations du criminel sectaire
 Qu'opposais-tu ? Ton âme en deuil.

Mais le Seigneur, Dieu de toute justice,
A pesé tes droits et les leurs,
Il accepte l'encens de ton long sacrifice,
Et met un terme à tes douleurs.
Il t'arme de son assistance,
Contre eux éclate son courroux,
Son Archange apparaît, il a saisi sa lance,
Méchants, expirez sous ses coups.

Qu'ils soient comblés d'honneur et d'allégresse,
Les défenseurs de l'Innocent ;
Qu'ils soient remplis de jours, et qu'après leur vieillesse,
Les reçoive le Tout-Puissant !
Reine du monde, ô Providence,
Celui qui se confie en toi
Doit recevoir un jour le prix de sa constance,
Le Ciel couronnera sa foi.

Gustave DEMANGE.

Mirecourt, en la fête des glorieux apôtres Pierre et Paul.

(DIOCÈSE DE SAINT-DIÉ)

DIOCÈSE DE RENNES

SAINT PIERRE

I

Laisse-là tes filets, ô fils de Barjona !
Sois mon disciple ; accours, dévoré d'un saint zèle,
Sur la mer de ce monde, au nom de Jéhovah,
Tu deviendras pêcheur pour la vie éternelle.
    Renonce à tout, Simon,
    Pierre sera ton nom.

Le Christ qui t'a connu sur ton frêle bateau
T'a dit : Ami, suis-moi, le Christ sera ton maître.
Lac de Génézareth, Dieu bénisse ton eau !
Heureux est le pêcheur que tes bords ont vu naître ;
    Car il n'est plus Simon,
    Pierre sera son nom.

Pierre, instruit par Jésus, conduira son vaisseau
Avec le Paraclet dont la vertu l'inonde.
Il paîtra les agneaux, les brebis du troupeau,
La Croix sera le sceptre étendu sur le monde.
  Rame pour Dieu, Simon,
  Pierre sera ton nom.

Le batelier s'attache aux pas de Jésus-Christ,
Il voit sur le Thabor l'éclat de sa puissance.
Un moment, chez Caïphe, il hésite, il faiblit,
Mais il sort, et soudain il pleure cette offense :
  La faute est de Simon,
  Pierre sera son nom.

Le reste de ses jours, Pierre a beaucoup pleuré,
Il a scandalisé, c'est vrai, mais au Cénacle
Il reçoit de l'Esprit l'embrasement sacré ;
De l'Église il se montre et le chef et l'oracle,
  Pierre sera son nom,
  Bravant tyrans, prison.

Devant le sanhédrin voyez-le déclarer
Qu'il ne taira jamais ce que Jésus commande;
Que Jésus est vivant, que tout doit l'adorer ;
Que rien n'est juste et bon que ce que Dieu demande.
  Chef de l'apostolat,
  Il en soutient l'éclat.

Depuis que Pierre ainsi confessa le Sauveur,
Il est le gardien assidu du symbole.
Dans la voix du Pontife est la voix du Seigneur,
La parole du Christ demeure sa parole.
  Les discours des pervers
  Émanent des Enfers.

Nommer Pierre, c'est dire infaillibilité !
Il est le fondement visible de l'Église ;
Qui n'est pas avec lui n'a pas la vérité,
La vérité, que rien n'entame et ne divise.
  Un Pape meurt, Dieu vit
  Dans celui qu'il choisit.

Ainsi le Paraclet éclaire ses enfants,
Couvrant de ses clartés les sentiers de la vie ;
Ainsi nous cheminons sur la route du temps,
Guidés par les clartés du feu qui purifie.
  Élus d'Emmanuel,
  Seuls vous aurez le Ciel.

Les portes de l'Enfer ne prévaudront jamais
Sur l'Église du Christ qui s'assied sur la Pierre.
Forte dans les combats, puissante dans la paix,
Elle a pour se guider l'éternelle lumière.
  Pontife souverain,
  Bénis-nous de ta main.

Quand la terre verra l'Église sans autel,
Elle sera soudain par le feu consumée.
Salut, heureux séjour, demeure bien-aimée,
Où nous sera donné le bonheur éternel !
    Jésus ouvre les Cieux
    A ses fils glorieux.

L'Abbé J.-M. JAMAUX,

Ancien recteur.

(DIOCÈSE DE RENNES)

AUX CHRÉTIENS

Quand Rome et son Pontife ont le Ciel pour appui,
Quand l'univers entier honore leur puissance,
Rassurez-vous, chrétiens, sur leur indépendance,
Car Rome pour toujours n'appartiendra qu'à lui.

AU PONTIFE-ROI

L'impiété s'efforçait d'ébranler ton empire,
Mais ton trône est assis sur le roc de la Foi.
Le monde intelligent t'a proclamé son roi :
Il faut donc qu'à son tour à tes pieds elle expire.

Un Maire de Village.

(Diocèse de C.)

NOTRE SAINT-PÈRE LE PAPE PIE NEUF

11 avril 1869. — Cinquantième anniversaire de sa consécration sacerdotale.

HON TAD SANTEL AR PAP, PII NAO

Ann 11 a viz ebrell 1869. — Devez he ofern anter-kant vloaz.

War don : O kalon sakr euz ma Jezuz !

Pii nao, c'houi gar ar Vretoned,
Hag e Breiz c'houi a zo karet,
C'houi zo karet e Breiz-izel,
Den Doue, c'houi hon Tad santel.

Enn deiz ma zoc'h bet beleget,
Gant Doue c'houi a voa c'hoazet,
Evit Penn-Sturier d'ann Iliz,
'Vel sant Per, abostol ar feiz.

Anter-kant vloaz a zo brema,
E larjoc'h hoc'h ofern genta;
Doue a roaz d'e-oc'h he vennoz,
'Vit kas ann dud dar Baradoz.

Enn ho torn alc'houeou ann Ee,
C'houi a c'houarn iliz Doue,
C'houi zo eun Tad karantezuz,
Hevel ouz hor Salver Jezuz.

Digoret c'heuz tenzor ann Ee,
'Vit rei grasou d'ho pugale;
Ar Werc'hez, Mamm ar Vretoned,
Gan-hec'h a zo bet kurunet.

E Remengol hag e Gwengam,
Ho c'heuz gret kuruni hor Mamm,
E Sant-Briek, e Josselin,
Kurunet gant he Map divin.

'Nn itron Santez-Anna Wened
Gun-eoc'h zo ive kurunet;
C'houi hoc'h euz skuillet evel gliz,
Grasou Doue war dudou Breiz.

Roet c'heuz d'emp eskibien santel,
Hevel oc'h sent koz Breiz-Izel;
Hon hencha reont d'ar Baradoz
Leac'h ma hon tud oud hon gortoz.

Ni ho kar, ho karo bepred,
Pastor mad, renit war ar bed ;
Roit ho pennos da Vreiz-Izel
Evid-hoc'h ni garfe mervel !...

E Breiz-Izel, eur bugel mad
A oar mervel evit he dad ;
Pii nao, c'houi zo tad d'emp-ni holl,
Hor Mamm eo Gwerc'hez Rémengol.

Pa ouelit, Tad santel, Tad mad,
Gouela a ra hou daoulagat,
Hor c'halon ni a ve fraillet,
Pa ve ho kalon glac'haret.

Evid-hoc'h ni bedo Doue,
Ar Werc'hez ha sant Breiz ive ;
Bevit, bevit c'hoaz pell amzer,
Tad santel, war gador sant Per.

J.-P.-M. AR SKOUR,

Barz ann Itron Varia Rémengol.

Montroulez, ébrel 1869.

(TRADUCTION)

Ad multos annos!

Pie IX, vous aimez les Bretons, et vous êtes aimé en Bretagne ; vous êtes aimé en Bretagne, homme de Dieu, vous, notre Saint-Père.

Le jour que vous fûtes ordonné prêtre, Dieu vous choisit pour gouverner l'Église, comme il avait choisi saint Pierre, apôtre de la foi.

Il y a aujourd'hui cinquante ans, depuis que vous avez dit votre première messe ; Dieu vous donna sa bénédiction pour conduire les hommes au Paradis.

Dans votre main les clefs du Ciel, vous gouvernez l'Église de Dieu, vous êtes un père miséricordieux, comme Jésus, notre Sauveur.

Vous avez ouvert les trésors du Ciel, pour répandre des grâces sur vos enfants. La Vierge, la Mère des Bretons, par vous a été couronnée.

A Rumengol et à Guingamp, vous avez fait couronner notre Mère ; à Saint-Brieuc, à Josselin, elle a été couronnée, ainsi que son divin Fils.

Notre-Dame de Sainte-Anne-d'Auray a été aussi couronnée par vous ; vous avez versé, comme la rosée, les grâces de Dieu sur les Bretons.

Vous nous avez donné de saints Évêques, semblables aux vieux saints de notre Bretagne ; ils nous conduisent au Paradis, où nos Pères nous attendent.

Nous vous aimons et nous vous aimerons toujours, Bon Pasteur ; régnez sur l'univers ; donnez votre bénédiction à la Bretagne ; pour vous, nous voudrions mourir.

En Bretagne, un enfant sait mourir pour son père; Pie IX, vous êtes notre Père à tous ; notre Mère est la Vierge de Rumengol.

Quand vous pleurez, Saint-Père, nos yeux aussi versent des larmes, notre cœur se brise, lorsque votre cœur est dans la douleur.

Pour vous nous prierons Dieu, la Vierge et les saints de Bretagne ; vivez, vivez encore longtemps, Saint-Père, sur la chaire de saint Pierre !

J.-P.-M. LESCOUR,

Barde de Notre-Dame-de-Rumengol.

(DIOCÈSE DE QUIMPER.)

Morlaix, avril 1869

DIOCÈSE DE CAMBRAI

DOMINUS CONSERVET EUM

Seigneur, Dieu de bonté, qui dans ta main puissante
    Tiens la vie et la mort,
Donne au Pontife-Roi la santé florissante ;
    Malgré son âge, rends-le fort.

Trop longtemps le malheur l'abreuva de tristesse ;
    Descends, Esprit consolateur,
Et comble de tes dons la sublime vieillesse
    Du premier Prêtre du Seigneur.

Ainsi qu'une vapeur que la rafale emporte,
    Extermine ses ennemis,
Et qu'à son Vatican tes anges, son escorte,
    Pour le défendre soient commis.

Toi que chante là-haut l'éternelle harmonie,
    O puissante Reine du Ciel,
Accueille les accents de mon humble génie,
    Présente-les à l'Éternel.

Que ce Père béni, qui proclama sans tache
    Ta divine Conception,
Triomphe en couronnant sa glorieuse tâche ;
    De Juda qu'il soit le lion.

L.-J. LEMAIRE,

Ancien curé.

(DIOCÈSE DE CAMBRAI)

LA SCALA SANTA

(IDYLLE)

Touriste et pèlerin, et de plus chrétien, comme
Je visitais l'antique et la moderne Rome,
J'arrive où fut jadis le palais de Latran,
Près de la basilique érigée à saint Jean.
Là, je vois, au levant d'une vaste esplanade,
Un portique percé d'une quintuple arcade.
De dévots au-dessous un concours journalier
Se rend, pour vénérer et gravir l'escalier
Que le Sauveur monta, pour entrer au prétoire
Sous Pilate subir un interrogatoire.
Je pénètre au parvis. Sans y porter ses pas,
Des saints degrés la foule est arrêtée au bas,
De les fouler aux pieds hésitante, incertaine,
Et parlant une langue inconnue à la mienne.
Rien n'annonçant qu'ils sont profanes ou sacrés,
La chaussure à mes pieds, je m'élance aux degrés,
Pour aller au-dessus visiter la chapelle.
Par le nom de *Signore* un moine me rappelle,
Et me dit, tout ému, sur un ton aigre-doux,
Qu'on monte par respect cette rampe à genoux.

De quelques marches, donc, docile, je recule,
Et me voilà marchant sur ma double rotule.
Mais cheminer ainsi, sans l'appui de la main,
Après l'avoir tenté, m'a paru surhumain.
J'atteins, en me traînant plutôt que je ne marche,
Les tibias tout meurtris, la vingt-huitième marche.
De la montée auguste et dernier échelon.
Retourné, des gradins j'aperçois tout le long
De nombreux pénitents qu'entraîne mon exemple
A monter de la sorte au seuil du petit temple.
Ce qu'on voit faire, bon ou mauvais, par les yeux,
Est pour le cœur, l'esprit, l'âme, contagieux.
La Scala Santa mène au sanctuaire auguste
Où, peinte par saint Luc, est l'image du Juste,
Interdite au regard des profanes mortels,
Si ce n'est au public, en des jours solennels.
Pour redescendre à pied, aux regards se déploie,
A droite, comme à gauche, une pareille voie,
Dont l'édifice n'est qu'une imitation
De celui que la mer apporta de Sion.

Docteur ANDREVETAN.

(DIOCÈSE D'ANNECY)

Haute-Savoie, 1er juin 1869.

PIE IX OU LA GRANDEUR CHRÉTIENNE

Contemplons un lac où l'aurore
Réfléchit sa douce clarté,
La vertu du Pape est encore
Au-dessus de tant de beauté.
Ni les eaux, ni leur harmonie,
Ni le cap des autans battu,
Ni les chefs-d'œuvre du génie
N'ont l'humble éclat de la vertu.

Mais la vertu, dont le Portique
Avait fait le souverain bien,
Loin de l'idéal catholique
N'offre qu'un songe au vrai chrétien.
L'orgueil aveugle en est l'essence,
L'ombre éclipse la vérité,
Le cœur humain n'a de puissance
Qu'en s'aidant de l'humilité.

Le Pape à nos regards se voile,
Pour faire le bien chaque jour,
Se cachant, ainsi qu'une étoile
Perdue au céleste séjour ;

Il poursuit en paix sa carrière,
A travers l'infini des Cieux,
Et sa merveilleuse lumière
Ne vient point éblouir nos yeux.

Avoir triomphé de ce globe,
En foulant à ses pieds les lois,
Pour qu'un froid tombeau nous dérobe,
Par les vers allégés de poids,
Est-ce donc la peine de vivre ?
Voilà votre gloire, ô Césars ;
A ce qui passe il faut survivre,
La terre et les Cieux sont deux parts.

Les jours d'un élu sont extase,
Calme, espérance et charité ;
Sa vie en Dieu n'est qu'une phase
Du temps avant l'éternité.
Saint-Pontife, ta gloire austère,
Nos pères la comprenaient mieux ;
Plus on s'abaisse sur la terre,
Plus on s'élève dans les Cieux !

G. de KERHARDÈNE.

(DIOCÈSE DE NANTES)

LA TIARE EST BÉNIE

> Tu es Pierre, et sur cette pierre
> je bâtirai mon Eglise ; et les portes
> de l'Enfer ne prévaudront pas
> contre elle.
> (N. S. J.-C. à S. Pierre.)

Dieu dit : « Pierre, sur toi je fonde mon Eglise.
» Les forces de l'Enfer contre elles lutteront ;
» Mais qu'importe un orgueil que ma puissance brise ?
» Ma main renversera ceux qui te combattront. »
L'Eglise commença son règne sur la terre,
Elle marcha dressant les tentes de la foi ;
Et rien n'a prévalu sur le divin mystère,
Nul pouvoir n'a brisé les tables de la loi.

Ici-bas, depuis lors, la tiare est bénie :
C'est l'anneau nuptial d'un hymen éternel ;
C'est le lien d'amour d'une sainte harmonie
Entre l'oint du Seigneur et la fille du Ciel.
La promesse de Dieu vivra plus que le monde ;
Elle est justice, vie, ardeur, force, douceur :
La promesse d'en haut est à jamais féconde,
Elle est le pacte saint, le serment du Seigneur.

Eclatez, éclatez, doux élan de notre âme!
Le Christ est avec nous, il règne, il est vainqueur :
Son Vicaire ici-bas, que la justice enflamme,
Est témoin d'un concours qui réjouit son cœur :
De tous les points du globe à Rome qu'il commande,
Des enfants bien-aimés accourus près de lui
Lui portent à l'envi leur amour, leur offrande,
Dans la solennité qu'il célèbre aujourd'hui (1).

Oh! qu'ils sont beaux les pieds du Vieillard magnanime,
Qui tend la main à tous et leur dit : « Suivez-moi ! »
Les peuples sont émus à cet appel sublime,
L'appel du Rédempteur qui nous légua la foi.
C'est la voix qui convie, et qui convie encore,
Même ceux dont la haine a poursuivi son nom :
Sa clémence est pour tous une constante aurore,
Un doux soleil toujours brillant à l'horizon (2).

Oui, d'un tendre respect environnons ce trône
Où de Pierre s'assied la pure Majesté.
La grâce y resplendit, l'héroïsme y rayonne,
La vertu le soutient avec la charité ;

---

(1) Le 29 avril 1869, fête du jubilé du saint Père. Une magnifique chasuble tissue d'or et de soie, travail des artistes lyonnais, était au nombre des présents offerts à Pie IX. Le Souverain Pontife revêtit ce splendide ornement à la messe qu'il célébra.

(2) Au mois d'octobre 1867, Pie IX fit vêtir des prisonniers garibaldiens, et les renvoya dans leurs foyers, leur montrant par là que la religion chrétienne enseigne le pardon. Cet acte généreux mit dans le cœur de ces hommes égarés des sentiments de légitime admiration, et, nous le croyons, aussi de repentir.

O chaire que Céphas a le premier, dans Rome,
Etablie, occupée, au nom du Rédempteur,
Nous sommes prosternés, montre-le nous cet homme,
L'envoyé du Très-Haut, la force du Seigneur.

II

Les âges à venir rediront, ô Saint-Père,
Du noble Mastaï quel fut le caractère ;
Et de hautes vertus quel est l'heureux concours
Qui de sa vie entière auront rempli le cours.

Tout jeune encor, déjà prêtre de Rome,
Aux malheureux il tendait les deux mains ;
En le voyant, chacun disait : C'est l'homme
Qui se consacre aux petits orphelins.

Avec sa mère il sécha bien des larmes,
N'étant encor qu'un tout petit enfant ;
La charité pour lui prenait des charmes,
Tandis qu'en âge il allait grandissant.

Dieu préparait cette pieuse vie
Pour les combats et pour l'adversité ;
Il la formait, cette vertu bénie,
Pour l'investir de son autorité.

Celui qui sait les souffrances du monde
Supportera la dure adversité,
Il acquerra la sagesse profonde.
Dont a besoin la sainte royauté.

Ainsi, marqué pour le grand ministère
Auquel l'Esprit d'en haut le destinait,
Il est celui que sur toute la terre
Pour successeur de Pierre on reconnaît.

Qui l'a vu se souvient de son visage auguste,
La sainteté rayonne au front de ce Vieillard :
La foule en l'admirant se dit : « C'est bien le juste
» Qui soutient de sa main le céleste étendard. »

C'est le Pontife aimé, c'est le chef de l'Église,
Le Grand-Prêtre vengeur du temple et des autels.
C'est la force d'en haut que nul effort ne brise,
C'est la main qui bénit : prosternez-vous, mortels.

La Barque qu'il conduit résiste à la tempête ;
Le flot roulant l'atteint, mais ne peut l'accabler ;
Céleste nautonier, il porte haut la tête ;
Le danger le poursuit, mais ne peut l'ébranler.

Sur ce front décoré de vertus, plein d'années,
A nos regards charmés brille un rayon des Cieux.
Douce est sa majesté, belles ses destinées :
Sur lui l'ange a placé son bandeau radieux.

Aussi le visiteur de la Ville-Eternelle,
Le lecteur de tout livre où le Pontife est peint,
Se disent-ils : En lui le bien seul se révèle,
C'est Jean le bien-aimé de Jésus, c'est un saint.

A l'heure où l'abreuvait l'onde de la souffrance,
A l'heure où l'accablait le fardeau des douleurs,
La Foi l'a soutenu fortement; l'Espérance
L'a rendu devant Dieu le modèle des cœurs.

C'est le dispensateur des paroles de vie,
C'est l'ange de l'amour, c'est la vive clarté
Brillant sur le chemin qui mène à la patrie,
Le rayonnant séjour de l'immortalité.

Mme Pauline HENRY, née LEMAITRE,

*Mère de famille demandant humblement
la bénédiction pontificale pour les siens
et pour elle.*

(DIOCÈSE D'ARRAS)

PROVINCE ECCLÉSIASTIQUE D'ALBY

LA CHAIRE ÉTERNELLE

J'ai soif de vérité, mon âme est immortelle ;
O sages, répondez, d'où me viendront pour elle
L'enseignement béni, la vivante clarté
Respectés par le temps dans leur sublimité?
Je ne rencontre rien dans les œuvres de l'homme
Qui m'attache. C'est toi que j'interroge, ô Rome,
A présent, et tu mets le comble à mon bonheur,
Car ce que tu me dis satisfera mon cœur.

Le Seigneur dans tes murs mit la chaire éternelle,
L'ange de son amour la couvre de son aile;
Elle reste à jamais le Sinaï tonnant
Sur toute créature et sur tout continent.
Sur elle cependant ont hurlé bien des rages,
Grondé bien des torrents, fondu bien des orages :
Ce fut d'abord Néron et les autres tyrans
Qui sur elle ont porté les glaives dévorants.
C'est ensuite Arius dont l'erreur furibonde,
Passionnant les rois, épouvante le monde.

Sous la pourpre, voici l'astucieux Julien,
Voulant anéantir jusques au nom chrétien.
Sur le monde romain les nations barbares
S'abattent frappant l'air de lugubres fanfares.
Ils vengent les martyrs, et l'Église de Dieu
Qu'ils semblent attaquer par le fer et le feu,
A son propre banquet les attend, les convie ;
Et ces peuples vivront d'une nouvelle vie.

. . . .

Sur le monde romain passe une éclipse immense,
Les arts sont obscurcis, éteinte est la science.
Dans cette nuit l'Église a conservé ses feux,
Et jette encore au loin des rayons lumineux ;
Elle a des hommes purs, de nobles caractères,
Qui comblent de secours et de bienfaits leurs frères.
L'Enfer produit encore un chef : Luther paraît ;
Écrivain sans pudeur, tribun de cabaret,
Il excite l'orgueil des princes, et la guerre
Désolera trente ans notre Europe. Voltaire,
Que son siècle bientôt appellera son roi,
S'acharnera lui-même aussi contre fa foi,
Et l'histoire inscrira cette date mauvaise,
Cette date qui fait frémir... quatre-vingt-treize.

Chacun de ces assauts, de ces ébranlements,
A cru de notre foi saper les fondements ;
A l'heure où nous vivons une trame infernale
Veut au Pontife-Roi ravir sa capitale,
Et de Pierre et de Paul polluant les tombeaux,
De nos derniers autels éteindre les flambeaux.

Et tu restes debout, sainte Église romaine,
Et le Seigneur pour toi conserve les mains pleines
De ces biens dont l'orgueil voudrait tarir le cours,
Et qui sans s'épuiser t'environnent toujours.
Puisqu'en toi seulement réside la lumière,
Je veux sur ton foyer seul ouvrir ma paupière ;
Centre de la sagesse et de la vérité,
Je reconnais en toi l'infaillibilité.

F. L.

(DIOCÈSE DE MENDE)

PROVINCE ECCLÉSIASTIQUE DE REIMS

ASPIRATION CATHOLIQUE

ALLÉGORIE

Qui me guidera sur la terre
Vers cette source aux pures eaux,
Où le juste se désaltère,
Et qu'ombragent de frais rameaux ?

Conduisez-moi vers le mystère,
Où murmurent ces doux ruisseaux
Ridés par la brise légère,
Où boivent les tendres agneaux.

Je t'ai trouvée, onde bénie,
Dont a soif un heureux génie,
Et dont ne boit jamais en vain

L'âme de bonheur altérée.
O fontaine trop ignorée,
Tu te nommes l'amour divin !

Un poëte villageois.

(DIOCÈSE DE REIMS).

HYMNE A PIE IX

> Veggio rinnovellar l'aceto e'l fele.
> DANTE.

Pontife saint, couronné par la gloire,
Digne héritier de l'homme de douleur,
Ton front, déjà brillant dans notre histoire,
Est consacré par la main du malheur.
On veut briser ton sceptre et ta couronne,
Et tes enfants blasphèment contre toi ;
Mais que ta main, Saint-Père, leur pardonne,
Tu resteras notre Pontife-Roi !

Noble Vieillard, dont l'auguste sourire
Porte partout la paix et le bonheur,
Tes ennemis, dans leur cruel délire,
Ont insulté ta belle âme et ton cœur :
Comme à Jésus, ils t'offrent un calice
Rempli de fiel, d'amertume et d'effroi ;
Mais que ta main, Saint-Père, les bénisse.
N'es-tu donc pas notre Pontife-Roi ?

Nous saluons en toi le seul monarque
Qui doit placer son trône au Vatican,
Et nous voulons te suivre dans ta Barque,
Malgré les flots, la foudre et l'ouragan....
A toi nos vœux, notre amour et notre âme,
Nous inclinons nos têtes sous ta loi,
Et pour jamais notre cœur te proclame
Notre pasteur, notre Pontife-Roi!!!

Sylve de Saint-Henry.
(Henry CALHIAT.)

(DIOCÈSE DE MONTAUBAN)

NOVA ET VETERA

MÉDITATION

> L'horloge de l'Eternité sonna une heure, cette heure disait : « Un sauveur vous est né aujourd'hui ; gloire à Dieu au plus haut du ciel, et paix sur la terre aux hommes de bonne volonté. »
>
> LACORDAIRE.

I

Le monde était bien vieux, le siècle était bien sombre ;
L'homme n'en pouvait plus de honte et de remords,
Et le temps épuisé se reposait à l'ombre,
Pour respirer à l'aise et ramasser ses morts.

C'était un temps d'arrêt sur le seuil de l'histoire,
Un long regard jeté vers le siècle naissant,
Un instant de sommeil dans les bras de là gloire,
Un triomphe sali par des taches de sang.

Le sabre des Césars avait conquis la terre
Et coupé, sur ses pas, des têtes par milliers ;
Rome imposait la paix, Rome imposait la guerre,
Et voyait l'univers se rouler à ses pieds.

Elle avait secoué ses sandales sanglantes
Sur les seuils profanés de peuples inconnus,
Et fait suivre son char par les femmes tremblantes
De ces peuples domptés et de leurs rois vaincus.

Les princes effrayés venaient de tous les pôles
Baiser avec respect les pans de son manteau,
Et se montraient jaloux d'abriter leurs épaules
Sous les plis triomphants de son noble drapeau.

Il semblait que le Dieu qui gouverne les villes
Voulût, de celle-ci, faire un grand rendez-vous,
Pour y bâtir bientôt les assises tranquilles
D'un temple merveilleux qu'il méditait pour nous.

II

Quelque chose de grand se couvait dans le monde...
Quelque chose de sourd avait grondé dans l'air...
La terre sommeillait dans une paix profonde...
Joyeux était le Ciel, mais triste était l'Enfer !

L'avenir demandait une aurore immortelle ;
Une heure allait sonner sur les mondes vieillis,
Et cette heure annonçait une bonne nouvelle
Aux mondes étonnés, tremblants et recueillis.

Attentifs aux échos des harpes prophétiques,
Les mortels attendaient le prodige annoncé;
Les Cieux avaient parlé par la voix des cantiques
Et la terre savait les échos du passé.

L'heure sonna... La nuit était calme et sereine..
Elle avait revêtu son beau manteau d'azur,
Et faisait resplendir sa couronne de reine,
Sous le dôme voûté d'un ciel brillant et pur.

Les Anges qui, le soir, allument les étoiles,
Voltigeant, pénétrés d'un saint ravissement,
Livrant au gré du vent leur écharpe et leurs voiles,
Et s'annonçant tout bas un grand événement.

Ils venaient caresser, de leurs ailes frivoles,
Les enfants endormis dans leurs petits berceaux,
Et frôler, en volant, au fond des nécropoles,
La verdure lugubre et les noirs arbrisseaux.

Et les morts réveillés sous la pierre des tombes
Semblaient vouloir sortir de leur sombre séjour;
Et les crânes poudreux des vieilles hécatombes
Semblaient redemander la lumière du jour.

Or, à ce moment-là, sous une grotte obscure,
Dormait, dans une crèche, un enfant nouveau-né,
Que sa mère avait mis sur une paille impure,
N'ayant rien pour placer ce pauvre infortuné.

III

Quel était cet enfant gémissant dans ses langes,
Cet enfant qu'une femme adorait à genoux?
C'était le Dieu d'en haut... c'était le roi des anges,
Qui venait, pauvre et nu, demeurer parmi nous!

Il marcha peu de jours sur nos routes humaines ;
Il vécut sous nos toits et connut le malheur ;
Il mangea notre pain, but l'eau de nos fontaines,
Et versa, comme nous, des larmes de douleur.

Lorsqu'il voulut mourir, les astres s'étonnèrent,
Le soleil s'obscurcit, l'univers se troubla,
Les Cieux prirent le deuil, les Enfers frissonnèrent,
Les hommes eurent peur, et la terre trembla.

Il mourut sur la croix, et la croix des infâmes
Devint, depuis ce jour, l'emblème de l'honneur ;
Elle parut riante à l'horizon des âmes,
Et porta dans ses bras les germes du bonheur.

Pour la première fois, une tête honorable
Vint briller sur son sein souillé par les maudits ;
Pour la première fois, une tête adorable
Rayonna dans ses bras, refuge des bandits !

Elle n'avait montré, dans sa carrière immonde,
Que des corps de voleurs et d'hommes sans aveu,
Et voilà qu'elle vint offrir aux yeux du monde
Et le sang et les pleurs et les membres d'un Dieu !

Et puis, rouge de sang, douze hommes l'emportèrent,
Pour que l'homme sauvé la vît sous tous les Cieux,
Et puis, fumante encor, ces hommes la plantèrent
Sur le seuil des Césars et le temple des dieux !

Et le sceptre des uns et la foudre des autres
Se courbèrent vaincus devant un peu de bois,
Les dieux pulvérisés firent place aux Apôtres...
Le sabre des Césars se brisa sous la Croix !!

Et la Croix se dressa sur les places de Rome,
Où chaque vice avait son prêtre et son autel,
Et ce culte bâtard, risible et sourd fantôme,
Roula dans la poussière, atteint d'un coup mortel !

IV

Et depuis, Rome est là, protectrice éternelle
De l'honneur méconnu, du droit déshérité ;
Elle est là, toujours là, vaillante sentinelle
De la Foi, du Devoir et de la Liberté !

Elle est là comme un phare allumé sur les plages,
Comme un astre brillant à la chute du jour,
Comme un rocher lancé dans l'océan des âges,
Comme un drapeau flottant au faîte d'une tour !

L'humanité s'endort à son ombre divine,
Quand elle veut avoir des songes de bonheur,
Et se laisse bercer, comme une humble orpheline,
Quand elle veut chasser ses rêves de douleur.

Elle remit toujours, dans ses mains maternelles,
La tombe et le berceau de ses pauvres enfants,
Leur fit boire à longs traits le lait de ses mamelles,
Et les fit sommeiller dans ses bras caressants.

En tout temps, elle vint s'abriter sous son aile,
Quand elle désira guérir son sein meurtri ;
A tout âge, on la vit tourner ses yeux vers elle,
Lorsque son âme eut peur, quand son cœur fut flétri.

Mais voilà bien longtemps qu'elle veut marcher seule,
Et secouer un joug qui lui pesait bien peu !
Voilà longtemps, hélas ! qu'en ingrate filleule,
Elle maudit tout haut sa marraine et son Dieu !

Et sans honte on la voit tremper sa lèvre impure
Aux saveurs du plaisir et du fruit défendu,
Et panser à son gré son mal et sa blessure,
Comme un enfant mutin qu'une bête a mordu.

Mais a-t-elle cessé d'aimer sa bienfaitrice,
Qui la bénit toujours malgré son abandon ?
Ne la verrons-nous plus se mettre à son service,
Et tomber à ses pieds pour demander pardon ?

Viendra-t-elle baiser la ceinture flottante
De Celle qui jadis la menait par la main ?
Viendra-t-elle, ô mon Dieu, contrite et repentante,
Lui dire à deux genoux : « Que ferai-je demain ? »

. . . .

Ah ! le monde est bien vieux !... Notre siècle est bien sombre
Et l'homme n'en peut plus de honte et de remords !
Quand viendrez-vous, Seigneur, nous tirer de notre ombre
Demander votre compte... et ramasser vos morts ?

Sylve de Saint-Henry.

(Henry CALHIAT.)

(DIOCÈSE DE MONTAUBAN)

Moissac, Tarn-et-Garonne.

SECONDE PARTIE [1]

AUX CANADIENS FRANÇAIS

SOLDATS DE PIE IX

AIME DIEU ET VA TON CHEMIN

(Devise du Canada, inscrite sur le drapeau des volontaires.)

Allez votre chemin, Français du Nouveau-Monde,
Race de nos aïeux tout à coup ranimés !
Allez, laissant chez nous une trace féconde,
Offrir un noble sang au Dieu que vous aimez.

De nos jeunes croisés vous êtes deux fois frères ;
Marchez aux mêmes cris et dans les mêmes rangs,
Faisant dire comme eux par vos œuvres guerrières :
Quand Dieu frappe un grand coup, c'est de la main des Francs !

De l'Océan dompté vous connaissez la route ;
Vous ne portez le frein d'aucune injuste loi ;
Venez donc, et montrez à l'Europe qui doute
La jeune liberté servant la vieille foi.

---

(1) Elle contient les travaux qui nous sont arrivés après la mise sous presse des poésies qui précèdent.

Lorsque hier, étonnant et charmant notre ville,
Comme chez des amis, joyeux et familiers,
Vous marchiez, jeunes gens au port mâle et tranquille,
J'ai reconnu le sang de nos preux chevaliers.

C'était leur franc visage et leur allure franche,
Toute l'antique France en un vivant miroir ;
Tout : leur sainte devise et leur bannière blanche,
Et ce noble parler sentant son vieux terroir.

Oui, c'est le même sang et le même génie
Gardés purs et sauvés de nos récents travers,
La France d'autrefois alerte et rajeunie
Par la liberté sainte et la vie aux déserts.

Allez votre chemin, celui de nos ancêtres,
Ce chemin des martyrs, qu'ils ont fait tant de fois ;
Gardez Rome éternelle au plus clément des maîtres,
Image de son Dieu trônant sur une croix.

Allez, comme eux, souffrir, mourir pour la justice :
Notre Europe est livrée aux plus sombres hasards ;
Au seuil de l'avenir, il faut que l'on choisisse
Entre le joug du Christ et celui des Césars.

Libres soldats, nourris près d'une république,
Fils d'une terre où l'homme a toute sa fierté,
Vous témoignez, au nom de la jeune Amérique,
A la fois pour le Christ et pour la liberté.

Portez au Roi-Pasteur votre sang et nos larmes;
Nos droits sont dans le sien confondus aujourd'hui.
Vous qui baisez les pieds de ce vieillard sans armes,
Nul César ne vous voit inclinés devant lui.

Amis, de vos forêts, à travers notre France,
Je ne sais quel parfum se répand sur vos pas;
Une clarté vous suit, une fraîche espérance,
Un souvenir sacré qui ne périra pas.

Vous nous laissez heureux d'avoir revu des frères,
Fiers d'avoir pu serrer votre loyale main.
Dieu vous aime!... il fera tomber les vents contraires;
Français du Nouveau-Monde, allez votre chemin !

Victor de LAPRADE,

De l'Académie française.

Lyon, 6 mars 1868.

ROME CATHOLIQUE

A L'OCCASION DU CONCILE

SONNET

Salut, ô cité reine et trois fois immortelle,
Par la religion, la conquête et les arts !
Salut ! Plus que jamais le Concile rappelle
Vers toi du monde entier les vœux et les regards.

Sous quel jour à ma foi ce grand fait te révèle !
En regardant la Croix planer sur tes remparts,
Qui n'admire comment toi, la Rome nouvelle,
Tu sus t'assimiler la Rome des Césars !

Pour te faire expier l'orgueil de la victoire,
Déjà le flot barbare allait noyer ta gloire...
Tu croulais... mais veillait le divin fondateur !

En sous-œuvre il posa sa pierre à ton assise :
Et voici qu'à jamais tu régneras, assise
    Sur l'humble tombeau d'un pêcheur !

A.-J. CHARTIEZ,

*Ancien professeur à l'école de Pont-
levoy, ancien sous-principal du
collége de Mâcon.*

LETTRO

Rimádo ein potuei limousi sur nôtré saint Péro loù pàpo Piô nau, à moû anchieins paroufieins dé... au sujié dé lo grando Asseimbladó daû Eivéquex qué sé foró à Roumo, lou 8 décembré qué vet 1869.

Quélo létro, moû Fils, n'ei pâ qué per vautreix,
Mà ein vou l'einvouyant, vou perfér'à dautreix.
Ecoûtâ, vau parlâ dau Saint Péro lou pàpo;
Vou yau rédressorez, si caucoré m'eichâpo.

Eintré toû loû pâpâ loû pû for ertima,
Vun daû pû habinleix nimai daû mier aima,
Qu'ei séguradomein queu qu'aüei régn'à Roumo,
Si rénounna qu'un so pertou coum'au sé noumo.
Si voulio tout countâ, bé n'aurio yau à diré,
E si vrai qué dégu n'au pourio countrédiré!
Mà, dautreix eicrirant vuno si bélo vito ;
Mé, n'ein vau que boillâ cauqueis boucy sein suito.

Au fai aux molhuroux, tout lou mound'au so bé,
Au prez, au loin, pertou, tant de bé, tant de bé!
Mà qué nein forio mai, si au vio mai d'eizanço,
E qué loû grands couquî qué li'ant brià so pitànço,
(Per lou métr'ein répau, é qué co fut choba)
Li tournovant d'abord loû beix qui li'ant raubà.
Ré dé mier qué coquî : car, yau sabé'no chauso,
E qué dé biein daû maux siro toujour lo causo.

Qu'ei qu'un aurio beu fà, chacun deut'vei co seu :
Voulei dir'autromein, qu'ei deiparlà, marjeu !
Qué co cho'no nocy au'no simplo persouno,
Di tout, co deu essei eintau qué l'un rosouno.
Coumein ! yaurai dau bé, qué m'apparteindro biein,
Persqu'au siro pù for, vun meichant citouyein
Veindro s'ein eimparà, riro dé mo récliamo,
Sei s'einquiétà pein piau daù rémord dé soun âmo !

Cé qué loù Ampérours li an abandouna,
Préseins, oub'autromein, n'ei-co pà biein dounà ?
Daù pàpà co n'ei gro per grandi lo richesso
Quand daillour loù richeix lour fant cauco larjesso,
Qu'ei putô per l'Eita qué per î qu'î lo fant,
Afi dé fà dau bé lou mai qu'î yau pourant.
Toù qui bèix'veint, maugrà qué nein dijant lo clico,
Soulo, per n'ein jauy, l'Eigleijo Catholico ;
Lou pap'é soun ajans nein sount loù réjisseurs :
Qu'au bé nein faut-i pas ?... E sei loù grands vouleurs...
Mâ n'auriant beu diré, î fant lo sourd'aureillo ;
Si yau poyorant plo ! lo mort deijà loù gueillo.

Boun pastour, teindré pai, di toutnôt régrand meitré,
Piô nau, qu'ei vun saint ; qu'un gâgn'à lou conneitré !
So crouyanç'ein dy ei lo pù forto qué n'yayo,
Dégu né l'aimo mai, autant d'amour qu'au ayo ;
Soun erpéranç'aussi né pot pà nâ pù loucin ;
Dé là grachià dé dy connaissant lou bésouein,
Quall'ardour chacové qu'au li fai so préjiéro,
Per sé, per caucu mai, au per lo tèr'antiéro !

Piô nau, vous poudez mé creiré, voun reipoundé,
Qu'ei lou meillour hômé qué lyayé din lou moundé.
Au ei fermé quand fau ; co deipein dé lo chauso ;
Lou forià pâ pléjà, sei vuno forto causo.
Si fouillo cépeindein, tan déguei-t-eu suffrî,
Au sauri'ein boun pastour murî per sâ berbî.
Au so cé qu'au deut fâ, é qué dî l'autro vito
Chacun à dy randro rosou dé so counduito.

Autromein gno dégu qu'ayé mai dé douçour;
Sâ poraulâ, soun er yau anounceint toujour.
Au récent toû quî qué dé lou veir' ant l'einvio ;
E toû sein rétourneint counteins, pleis dé joyo.

Au voudrio noû sauvâ é n'o pâ dautré but;
Quî qué l'eicoutorant forant toû lour salut.
Au pourto din soun cœur toû quî qué sount sur téro,
E l'omi dé lo pa, l'ennémi dé lo guéro.
Eida dan Eivéqueix ni mai daux Cardinaux
Toû loû jours tant qu'au po au coumbat toû loû maux.
Dî tou vit un jomai'no pu grando pocinço?
Au preich'aû cigara, nein'pèl'à lour coucinço,
Fai tou per loû gagnâ, nirio jurqu'au boureu
Afi dé lour moûtrâ dau chiau lou seindoreu,
Loû pressant dé quîtâ, maugrà touto lour péno,
Lou chomi de l'eirour qué ver l'anfer lou méno.
Qu'ei eintau qu'au voudrio tout counduir'au Boundy
E dé sâ cliaû à toû deibry lou porody.

Veiqui'no chaus'einguér'eitounant', admirablo,
E qué nein ei pâ min tout-o-fet véritablo :
Sé tou soû o lou dré dé fâ auvy so vou
Dì l'univer antier, d'un bouc-à-l'autré bou.
Lou boundy lio boilla daû poudeix sei mésuro;
Dì nôtro rélijy gno dé touto noturo.
Loû peupleix qué voleint bien faíré lours déveix,
Lou préjeint dé lour fâ vénî cauqueix pétreix
Per fi dé loû tirâ dé lour tritt'eignorenço
E lour dounâ dé Diu'no jurto couneisseinço.
Mâ per lour einvouyâ louein, louein, dì quî poïs
Daux pétreix coum'au fau, dé boû michonâris,
Au faut beuco d'arjeint, souvein mai qu'un nein o ;
Chi'au n'o dau réveingu, coumo fâ dì tout co.

E loû Ambassadours prez dé l'autrâ nacy
Per fâ nâ loû offâ dé netro Réligy,
Dijà, né faut-coré per poyâ lour deipeinso
Tant per nâ, per vénî, tant per lour domoureinso ?
Per soun coumté, maugrâ so grando qualita,
Lou saint Péro chà sé viau din lo paubréta.
Aulé dé deipensâ é dé faíré boumbanço ;
Au s'eipargno é fai l'aumôn'ein aboundanço.

Jujâ doun, moû omis, camb'au ei rerpétablé
Quiau qu'ei de Jiésu-Chrit lou brâ-dré véritablé !
Au ei soun Vicâri, soun ramplaçant sur téro,
Lou chéfé dé l'Eigleij'é daux chrétieins lou Péro.

L'Eigleij'ei lou pù viei daù Eitoblissomeins,
Lo surpass'ein bounta toû loû gouvernomeins ;
Sur toû loû points toujour lo nein siro lo creimo ;
Coumo dy lo foguet, lo domouro lo meimo ;
Pâ toû qui chauguomeins, qué là révolucy,
Coumo sein ei tant fa toujour dî là nocy !
Vun pâp'ei mort, bieintô vun autré lou ramplaço ;
Tout sé fai bravomein ; chacun rert'à so plaço.
Toujour co march'eintau, é maugrâ là sécoussâ,
Lo sainto barco vai sei jomai s'einfounsâ.

Abé, lun o beu fà, tout cé qué l'un marmuso
N'ei pà lo vérita ; sei sobei l'un accuso.
Lou pàp'ei pertout Chef dé notro Rélijy,
Au ei deinguéro rei d'un assez grand poy ;
Au mé à coumandâ lo pù nhauto sajesso,
E per sé soû sujié sount rampli de teindresso.
Per qué li dirputà lou noum dé rei, chauplâ ?
Cé qué loû boû reis fant, sé né yau fait-eu pà ?
Quant-un peins'autromein m'eivy qué l'un m'eicorjo ;
Vâdrio mier sé taizâ, sei tant deibrî so gorjo.

A l'autrà réugnouns, députa, sénatours,
Qué chant cé qué cé cho : soudards, reis, ampérours,
Lou Boundy n'o jomai fa lo sainto proumesso
D'eimpeichâ qu'asseimbla châ î l'un né toumbesso
Din l'eirour ; coum'un jour à soun Eiglij'au fit ;
Cé qué fai qué jomai aussi lo né fallit.

Oui, fouillo'no poueisseinç'einfalibl'é fidèlo
Per noû ménâ tout dré à lo vit'eiternèlo.
Si diu loû vio laissa coumo daû orphélis
Loû chrétieins n'auriant pâ tarda à s'aboulis :
Dégu per loû guidâ n'étant mei à lour této,
Chacun aurio pertou vougu viaur'à so této.
Coumo loû corps pertant, mai loû beix, là amâ
Aut meitier, per nâ dré, d'éfei gouvernadâ.
Qu'ei per co qué diu vaut qu'au pâp'un ôbaïsso,
Au bé tout niro mau ; ni'auro pù dé jurtiço.

Hurouso, moû Effans, ei doun l'âmo chreitiéno
Qué louein dé sé counduy coumo l'âmo payiéno
Dau pâpo saubro bien coumprénei l'einteincy
E tiroro proufié dé lo grand'aucazy
Qué per notré bounhur noû auro qui boillado
Dé l'univer antier lo pù bel'Asseimblodo.

L'Abbé RIBIÈRE,

Chanoine de Limoges,

Traducteur, en patois limousin, de la Bulle
dogmatique «Ineffabilis» sur l'Immaculée
Conception de la sainte Vierge, travail
envoyé à Rome avec beaucoup d'autres,
dans le temps, par le sulpicien M. l'abbé
Sire.

TRADUCTION

Epître en vers (patois limousin) sur notre Saint-Père le pape Pie IX, à mes anciens paroissiens de... au sujet du Concile universel qui se tiendra à Rome le 8 décembre 1869.

Cette épître, mes enfants, n'est pas seulement pour vous, mais en vous l'adressant, je vous donne la préférence sur d'autres. Ecoutez, je vais parler du Saint-Père le Pape ; si je manque en quelque chose, vous le redresserez.

Entre tous les papes les plus estimés, l'un des plus habiles, comme aussi des plus chéris, c'est assurément celui qui aujourd'hui règne à Rome ; il est si renommé qu'on sait partout son nom. Si je voulais tout raconter, que de choses j'aurais à dire, et si vraies que personne ne pourrait les contester ! Mais d'autres écriront une si belle vie ; pour moi je n'en donnerai que quelques fragments détachés.

Il fait aux malheureux, tout le monde le sait, auprès, au loin, partout, tant de bien, tant de bien ! Il en ferait sûrement davantage, si sa fortune n'était pas restreinte, et si les grands fripons qui lui ont diminué son pain, (pour lui donner enfin le repos et qu'on en finît là) se décidaient à lui remettre les biens qu'ils lui ont volés. Rien de mieux que cela, car je sais une chose, et qui sera toujours la cause de bien des maux, c'est, on aurait beau faire, que chacun doit avoir ce qui lui appartient ; vouloir soutenir le contraire, c'est ne savoir ce qu'on dit, vraiment ! Dans tout l'on doit raisonner de la sorte.

Comment ! j'aurai des propriétés qui sont bien à moi ; parce qu'il sera plus fort, un mauvais coquin viendra s'en emparer, se moquera de mes réclamations, sans s'inquiéter nullement des remords de sa conscience ?

Ce que les empereurs lui ont donné comme présents ou de toute autre façon, n'est-ce pas bien acquis ? Ce n'est pas pour augmenter la richesse des papes que les gens riches leur font des cadeaux et des dons, c'est plutôt pour l'État que pour eux que cela se fait ainsi : c'est pour que les papes opèrent le plus de bien possible. Tous ces biens, quoi qu'en disent les gens de bas étage et les malveillants, appartiennent à l'Église catholique seule et en propre. Le Pape et ses agents en sont les légitimes régisseurs : que de bien, que de bonnes œuvres n'en font-ils pas ? Et, sans les grands voleurs... Mais nous aurions beau dire, ils font la sourde oreille ; ils le paieront pourtant ! la mort déjà les guette.

Bon Pasteur, tendre Père, dans tout notre grand Maître, Pie neuf, c'est un saint ; à le connaître on gagne infiniment. Sa foi en Dieu est de la plus grande vivacité ; personne ne l'aime plus ardemment que lui ; son espérance également est parfaite. Connaissant le besoin qu'il a des grâces de Dieu, quel cœur plus enflammé chaque fois qu'il lui adresse sa prière pour lui-même, pour tout autre ou pour tout le monde en général ? Pie IX, vous pouvez me croire, je vous l'assure, c'est le meilleur homme qu'il y ait sur la terre. Il est plein de fermeté quand il le faut ; cela dépend des affaires ; on ne le ferait pas plier sans une forte raison. S'il fallait cependant, tant dût-il souffrir, il saurait mourir en bon pasteur pour ses ouailles. Il sait ce qu'il doit faire, et n'ignore pas que dans l'autre vie chacun rendra compte de sa conduite à Dieu.

Hors de là, personne ici-bas n'a plus de douceur que lui ; ses paroles, son air, ses manières l'annoncent constamment : il reçoit tous ceux qui manifestent l'envie de le voir, et tous s'en retournent contents et ravis.

Il voudrait nous faire faire notre salut et n'a pas d'autre projet ; ceux qui l'écouteront se sauveront sûrement. Il porte tous les hommes dans son cœur de père ; il aime la paix et est l'ennemi de la guerre et des dissensions. Aidé des Evêques dans le monde, ainsi que des Cardinaux, il fait tout ce qu'il peut pour détruire les maux qui inondent la terre. Dans tout vit-on jamais une patience plus inaltérable ? Il prêche à ceux qui s'égarent, en appelle à leur conscience, s'efforce de les gagner, affronterait même, s'il le fallait, toutes les souffrances, pour leur montrer, plein de zèle, le chemin étroit du Ciel, les pressant de quitter, quoi qu'il leur en coûte, la voie large de l'erreur qui les mène à l'Enfer. C'est ainsi qu'il voudrait conduire tous les hommes à Dieu, et de ses clés leur ouvrir à tous la porte du Paradis.

Voici une chose encore étonnante, admirable, et qui n'en est pas moins entièrement vraie. Lui seul a droit de faire entendre sa voix d'un bout à l'autre de l'univers tout entier. Dieu lui a donné des pouvoirs sans bornes; dans notre sainte religion, il y en a de toutes sortes. Les peuples qui veulent faire comme il faut leurs devoirs, le prient de leur adresser quelques ecclésiastiques, afin de les retirer de leur triste ignorance et de leur donner une juste idée et connaissance du vrai Dieu. Mais pour leur envoyer loin, loin, dans ces pays-là, de dignes prêtres et de bons missionnaires, il faut beaucoup d'argent, souvent beaucoup plus qu'on n'en a; s'il n'a pas de revenus, comment faire en pareille occurrence?

Et les ambassadeurs envoyés dans les autres royaumes pour le besoin des affaires de notre religion, dites donc, ne faut-il rien pour payer leurs dépenses, tant pour aller, pour revenir, que pour résider en ces lieux? Pour son compte, malgré sa haute position, le Saint-Père vit chez lui dans une grande économie. Au lieu de dépenser beaucoup pour sa table et le reste, il aime mieux être sobre en tout et faire beaucoup d'aumônes.

Jugez donc, mes Amis, combien est respectable Celui qui est de Jésus-Christ le véritable bras droit! Il est son Vicaire, son remplaçant sur terre, le Chef de la Religion et le Père de tous les Chrétiens.

L'Église est le plus ancien des établissements, elle surpasse tous les gouvernements de bien des manières ; sur tous les points elle l'emporte toujours sur eux ; sa constitution vient de Dieu et demeure toujours la même ; point de tous ces changements, de toutes ces révolutions, comme on en a vu partout dans tous les temps! Un pape est mort, bientôt un autre lui succède ; tout se fait doucement : chacun reste à sa place. Ainsi vont sans cesse les choses, et, malgré les secousses, la sainte Barque va sans jamais faire naufrage.

Oui, l'on a beau faire, tout ce qu'on ébruite n'est pas la vérité : l'on accuse souvent sans savoir. Le Pape est partout Chef de notre religion ; il est encore roi d'un pays passablement grand. Il met dans les ordres qu'il donne la plus haute sagesse, et ses sujets sont réellement pleins d'affection pour lui. Pourquoi lui refuser le titre de roi, s'il vous plaît? Ce que les bons rois font, lui ne le fait-il pas? Quand on pense autrement, il me semble qu'on m'écorche tout vif ; il vaudrait beaucoup mieux se taire que de tant bavarder.

Aux autres réunions, de sénateurs, de députés, qu'elles soient comme on voudra : de soldats, de rois, d'empereurs, Dieu n'a jamais fait la sainte promesse que ces Messieurs-là ne tomberont jamais dans l'erreur, comme il la fit un jour à son Église, qui aussi depuis n'a failli en aucun temps.

Oui, il fallait une puissance infaillible pour nous guider avec assurance vers la vie éternelle. Si Dieu avait abandonné à eux-mêmes les Chrétiens comme des orphelins, ils n'auraient pas tardé à devenir païens et à vivre en sauvages : personne n'étant mis à leur tête pour les diriger vers le Ciel, chacun aurait voulu partout vivre à sa fantaisie. Comme les corps pourtant, ainsi que les biens, les âmes ont besoin, pour aller droit, d'être gouvernées. C'est pour cela que Dieu veut qu'on obéisse au Pape ; sans quoi tout irait mal, faute de véritable justice.

Heureuse donc, mes enfants, est l'âme chrétienne qui, loin de se conduire comme une âme sans religion, saura bien comprendre l'intention du Pape et profitera sagement de la grande occasion que nous aura donnée là pour notre bonheur la plus sainte comme la plus belle assemblée de l'univers.

L'Abbé RIBIÈRE,
Chanoine de Limoges.

(DIOCÈSE DE LIMOGES)

LE COUNCILÉ É LA RÉBOULUCIOU

Lé mal despey loungtemps espabento la terro,
A feyt raja la sang è cessa la priéro,
Passa jous l'coutélas é Pountifos é Reys,
A counspirat dins l'oumbr'en réclaman sous dreys.

Qui pouyra dénousa dé tant négros intriguos,
Al tourrent escampat ouppousa prou dé diguos,
Dedins louris coumplots estouffa las factious
E bouta uno fi à las réboulucious ?

Al cap del Batican un sant Pontifo beillo.
Dé soun augusto boux l'entenden qué rébeillo
Les gardiens d'Israël : « Bénets toutis, ça dits,
» Al tour de bostré Pay qué léoü siots réunits :

» Es aqui y a loungtemps cé qué lé mound'espèro. »
— Des quatré bents del cel, à l'appel del Sant-Pèro,
Arribon les Abesqués, les Pèros dins la Fé,
Qué dounaran al popl'uno noubello lé.

Bénérablés bieillards, forts dé louro faiblesso !
« Per béni al secours dé la Gleyz' en détresso,
» Pr'aquis faiblés mouyens, Dioü nous dits, es ainsi
» Que Portos dé l'Infer saoüre toutjoun binci. »

Esprit-Sant, esclayrats la Très-Sant'Assemblado
Dé nostrés Pays en Dioü tout à fait coumpousado.
Dé bostrés douns sacrats escampats un rijol
Dessus les successous dé sant Peyr'é sant Paul.

E bous, Mayré de Dioü, nostro santo Bierjetto,
Al préts de vostré Filh prégarets pos souletto
Ambé douna ajud'al qu'à glourificat
Lé mès bel attribut de bostro santétat.

Déjà nou cal qu'un mot per coumpléta la glorio
Qué douno sus la mort bostro bello bictorio,
E fermoment creyren cé qué déjà cad'an
Le quinzièmo d'agoust en poumpo célébran.

Del Dioü crucificat, bostré parfait moudèlo,
Ségudats les camis. Un'afflictiou cruello
A destrempat bosti am'é la neyt'é le joun.
Sant-Pèro, couratgé, bous siéguèren toutjoun !

Déjà luts lé souleil d'uno mès bell'estouno :
Per bostris bieillis ans l'espéranço rayouno.
Loungtemps siots à nous aoüs é boutats bous dijous
Ambé louris proujets toutis les francs-maçous.

Aqui soun mous souhaits per bostro Test'augusto :
D'un paraoülit les faoü qu'al joun dé Pentocousto
Bécé nou s'entendec ; mes al prets de moun brès
Mé soubé qué ma may brezillec en patouès.

LE CONCILE ET LA RÉVOLUTION

(TRADUCTION)

—⚬≻⚬—

Le mal depuis longtemps épouvante la terre, — il a fait couler le sang, cesser la prière, — passer sous le couteau et Pontifes et Rois, — a conspiré dans l'ombre en réclamant ses droits.

Qui pourra dénouer de si noires intrigues, — au torrent débordé opposer assez de digues, — dans leurs complots étouffer les factions, — et mettre fin aux révolutions ?

Au sommet du Vatican veille un saint Pontife, — de son auguste voix nous l'entendons réveiller — les gardiens d'Israël : « Venez tous, dit-il, — au- » tour de votre Père réunissez-vous bientôt :

» C'est là depuis longtemps ce que le monde es- » père. » — Des quatre vents du Ciel, à l'appel du Saint-Père, — arrivent les Evêques, les Pères dans la Foi, — qui donneront au peuple une nouvelle loi.

Vénérables vieillards, forts de leur faiblesse ! —
« Pour venir au secours de l'Église en détresse, —
» par ces faibles moyens, Dieu nous dit, c'est ainsi
» — que je saurai toujours vaincre les portes de
» l'Enfer. »

Esprit-Saint, éclairez la Très-Sainte-Assemblée
— de nos Pères en Dieu tout à fait composée. —
De vos dons sacrés envoyez un rayon — sur les
successeurs de saint Pierre et saint Paul.

Et vous, Mère de Dieu, notre sainte Vierge, —
auprès de votre Fils vous ne prierez pas seule, —
pour venir en aide à celui qui a glorifié — le plus
bel attribut de votre sainteté.

Déjà il ne faut plus qu'une parole pour compléter
la gloire — que donne votre belle victoire sur la
mort, — et nous croirons fermement ce que déjà
chaque année — nous célébrons en pompe le quinze
août.

Du Dieu crucifié, votre parfait modèle, — vous
suivez les chemins. Une affliction cruelle — a abreuvé votre âme et la nuit et le jour, — Saint-Père, courage, toujours nous vous suivrons.

Déjà luit le soleil d'une plus belle époque. — Pour vos vieux ans l'espérance rayonne. — Longtemps soyez à nous et mettez sous vos pieds — avec leurs projets tous les francs-maçons.

Ce sont là mes souhaits pour votre Tête auguste : — Je les fais dans une langue que, au jour de la Pentecôte, — sans doute l'on n'entendit pas, mais que près de mon berceau, — il m'en souvient, ma mère gazouilla en patois.

J. BARBIER.

(DIOCÈSE DE PAMIERS)

LA CINQUANTAINE DE PIE IX

LES ESPÉRANCES

D'où vient que le monde s'agite,
Comme à la veille d'un grand jour?
D'où vient l'espérance subite
Dont nous saluons le retour?
Après l'heure de la tristesse,
Voici l'heure de l'allégresse,
Qui présage un nouveau destin :
De l'Aquilon la folle rage
Sur nous faisait gronder l'orage;
Et le calme renait soudain.

. . . .

Un ange est descendu pour calmer la souffrance
Et les cruels ennuis de ce Pontife aimé,
Pie, auguste pour tous, et neuvième nommé;
    C'était l'ange de l'espérance.

Non, tu ne mourras pas, sainte Eglise Romaine....
Comme un nouvel iris, dans ton ciel azuré,
J'ai vu briller un jour qu'on nomme *Cinquantaine*,
De l'immortalité, pour toi, signe sacré.

Depuis ce premier jour, en grâces si fertile,
Où Jésus vint s'offrir, comme un agneau docile,
Sous la main qui bénit la Ville et l'Univers,
Le temps a mesuré déjà cinquante hivers.
Des hivers... qu'ai-je dit ? Non, non, leur main flétrie
N'a point touché ce front, ce front si plein de vie,
    De ton Pontife Souverain :
On dirait qu'il n'a point des ans connu l'outrage ;
D'un éternel printemps voilà le nouveau gage
    Que t'a donné l'Epoux divin.

    Que de fois l'humaine sagesse
    A vu tomber son fol espoir !
    « Attendons, disaient-ils, le soir
    » De cette trop longue vieillesse. »
Ils s'étaient préparés à conduire son deuil....
Pécheurs, vous vous trompez ; déjà combien des vôtres
Ne sont plus ! Il verra tomber aussi les autres,
    Et bénira votre cercueil.

    Aujourd'hui, le monde s'apprête
    A célébrer comme une fête
    L'anniversaire d'un grand jour.
    Salut ! ô belle cinquantaine,
    Présage d'une paix certaine
    Dont nous attendons le retour.
Non, tu ne mourras pas, sainte Eglise Romaine...
Comme un nouvel iris, dans ton ciel azuré,
J'ai vu briller un jour qu'on nomme *Cinquantaine* ;
De l'immortalité, pour toi, signe sacré.

Des pervers conjurés préparent ta ruine ;
Ils ont dit : « Nous verrons si cette œuvre divine
   » Pourra résister à nos coups.
» Opprimons, opprimons le Christ, et cette Eglise
» Qui sur le haut des monts se vante d'être assise,
   » Et qui toujours se rit de nous.
» Mais ses jours sont comptés. Allons ! que vous en semble ?
» Qu'une même fureur contre elle nous rassemble.»
   » Lucifer les entend :
» C'est bien ! dit-il, c'est bien ! Poussons le cri de guerre :
» *Ce trône, que l'on dit être celui de Pierre,*
» *Qu'il tombe !* Cette fois la victoire m'attend.
   » Il va tomber ; à ma haine on peut croire :
   » Pierre maudite, oui, je veux te broyer ;
   » Je suis Satan, et ce nom fait ma gloire ;
   » Je le perdrai, plutôt que de plier.
» Entendez bien, vous tous qu'on nomme anges rebelles,
» Et qui ne connaissez d'autre maître que moi ;
» Ma haine ainsi le veut : *Que ce Pontife-Roi*
» *Succombe enfin !* Venez, et soyez-moi fidèles. »

   A cette voix de Lucifer,
   Soudain, de leurs demeures sombres
   Et des abîmes de l'enfer
   On voit monter de noires ombres :
   Des démons ; esprits corrompus,
   Menteurs, et fourbes et perfides ;
   Cruels, orgueilleux, homicides,
   Et de tous les vices repus.

Ils sont venus, soufflant le feu de leur colère :
Et par eux des méchants les efforts combinés
Vont renverser ce trône où règne toujours Pierre :
Le monde vit alors des démons incarnés....
Courage, sainte Église, à ton Époux si chère !
   Non, tu ne mourras pas.
Leur haine est impuissante ; en lui toujours espère,
   Au fort de tes combats.

. . . .

Quelle lutte pourtant ! Vit-on rien de semblable ?
Les peuples et les rois contre elle sont ligués,
De son joug, disent-ils, désormais fatigués ;
   Un joug pour eux intolérable !
Mais, que vois-je ? Où vont-ils, ces bataillons épais ?
   Rome ou la mort ! c'est leur devise :
Lucifer les conduit, et de la sainte Église
Ils ont juré la fin, dans leurs conseils secrets.
   J'entends de Satan la parole :
   « Montons, montons au Capitole,
   » Pour chasser ce Pontife-Roi.
   » Maudite soit Rome chrétienne !
   » Qu'elle soit désormais païenne ;
   » De ma vengeance c'est la loi. »
Rome, c'est entendu, sera leur capitale...
Vain espoir ! Pour toujours elle est votre rivale.
C'est en vain que l'on voit les forts et les puissants
   S'armer contre la Cité sainte ;
D'impures légions, et des chiens dévorants
   Hurler autour de son enceinte.

De ces hommes pervers les ignobles excès
A la sainte Sion n'ont point ravi la paix.
    Debout sur un roc solitaire,
    Un Vieillard, successeur de Pierre,
    Les voit venir sans s'émouvoir ;
    Il sait que cette pierre brise
    L'homme pécheur qui la méprise ;
    Et ce dogme fait son espoir.
Que de fois ils ont dit, dans leur rage insensée :
« Cette Rome sera de la terre effacée !
» Et déjà, dans les champs de Castelfidardo... »
— Je le sais ; ils ont vu de votre perfidie
Le triomphe sanglant ; mais cette ignominie
Reçut, vous le savez, à Monte-rotondo,
Son trop juste salaire, et surtout dans les plaines
De Mentana. Toujours elles sont incertaines
Les victoires du mal : le règne des méchants
Passe comme un orage et ne dure qu'un temps.

. . . .

    Sainte Sion, ma douce Mère,
    En ton Epoux divin espère,
    A l'heure de ta Passion.
    Toujours un secours efficace
    De Jésus, t'assure la grâce
    De voir ta Résurrection.
Non, tu ne mourras pas, sainte Eglise Romaine...
Comme un nouvel iris, dans ton ciel azuré,
J'ai vu briller un jour qu'on nomme *Cinquantaine*,
De l'immortalité, pour toi, signe sacré.

                    M. P.
                (DIOCÈSE DE NANTES)

EXTRAITS D'ANCIENS POEMES

TRADUCTION PAR L'ABBÉ VICTOR DE LESTANG

INVOCATIO BEATÆ MARIÆ

Tu vatem ignarumque viæ, insuetumque laboris,
Diva mone, et pavidis jàm læta adlabere cœptis.
Tuque, adeo, spes fida hominum, spes fida deorum,
Alma Parens, quam mille acies, quæque ætheris alti
Militia est, totidem currus, tot signa, tubæque,
Tot litui comitantur, ovantique agmina gyro
Adglomerant; niveis tibi si solemnia templis
Serta damus; si mansuras tibi ponimus aras!
Si laudes de more tuas, si sacra, diemque
Ac cœtus latè insignes, ritusque dicamus;
Femina principium, lacrymasque et funera terris
Intulerit, nunc auxilium ferat ipsa, modumque
Quo licèt afflictis imponat femina rebus!

INVOCATION A LA SAINTE VIERGE

(TRADUCTION)

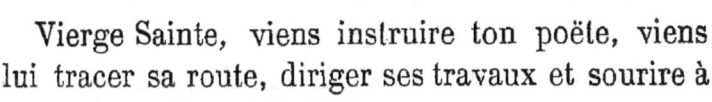

Vierge Sainte, viens instruire ton poëte, viens lui tracer sa route, diriger ses travaux et sourire à une entreprise qui l'effraie.

Mère divine, que toute l'armée céleste escorta en signe d'hommage et d'honneur, ô toi l'orgueil du Tout-Puissant, toi son espoir pour le salut de tous les fils d'Adam, Vierge immaculée, à qui nous élevons des temples superbes, des autels de marbre blanc, où nous déposons des fleurs embaumées, à ta glorification; nouvelle Ève sur la terre, tu répares par tes mérites et tes supplications la faute de la première femme; tu restes le bon secours des chrétiens, le refuge de tous les pécheurs, la consolatrice des affligés qui versent des larmes à tes pieds.

SALUTATIO BEATÆ MARIÆ

Salve, sancta Parens! eadem, salve, innuba Virgo !
Regia progenies, genus alto à sanguine Judæ,
Cui Pater omnipotens pleno se numine fudit,
Gratiaque acceptam matrem extulit omnis.
Ut primùm dies prodisti in lumine auras
Luce eadem nostræ spes est exorta salutis.
Nunc, ô stella maris nostri, nos adspice præsens;
Eripe tot pelagi penè haustos fluctibus atris.
Nunc lucem, lucisque tuæ jubar exere, et orbi
Exorere, arcadiis nigrantem discute nubi.
Ne, quæso, ne nos inopes hìc desere : si quid
Dulce tibi fuit in terris et amabile quidquam
Parte, per carum oramus tua pignora Natum.
Mille procul cerno nobis instare pericla,
Mille neces, rebus propè versis, mille ruinas !
.... inter se reges fera bella moventes
Confligunt; totoque, nefas, concurritur orbe.
Tu tantum terrorem animis labentibus aufer :
Tu nobis, tu, Diva, pios miserata quietem
Redde petens ; placidâque mitescant secula pace.

SALUTATION A LA BIENHEUREUSE VIERGE MARIE

(TRADUCTION)

Sainte Mère de Dieu et Vierge immaculée à la fois, salut! salut, fille des rois, illustre rejeton du chef de la tribu de Juda, vous à qui le Père Tout-Puissant communiqua la plénitude de sa divinité ; vous qui, pleine de grâce, fûtes le plus tendre objet de son amour, et bénie entre toutes les femmes par lui-même ; vous qui fûtes jugée la plus digne de devenir la Mère du Verbe divin, du Fils de Dieu fait homme ! Salut, Vierge Marie, exaltée au-dessus de toutes les mères !

O Marie, le jour de votre nativité fut pour tous les hommes un doux présage du bonheur éternel. Etoile tutélaire, jetez sur nous un regard favorable, à travers cette mer périlleuse de la vie, semée d'écueils, agitée par les orages, battue par de violentes tempêtes ; dérobez-nous à la fureur des flots qui menacent de nous engloutir dans les abîmes. Faites briller à nos yeux l'éclat de votre lumière ; éclairez l'univers et dissipez, à l'aide de vos rayons célestes, le nuage qui rembrunit notre horizon. Ah ! ne nous abandonnez pas à notre malheureuse destinée ; nous vous en conjurons par votre nom de Mère, par le nom de votre fils bien-aimé.

Je vois dans le lointain périls, massacres, destructions horribles qui nous menacent..... Les rois se font des guerres cruelles et sanglantes : l'univers entier est, hélas! un théâtre de bataille. O Marie, dissipez les ténèbres de ceux qui, aveuglés par l'erreur, courent, tête baissée, à leur perte, et par vos ferventes et puissantes prières près du trône de l'Eternel, daignez, Reine du Ciel, nous obtenir enfin, dans ce siècle révolutionné par le fer, une longue paix!

L'Abbé Victor DE LESTANG.

Le Puy.

CASTELFIDARDO

La terre a bu leur sang, les forts ont succombé,
Tes braves sont vaincus, Israël, pleure, pleure !
    L'Arche sainte est prise à cette heure,
    Comment ton fils est-il tombé ?

Ah ! que le Philistin ignore ta défaite !
Car s'il apprend un jour la chute de Sion,
Ce vil incirconcis rira de ton prophète
Et fera de tes pleurs une dérision.

Du sang de nos héros ô montagne arrosée,
Gelboé, Gelboé, sur ton flanc dur et noir
Que jamais du matin ne tombe la rosée,
Ni ne vienne la pluie opportune du soir.

C'est là, sur ton gazon, sur ta verte pelouse,
Que le nombre a vaincu d'héroïques efforts ;
Que d'un nom glorieux la bassesse jalouse
A surpris sans honneur le bouclier des forts.

Saül et Jonathas, princes, noms mémorables,
Le père avec le fils, le tronc et le rameau,
A la vie, à la mort, êtres inséparables,
Nous les pleurons tous deux sur le même tombeau.

Ta flèche, ô Jonathas, ô roi Saül, ta lance
Décimaient d'Amalec les épais bataillons ;
Tous deux, dans les combats d'une égale vaillance,
Prompts comme l'aigle noir, forts comme des lions.

Nos Gelboés, hauteurs de Lorette et d'Ancône,
Collines qu'illustra le plus noble trépas !
Mon âme gémira sur vous, mais je pardonne ;
Ossuaire des saints, je ne vous maudis pas.

O filles d'Israël, pleurez sur vos familles,
Pleurez-les ces guerriers qui, sur vos bras charmants
Jetaient des bracelets d'or et de diamants....
Pleurez vos frères morts, pleurez, ô jeunes filles.

La terre a bu leur sang, les forts ont succombé,
Tes braves sont vaincus, Israël, pleure, pleure,
    L'Arche sainte est prise à cette heure,
    Comment ton fils est-il tombé ?

Théobald NEVEUX, A. C. G.

MENTANA

MENTANA, 3 novembre 1867.

Jetez des fleurs, Dames romaines,
Du haut des balcons pavoisés ;
Pour les vaincus soyez humaines ;
Pour les vainqueurs, fils des croisés,
Comme les Déboras antiques,
Entonnez vos plus beaux cantiques;
L'ennemi s'enfuit, plein d'effroi ;
De Rome célébrez la gloire,
Et dans vos hymnes de victoire,
Chantez : « Vive le Pape-Roi ! »

Le camp des Philistins en fête
Insultait au camp d'Israël ;
Le vieux Goliath à leur tête
Lançait des blasphèmes au Ciel.
Orgueilleux de sa haute taille,
Il appelait à la bataille,
De pied en cap couvert d'airain ;
L'œil enflammé, le front farouche,
Il marchait, l'injure à la bouche,
Et plein d'un mépris souverain.

Tel à Turin, Genève et Berne,
Dans les congrès des Fénians,
On vit le Goliath moderne
Se poser en fils des géans ;
En brave révolutionnaire,
Traiter David de mercenaire
A la solde de l'étranger;
« Mon bâton, disait son audace,
» Suffira pour donner la chasse
» A ce petit chien de berger. »

Non moins vaillant, mais plus modeste,
David, le vainqueur des lions,
S'avançait d'un pas ferme et preste,
Au milieu de vingt bataillons.
Il avise l'énergumène
Qui comme un démon se démène,
Mais prudemment à reculons...
Voyez, au premier coup de fronde,
Le héros de Monte-Rotonde,
Rapide, a tourné les talons.

Jadis, dans leur haine mortelle,
Trois frères Albains et Romains,
Pour vider leur longue querelle,
En champ clos en vinrent aux mains.
Ainsi, de nouveaux Curiaces,
Avec force cris et menaces,

Provoquaient les fils de la Croix ;
Mais de nouveau, pour sauver Rome,
Parmi nous il ne faut qu'un homme,
Un seul pour en combattre trois.

Mentana, splendide fait d'armes,
Beau jour de Monte-Rotondo !
Vous avez fait sécher les larmes
Des preux de Castelfidardo !
Et toi, général matamore,
Qui, sous ton grand casque de Maure,
Ou ton sarreau de Philistin,
De Satan te montres compère,
Si tu veux faire à Dieu la guerre,
De Lucifer crains le destin.

Jeunesse, honneur de la patrie,
Que Dieu convoque à maints exploits,
Belle fleur de chevalerie,
Croisez-vous tous comme autrefois.
Vos pères, en partant de France,
N'avaient qu'un but : la délivrance
D'un glorieux et saint tombeau :
Mais vous, c'est le Christ en personne,
Dont vous défendez la couronne ;
Votre but n'en est que plus beau !

Ce n'est plus une guerre d'homme,
Ce n'est plus un simple duel
Entre les Pontifes de Rome
Et les Victor-Emmanuel ;
C'est sur une scène plus haute,
Que les deux rivaux, côte à côte,
Luttent pour ou contre Sion ;
Dans une nouvelle entreprise,
Satan veut renverser l'Église
Avec la Révolution.

Jetez des fleurs, Dames romaines,
Du haut des balcons pavoisés,
Pour les vaincus soyez humaines ;
Pour les vainqueurs, fils des croisés,
Comme les Déboras antiques,
Entonnez vos plus beaux cantiques ;
L'ennemi s'enfuit, plein d'effroi ;
De Rome célébrez la gloire,
Et dans vos hymnes de victoire,
Chantez : « Vive le Pape-Roi ! »

Théobald NEVEUX, A. C. G.

LE CONCILE DU VATICAN

Reine de l'Univers, cité prédestinée,
Rome resta toujours digne du peuple-roi ;
Dans les plus grands périls, à sa gloire obstinée,
Jamais on ne la vit chanceler dans sa foi.
Même quand Annibal, avec mille cohortes,
Assiégeait son enceinte et campait à ses portes,
Tranquilles au Forum, ses nobles sénateurs
A la plus haute enchère osèrent mettre en vente
La terre où le vainqueur avait dressé sa tente,
  Sûrs de trouver des acheteurs !

Plus confiant encor et plus hardi me semble
Notre Pontife-Roi, ce Vicaire de Dieu,
Qui, lorsque sous ses pieds sa propre maison tremble,
Que tout autour de lui l'Italie est en feu,
Ose encor convoquer ses frères en Concile,
Et les voit pleins d'amour, comme un troupeau docile,
Se rendre à son appel pour confirmer ses lois.
Des anciens sénateurs, intrépides émules,
Mille évêques assis sur leurs chaises curules,
  Attendent les nouveaux Gaulois.

Voyez-vous ce Vieillard qui, comme un mur de bronze,.
Oppose à l'injustice et la règle et le frein,
Aussi grand que saint Pierre à la tête des onze,
Et calmant les esprits d'un geste souverain?
Qui lui donne, en nos jours, la force d'un tel rôle ?
— Un pieux souvenir, cette simple parole
Qu'un mourant adressait à douze hommes troublés :
« Tout pouvoir m'est donné dans les Cieux, sur la terre :
» Je le transmets à vous, bien-aimés de mon Père,
  » Maintenant, Apôtres, allez. »

Qu'est-ce donc qu'un Concile? Ah ! nous pouvons le dire :
C'est la voix de l'Église et de la vérité,
La présence de Dieu pour bénir et maudire,
Séparer le bon grain d'avec le grain gâté.
L'Église a tous les jours son organe infaillible :
Mais sa voix solitaire au monde est peu sensible
Dans la dispersion de mille échos divers,
Tandis que le Concile est le Corps qui s'assemble,
Le Corps qui tout entier jette un grand cri d'ensemble
  Entendu de tout l'Univers.

Notre siècle avait dit, dans son erreur profonde :
« J'ai l'électricité, j'ai le chemin de fer,
» Avec ces deux leviers je suis maître du monde,
» Et je puis braver Dieu, sa foudre et son enfer.
» Jouissons, ô mon âme ! A nous toute la terre !
» Enfin nous possédons la clé de tout mystère... »

C'était son rêve !... Eh bien ! c'est un songe trompeur...
D'autre part l'Esprit-Saint poursuit un but unique :
Pour rassembler le grand Concile œcuménique
    Il lui faut aussi la vapeur.

De tout l'Episcopat te faire une couronne,
Suspendre l'Univers au geste de ta main,
Cependant sous tes pieds sentir trembler ton trône,
N'être pas assuré du pain du lendemain ;
Comme un pauvre quêter ta quotidienne obole,
Et pourtant ajouter un article au symbole,
Chanter la liberté dans ton chant du matin,
Et dans ton chant du soir, ô Pontife suprême,
Mettre au front de Marie un nouveau diadème...
    Quel autre Pape eut ce destin ?

Théobald NEVEUX, A. C. G.

(DIOCÈSE DE LIMOGES)

LA BARQUE DE PIERRE

SUR L'AIR : ADIEU, MON BEAU NAVIRE.

Salut, barque de Pierre,
Qui portas le Sauveur,
Qui vogues toujours fière
Sur des mers en fureur !

Vingt siècles, la tourmente
Se déchaîna sur toi,
Mais Dieu seul t'oriente,
Arche de notre foi.
A travers mille obstacles
Vaincus par l'Eternel,
Au milieu des miracles,
Tu marches vers le Ciel.

Salut, barque de Pierre, etc.

Plus à craindre que l'onde,
Et la foudre et le vent,
Les tyrans de ce monde
T'inondèrent de sang.

D'innombrables victimes
Ont péri dans ton sein,
Et quels étaient leurs crimes?
Le seul nom de Chrétien.

Salut, barque de Pierre, etc.

Que de fois l'hérésie
A déchiré tes flancs !
Souvent l'apostasie
Dégrada tes enfants.
Mais ces cruelles haines
T'assaillant ici-bas,
En frappant tes antennes,
Ne t'engloutissent pas.

Salut, barque de Pierre, etc.

Nous en avons pour gages
Le Pontife immortel,
Le Joad qu'en nos âges
Nous a donné le Ciel.
Son règne est un prodige
Aux yeux de l'Univers ;
Son nom, divin prestige,
Est l'effroi des pervers.

Salut, barque de Pierre, etc.

Grande sera sa gloire
Dans la postérité ;
Malgré la trame noire
De l'incrédulité,
Il réunit à Rome,
Radieuse d'éclat,
Marchant comme un seul homme,
L'entier épiscopat.

Salut, barque de Pierre,
Qui portas le Sauveur,
Qui vogues toujours fière
Sur des mers en fureur !

P. MINGASSON, Curé.

(DIOCÈSE DE BOURGES)

VŒUX DE L'EGLISE D'AGEN DANS SON VEUVAGE

A ROME

Cité du Rédempteur, prends tes habits de fête ;
A te combler d'honneurs le monde entier s'apprête :
Chaque Pontife accourt vers le Pontife-Roi,
Le proclamant son chef et confessant sa foi.
Qui ne serait touché de voir, sur maint rivage,
Une foule chrétienne écoutant le langage
D'un pasteur bien-aimé qui lui fait ses adieux ?
« Mes enfants, leur dit-il, dans vos loisirs pieux,
» Vous souvenant de moi, priez pour votre Père.
» J'accours pour consoler l'Eglise, votre Mère.
» Chaque jour, les méchants lui font verser des pleurs.
» Ensemble, devant Dieu, consacrons-lui nos cœurs.
» Séraphins, montrez-vous les frères de nos âmes,
» En elles allumez vos vertus et vos flammes,
» Et nous donnant la main jusqu'au dernier soupir,
» Pour l'Église, s'il faut, donnez-nous de mourir. »

L'Évêque a dit; du sein de la foule qui l'aime,
Part ce vœu : « Assurez le Pontife suprême
» Qu'il est le bien-aimé de tout votre troupeau.
» Pour nous vous baiserez ses pieds et son anneau.

» Et maintenant allez, ô Pères du Concile,
» Allez à Rome, ô vous dont les pieds sont si beaux!
» Le divin Rédempteur vous attend dans sa ville,
» Où de Pierre et de Paul sont les heureux tombeaux. »

Mais, ô mon diocèse, Agen, à cet hommage
Tu restes étranger; privé de ton Pasteur,
Tu gémis à l'écart dans un morne veuvage,
Et ne peux que former des vœux au fond du cœur.

Longtemps durera-t-elle encor cette tristesse?
Longtemps pleurerons-nous dans le deuil avec toi?
Priez pour nous, changeant la peine en allégresse,
Saints Phébade, Caprais, Dulcide, sainte Foy (1).

Au Pape, à Jésus-Christ offrez notre souffrance,
Pour qu'ils mettent bientôt un terme à nos soupirs.
Vous nous exaucerez; bientôt, douce assurance,
Nous aurons un Évêque, au nom de nos martyrs.

L'Abbé MANUEL.

(DIOCÈSE D'AGEN)

(1) Saints de l'Eglise d'Agen.

L'EGLISE

> « *Tu es Petrus!.. Portæ inferi non prævalebunt adversus eam.*»
> (Matt. XVI, v. 18).

Rome, des plus beaux jours l'éclat se renouvelle !
A ton appel déjà le Concile assemblé
Proclame dans tes murs, Jérusalem nouvelle,
Les éternels décrets que l'Esprit-Saint révèle.
    Déjà les Enfers ont tremblé.

Chaste épouse du Christ, sainte Église, ma mère,
En toi de tes enfants le cœur s'épanouit.
A ses lèvres, méchants, portez la coupe amère...
Sous le souffle de Dieu votre rage éphémère
    Comme l'éclair s'évanouit.

Qui pourrait dignement raconter ses victoires ?
Mais pour les remporter quels furent ses soutiens ?
Nos martyrs ont pourtant foulé tous les prétoires ;
Leur sang a fait germer sur tous les territoires
    Une semence de chrétiens.

Des persécutions ouvrons le catalogue.
L'Église eut à combattre un peuple démagogue,
Qui d'abord immola son Fondateur divin.
Pour renverser la Croix, bientôt la Synagogue
    Redoubla d'efforts, mais en vain.

Plus tard des Empereurs l'audace souveraine
D'une humaine hécatombe ensanglante l'arène,
Appuyant des faux dieux les zélés sectateurs.
Voyez autour du cirque où Satan les entraîne
    Plus de cent mille spectateurs.

Pour préparer leur âme à ces luttes austères,
Les martyrs ont puisé dans nos divins mystères
La force d'affronter les plus cruels tourments.
Aux cantiques pieux les tigres, les panthères
    Mêlent d'affreux rugissements.

Tout à coup, l'œil sanglant et la gueule écumante,
De sa cage bondit l'hyène dévorante.
Auprès d'elle on entend d'affreuses légions
Répéter à l'envi d'une voix frémissante,
    Ces mots : « Les chrétiens aux lions ! »

Comme un chêne grandit sous le fer qui l'émonde,
Mutilé par un schisme ou sous un glaive immonde,
Votre culte, ô mon Dieu, sans cesse rajeunit.
La Foi se fortifie et gouverne le monde,
    A mesure qu'on la bannit.

Eglise de Jésus, jamais tu ne succombes.
Les reliques des Saints brillent aux catacombes,
Quand l'ombre de l'oubli couvre les conquérants.
De Tibère et Néron qui trouvera les tombes ?
    Où sont les restes des tyrans ?

Aux persécutions succède l'hérésie :
Le mensonge à la bouche, au cœur l'hypocrisie,
De nos dogmes sacrés niant la vérité,
Ces traîtres recouvraient leur lâche apostasie
    Sous une fausse austérité.

Ils renversaient le temple et profanaient nos fêtes,
Ces indignes pasteurs, ces loups, ces faux prophètes ;
Ils jouaient à l'autel un rôle audacieux,
Et pour mieux déguiser leurs honteuses défaites,
    Empruntaient la langue des Cieux.

Du mensonge ils savaient les tristes priviléges.
Aussi, comme les Juifs, ces hordes sacriléges,
En souffletant le Christ, fléchissaient les genoux.
Mais voici des périls, voici de nouveaux piéges
    Dressés par l'Enfer en courroux.

De l'Incrédulité rédigeant le symbole,
Ils pensaient arracher la Croix du Capitole,
Ces sages d'Alembert, Jean-Jacques et Volney,
Quand l'Irréligion choisit pour chef d'école
    Le patriarche de Ferney.

Et le marbre vivant d'une fille perdue,
Effrayant les regards de la France éperdue,
Remplaça de l'autel les pieux ornements.
De Voltaire au démon l'âme déjà vendue
  Redoubla ses ricanements.

Mais l'Église voguant, intrépide nacelle,
Au milieu des écueils, vers la rive éternelle,
Comme l'Arche, autrefois, sauva les passagers.
Pontifes, à travers la tempête nouvelle,
  Guidez-nous, divins Messagers.

L'horizon s'assombrit sur nos têtes coupables,
Mais Pierre est infaillible, et ses mains vénérables
Du céleste Vaisseau tiennent le gouvernail.
De l'Abîme jamais les portes exécrables
  Ne prévaudront sur son bercail.

A. TURCY, Prêtre.

Castelnaudary. — Octobre 1869.

LUMEN IN CŒLO — LE FUTUR CONCILE

Le chrétien, sous la figure d'un nautonier à la nacelle ballotée par les vagues, soupire après l'avénement du Concile.

Quel que soit le rivage où ma barque m'entraîne,
 Que mon but soit proche ou lointain,
J'ai l'œil fixé sur toi, ma noble Souveraine (l'Eglise),
 Et sur le Concile romain.

Chaque Pontife accourt vers la Ville-Eternelle,
 La Croix et l'Evangile en main ;
Je dis en contemplant la phalange immortelle
 Salut, ô Concile romain !

C'est en vain que Satan, amassant ses orages,
 Me montre un triste lendemain,
Moi je te vois briller au-dessus des nuages,
 Soleil du Concile romain !

Le vent fraîchit... la nue est plus lourde et plus sombre,
    La vague a le son plus hautain :
Qu'importe, si mon œil, perçant l'espace et l'ombre,
    Peut voir le Concile romain !

Tout est changeant : les flots, le vent, le ciel, la rive ;
    Chaque moment est incertain ;
L'Eglise reste fixe et seule me captive
    Avec le Concile romain.

Resplendissez là-haut sous la voûte profonde,
    Astres à l'éclat surhumain ;
Aucun ne reluira, parmi vous, sur le monde,
    Comme le Concile romain !

Pour moi, dussent les vents et les flots en furie
    M'annoncer un trépas prochain,
Je mourrais en disant de ma lèvre flétrie :
    Gloire à toi, Concile romain !

Et gloire à notre Pape, au Pontife angélique,
    De mon salut phare certain,
Heureux d'ouvrir à tous la grande basilique,
    Temple du Concile romain.

Quel auguste Sénat ! Colonne merveilleuse,
    Vrai cénacle où l'Esprit divin
Aux Pasteurs parlera de sa voix lumineuse
    Eclair du Concile romain !

Son éclat d'autrefois reste le même encore,
    Jaillissant à flots de son sein ;
Avec joie et bonheur nous saluons l'aurore
    Du futur Concile romain !

Eglise de mon Dieu, le Christ est le pilote
    De ton navire aux flancs d'airain.
Il veille sur ta marche, et le navire flotte
    Au vent du Concile romain !

Et l'âme transportée au-dessus des orages
    Près de moi mugissant en vain,
Retrouve à chaque bruit qui meurt dans ses cordages,
    L'écho du Concile romain.

A. ANDRIEU,

Curé de Saint-Martin-le-Redon.

(DIOCÈSE DE CAHORS)

VIVAT SUMMUS SACERDOS!

Vivat terrarum summus sanctusque Sacerdo **S**
Inclyta qui gentis romanæ gaudia feci **T**
Vivat cultorum Christi venerabile fulgu **R**
Atque caput sertè cinctus splendore micant **E**
Tu quoque Pontificis, salve, legio inclyta forsa **N**
Vicisti perversorum turmasque precat **U**
Illustres passus signo ducente nitent **I**
Vicisti, nam mandabat Regina Poloru **M**
Et gens cara, sequens Christi præcepta benign **I**
Tu terræ, castis precibus succurre rubens so, **L**
Persolvens laudes Nato Rectoris Olymp **I**
Illis pro Christo gaude qui prælia tentan **T**
Undecies nequicquam hostes venêre phalang **E**
Semper vitales, immoti linquimus aura **S**
Non discedentes fidei vexilla probros **E**
Offerimus magis ast inimicis corpora nostr **A**
Nunc exoremus quoque virginitatis honore **M**
Et cuncti dicant clamori mitis Jes **U**
Surgite, belligeri Christi victoris, eamu **S**

Charles MARTEL,

Zouave auxiliaire.

AU SAINT PÈRE!

(TRADUCTION)

Surgite, eamus!

Vive le grand, le saint Pontife de la terre, celui qui fait les chères délices de la nation romaine, vive la grande lumière des chrétiens, lui dont le front est ceint d'une couronne resplendissante de gloire!

Salut à vous, noble légion du Pontife! c'est le brillant signe de croix qui a conduit votre marche triomphante, c'est par la prière que vous avez vaincu les armées des méchants; vous avez vaincu, car la Reine des Cieux vous commandait.

Mais vous, chère nation, qui suivez les préceptes du doux Sauveur, vous, soleil radieux de la terre, venez à leur secours avec vos prières; chantez les louanges du Fils du Dieu des Cieux, et réjouissez-vous pour ceux qui livrent les combats pour la défense du Christ.

Mille fois en vain, l'ennemi est venu à la tête de ses phalanges; nous sommes morts toujours fiers, toujours debout. Jamais nous n'avons abandonné honteusement l'étendard de la foi, et nos corps ont été en face de l'ennemi.

Maintenant prions Marie, l'honneur de la Virginité, afin que tous les hommes répondent au cri du doux Jésus : « Levez-vous, guerriers du Christ victorieux, et allons! »

Ch. MARTEL.

LES CATACOMBES

> Post tenebras, lucem.
> JOB. XVII, 12.
>
> Ceux qui contemplent les révolutions du genre humain, peuvent observer que c'est sur le Vatican, sur le terrain même où étaient les jardins et les cirques de Néron, si souvent arrosés du sang des chrétiens, que les papes ont élevé un temple qui surpasse de beaucoup la gloire du Capitole.
>
> (GIBBON).

I

Les destins sont remplis ! La cité souveraine,
Rome sur les sept monts dresse sont front de reine.
Le Tibre de ses flots baigne et ceint ses remparts,
Les temples de ses dieux, les palais des Césars.
Sous les feux du soleil, l'éternel Capitole
Fait rayonner au loin son ardente coupole,
Et sous ses voûtes d'or, debout et radieux,
Règne, la foudre en main, le souverain des Dieux ;
Tout le jour l'autel fume, et pour les sacrifices
Le Clitumne nourrit les bœufs et les génisses ;
Et désertant Memphis, Thèbe et le Parthénon,
Tous les dieux de l'Olympe ont place au Panthéon.

Là-bas, pareille aux flots que soulève la houle,
Dans le Forum, la plèbe en grondant se déroule ;
Dans leurs litières d'or passent les sénateurs ;
Voici le fier consul qu'entourent ses licteurs ;

Sur des coussins de pourpre, Agrippine ou Livie
Court aux bains, demi-nue et d'esclaves suivie ;
Dans le Cirque, plus loin, Néron conduit ses chars,
Et l'orgie est maîtresse aux palais des Césars.
La foule, ivre de sang, s'entasse au Colysée ;
De l'auguste empereur la tente est pavoisée ;
Ecoutez ! Le lion dans son antre rugit,
Et du sang des chrétiens l'arène se rougit.
Ainsi Rome toujours est la ville éternelle,
Et la nuit et le jour, pour la nourrir, ruisselle
Le flot grossi du sang, de l'or des nations,
Et pour garder ses murs veillent cent légions.

II

Tout dort dans la cité ; des flammes de l'orgie
La vitre des palais n'est déjà plus rougie ;
  Plus d'astres dans les cieux ;
Errant d'un pas furtif et chuchotant dans l'ombre,
Des femmes, des enfants, à travers la nuit sombre,
  Glissent silencieux.

Puis, sous leurs longs manteaux, à pas lents, quelques hommes
S'en vont, le front baissé, pareils à des fantômes
  Que le remords poursuit ;
Et fuyant les clartés de la voie Appienne,
Cette foule au hasard semble errer incertaine
  Et se perd dans la nuit.

Dans d'obscurs souterrains la voilà descendue.
Une lampe vacille, aux voûtes suspendue,
    Et de ses pâles feux
Projetant les lueurs aux murs des catacombes,
De deux rangs de martyrs elle éclaire les tombes
    Et les os glorieux.

Tout à coup ébranlant les voûtes souterraines,
Comme un de ces concerts que des brises lointaines
    Soupirent dans les flots,
Des cantiques sacrés la céleste harmonie
Eclate, et des vieux murs de l'enceinte bénie
    Réveille les échos.

L'autel brille, l'encens fume avec les prières.
Le pontife, un vieillard, offre des purs mystères
    Le calice et le pain,
Puis, dans les rangs pressés, sa main tremblante et sainte
Où le fer des bourreaux a laissé son empreinte,
    Sert le banquet divin.

Ainsi, quand des Césars dort la Rome infidèle,
Aux tombeaux des martyrs une Rome nouvelle
    Vient apprendre à mourir;
Et la foi de ses feux illuminant les âmes,
On verra, pleins d'ardeur, ces enfants et ces femmes
    Aux supplices courir.

Et quand, vaincue un jour, menant ses funérailles,
Rome aux coups d'Alaric ouvrira ses murailles,
    Calme et le front serein,
L'Eglise alors puissante et dans le sang grandie,
Pour arracher ses fils au glaive, à l'incendie,
    Leur ouvrira son sein.

III

C'en est fait : des tombeaux secouant la poussière,
Rome sort de la nuit, le front ceint de lumière,
Et de la croix du Christ adorant les clartés,
Les peuples dans son sein viennent de tous côtés.
Du dieu capitolin la statue est brisée ;
La croix triomphe et monte au front du Colysée.
Aux lieux où rugissaient les cirques de Néron,
Michel-Ange a dans l'air jeté le Panthéon,
Et caché sous ce dôme, étonnant mausolée,
Les cendres du Pêcheur des lacs de Galilée.
Des temps et des erreurs défiant l'ouragan,
Le Pontife immortel domine au Vatican,
Et l'œil serein, du haut de ce roc immobile,
Comme un pilote assis sur sa barque tranquille,
Le doigt levé, bravant le tumulte des mers,
Le doux vieillard bénit la ville et l'univers.

L'Abbé FAYET,

Auteur des Beautés de la poésie ancienne et moderne, des poëmes de la Foi, de l'Espérance, de la Charité, etc.

(DIOCÈSE DE MOULINS)

LE NOUVEAU CONCILE ŒCUMENIQUE

Ville de Jésus-Christ, Rome, sainte patrie,
Devant tes défenseurs le fidèle s'écrie :
   « Seigneur, que leur partage est beau !
» En combattant pour Rome, ils défendaient leur mère,
   » Et s'ils ont mesuré la terre,
» Un cyprès éternel protége leur tombeau. »

   Honneur à la Ville Éternelle,
   Cette Jérusalem nouvelle,
   Autre Sion où le Seigneur
   A voulu construire son Temple !
   Rome, mon regard te contemple,
   Et vers toi se tourne mon cœur.

O France, de tes fils l'élite magnanime
A volé la première au secours de Solyme.
   Dieu le veut! avaient dit leurs voix,
Et notre vieille Europe, à cet appel, tressaille.
   S'ils perdirent une bataille,
Mentana releva le drapeau de la Croix.
   Honneur à la Ville Éternelle, etc.

Cette Rome, qu'on dit à sa décrépitude,
Du monde a cependant brisé la servitude.
    C'est par elle que nos aïeux
Se sont au loin couverts d'une splendeur immense.
    Nos rois lui durent leur clémence,
Nos guerriers, nos savants, leurs travaux glorieux.
    Honneur à la Ville Éternelle, etc.

Sept fois contre l'Islam Rome lança l'Europe.
Chaque fois que l'erreur grandit, se développe
    Pour éteindre la vérité,
Rome voit aussitôt le successeur de Pierre
    Du Christ rétablir la lumière :
Un Concile est tenu contre l'impiété !
    Honneur à la Ville Éternelle, etc.

Nous glissions, de nos jours, sur la pente fatale ;
Pontifes, accourez, le dogme, la morale
    Ont besoin de leurs défenseurs :
De hardis négateurs fulminez l'arrogance ;
    Faites revivre la croyance,
L'apostolique foi qui désertait les cœurs.
    Honneur à la Ville Éternelle, etc.

Eglise du Sauveur, oui, votre Chef sublime
Empêche les Etats de tomber dans l'abîme ;
    Il les remet dans le chemin
    Où Jésus a placé la vertu, la sagesse :
    Si tu n'assistes sa faiblesse,
Seigneur, dans ses sentiers périt le genre humain.
    Honneur à la Ville Éternelle, etc.

De Rome, ô Potentats, vous n'avez rien à craindre ;
Chez vos peuples, sans elle, espérez-vous éteindre
    Ces ferments qui troublent la paix,
Sèment la défiance et la désharmonie ?
    La politique a son génie,
Mais le Christ seulement protége vos palais.
    Honneur à la Ville Éternelle, etc.

Vous que retient encor l'hérésie ou le schisme,
Revenez au giron de ce catholicisme
    D'où n'approche jamais l'erreur.
Qu'il ne se trouve plus ni Scythes, ni Barbares ;
    Sortez de la tombe, ô Lazares,
Il n'est plus qu'un troupeau sous le même Pasteur.

    Honneur à la Ville Éternelle,
    Cette Jérusalem nouvelle,
    Autre Sion où le Seigneur
    A voulu construire son Temple !
    Rome, mon regard te contemple,
    Et vers toi se tourne mon cœur.

                L. BOUDEVILLAIN, Curé.

(DIOCÈSE DE BLOIS)

VENITE !

Evêques, accourez dans la sainte Cité,
Pierre, en son successeur, lui-même vous réclame;
Sur vos fronts descendra l'esprit de vérité
Et ses rayonnements embraseront votre âme.

Pasteurs du Christ unis à leur Premier Pasteur,
Vous nous présenterez les décrets du Concile,
Et nous les recevrons de vous avec bonheur,
Pour des Pères enfants gardant un cœur docile.

Vous aurez sous les yeux, de toutes les vertus
L'exemplaire vivant, le sublime modèle,
Et la Vierge du Ciel, la Mère de Jésus,
Ira vous protégeant, à l'ombre de son aile.

Jean CALVET.

(DIOCÈSE DE CARCASSONNE)

LE CONCILE

Le Concile ! A ce mot, dans son Dieu recueilli,
Sur ses bases soudain le monde a tressailli,
Et les fougueux tenants de la libre-pensée
Ont fait mugir au loin leur fureur insensée.
Ne s'assuraient-ils pas le triomphe prochain
De leur omnipotence aux entrailles d'airain ?
Ne proclamaient-ils pas les doctrines impies
De leurs désirs abjects et de leurs utopies ?
N'avaient-ils pas, au nom d'une infernale loi,
Affranchi le Chrétien des règles de sa foi ;
Pronostiqué la fin de l'Église romaine ;
Au singe rattaché notre nature humaine ;
Assuré que la mort, gouffre toujours béant,
Au-delà du tombeau n'offre que le néant ;
Qu'il ne se trouve en nous que l'aveugle matière ;
Que Dieu n'existe pas, et qu'il n'est de lumière
Que dans les songes creux de cette liberté
Prenant nos appétits pour sa divinité ?
Et toute cause sainte étant ainsi sapée
Par les audacieux de la libre-pensée,
Le Pape a dû des bons justifier l'espoir.
Au nom de Jésus-Christ, dont il tient son pouvoir,

Il a, pieux gardien des lois de l'Évangile,
De Rome, au Vatican, convoqué le Concile.
A la céleste voix de ce haut tribunal,
Tomberont de nos jours les idoles du mal.
C'est l'Eglise de Dieu sous son Chef assemblée.
Là, l'ivraie au bon grain ne sera point mêlée ;
Les Pères vengeront nos mystères chrétiens,
Dogmes toujours nouveaux, dogmes toujours anciens.
Le Démon est vaincu dans ses hideuses trames ;
La céleste vertu refleurit dans les âmes.
Le culte du Seigneur se relève en tous lieux ;
Ce sont les temps prédits pour le règne de Dieu.
   Tombez, disparaissez, systèmes des faux sages ;
Symbole apostolique, honneur de tous les âges,
Je vois à vos clartés se dissiper l'erreur.
Commencez, temps bénis, brillez, jours de bonheur ;
Redescendez, Esprit de force et de lumière,
Venez renouveler la face de la terre,
Et réconcilier la terre avec le Ciel.
De nos présents alors nous couvrirons l'autel ;
Et notre âme, aux décrets du Rédempteur soumise,
Chantera dans la paix les gloires de l'Eglise.

                    J. GACHARD, Curé.

(DIOCÈSE D'AIRE)

AUX PRÉLATS

TRAVERSANT LA FRANCE POUR SE RENDRE AU CONCILE

Il vient de retentir, sur vos plages lointaines,
Du Pasteur des pasteurs le signal solennel ;
Et voici qu'à travers les mers, les monts, les plaines,
Nous vous voyons courir, voler à cet appel !

Salut, beaux pèlerins, qui traversez le monde,
Pour assister demain à ce grand rendez-vous !
Pieux distributeurs de la grâce féconde,
Etendez votre main, Pères, bénissez-nous !

Bénissez en passant les enfants de la France...
Agréez notre accueil filial et joyeux...
Voyez-nous toujours prêts, pour l'Eglise en souffrance,
A verser notre sang comme ont fait nos aïeux.

Dieu vient de vous charger de son plus beau message :
Raviver sa lumière en l'humaine raison ;
Et rien ne vous retient ni le fardeau de l'âge,
Ni le troupeau chéri, ni la rude saison.

Il vous faut raffermir la chaîne vénérée,
Aux siècles primitifs liant les temps nouveaux,
Chaîne d'or dont l'erreur, de sa lime acérée,
Tente plus que jamais de rompre les anneaux.

Contre cet ennemi la lutte est éternelle...
Mais de la Vérité, vous, la garde d'honneur,
Vous êtes, tour à tour, l'ardente sentinelle,
Ou la grande réserve aux combats du Seigneur!

Allez! je vois demain, sur sa chaise curule,
Chacun de vous assis à ce sénat de Dieu.
Allez! que son Esprit sur vous plane et circule
En effleurant vos fronts de ses langues de feu.

Là, de Jérusalem, de Nicée et de Trente,
En leurs Conciles saints, suivant les errements,
Je vous entends chanter, d'une voix pénétrante,
Le symbole fixé par leurs enseignements.

De leurs anciens décrets, répertoire sublime,
Vos décrets tout récents grossissent le trésor;
Ce qu'ils ont affirmé, d'une voix unanime,
Devant le monde entier, vous l'affirmez encor.

Et vos arrêts nouveaux, en formules divines,
S'imposent désormais comme règles de foi;
Et deux cent millions de ferventes poitrines
Vont, en les acclamant, battre d'un même émoi!

Dans ce temple fameux qui prête son enceinte,
L'abri de sa coupole à votre Haut Conseil,
Le regard est frappé d'une inscription sainte,
Que l'on dirait gravée en rayons de soleil (1).

Non, l'artiste n'a point, sur ce beau tabernacle,
Ecrit en vain ces mots avec l'or et l'airain ;
L'incroyant qui les lit, ébloui par l'oracle,
Dit : Dieu seul put dicter ce texte souverain,

Lève-toi, radieuse et pleine d'allégresse,
Sainte Eglise de Rome ! oui, triomphe en ce jour !
Car en faisant à Pierre une telle promesse,
Le Sauveur à jamais te vouait son amour !

Lève-toi dans ta force ! un mot impérissable
Est de ta vérité l'invincible argument :
C'est sur le roc vivant, et non point sur le sable
Que le Christ est venu fonder son monument.

Il l'a juré : L'Enfer, avec ses noirs orages,
Ne fera jamais brèche à ta solidité.
Toujours, phare brillant, sur l'océan des âges,
Toujours tu guideras vers Dieu l'humanité.

A.-J. CHARTIEZ.

Hôpital du Tondu, près Bordeaux, le 4 novembre 1869.

(1) TU ES PETRUS, etc., écrit en caractères qui ont deux mètres et demi de haut.

PSAUME

> Misericordia et Veritas obviaverunt
> sibi ; Justitia et Pax osculatæ sunt.
> (Psalm.)

Que la Miséricorde et la Vérité sainte
Marchent l'une vers l'autre en se tendant la main ;
Que la Paix, la Justice, en une heureuse étreinte,
S'embrassent aux regards charmés du genre humain.

Je chantai, quelque temps, des hymnes séraphiques ;
Mais, quoique jeune encor, je vois à l'horizon
Le nuage doré des rêves poétiques
Disparaître au soleil de la pleine raison.

Pourtant, quand j'ai connu les trésors d'espérance
Que Rome, en ce moment, répand sur l'univers ;
Quand j'ai su le projet des poëtes de France,
En moi, l'enthousiasme a retrouvé des vers.

Quand le Seigneur voulut que la Bonne Nouvelle
Par de pauvres pêcheurs fût portée en tout lieu,
La divine colombe, en les couvrant de l'aile,
Toucha leurs fronts penchés d'une langue de feu.

Depuis ce jour heureux, lorsque l'Erreur superbe
Souffle partout le doute et la perversité,
Et sous son pied maudit séchant la fleur et l'herbe,
Fait pleurer de douleur la douce Vérité;

Quand on voit sur le Ciel passer ces grandes ombres
Qui voilent un moment la splendeur de l'azur ;
Quand les fronts abattus s'inclinent froids et sombres,
Et quand des cœurs flétris s'envole l'amour pur;

On se souvient alors du successeur de Pierre;
Et dans ce trouble immense on voit bien des regards
Se tourner anxieux vers *l'immobile Pierre*
Qui domine aujourd'hui la cité des Césars.

Un grand appel alors est jeté dans le monde;
Les disciples encore arrivent de tous lieux ;
Et du Trône Eternel la sagesse profonde,
L'Esprit de Vérité descend au milieu d'eux.

Ces rudes travailleurs de l'œuvre apostolique
Aux gouttes de leurs fronts mêlent parfois des pleurs;
Mais la terre où s'étend leur course évangélique
Se couvre abondamment et de fruits et de fleurs.

Et la Miséricorde et la Vérité sainte
Marchent l'une vers l'autre en se tendant la main ;
La Justice et la Paix, en une heureuse étreinte,
S'embrassent aux regards charmés du genre humain.

Rattachez-vous au tronc, ô branches séparées,
Dissidents qui portez le grand nom de Chrétiens;
Revenez au Pasteur, ô brebis égarées,
Idolâtres du monde et modernes païens !

Et vous autres, Raison et Sciences humaines,
Vous, Progrès, Avenir, toi, noble Liberté,
Comment pourriez-vous donc des Assises romaines
Redouter un instant la grande autorité ?

Dieu, comme à l'Océan, vous marqua des rivages :
Jusqu'à ce point pour vous sa main les recula ;
Soyez libres, ô flots, jusque dans vos orages ;
Mais, en touchant au bord, n'allez pas au-delà !

Dans l'espace une étoile apparait radieuse,
L'Espérance est son nom; bien des maux vont finir;
Et l'Eglise une fois de plus victorieuse,
Après avoir parlé, n'aura plus qu'à bénir.

Pontife bien-aimé, si le Ciel favorable
Trouve l'humanité digne de ces destins
Que prépare aujourd'hui votre main secourable,
Quelle gloire pour vous quand ils seront atteints !

Seigneur, comme au Cénacle, envoyez la lumière
Sur tous ces fronts sacrés qu'on verra tour à tour
Eclairés par la foi, courbés dans la prière !
Embrasez tous ces cœurs des feux de votre amour!

Et la Miséricorde et la Vérité sainte
Iront l'une vers l'autre en se tendant la main ;
La Justice et la Paix, dans une heureuse étreinte,
S'embrasseront alors aux yeux du genre humain.

Armand GRANEL.

(DIOCÈSE D'AGEN)

LE DIX-NEUVIÈME SIÈCLE

La foi de nos aïeux dans les âmes se glace ;
La vérité d'en haut ne vit plus dans les cœurs ;
Le désordre est au fond, le calme à la surface,
Tout s'affaisse : la foi, les arts, les bonnes mœurs.

Un joug avilissant courbe les consciences,
Le penseur cède au vent d'abjectes passions,
Le matérialisme envahit les sciences,
Le doute est l'aliment offert aux nations.

D'où viendra le salut ? Il est dans les Assises
Que l'Eglise du Christ convoque au Vatican ;
C'est lui qui déjoûra les noires entreprises
Des ennemis du bien ameutés par Satan.

Elohim, Elohim, bientôt la voix de Pie,
Celui dont sous ton nimbe étincelle le front,
Frappera de tes coups le bataillon impie,
Et leurs sombres projets alors s'écrouleront.

Une pure lumière a brillé sur les cimes,
Une aube sans nuage éclate à l'Orient ;
Je vois des temps nouveaux les promesses sublimes,
Aux mortels transportés le Ciel est souriant.

Reine des nations, sois fière, ô noble France,
Car c'est aux premiers rangs que flottent tes guidons ;
Dieu te donne aujourd'hui la nouvelle assurance
Qu'il marche, qu'il combat avec tes bataillons.

Johannis MORGON.

(DIOCÈSE DE BELLEY)

A PIE IX

Pour mériter, Chrétiens, le séjour des élus,
Réclamons le secours de la Vierge Marie,
    Celle dont le glorieux Pie
A la face du monde exalta les vertus.

Pour le Sauveur Jésus nous brûlerons de zèle,
Nous le glorifirons et la nuit et le jour;
    Dans Rome, la Ville Éternelle,
Son Vicaire sera l'objet de notre amour.

Seigneur, je veux louer, tous les jours de ma vie,
Celui que les Chrétiens nomment leur Rédempteur;
    La Vierge entre toutes bénie,
Reine des Séraphins et Mère du Sauveur.

Mon Dieu, je quitterai tous les biens pour vous plaire;
Pour demeurer fidèle à votre sainte loi;
    Pour m'unir à votre Vicaire,
Le Pontife romain, gardien de votre foi.

A l'ombre des autels répandons nos prières;
Qu'avec l'encens vers lui s'élève notre amour;
    Il est le Père des lumières,
L'arbitre souverain de la nuit et du jour.

Il commande à la terre, il vit dans son Eglise,
Il dit, en imposant sur saint Pierre les mains :
    « Qui te méprise me méprise ;
» Pour ce profanateur j'ai dédains pour dédains.

» Mais de l'humilité qui s'incline et t'écoute,
» J'enrichirai les jours, je bénirai la mort ;
    » Mon œil veillera sur sa route,
» Et je le conduirai sain et sauf jusqu'au port. »

VAUCHOT.

(ALGÉRIE)

AD PIUM NONUM

Christiadum musæ, præstantia numina vatum,
O date, quæso, mihi digno celebrare supremum
Carmine Pontificem. Meritis sed verba minora!
Tantus ubi præsul? Quis par incedere possit?
Quisve tui similis, Pater o sanctissime, celsâ
Majestate sacer, cujus notissima virtus
Miranda attonito præbet spectacula mundo?
Omnibus, alme Parens, tu semper amabilis ore
Dulcis enim toto legitur clementia vultu.
Æthereique ignes et puræ fulgura lucis
Augustâ de fronte micant. Quòd si ora resolvas
Cœlesti rapis eloquio tu corda tuorum;
Verbis namque comes tua gratia juncta videtur.
Justitiæ rectique tenax, interritus heros,
Quem non instantûm vultus vocesque tyrannùm
Demens non ardor populorum prava jubentùm
Mente quatit solidâ, nec terrent impia sæcla.
Irrumpant venti, tempestatesque furentes;
Fluctuet ac navis Petri jactata procellis,
Antemnæque gemant, strepitentque carinæ;
Fluctibus in mediis, tu semper fronte serenâ.
Ne timeas hiemem, navis; mare tuta tenebis,
Atque illæsa, Pio nautâ, tibi vela manebunt.

Dùm, veluti aiebas, cariosus labitur orbis,
Dùm solio trepidant reges formidine capti,
Tu stas impavidus, tollens ad sidera vultus.
Quid tremeres? sentis latitare in pectore numen.
Nil desperandum, cœlo duce, et auspice cœlo.
Mox tua se magnis attollet gloria rebus,
Æternumque feres meritò per secula nomen.
Sedulus, invigilans animis, Pater alme, tuorum,
Tu modo, Christiadum cœtu plaudente, videris
Cogere Concilium, divino Flamine motus.
Hoc populi memores iterùmque iterùmque salutant,
Lux siquidem fuerit sæcli decus atque perenne.
Altera jàm mundo surrexit ferrea proles,
Omnia miscentur, miserumque irrupit in ævum.
« Omne nefas : fugère pudor, verumque fidesque ;
» In quorum subière locum fraudesque dolique,
» Insidiæque et vis et amor sceleratus habendi. »
Regnat, non ullo constricta licentia freno.
Horrendum ipse caput stygialibus extulit antris
Exitium regnorum, amens sinè legibus Error.
Sed tibi Relligio sua tela et fulmina cessit.
Hæ stygiæ pestes, tenebrosæ noctis amantes,
Præcipites fugient concussæ fulminis ictu,
Imaque, purgatis terris, sua regna tenebunt.
Mox nova fulgebit tenebris Aurora fugatis.
Te duce, Sancte Parens, edocti tramite certo
Incedent populi; Pax mentibus alma vigebit.
Jam præclara dies Romæ splendescit et orbi
Quà nova mirantes populos spectanda movebunt.
Romam pontifices verbo fatisque potentes
Innumeri veniunt, oris undè emicat Eos

Occiduisque ubì sol fugit moriturus in undis.
Hic jàm præsul adest, amor et laus nostra, Ruthenus,
Mox Vaticani columen splendorque senatûs.
Excute corde metus, ô felix Roma, tuique
Colles exultent septem clamore virorum :
« Magnus ab integro sæclorum nascitur ordo. »

L'Abbé LAMOUROUX,

Professeur de 3e au petit séminaire de St-Pierre, à Rodez.

A PIE IX

O Muses chrétiennes, nobles inspiratrices des poëtes, donnez à ma voix, je vous en supplie, des accents dignes du Souverain-Pontife que je chante. Mais aucun accent ne saurait égaler son mérite. Tu es, ô Pie IX, le plus grand des pontifes; qui peut marcher ton égal? Qui même est semblable à toi, ô Père vénéré, ô Majesté sainte et sublime, à toi dont les éclatantes vertus offrent à l'univers étonné un si ravissant spectacle? Père bien-aimé, pour tous tu as un air aimable, car la douceur et la bonté se peignent dans tes traits, et l'on voit briller sur ton auguste front une flamme céleste et l'éclair d'une pure lumière. Et quand tu parles, tu ravis par tes divines paroles le cœur de tes enfants; la grâce est toujours la compagne de tes entretiens. Ferme défenseur de la justice et du droit, héros invincible, rien ne peut ébranler ton invincible courage, ni les regards et les menaces des tyrans, ni les fureurs des peuples qui te commandent le mal. La scélératesse du siècle ne t'effraie point. Que les vents et les tempêtes frémissantes se déchaînent, que la barque de Pierre devienne le jouet de la tourmente ; qu'on entende gémir ses antemnes et sa carène, on te voit, ô pilote, serein au milieu des flots en courroux. Ne crains pas, ô vaisseau, la fureur des vents ; tu vogues en sûreté sur les mers. Pie IX est ton nautonier : tes voiles ne seront point déchirées.

Comme tu le disais naguère, le monde croule vermoulu, et les rois épouvantés tremblent sur leur trône ; et toi, les yeux fixés au ciel, tu es debout, inaccessible à la crainte. Et pourquoi craindrais-tu ? La Divinité, tu le sais, habite en toi-même. On ne désespère jamais quand on a le Ciel pour guide, le Ciel pour protecteur.

Bientôt de grands événements vont rehausser ta gloire et rendre ton nom immortel à travers les âges. Plein de sollicitude pour le salut des âmes, et mû par le souffle divin, tu viens de convoquer un Concile, aux applaudissements de l'Eglise entière. Tous les peuples l'ont salué avec transport et reconnaissance, car il sera la lumière et à jamais la gloire de notre siècle.

Un autre âge de fer s'est levé sur le monde. La confusion est universelle : tous les crimes ont envahi la terre. La Foi, la Pudeur et la Vérité se sont enfuies ; à leur place ont paru les fraudes, les tromperies, les trahisons, la violence qui les appuie, et l'avidité criminelle de tout avoir. La licence effrénée règne en souveraine. L'Erreur, ce fléau des empires, qui ne connaît ni loi ni raison, a élevé sa tête au-dessus des noirs abîmes. Mais la Religion a armé ton bras de ses traits et de ses foudres, et ces monstres infernaux qui ne soupirent qu'après les ténèbres de la nuit, vont fuir précipitamment, frappés de tes foudres vengeurs, et habiter, après avoir quitté la terre, leurs sombres royaumes.

Bientôt les ténèbres s'évanouiront, et une nouvelle aurore brillera à nos yeux. Sous ta conduite, ô saint Pontife, les peuples éclairés marcheront dans une voie sûre, et la bienfaisante Paix régnera dans tous les cœurs. Déjà resplendit sur Rome et sur le monde ce jour glorieux qui doit offrir aux nations ravies le spectacle d'étonnantes merveilles. Déjà une foule de Pontifes puissants en paroles et en œuvres ont pris le chemin de la Ville Éternelle. Les uns viennent des rivages où naît l'aurore, les autres des plages où l'astre du jour va s'éteindre dans les ondes. Voici déjà dans tes murs l'évêque de l'antique Ruthènes, notre amour et notre gloire, bientôt une des lumières et une des colonnes du Concile du Vatican. O heureuse Rome, sois sans crainte ; que tes sept collines tressaillent aux cris joyeux de tes enfants : « Une grande période de siècles va recommencer. »

L'Abbé LAMOUROUX,

Professeur de 3ᵉ au petit séminaire de St-Pierre, à Rodez.

(DIOCÈSE DE RODEZ)

AD EPISCOPATUS COHORTEM

Te Pius nonus convocat,
Episcopatûs cohortem.
Accurre, dies emicat,
Ad Ecclesiæ Principem.

Amica, veni properè,
Ad orbis hoc Concilium,
Ait Pontifex : para te,
Ut illi sis auxilium.

Te Paracletus invisit
Cum asserabas Virginem
Esse, cùm concepta fuit,
Totius labis immunem.

I, denuòque spiritus,
Ad orbis hoc Concilium,
Emittet tibi cœlitus
Sanctum suum præsidium.

Testes hærebunt Angeli
Dei petentes gratiam,
Ut educati populi
Lucrantur Cœli patriam.

Sit Deo Patri gloria
Æqualis Christo filio,
Ac eadem Paracleto
In sempiterna sæcula. — Amen.

J. CALVET.

(DIOCÈSE DE MONTPELLIER)

AR STUR HAG ANN ALC'HOUEZ

roet gant Jezuz da Zant-Pezr hag a zo hirio gand hon Tad Santel ar Pab Pii IX.

Unus Pastor, unus ovile !

———∿∿∿———

Me ho ped, Spered-Santel, da rei d'in sklerijen
Evit kana meuleudi gwir Dad ar gristenien ;
Ma na zeuit d'am zikour penaoz ec'h hallinn-me
Zevel eur werz enn enor da Vikel ma Doue !

Eled euz ar Baradoz, c'houi zend ha zentezed,
Klevit holl euz ar beden a rann d'e-hoc'h daoulined
Ma daoulagad d'ann envou a zav leun a Zaelou...
Goulennit digant Jezuz evid-oun he c'hrasou !

Ha c'houi, Telen ann Arvor, stardit mad ho kerden,
Telen aour, zonit breman, zonit skiltr ha pergen,
Evit ma'z ai hoc'h ekleo da Rom, dreist ar menez,
Da gichen kador Zant-Pezr, kador ar wiriounez !

Azezet enn-hi skeduz, abaoue pell-amzer,
Pii-Nao a gas dre ar mor lestr zakr ar Pesketaer;
He zorn a zo war ar stur, koenvet eo ar gweliou
Hag ann hent mad a zibab e kreiz ann islonkou!

Ma vijenn eunn evnik gwenn pe eunn elik Doue,
Kerkent e nichfenn dre dreid da gana drant ha ge,
Hogen pa ne d-ounn elik, pa n'em beuz diouaskel,
Kanomp, Telen, a dro vad, a draounien Breiz-Izel!

Gloar, enor, ha buez hir d'hon Tad Santel ar Pab,
Rag Hen a zo gwir Verer da dra Doue ar Mab;
Meuleudi d'ar gristenien, a bevar c'horn ar bed,
A ia, war lestr ann Iliz, gant-han d'ann euruzded!

Abaouet riwac'h kant vloaz e man o vont war vor...
Avel foll, c'hoari da baotr, biken he stur na dorr;
Gerrek, kurun ha luc'hed, c'houi na hellit netra,
Rag ar mor a oar douja ha na gred he lonka!

Tud diskredik, divorc'het, zouc'het e treaz ann aot
Ne-ket hen-man eunn dra gaer hag eunn arvest dibaot?
Digorit ho taoulagad ha galvit ar Sturier...
Gant plijadur e teuio evid ho tigemer!

War bont al lestr goudevez, breudeur holl da viken,
Ni az afe a spered, warlerc'h ann Eskibien,
Enn dro da gador hon Tad da c'houlenn he vennoz,
Hag a welfe enn he zorn alc'houez ar Baradoz!

Na vez klevet ken ar bleiz o iudal er c'hoajou,
Hag ann denved a beurfe e peoc'h er c'hlazennou;
Hag, hervez ann Aviel, eur Mesaer hep-ken
A vesafe eunn tropel; ann Env a vez laouen!

I. M. AR IANN.

Gwengamp, 7 aviz Du 1869.

LA CLEF ET LE GOUVERNAIL,

Donnés par Jésus à saint Pierre, et qui sont aujourd'hui en la possession de Notre Saint Père le Pape Pie IX.

Un seul Pasteur, un seul troupeau !

Je vous invoque, Esprit-Saint, donnez-moi votre lumière pour chanter les louanges du véritable Père des fidèles ; si vous ne venez à mon aide, comment parviendrai-je à composer un chant en l'honneur du Vicaire de mon Dieu ?

Anges du Paradis, vous saintes et saints bienheureux, daignez entendre la prière que je vous fais prosterné ; j'ai les yeux remplis de larmes, je les élève au Ciel, demandez donc pour moi à Jésus les grâces dont j'ai besoin !

Et vous, Harpe du pays d'Armor, ajustez bien vos cordes ; Harpe d'or, vibrez maintenant d'une façon stridente et gaie, afin que, au-delà des monts, on vous entende, à Rome, auprès de la chaire de saint Pierre, la chaire de la vérité !

Depuis longues années, glorieusement assis dans cette chaire, Pie IX conduit sur les flots le vaisseau sacré du Pêcheur; sa main est posée sur le gouvernail, le vent gonfle les voiles, et il sait prendre le bon chemin au milieu des abîmes !

Si j'étais petit oiseau blanc, si j'étais ange du bon Dieu, je m'envolerais à ses pieds et je chanterais d'une voix gaie ; mais puisque je ne suis pas ange, puisque je suis dépourvu d'ailes, chantons avec entrain, ô ma Harpe, des confins de la Basse-Bretagne.

Gloire, honneur et longue vie à Notre Saint-Père le Pape, car il est le vrai métayer de l'héritage du Fils de Dieu ; qu'ils soient loués, les Chrétiens de tout l'univers, qui vont, sur le vaisseau de l'Église, à la béatitude avec Lui !

Depuis 1800 ans ce vaisseau vogue sur les mers; vent furieux, fais tous les efforts, jamais tu ne briseras son gouvernail; écueils, tonnerre, éclairs, vous ne pouvez rien contre lui : la mer sait se soumettre et n'ose point l'engloutir !

Gens incrédules et insoucieux, échoués dans les sables du rivage, n'est-ce point ici une chose admirable, un spectacle merveilleux ? Ouvrez donc les yeux et voyez; appelez à vous le Pilote et il vous accueillera avec plaisir à son bord !

Réunis dorénavant, comme frères, sur le pont du vaisseau, nous irions, en esprit, à la suite des Evêques, entourer la chaire de notre Père, lui demander de nous bénir, et contempler dans sa main la clef du Paradis !

On n'entendrait plus dès lors les hurlements du loup dans les bois, les brebis pourraient paître en paix dans les gazons ; et, comme dit l'Evangile, un Pasteur unique surveillerait un seul troupeau, et il y aurait grande joie dans le ciel !

J.-M. LE JEAN.

Guingamp, Côtes-du-Nord, 7 novembre 1869.

LA VILLE DES PAPES

Que béni soit le jour où de la lèvre humaine,
Dont le Verbe de Dieu se fit un instrument,
    Une parole souveraine
    Créa le divin Fondement,
L'indéfectible Appui, la Pierre inébranlable,
    Par qui l'Eglise inexpugnable
Doit briser de l'Enfer l'impuissante fureur.

O Parole de vie, ô Verbe impérissable,
    Vraiment digne de vous, Seigneur !
Que n'entamera point la plume empoisonnée,
Le grincement de dents de la haine acharnée,
Le baiser des Judas ou le fer du bourreau !

Dix-huit siècles passés, Verbe toujours nouveau,
Dont la vigueur, que rien ne suspend ou n'altère,
    A son joug a plié la mort,
Et fait bientôt de Dieu resplendir le Vicaire
Sur la tombe où de Dieu le Vicaire s'endort.

Œuvres de l'homme, à qui l'on prodigue la gloire,
  Filles de ses hardis labeurs ;
Prodiges enfantés, tout armés de splendeurs,
  Sous les éclairs de la victoire,
Ou mûris lentement au soleil de la paix ;
Fières créations, retentissants bienfaits ;
Vous que, pour asservir l'espace et la durée,
Tout le génie humain a trempés de son feu,
Venez vous mesurer à l'œuvre que mon Dieu
  D'un mot de sa bouche a créée !

Du Vicaire de Dieu cherchons dans le passé
La figure apparue et le sillon tracé !
Il fit croître et mûrir sur le cloaque immonde,
Où dans un air mortel, les peuples du vieux monde,
Affaissés et vaincus, tombaient ensevelis,
Des gerbes pour le Ciel et des moissons de lis.
Dans le sein de la nuit quand se heurtaient les armes,
Et se mêlaient les cris et le sang et les larmes,
Et que le tourbillon des barbares du Nord
Roulait sur l'Occident l'incendie et la mort,
Des horreurs du combat et de la barbarie
Il fit sortir la paix, la lumière et la vie.
Dix-neuf siècles l'ont vu, roi, pontife, docteur,
Des serviteurs de Dieu toujours le serviteur,
Se pencher vers l'esclave étendu sur la terre,
Le porter dans ses bras et lui dire : « Mon frère ! »
Offrir à l'infortune un cœur où s'appuyer,
A la menace un front qui ne sait pas ployer ;

Debout, toujours armé de la crosse de Pierre,
Du mensonge orgueilleux briser la tête altière ;
Faire germer l'amour, fleurir la liberté ;
Du pain de la justice et de la vérité
Nourrir les nations, diviniser le monde ;
Et, que le soleil brille ou que l'orage gronde,
A l'avant du vaisseau, calme, fort, radieux,
Emporter avec lui son peuple vers les Cieux.

Parfois, aux premières lueurs
D'un jour qui s'annonçait tout paré de splendeurs,
De pâles et lourdes nuées,
Sur le flanc des vallons vagues amoncelées,
Montent, montent encore, et lentement roulées,
Entre la terre verte et notre ciel d'azur
Jettent les plis d'un voile obscur.
Sous ce manteau de deuil, quel frisson ! quel silence !
Où donc le gai matin, tout baigné d'espérance ?
Où donc le roi brillant du jour,
Dont la fleur et l'oiseau saluaient le retour ?
Serait-il vaincu par les ombres ?
Ses feux céderont-ils devant ces voiles sombres ?
Attendez ! attendez ! L'astre victorieux
De lumière inonde les cieux ;
Ardent, il fait pleuvoir ses gerbes enflammées,
Et des lacs endormis les épaisses fumées
A ces traits ont fondu soudain,
Et dans le firmament il brille en souverain ;
Notre terre, toute ravie,
Boit, avec ses rayons, l'allégresse et la vie.

Ainsi montent, aux jours mauvais,
Des flots, encor des flots de nuages épais,
Pour noyer, sous leur masse immonde,
Le soleil qui de Rome illumine le monde.
De la nuit sans espoir la froide obscurité
Lentement s'épaissit ; d'un peuple épouvanté
Ont frissonné toutes les âmes.
Mais soudain voyez quelles flammes !
De ses flèches de feu le soleil du Seigneur
Frappe à coups redoublés le nuage menteur
Qui croule comme une poussière.
Toute couverte de lumière,
— Puissante et douce vision ! —
Rome, phare divin, rayonne à l'horizon;
Des torrents de sève divine
Font vivre et tressaillir le monde qui s'incline.
Au long cantique des douleurs,
Chrétiens, nous mêlerons des hymnes de victoire,
La route que Pie Neuf arrosait de ses pleurs
Est le royal chemin qui conduit à la gloire.
Un jour le Christ Jésus, son Seigneur immortel,
Fit retentir cette promesse :
« Que vienne le moment, entre tous solennel,
» Où, cloué sur le bois, vers le Ciel je me dresse,
» Et j'attirerai tout à moi. »
Ennemis de Pie Neuf, insulteurs de la foi,
Entraînant de Jésus le glorieux Vicaire,
Dont les larmes tombaient goutte à goutte sur vous,
Vous l'avez fait monter sur un nouveau Calvaire :
« Les clous ! qu'on apporte les clous !
» Aiguisez le fer de la lance !

» Sous le Ciel impuissant que la Croix se balance !
» Triomphe, compagnons ! Hourrah ! dressez la Croix ! »
Nos regards se tournaient aux clameurs de ces voix,
Et cherchaient, à travers des tempêtes d'outrage,
Du Vieillard conspué le vénéré visage.
Pie Neuf était en Croix, les bras tendus au Ciel ;
Et déjà les bourreaux de vinaigre et de fiel
L'avaient rassasié. Votre œuvre est-elle faite,
O race de Caïn ? La victoire complète ?
Mais quoi ? Du Vatican quelle splendeur a lui ?
Le Vieillard sur la Croix attire tout à lui !
Deux fois, sous tous les cieux et sur toutes les plages,
Des profonds continents et des lointains rivages,
  Du sein de cent peuples divers,
Par les routes de feu, sur la vague des mers,
Vers les monts où Pie Neuf fatigue la souffrance,
  Vive Dieu ! voici que s'élance
  Tout un monde de pèlerins,
De soldats et de fils innombrables essaims,
Réchauffés et bénis sur le cœur de leur père ;
Ils ont en un Thabor transformé son Calvaire.
Laissez donc, ô lutteur si vaillant et si doux,
Les soldats de l'Enfer gronder autour de vous.
  Pour élever une barrière
Qui rompe les efforts du Monstre frémissant,
  Vos enfants, avec leur prière,
  Ont jeté leur or et leur sang.
Glorieux souvenir qui protége sa vie !
Le Pontife éprouvé, que l'orage battait,
  A la couronne de Marie
Attacha de sa main le fleuron qui manquait.

Il va de son labeur consommer les miracles :
Des Évêques bientôt les saintes légions
Volent à ses côtés, et sur les nations
L'Eglise par sa voix jettera des oracles.

De tes blancs pavillons que j'aime la beauté,
O Jacob ! Israël, que tes tentes sont belles !
Du Ciel est descendu l'Esprit de vérité,
La céleste colombe a secoué ses ailes.
O portes du Cénacle, ouvrez-vous avec bruit !
Debout, peuples et rois, debout ! c'est la Parole,
C'est l'Amour, c'est le Feu, qui s'étend et qui vole.
Où triomphe le froid, où s'épaissit la nuit.
Lumière au cœur soumis, foudre pour le rebelle,
L'éclair étincelant sur le monde a passé :
Béni soit Dieu ! Voici le monde qui chancelle
    Sur ses fondements replacé.

Mais pourquoi, lyre sainte, à ces chants d'allégresse
    Mêler des paroles d'effroi ?
De l'espérance en vain la douce voix me presse ;
    Je pleure et tremble malgré moi.
Hélas ! hélas ! le sang dans mes veines se glace ;
    Et j'en appelle à Vous, Seigneur !
Contre Rome j'entends éclater la menace,
    Et rugir l'ignoble fureur.
Quelle foule, grand Dieu ! qui tourbillonne et gronde,
    De tous peuples et de tout rang !
O jour épouvantable où cette tourbe immonde,
    Ivre de mensonge et de sang,

Foulant et piétinant notre Rome sacrée,
    De ses fanges la souillera !
Où sur l'auguste proie, à des bourreaux livrée,
    L'Enfer tout entier bondira !

Aux atroces fureurs des enfers et de l'homme
— Dieu du Ciel, pardonnez ! — Voir abandonner Rome !
Rome ! astre vers lequel j'appris, avec amour,
A tourner mes regards à peine ouverts au jour ;
Rome ! entre les cités la cité sans rivale,
De l'univers chrétien parure virginale ;
Rome ! ville de Dieu, le séjour révéré
Au Vicaire du Christ dix siècles préparé ;
Rome ! du monde entier et le cœur et la tête,
Soleil des jours sereins, phare dans la tempête ;
Rome ! qui nous a pris, pour cimenter ses murs,
De sueur et de sang les torrents les plus purs ;
Rome ! de notre foi monumentale histoire
Qui chante ses douleurs, ses combats, sa victoire ;
Rome ! que tout le Ciel peupla de souvenirs,
Le berceau des docteurs, l'arène des martyrs ;
Rome ! où le sang versé pour la foi catholique
De chaque grain de terre a fait une relique ;
Rome ! à nos ennemis qu'il suffit de montrer
Dans la poudre aussitôt pour les faire rentrer ;
Rome ! notre trésor, notre orgueil, notre joie !
Non, quelque châtiment que le Ciel nous envoie,
A ses fils bien-aimés, non, jamais le Seigneur
Ne voudrait infliger cette immense douleur !

Seigneur ! d'enthousiasme et d'espoir je tressaille !
O France de Clovis, en un jour de bataille
Par Dieu même créée ! A l'appel de sa voix
Toi qui bondis soudain, emportant, à la fois,
La douceur de l'agneau des ondes baptismales,
Et des champs du combat les ardeurs martiales !
France de Charlemagne, au cœur mâle, à l'œil fier,
Aux fortes mains de qui brille et frémit le fer,
Que Dieu fait flamboyer aux portes de la terre,
Héritage sacré de son royal Vicaire !
France de Godefroid, France de saint Louis,
L'orgueil et la stupeur des peuples éblouis,
Vers le tombeau du Christ, sous la croix rayonnante,
Au cri de *Dieu le veut !* qui t'élançais ardente,
Et, sous ton pas fougueux, ébranlas l'Orient,
L'âme en feu, le cœur haut, et le front souriant !
A tes robustes flancs sonne toujours l'épée,
Et l'âme des aïeux ne sera point trompée ;
Tu ne livreras pas Rome ni son grand Roi,
J'en jure par ta gloire et ton cœur et ta foi !

Auguste AIGUEPERSE.

Petit séminaire de Servières.

(DIOCÈSE DE TULLE).

JE VOUDRAIS D'UN LAURIER FAIRE HOMMAGE A MA MÈRE

Dédiée à M. le Comte de Fontgebaud, du Conseil général de la Manche

NAPOLÉON Ier

Marqué dans le lointain des âges,
Le Ciel nous l'avait destiné ;
A l'histoire il fallait des pages,
Au monde un héros couronné :
Ce guerrier d'illustre mémoire,
Dont le nom inspire la gloire,
Cet homme abaissé sans raison,
Cet homme élevé sans mesure,
Ce jet puissant de la nature
Allait être Napoléon.....

Son aigle à l'immense envergure
Devait planer au haut du ciel,
Portant sur son aile un augure
Mystérieux et solennel :
Son vol révélait un grand homme,
Les noms de la France et de Rome,

Et si son œil ambitieux
Ne se fût frappé du mirage
De cette fastueuse image,
Il serait grand comme les cieux.

Il serait le vainqueur d'Arcole,
Le vainqueur d'Ulm et de Lodi;
Ressuscitant à son école,
Tout le vieux monde eût applaudi.
Les rois défaillants et timides,
De la Vistule aux Pyramides,
Du noir Kremlin jusqu'à Luxor,
Malgré leur royale naissance,
Auraient confessé la puissance
De son irrésistible essor.

Le siècle eût proclamé sa gloire.
Le Volga, l'Adige et le Pô,
Le Rhin, le Danube et la Loire,
Aux trois couleurs de son drapeau
Prêtant le miroir de leurs ondes,
Eussent jusques aux mers profondes
Porté les feux de l'arc-en-ciel
Qui semblait pavoiser la terre,
Comme le signe héréditaire
D'un vaste empire universel.

Hélas ! son aveugle paupière
Ne vit pas que Rome est à Dieu ;
Son pied sur la barque de Pierre
Fléchit..... le Ciel lui dit adieu!!

La nuit obscurcit son étoile,
Le vent cessa d'enfler sa voile
Qui flottait glorieuse au port.
Un jour vint, la coupe était pleine,
L'écueil s'appela Sainte-Hélène,
L'exil, le naufrage et la mort.

La France aimera d'âge en âge,
Dans notre éternel avenir,
A dire aux guerriers son courage,
Les héros sont longs à mourir.....
Pauvre martyr de Sainte-Hélène,
Albion lui légua sa haine,
Qu'attendre en effet d'un Anglais?
Mais dans son éclatant génie,
Il mourut pleurant sa patrie
Et priant Dieu pour ses Français!

Mais pourquoi réveiller sa cendre
Quand les destins sont accomplis?
Dors en paix, moderne Alexandre,
Sous la garde de tes amis.
Après le deuil, après l'épreuve,
La France a cessé d'être veuve,
Ton cœur repose sur son cœur.
L'hymne interrompu recommence,
Ton nom rayonne encore immense
Vainqueur du temps, toujours vainqueur.

Il n'est pas du destin des hommes
De survivre au-delà des temps,
Et tous mortels tant que nous sommes
Nous errons, le jouet des vents.
Dieu voulut qu'une fin cruelle
Empêchât la gloire immortelle,
Sans cela..... l'immortalité,
Je la lui promettrais sans feinte,
Car son nom porterait la crainte
Au delà de l'Eternité! !

Charles POSTEL.

(diocèse de coutances)

SIMON-PIERRE

Assis au bord des flots, Jésus parlait à Pierre ;
Jésus ressuscité, dont le corps sous la pierre
    Durant trois jours avait dormi ;
Et Pierre, agenouillé sur l'humide rivage,
Laissant couler ses pleurs sur son rude visage,
    Écoutait ce céleste ami,

Qui, roi découronné d'un royaume invisible,
Songeait à convertir en athlète invincible
    Le disciple une fois battu.
Délaissant avec lui les froides paraboles,
Jésus l'interrogea dans ces simples paroles :
    « Simon, fils de Jean, m'aimes-tu ? »

Pierre, l'âme oppressée et le cœur plein d'alarmes,
Ecouta cet accent au milieu de ses larmes ;
    Puis, avec tristesse et douceur :
« Vous le savez, dit-il ; oui, Seigneur, je vous aime ! »
Et sa voix s'éteignit dans un sanglot suprême ;
    C'était le serment de son cœur !

Mais le Sauveur, pensif, semblait ne pas entendre
Le serment désolé, la réponse si tendre
 De cette fragile vertu ;
Il laissa retomber, plus douces et plus lentes,
Pour la seconde fois ces paroles touchantes :
 « Simon, fils de Jean, m'aimes-tu ? »

Le disciple, à genoux, avait courbé la tête ;
Sa pâleur décelait l'émotion muette,
 Ses lèvres n'osaient s'entr'ouvrir ;
Enfin, par un effort triomphant de lui-même :
« Vous le savez, dit-il ; oui, Seigneur, je vous aime,
 » Et pour vous je saurais mourir ! »

Mais Jésus, toujours grave et plus mélancolique,
Laissa lire au pêcheur dans son œil sympathique
 Comme un doute en vain combattu ;
Puis, divinement triste et suavement tendre,
Il reprit, d'une voix qu'on put à peine entendre :
 « Simon, fils de Jean, m'aimes-tu ? »

Pierre, bouleversé jusqu'au fond de son être,
Sentit son front rougir sous l'œil du divin Maître
 Et sous un amer souvenir ;
Le remords dans son cœur l'appelait infidèle,
Et, lui renouvelant une scène cruelle,
 Lui disait : Dieu veut te punir !

Mais, levant son regard sur l'Homme du Calvaire,
Et voyant qu'il était plus tendre que sévère
    Et qu'il semblait le supplier :
« Ah! vous avez, dit-il, la science suprême ;
» Vous savez mieux que moi, Seigneur, que je vous aime,
    » Et que je vis pour expier ! »

Puis, venant retomber aux pieds du Fils de l'Homme,
Aux pieds d'un Dieu jaloux de l'amour d'un atome
    Auquel il daigna faire un cœur,
Il adora ce front céleste, pur et calme,
Ce front où le martyre avait posé sa palme,
    L'éternité son sceau vainqueur !

Et Jésus déposa son sceptre aux mains de Pierre.—
Pour garantir les lois qu'il laissait à la terre
    Des tempêtes de chaque jour,
Le Maître avait assez d'un pêcheur de la grève
Qui s'en allait combattre avec la foi pour glaive,
    Pour mot d'ordre un serment d'amour !

Or, les flots ont grossi depuis ces jours antiques,
Les flots d'impiétés, de fureurs frénétiques,
    Amoncelés contre la Croix...
Mais l'Eglise, debout, reste immobile et fière,
Le regard sur son Chef, qui répète avec Pierre
    Ce cri sauveur : « J'aime et je crois ! »

              Mme Ernest BARUTEL,
              Née Adolphine BONNET,
                Auteur des *Echos de l'âme.*

                (DIOCÈSE DE CARCASSONNE)

BEATÆ MARIÆ VIRGINI

Secours des Chrétiens, ô Marie,
Heureuse l'âme qui vous prie !
Sein qui portâtes l'Eternel,
Heureuse la voix du poëte
Qui module des chants de fête
En présence de votre autel !

On vous nomme l'Immaculée.
Le lis, parfum de la vallée,
Annonce votre pureté.
Mais pour bien dire vos louanges,
Il faudrait la harpe des anges
A notre pauvre humanité.

Vous dont le Pontife suprême
Vient d'enrichir le diadème,
Du haut du Ciel, veillez sur lui.
Et nous dont la foi vous implore,
Protégez-nous, céleste aurore,
Gloire du séjour éternel.

L'Abbé Victor DE LESTANG.

Le Puy.

MES COMPLIMENTS AU SAINT-PÈRE

Du bien-aimé Pie Neuf honorons le courage ;
Il sera proclamé le héros de notre âge.
L'orgueil mugit en vain sur lui comme un volcan,
Etranger à la peur, il règne au Vatican.
Il puise cette force en la promesse antique
Faite par le Sauveur à la foi catholique.
Vingt siècles ont passé sur la divine nef,
Et de mille ouragans a triomphé son chef.
Quand l'erreur furibonde assaille l'Evangile,
Deux barrières sont là, le Pape, un grand Concile.
Pour l'Eglise du Christ, amis, ne craignons pas.
Donnons-lui, quand il faut, nos fortunes, nos bras ;
Pour elle combattons hardiment sur la terre.
Tu nous attends là-haut, bonheur que l'âme espère !

Martin ALPHONSE.

(DIOCÈSE DE MONTPELLIER)

JÉRUSALEM

SONNET

Quand sous son déicide et Titus en fureur,
Jérusalem maudite eut fermé sa paupière,
Sans que du temple saint restât pierre sur pierre,
Le corps seul succomba, trop juste objet d'horreur.

Mais d'une autre existence un souffle avant-coureur,
L'âme se dégagea de cette immense bière ;
La nouvelle Sion put revivre en saint Pierre ;
Le Pape enfin bénit où tonnait l'Empereur. —

Ainsi, dès que chez nous sera mort le vieil homme
De sa Jérusalem notre âme ira vers Rome,
La matière à l'Idée et la lettre à l'Esprit ;

Car, pour chaque mortel, autant que pour le monde,
L'âge vient où, chassant tout alliage immonde,
Dans l'or pur de son nimbe apparaît Jésus-Christ.

Emile DESCHAMPS.

(Versailles)

A SA SAINTETÉ PIE IX

Pontife vénérable,
Ton règne sur le sable
Ne sera pas écrit :
Sur l'airain de l'histoire,
Qui gravera ta gloire?
La main de Jésus-Christ.

O successeur de Pierre,
Colonne de lumière,
Qu'allumèrent les Cieux,
Les enfants de la France
Lèvent pour ta défense
Le fer de leurs aïeux.

En butte aux traits du crime,
Toujours, Vieillard sublime,
Tu restes calme et doux.
Au milieu des alarmes,
N'as-tu donc pas les armes
Du céleste courroux ?

Si le mal sur la terre
Attire la colère
Du Seigneur irrité,
Invoque, invoque, ô Pie,
Notre Mère, Marie :
Immense est sa bonté.

Placé sous son égide,
Elle sera ton guide
Au milieu des autans,
Et nous verrons encore
Apparaître l'aurore
Qui promet d'heureux temps.

C.-Antony RÉNAL ([1]).

(DIOCÈSE DE LYON)

[1] Cette pièce est une voix de la tombe. Elle fut en quelque sorte le chant du cygne d'un poëte qui nous fut cher. C'est une main pieuse qui a retiré ces strophes du portefeuille où elles étaient cachées.

ADELETTE A PIE IX

Voguons dans la barque éternelle,
A travers le flot agité,
Car toujours brillera pour elle
Le phare de l'éternité.

Au gouvernail, ô Très-Saint Père,
Nos yeux contemplent votre main,
Qui, malgré la vague en colère,
Garde toujours son droit chemin.

Le Concile à Rome s'assemble,
De tous les points de l'univers ;
Il rassure le bon qui tremble
Et déconcerte le pervers.

Vainement l'Hydre nous assiége,
Vainement rugit son courroux ;
Nous savons que Dieu nous protége :
O Pontife, bénissez-nous.

L'impiété vers nous s'avance
Machinant de noirs attentats :
Aidés par la Toute-Puissance,
Nous combattons les bons combats.

Orgueilleux, déchirez vos trames,
Et notre espoir sera plus doux ;
Voilà le souverain des âmes,
Tombez, tombez à ses genoux.

J'ai voulu rendre mon hommage
Au Gardien de la Vérité :
Chrétien, j'aurai rempli ma page....
Lecteur, un peu de charité.

Dr L. FRESTIER,

Membre de plusieurs sociétés savantes,
honoré d'une médaille pour services
rendus pendant le choléra de 1855.

HYMNE

Les échos de la terre et les plaines de l'onde
S'émeuvent à la voix du souverain Pasteur.
Le Pontife a parlé, des limites du monde,
Nos Evêques vers lui volent avec ardeur.

Célestes légions, sur la Ville Eternelle
Venez, venez dresser les tentes du Seigneur.
Les voici les Vieillards à qui Dieu se révèle,
De qui le Paraclet illumine le cœur.

Esprit, descends du Ciel, comme sur le Cénacle;
Viens en langues de feu porter le don divin,
Et parmi nos prélats, ô consolant spectacle !
Revivront Pierre, Paul, Chrysostome, Augustin.

« Frères, nous diront-ils, Jésus donne l'eau vive;
» Près du puits de Jacob accourons à sa voix.
» Que son regard si doux à l'envi nous captive ;
» Et nous serons ainsi disciples de la Croix. »

Aux Assises du Ciel que nul ne se dérobe ;
Sous le joug du Seigneur allons tous nous ranger,
Pour qu'au jour du festin l'éclat de notre robe
Contre son jugement puisse nous protéger.

Sainte Mère de Dieu, ma faible voix te prie ;
Pour les cœurs ulcérés sois le rayon de miel ;
Etoile de la mer, éclaire notre vie,
Et pour tous tes enfants sois la porte du Ciel.

Pleure, pauvre Rachel, ta douleur est amère [1] ;
Qui te consolera, tes enfants ne sont plus ?
Plus heureuse que toi, l'Eglise, notre Mère,
Dans ses fils égarés retrouve des élus.

Quel univers nouveau s'élève du Concile !
Le Lion de Juda triomphe de l'Erreur ;
Les peuples sont soumis au joug de l'Evangile ;
Il n'est plus qu'un troupeau sous un même Pasteur.

Flavie CABROL.

(DIOCÈSE DE CARCASSONNE)

[1] Allusion à des amertumes personnelles.

LE 8 DÉCEMBRE 1869

Montez, montez au Ciel, accents de la prière ;
Extase de la lyre, allez vers le Seigneur,
Poëtes, en ce jour, à l'Eglise, au Saint-Père,
    Chantons la foi de notre cœur.

Avec nos saints martyrs couronnés dans la gloire,
Avec les confesseurs, avec les bienheureux,
De notre saint Pontife honorons la mémoire,
    Louons le Concile avec eux.

Céleste Trinité, profondeur infinie,
Père, Fils, Esprit-Saint, assemblage éternel,
Par vous de nos Pasteurs l'union est bénie,
    Voici le jour d'Emmanuel !

Interprètes sacrés de la bonne nouvelle,
Condamnez, fulminez les doctrines de mort ;
Vous avez les discours de la vie éternelle,
    Et la vérité du Dieu fort.

Vous possédez les dons de force, de prudence,
Vous êtes parmi nous les Anges de la paix,
Faites à nos regards éclater la puissance
 Du Dieu qui demeure à jamais.

Montez, montez au Ciel, accents de la prière,
Extase de la lyre, allez vers le Seigneur,
Poëtes, en ce jour, à l'Eglise, au Saint-Père,
 Chantons la foi de notre cœur.

Pauline HENRY, née LEMAITRE.

(DIOCÈSE D'ARRAS)

A PiE IX

Depuis de bien longs jours, sur la terre attristée,
Se déchaîne en grondant l'ouragan furieux ;
L'impiété rugit, le sceptique et l'athée
Nous veulent arracher la foi de nos aïeux.

Les oracles sacrés de la Vérité même,
Qui tombèrent un jour des lèvres du Sauveur,
Sont voués au dédain, à la haine, au blasphème ;
Chrétiens, voilons nos fronts, pleurons notre malheur !

Mais soudain retentit le cri de l'espérance ;
L'Eglise de Jésus jamais ne doit périr !
Le Vicaire du Christ, armé de sa puissance,
Fait entendre sa voix ; hâtez-vous d'accourir,

Pontifes, qui veillez à la garde fidèle
Des dogmes révélés, dépôt mystérieux ;
Allez former au sein de la Ville Eternelle,
Au Pasteur des Pasteurs, un sénat glorieux !

Que devant les décrets de l'auguste assemblée,
Que préside et conduit l'Esprit inspirateur,
Le doute convaincu, l'erreur humiliée,
Arborent de la foi le pavillon vainqueur !

Que toute nation, en adorant, s'écrie
Avec un saint transport : Anathème à l'erreur !
Pierre nous a parlé par la bouche de Pie ;
Nous croyons, nous aimons ! A Dieu louange, honneur !

Sublime tribunal, immortelles Assises,
Qui couronnez un règne à jamais glorieux
Dans l'histoire des temps, les croyances soumises
Inscriront vos arrêts, divins échos des Cieux.

Et toi, Pontife aimé, dont l'âme évangélique
Est l'image du Christ, qui dira ta grandeur ?
Quel poëte a chanté ta douceur angélique ?
Quelle harpe a loué les transports de ton cœur ?

Seigneur, Dieu de bonté, daigne dans ta clémence,
Sur ton Pontife-Roi répandre avec amour
Les célestes trésors de ta munificence ;
Que de ses ennemis il triomphe en ce jour !

Étends, ô trois fois Saint, ta main étincelante
Et des flots ameutés apaise la fureùr ;
Fais que le fils ingrat, la brebis chancelante,
Soient, humblement soumis, rendus au bon Pasteur.

Sr C. DE M.,

Religieuse Ursuline du diocèse de Saint-Brieuc.

LA ROME DES GAULES ET LE CONCILE DU VATICAN

Ecoutez, écoutez cette voix solennelle
Que fait entendre au loin la Reine des cités ;
  Le vent la porte sur son aile
De ce centre du monde à ses extrémités.

C'est Pierre convoquant dans sa ville de Rome,
En nos temps pervertis, un Concile nouveau.
  Accourez, oints du Fils de l'Homme,
Dans le temple où la vie a germé d'un tombeau.

Lyon, à cet appel de son antique mère,
Regardant son passé, de joie a tressailli :
  Lyon n'est-il donc pas la terre
Où le sang des martyrs par torrents a jailli ?

Lyon n'est-il donc pas l'Eglise fortunée
Existante déjà quand Paul la visita ? (¹)
  N'a-t-elle pas son Irénée,
L'éclat que dans ses saints longtemps elle jeta ?

---

(1) D'après des traditions respectables, lors du voyage de saint Paul en Espagne, par la France.

Aux temples, aux palais qui couvraient sa colline,
Splendides monuments du vieux culte païen,
   Ont succédé, faveur divine,
Des temples embaumés par l'encensoir chrétien.

Quelle ville jamais eut des tombes plus saintes,
De plus mâles vertus, des souvenirs plus beaux,
   Et plus de pieuses enceintes,
Moins toi, Rome, où la Croix remplace les faisceaux ?

De Rome on voit partir des légions d'apôtres,
Pour conquérir au loin des cœurs à Jésus-Christ ;
   Et nous, n'avons-nous pas les nôtres
Qu'emporte aussi partout le souffle de l'Esprit ?

N'est-ce pas dans tes murs que prit un jour naissance,
O ville des Pothin, des Nizier, des Eucher,
   Ce Denier de la Providence
Qui propage la loi du Dieu, Verbe fait chair (¹).

N'est-ce pas à tes fils comblés par l'opulence
Qu'on accourt de si loin demander des bienfaits ?
   Ces dons de ta munificence,
Chaque jour recueillis, ne s'épuisent jamais.

(¹) La Propagation de la Foi.

Mais si par ces liens tient la fille à la mère,
Il en est un plus fort, il en est un plus cher,
  C'est notre attachement à Pierre,
Au siége contre qui ne prévaut pas l'enfer.

Nous sommes les enfants de ces deux grands Conciles (¹)
Réunis à Lyon en d'autres temps troublés,
  Où nos pères de tant de villes
Virent sous l'œil de Dieu les Pasteurs assemblés.

O Vierge immaculée, un autel, de bonne heure (²),
Parmi nous t'honora sous ce nom glorieux.
  Fourvière, ta sainte demeure,
Nous proclame des fils dignes de nos aïeux.

Des gloires dont toujours tu seras couronnée,
Rome, qu'ainsi sur nous resplendisse un rayon ;
  Nous gardons la foi d'Irénée,
Tu la reconnais là l'Eglise de Lyon.

L'Abbé LOMINY.

(DIOCÈSE DE LYON)

(1) Les deux Conciles généraux célébrés à Lyon.
(2) Saint Anselme aurait porté cette dévotion à Lyon, dans le onzième siècle.

ET VIDIT QUOD ESSET BONUM

L'homme a dit : « J'ai voulu tout savoir, je sais tout!
» Dans mon domaine étroit je ne tiens plus en place;
» J'ai vécu tout mon temps, couru tout mon espace;
» J'ai la Vie en horreur et la Terre en dégoût! »

La Terre a dit : « Mon sein s'appauvrit et se glace,
» Et mon lait en poison pour l'homme se résout;
» La lèpre du péché, qui l'envahit partout,
» S'étend jusqu'à mes os; d'enfanter je suis lasse! »

Le Ciel a dit : « L'éclair se rouille au glaive ardent,
» Et l'Ange, au saint parvis, s'ennuie en attendant
» Qu'un élu des élus commence enfin le nombre ! »

L'Enfer a dit : « Satan se fatigue à tasser
» Le damné qui pullule au charnier qui s'encombre ! »
Le Verbe a dit : « Néant ! c'est à recommencer ! »

Joséphin SOULARY.

Lyon.

LE TRIOMPHE DE L'ÉGLISE PAR LA CROIX

Je ne suis pas de ceux dont l'orgueil téméraire
Rougit de s'incliner, ô Christ, devant ta Croix ;
Je ne suis pas de ceux qui vont sur le Calvaire
Insulter à tes pleurs une seconde fois.

Verbe divin, je crois à ta parole sainte ;
Je bénis, en pleurant, ton immense bonté ;
De ton sang répandu je vénère l'empreinte ;
Et j'aime l'étendard de ta divinité.

Je te salue, ô Croix, mon unique espérance ;
Laisse-moi de ton Christ baiser les pieds sacrés ;
Oui, je peux maintenant chanter ma délivrance ;
Les voiles de la mort sont déjà déchirés.

Que les sages du monde invoquent leurs idoles ;
Que dans les dieux d'argile ils placent leur espoir ;
Bientôt disparaîtront tous leurs rêves frivoles,
Ainsi que disparaît la feuille au vent du soir.

Et qu'importe, Seigneur, leur offense à ta gloire !
Que dans leur cœur superbe ils méprisent ta loi ;
Qu'à tes dogmes sacrés ils refusent de croire :
Le temps est fait pour eux, l'éternité pour toi.

Laisse-les invoquer, dans une folle ivresse,
Contre tes saintes lois leur débile raison ;
Le temps a fait un pas, que leur front se redresse.
Où sont-ils ? J'interroge en vain tout l'horizon.

Mais quoi ! Libres-penseurs, qui bravez Dieu lui-même,
Vous croyez, pour couvrir vos desseins criminels,
Trouver dans le néant un asile suprême :
Votre espoir est déçu, vous êtes immortels.

Bientôt vous le verrez, le martyr du Calvaire,
Au milieu des éclairs, il viendra dans les cieux.
Appuyé sur sa Croix, le visage sévère,
Il vous apparaîtra, brillant et radieux.

Ce front pâle et voilé d'un bandeau sacrilége
Brillera, comme au ciel resplendit l'astre d'or ;
Et couvert d'un manteau non moins blanc que la neige,
Il renouvellera les splendeurs du Thabor.

Vous le verrez assis sur son trône de gloire,
Entouré de tous ceux qui furent vertueux.
Les anges dans les airs chanteront sa victoire :
« Où sont donc, diront-ils, ces esprits orgueilleux,

» Où sont ces ennemis, dont la haine farouche
» Prétendait du Seigneur renverser les autels?
» Roseaux d'un jour, que brise un souffle de sa bouche,
» Paraissez devant lui, téméraires mortels.

» Ils avaient espéré du Christ et de l'Eglise
» Ecraser le pouvoir sous leur rire moqueur;
» De la chute ils marquaient déjà l'heure précise :
» Les voilà terrassés, et le Christ est vainqueur !

» Chantons de notre Dieu, célébrons la victoire.
» Ta puissance, Seigneur, égale ta bonté.
» Le Christ règne ; il commande ; amour, honneur et gloi
» Gloire à l'Agneau divin, roi de l'Eternité ! »

Comme le vendangeur, au pressoir qu'il inonde,
Sous ses pieds indignés foule les raisins mûrs,
Ainsi le Christ alors, ô sages de ce monde,
Foulera sous ses pieds vos bataillons impurs.

Pour cacher vos projets et vos crimes sans nombre,
Vous disiez dans le jour : « Soleil, retire-toi ! »
Et le soir vous disiez : « Nuit, prête-nous ton ombre,
» Et qu'ainsi nous soyons à couvert de sa loi. »

Insensés! le Seigneur éclaire vos ténèbres,
Et son œil vigilant compte tous vos forfaits.
A quoi bon vous couvrir de ces ombres funèbres?
Il brisera le masque où sont cachés vos traits.

Un jour sur tous vos fronts sa lumière divine
Fera luire l'éclat de ses rayons vengeurs,
Et le monde verra, jusque dans leur racine,
Tous les vices impurs recélés en vos cœurs.

Pour cacher de vos fronts la honte irréparable,
Vous dites : « Dans ton sein, ô mer, engloutis-nous;
» Prête-nous de tes flots le voile impénétrable,
» Où fuir du Dieu vivant l'invincible courroux?

» Sous l'ombre des forêts, dans les champs de l'espace,
» O vents, emportez-nous aux rives du néant! »
Vous implorez en vain et l'Aquilon qui passe,
Et les gouffres profonds, et le sombre Océan.

Restez, c'est maintenant l'heure de la justice;
L'univers attentif est ici rassemblé;
Vous allez recevoir votre juste supplice;
Il faut que votre cœur soit enfin dévoilé.

Assez longtemps au Christ vous avez fait la guerre;
Vous avez en tout lieu poursuivi la vertu;
Par des crimes sans nom vous étonniez la terre;
Vous marchiez fièrement sur le pauvre abattu.

En vous voyant passer avec cette arrogance,
La foule se disait : « Existe-t-il un Dieu ? »
Les cris des opprimés, en demandant vengeance,
Vers le séjour divin s'élevaient en tout lieu.

Voici le jour du Christ : devant son trône auguste,
Sages, puissants, venez en ce jour solennel ;
L'univers apprendra que le Seigneur est juste :
S'il vous a supportés, c'est qu'il est éternel.

Victor LAC DE BOSREDON.

(DIOCÈSE D'AGEN)

SUR LE SAINT PÈRE

SONNET (PATOIS BORDELAIS)

Es sus la terre un Rey que ne bâou que lou bien,
Que cerque à reteni les passiouns funestes,
Que counduis soun troupet en bigilèn gardien,
Ne réylau qu'à guari d'un màòu lous tristes restes.

Cépèndèn das esprits dèns lurs bets éntretién,
Ne béden pas lou Pape abec das uïls célestes,
En diden tant de màòu qu'un prince anti-chretién
N'és pas àòussi négrit déns lous durs manifestes.

Frayres, didets mé dounc, perqué tant de trabers,
Per un pastur si boun àòu cap de l'unibers ?
M'én bàòu lou connfessa per deban tout lou mounde.

Lous meynatches, sabets, ban dreyt à lur malhur,
Mais quand bole lou pay mescounéchen soun cur ;
Aquos insi qu'agis la foule bagabounde.

DADOR, Sⁿ DE ST-NICOLAS.

Bordeaux.

(TRADUCTION)

Il est sur terre un roi qui ne veut que le bien,
Qui cherche à modérer nos passions funestes,
Qui conduit ses enfants en vigilant gardien,
Ne songeant qu'à guérir d'un mal les tristes restes.

Cependant des esprits dans leur docte entretien
Sont loin de voir le Pape avec des yeux célestes,
Ils le dénigrent tant qu'un prince anti-chrétien
N'est pas aussi noirci dans certains manifestes.

Mortels, dites-moi donc, pourquoi tant de travers,
A l'égard d'un pasteur si bon pour l'univers?
Je vais le confesser à la face du monde.

Les enfants, on le sait, courent à leur malheur,
Mais quand le père vole, ils repoussent son cœur;
Et c'est ainsi qu'agit la foule vagabonde.

A PIE IX

TU ES PETRUS !

Qu'elle est belle l'Eglise et que sa marche est sûre !
En vain l'esprit d'erreur veut rompre son armure,
    Elle se rit de tous ses coups.
Comme un bouclier d'or, opposant la promesse
Qui la revêt d'amour, de force et de sagesse,
    Que peut contre elle son courroux ?

Ah ! c'est qu'un jour le Christ, en s'adressant à Pierre,
Lui dit : « Sois le premier : sois le roc angulaire
    Qui portera la vérité.
Je te donne les clefs du céleste royaume,
Et l'homme, qu'il soit prince ou caché sous le chaume,
    Relève de ta royauté.

» Assis sur le sommet de la montagne sainte,
Le regard attentif, le cœur exempt de crainte,
    Tu domineras en tous lieux.
Ta voix proclamera la vérité divine,
Pour que toute hauteur et s'abaisse et s'incline,
    Aux applaudissements des Cieux.

» Tu paîtras mes agneaux et tu paîtras leurs mères.
Ta foi confirmera la foi de tous tes frères
    Dont nul ne m'aima comme toi.
Tes paroles seront comme autant de miracles,
Et toi seul sauveras, par tes sacrés oracles,
    La raison non moins que la foi ;

» Car pour toi j'ai prié. Dans ton âme fragile
La foi toujours debout comme un roc immobile,
    Ne subira jamais d'affront ;
Et tout homme, égaré dans les déserts du doute,
N'aura qu'à regarder, pour retrouver sa route,
    Le signe qui brille à ton front.

» Ce signe est l'Unité dont je te fais le centre ;
Dans ta main désormais ma volonté concentre
    Le foyer de l'enseignement.
Quiconque aura voulu fonder une doctrine
Hors de toi, périra ; sa parole en ruine
    N'éveillera que le néant.

» Pontife souverain, Hiérarque suprême,
Par toi les dons sacrés, l'Apostolat lui-même,
    Se rattachent au plan divin.
A toi la Primauté d'honneur et de puissance !
A toi, vase choisi, de verser l'abondance
    De mes trésors jusqu'à la fin !

» Reçois donc tout pouvoir pour le transmettre aux autres,
Pour ouvrir et fermer, eux-mêmes, mes Apôtres,
  A toi doivent rester unis.
Lieutenant de mes droits, à ton humble personne,
Malgré l'éclat divin dont je les environne,
  Je veux qu'ils demeurent soumis.

» Etends ton bras béni vers tous les points du monde ;
Commande, fais des lois ; ta sagesse profonde,
  Législateur universel,
Est ma sagesse à moi ; parle dans ta puissance
Et que, dans tes décrets, l'univers en silence
  Entende les décrets du ciel.

» Mais un jour tu mourras : est-ce donc que l'Eglise
Avec toi va mourir ? Non. Sur ta tombe assise,
  Dans les périls les plus divers,
Elle conservera mes lois et mon symbole ;
Car, même après ta mort, tu diras la parole
  Qui suffit à tout l'univers.

» Oui, dans tes successeurs, les plus lointains rivages
Reconnaîtront ta voix ; jusqu'à la fin des âges
  En Eux vivra ta Primauté.
Et, prosternés devant ta chaire apostolique,
Tous en Eux salueront le privilége unique
  De ton Infaillibilité. »

Et Jésus, abaissant son regard vers la terre,
Voila son front divin d'une tristesse austère...
    Il avait sondé l'avenir.
Le schisme et l'hérésie et le tranchant du glaive
Devaient bientôt traiter son Œuvre comme un rêve
    Qui fatigue le souvenir.

Et plus tard, opposant à la foi tout système,
Il voyait la raison, dans son orgueil extrême,
    Nier l'ordre surnaturel ;
Ebranler sous ses coups les plus saintes croyances,
Et tout précipiter, jusques aux consciences,
    Dans un naufrage universel.

Mais, bientôt relevant sa tête vénérable,
Son œil brilla soudain d'un éclat adorable,
    Et, sur ses Apôtres émus,
Etendant cette main qui balance les mondes,
Il tira de son cœur ces paroles fécondes,
    Qui peupleront les Cieux d'élus :

« Allez ! suivez le Chef de ma sainte milice,
Apôtres, avec lui descendez dans la lice,
    L'univers est à conquérir.
Mais par lui soyez *un*. Mon dessein immuable
Le veut et donne ainsi sa forme impérissable
    A l'Épiscopat à venir.

» Unis, vous serez forts de la force de Pierre :
Vous lierez, délierez et les Cieux et la terre ;
    L'erreur tombera sous vos coups.
Avec lui désormais vous serez infaillibles,
Avec lui vous serez à l'enfer invincibles,
    Car, par lui, je suis avec vous !

» Et maintenant, allez ! souffrez pour la justice,
Et buvez à longs traits à mon amer calice ;
    Montez ensemble au Golgotha ;
Le serviteur n'est pas au-dessus de son maître.
Pour faire aimer mon Père en le faisant connaître,
    Aimez comme le Christ aima.

» Aimez jusqu'à mourir. Le monde est dans la haine ;
Qui le délivrera de cette lourde chaîne ?
    Ah ! l'amour seul est assez fort !
Mourez donc, s'il le faut, par amour, et le monde
Ira puiser la vie à la source profonde
    De votre triomphante mort. »

L'Église était fondée. En montant vers son Père,
Avec la vérité, Jésus, de son Calvaire
    Lui fit le magnifique don.
Outragée et trahie avec son divin Maître,
Comme lui sur la Croix, elle devra connaître
    Les angoisses de l'abandon.

Mais, puisant dans l'épreuve une immortelle vie,
Quand ses persécuteurs croiront l'avoir meurtrie
    Assez pour la mettre au cercueil,
Elle se lèvera, le front pur et paisible,
Et de son pied vainqueur, sur son roc infrangible,
    Elle écrasera leur orgueil.

Et les peuples trompés par les fausses doctrines
Qui n'ont su qu'entasser ruines sur ruines,
    Demanderont la vérité.
Et dans l'Église enfin ils salueront leur Mère,
Et leurs yeux dessillés recevront la lumière.
    Et tous les cœurs la charité.

O Père saint! ô PIE! à l'âme magnanime!
Tes yeux contempleront ce spectacle sublime,
    Et tandis que les flots vengeurs
Emporteront au loin leur sceptre et leur couronne,
Tu resteras debout sur ton auguste trône
    Pour absoudre tes oppresseurs.

Et tes saints méprisés relèveront la tête,
Seigneur! car c'est pour eux que gronde la tempête;
    Que les peuples se sont armés.
Même à tes ennemis quand tu permets la gloire,
Nous le savons, le fruit dernier de la victoire
    Est toujours pour les opprimés.

O Dieu ! hâte ce jour ! Orgueilleux de leur nombre,
Ils ne se cachent plus comme autrefois dans l'ombre ;
    Ils conspirent à ciel ouvert.
Des humbles, prosternés le front dans la poussière,
Ecoute les soupirs, exauce la prière !
    N'avons-nous pas assez souffert ?

Et quand luira le jour des suprêmes batailles,
Quand l'airain sonnera les grandes funérailles,
    Quand partout le sol tremblera ;
Tu nous épargneras le fiel de ton calice,
Seigneur ! car pour sauver le droit et la justice
    La France alors se lèvera !

GANNAT,

Missionnaire apostolique

Curé de Saint-Pierre-les-Minimes
à Clermont-Ferrand (1).

(1) Rome, 2 octobre 1866.

Votre Hymne à PIE IX m'a paru admirable pour la doctrine et la poésie. Il n'est pas possible qu'on n'admire pas, à Rome, cette petite pièce dont le fonds est si riche de grandes vérités.

† CLÉMENT, Card. VILLECOURT.

LE CHRIST AU XIX SIÈCLE

> Ut lampas.
> ISAÏE.

Les ténèbres du vide enveloppaient la face ;
Dieu dit : Que dans la nuit la lumière se fasse !
Et l'aube du chaos sortit en souriant ;
Et du dôme azuré les voûtes se tendirent ;
Et le soleil au sein des cieux qui resplendirent
    Monta de l'orient.

Telle, ô Christ ! ton aurore illumina les âmes,
Et, splendeur qu'annonçaient de prophétiques flammes,
Dans le monde moral la parole éclata.
Tu parus, et, semblable au navire qui sombre,
L'humanité, du fond de son abîme sombre,
    Te vit et remonta.

Mais l'impie en son cœur, où le chaos fermente
Comme l'impur limon d'une mer écumante,
Se promit de te vaincre, à d'autres dieux pareil.
Eh quoi ! l'insecte obscur que blesse la lumière
Peut-il, en se cachant sous un grain de poussière,
    Eteindre le soleil ?

Deux mille ans a rugi sa haine héréditaire ;
Où sont les vains projets des enfants de Voltaire,
Ennemis de ta loi qu'ils croyaient démentir?
C'était peu, disaient-ils, d'envahir ton domaine ;
Ces Titans de l'orgueil sous la raison humaine
      Voulaient t'anéantir.

Ils s'armaient de débris de monuments funèbres,
Et contre la lumière invoquant les ténèbres,
Jetaient dans le passé d'injurieux défis.
Ils ont enfin parlé les muets caractères
Qui gardaient, inconnus, les antiques mystères
      De Thèbe et de Memphis.

Qui reste convaincu d'erreur et d'imposture ?
Leur frivole science attestait la Nature ;
La Nature infaillible aujourd'hui les confond.
Pardonne, Dieu clément, pardonne à tant d'outrage,
Comme ceux d'autrefois, les savants de notre âge
      Ne savent ce qu'ils font.

Eh ! que t'importe à toi, Dieu des âmes sublimes,
Centre où tendent toujours les vertus magnanimes,
Du vice et de l'erreur que t'importe l'affront ?
Il n'est pas de grand cœur que ton amour n'enflamme ;
Au pied de tes autels Bossuet te proclame,
      Pascal courbe son front.

Gloire à toi seul, ô Christ! car tu n'es pas un homme,
Dit celui que si haut notre siècle renomme,
Quand il mourait debout, pensif sur son rocher,
Qu'il pesait les grands noms au poids de son génie,
Et que, seul, au secours de sa lente agonie
      Il te vit approcher.

Et l'on dit qu'en nos jours ta face s'est voilée !
Quelquefois les vapeurs, montant de la vallée,
Cachent l'astre du jour, roi de l'immensité ;
Mais il brille et sans fin, quand le nuage passe,
Foyer inépuisable, il inonde l'espace
      De torrents de clarté.

Quand notre siècle, épris d'une vile conquête,
Sans regarder le ciel, marche courbant la tête,
Tyran de la matière et par elle asservi,
Il montre que de tout tu disposes en maître ;
Sans qu'il s'en doute même, aucun siècle peut-être
      Ne t'aura mieux servi.

La victoire te rend ton antique héritage ;
Ton signe se relève aux bords où fut Carthage ;
Le pèlerin remonte au tombeau d'Augustin ;
Partout la croix avance et le croissant recule ;
Il chancelle, impuissant, des colonnes d'Hercule
      Aux murs de Constantin.

La vapeur réunit les peuples des deux mondes ;
Par elle, en se jouant, ils franchissent les ondes,
Brûlant de s'abreuver dans les sources de l'or.
Comme Léviathan bondit où tu le mènes,
La vapeur doit un jour conquérir des domaines
      Plus précieux encor.

Oui, que l'avide Anglais dans l'Inde ouvre une voie,
Il ne fait qu'obéir à celui qui l'envoie.
Les portes de Suez tombent-elles en vain ?
Où sont ceux qui n'allaient qu'à pas lents dans la poudre ?
Ils volent sur des chars attelés de la foudre
      A leur mandat divin.

Apôtres de l'amour aux plages inconnues,
Les voyez-vous de loin venir comme les nues ?
Vous les diriez portés sur les ailes du vent ;
Dans l'ombre de la mort les îles les attendent :
Oh ! qu'ils sont beaux les pieds des hommes qui descendent
      Au nom du Dieu vivant !

Ils vont, et devant eux l'antique Orient s'ouvre ;
Au soleil de la foi la terre se découvre.
Voici les temps nouveaux promis au genre humain,
Où, se reconnaissant au jour qui se révèle,
Frères, les fils d'Adam à la bonne nouvelle
      Se sont donné la main.

A ton nom sous le ciel tout front d'homme s'incline,
La mer n'a pas d'écueil, la terre de colline
Où ne plane la Croix, phare de l'univers.
Les peuples ne font plus qu'un peuple qui t'adore,
Et ne chante qu'un Dieu, du couchant à l'aurore,
  Dans mille chants divers.

A ce concert j'unis les accords de ma lyre.
Qu'un orgueil insensé m'accuse de délire,
Jusqu'au dernier soupir je redirai : Je crois.
Que, fuyant sous mes pieds, la terre tremble et roule,
Que le monde brisé sur ma tête s'écroule,
  Mon abri, c'est la Croix.

Qu'importe à l'âme libre une prison fragile?
Je veux, au dernier jour, dans ma couche d'argile
M'endormir, l'œil fixé sur ce divin flambeau,
Et mon premier réveil, vers la voûte azurée
Sera de relever ma paupière assurée
  De l'y revoir plus beau.

Ainsi le moissonneur, pour lier la javelle,
Attend, quand vient le soir, une aurore nouvelle ;
Il rentre sous le chaume et dans l'espoir s'endort ;
Et tandis que, bercé par son rêve, il sommeille,
L'aube du lendemain se lève plus vermeille
  Dans un orient d'or.

Et pourtant l'aube un jour doit tromper son attente;
Un jour des cieux vieillis se replira la tente ;
De leurs flambeaux usés les clartés pâliront ;
Les étoiles tombant de leurs voûtes livides,
Et les soleils perdus dans les espaces vides
  A la fin s'éteindront.

Mais toi, car nous avons ta promesse divine,
Quand, seule, enveloppant l'univers en ruine,
La nuit s'endormira dans le berceau des jours,
Et, de l'Eternité découvrant les rivages,
Quand s'évanouira la figure des âges,
  Christ, tu seras toujours.

F. MAURY,

*Auteur de Sioniennes, poésies religieuses ;
Essai sur la réforme des Etudes, etc.,
Secrétaire perpétuel de l'Académie de
Clermont.*

ROME

A S. S. PIE IX

> Ædificavit turrim in medio ejus.
> Isaïe, V, 2.
>
> Cùm cadet et Roma, tùm cadet et mundus.
> Beda.

J'irai la voir un jour la ville aux sept collines :
Oui, sous ton ciel d'azur je veux te contempler,
Veuve immortelle, assise au sein de tes ruines
Que tant de souvenirs pour moi vont repeupler.
Rome! dans ton passé quand je remonte en rêve,
Un peuple de Brutus et de Césars se lève ;
Il se lève, et longtemps j'aime à suivre des yeux
Le cortége sans fin de tes illustres ombres
Qui passe et lentement, sous tes portiques sombres,
  Se déroule silencieux.

Quelle fauve nourrice en son antre sauvage
Lèche un groupe enfantin qui se joue à ses flancs?
Voyez-vous une vierge au sein d'un vert bocage
Sourire avec mystère au sage en cheveux blancs?

Place aux grands citoyens, à ces rois populaires
Que précède l'orgueil des faisceaux consulaires !
Le premier, libre encore en des murs envahis,
Juge, envoie à la mort des fils qu'il désavoue ;
Un autre, plus heureux, lui-même se dévoue,
  Fier de mourir pour son pays.

Fils de la pauvreté, qui laboures la terre,
Tu vas vaincre pour Rome, et, l'ennemi chassé,
Tu reviens triomphant au champ héréditaire
Reprendre le sillon où tu l'avais laissé.
La Victoire sourit, quand elle te ramène,
Surprise de te rendre à ton étroit domaine.
O mœurs ! ô siècle d'or ! ô grand Cincinnatus !
L'homme dégénéré ne sait plus vous comprendre :
A votre exemple, heureux si nous pouvions apprendre
  Vos patriotiques vertus !

Et toi qu'admire tant ce Pyrrhus que tu braves,
Fabrice ! tu sais vaincre et ne sais pas haïr.
Fait pour leur commander, laisse l'or aux esclaves,
Et rends l'ami perfide au roi qu'il vient trahir !
Va ! le soleil plutôt reviendrait en arrière
Qu'il ne verrait tes pas faillir dans ta carrière.
Salut, nobles vieillards, sur vos siéges mourant !
Est-ce un congrès de rois réuni dans un temple ?
S'écrie avec respect l'étranger qui contemple
  Les sénateurs délibérant !

Non, c'est du sort des rois un peuple qui décide
Et d'un œil dédaigneux voit les trônes vacants.
Mais pourquoi, fiers rivaux, cette lutte homicide
Où l'univers armé se partage en deux camps ?
Esclave, par pitié du moins un peu de sable
Sur le tronc du vaincu, débris méconnaissable
Que le seul flot des mers d'écume va couvrir !
César vient, voit, triomphe, et la terre tremblante
Se tait. — Ah ! reployez cette robe sanglante
    Dont il s'est voilé pour mourir !

Du peuple Cicéron n'est-il donc plus le père ?
Brutus en succombant doute de la vertu !
Quoi ! même de Caton l'âme qui désespère
Abandonne le monde avant elle abattu !
N'entends-je pas les sons d'une flûte champêtre ?
C'est Virgile quittant le troupeau qu'il fait paître.
Ovide va se plaindre aux rivages lointains.
Sous le blanc peuplier que Blandusie arrose,
Horace rêve et chante, effeuillant une rose
    Moins durable que ses festins.

Rome, pour la débauche as-tu conquis le monde ?
Le vil gladiateur que tu fais égorger,
Le barbare, indigné de ton orgie immonde,
Te salue, appelant ses fils pour le venger.
Des quatre vents du ciel la haine les rassemble :
Ils marchent ; sous leurs pas ton Capitole tremble.

Va-t-il à leur fureur satisfaire en tombant,
Comme tant de cités, inconsolables veuves,
Et que le voyageur sur les bords de leurs fleuves
    Ne trouve plus en se courbant?

Tu ne périras pas comme tes sœurs d'Asie :
Quelle faveur plutôt va descendre sur toi !
Il vient de l'Orient l'époux qui t'a choisie,
Le père glorieux d'un autre peuple-roi.
D'innombrables enfants, ô Mère bien-aimée !
Ton règne s'agrandit, ta gloire transformée
D'un domaine plus beau t'ouvre les régions ;
Ta main en bénissant doit courber plus de têtes
Et faire avec la Croix de plus vastes conquêtes
    Qu'avec le fer des légions.

Quand sur le peuple ailé l'aigle a conquis l'empire,
Le regard vers le point où le soleil a lui,
Impatient, il cède à l'instinct qui l'inspire,
Et plonge au sein des cieux qui s'abaissent sur lui.
Il monte, et, dans l'azur des célestes parages,
Elève son audace au-dessus des orages,
Et là, roi de l'espace et de l'immensité,
Sur le monde qui tourne, immobile, il domine,
Et son œil réfléchit l'astre qui l'illumine
    En longues gerbes de clarté.

Telle s'ouvre sans fin ta sphère magnifique ;
L'univers est le temple, et le trône est l'autel
Où, l'encens à la main, monte un roi pacifique.
Mystérieuse voie entrevue à Béthel,
Par toi je vois la terre et le ciel correspondre ;
Oui ! je crois à l'oracle où Dieu daigne répondre,
Et j'embrasse la chaîne aux anneaux éclatants
Qui reflète d'en haut la splendeur qui l'inonde,
Et, phare universel suspendu sur le monde,
  Illumine la nuit des temps.

Reine, aux pures clartés dont brille ta couronne,
D'où viennent ces tribus, ces peuples pèlerins,
Tous ces rois dont l'orgueil humblement t'environne ?
A toi les nations avec les souverains !
Tu n'enchaînais jadis que leurs vaines images,
Aujourd'hui les voilà t'apportant leurs hommages !
Vois Attila qu'arrête un regard de Léon !
Vois, tour à tour ployant le genou dans ta poudre,
Inclinés par la grâce ou courbés par la foudre,
  Charlemagne et Napoléon !

L'un sur l'autre abattus que les empires croulent !
Les siècles devant toi s'arrêtent en passant,
Et, lorsque sous ses coups tant de poussières roulent,
Le temps vient à tes pieds expirer impuissant.
Tel, si le vent de feu des horizons numides
Soulève le désert autour des pyramides,

Le simoun gronde et monte à flots tumultueux ;
Mais, quand l'épais nuage enfin retombe et passe,
Le front des monuments reparait, dans l'espace,
    Immobile et majestueux.

Tel est de ta grandeur l'indélébile emblème,
Pavillon de granit dans le ciel suspendu,
Ce dôme qu'on dirait lancé par Dieu lui-même,
Et qu'aidé par la foi Michel-Ange a tendu ;
Colonne qui soutient le monde sur l'abîme,
Sur le fleuve du temps elle est l'arche sublime,
L'arche où, sans l'ébranler, les âges passeront ;
Car, debout au milieu d'incessantes ruines,
Elle ne tremblera sur ses bases divines
    Qu'au jour où les cieux trembleront.

MAURY,

*Auteur de Sioniennes, poésies religieuses ;
Essai sur la réforme des Etudes, etc.,
Secrétaire perpétuel de l'Académie de
Clermont.*

LE PANTHÉON

SAINTE-MARIE DE LA ROTONDE

Rome, 1860.

Michel-Ange une fois étudiait le style
De ce fier monument au large péristyle.
Son œil en observait les vigoureux contours,
La puissante beauté qui subsiste toujours,
Alors que ta splendeur monumentale, ô Rome,
Est au loin disparue, ou sous la main de l'homme,
Ou sous la main de l'âge aux outrages constants.

Michel-Ange resta songeur pendant longtemps.
Le géant mesurait le géant ; son génie
Du temple interrogeait la puissante harmonie.
De son ardent regard s'échappaient des éclairs :
« Oui, je te suspendrai, rotonde, dans les airs ! »
S'écria-t-il, cessant son étude profonde.

Tu t'élèves là-bas, cathédrale du monde,
Saint-Pierre, monument de qui la majesté,
D'elle, si loin, si loin laisse l'antiquité.
Voilà le Panthéon dans la vaste coupole !
Le sublime Architecte a tenu sa parole.

A. B.

(DIOCÈSE D'ALBY)

LE DENIER DE SAINT-PIERRE.

O Christ ! il est donc vrai, l'audace sacrilége
A déchiré ta pourpre et renié tes droits !
Elle a pu mutiler les Etats du Saint-Siége,
Les prendre et les garder, à la face des rois !

. . . . , ...

On a dressé la croix, et le cri du blasphème
A dit : Rome ou la mort ! Par un moyen nouveau
Desséchons son trésor, de la Papauté même
Mieux qu'un glaive la faim creusera le tombeau.

  Non, vous n'aurez point cette tombe.
  C'est ton oracle, ô Vérité !
  « Qui la creuse, lui-même y tombe
  » Par le Dieu vengeur emporté. »
  La justice à la fin se lève ;
  Tourbe ! quand ton audace rêve
  Et convoite un dernier lambeau,
  De colére s'emplit ta coupe ;
  Prends garde, Dieu même découpe
  Un suaire dans ton manteau.

Il a revêtu sa puissance,
Il a levé son bouclier ;
Il a dit à sa Providence :
« Vole aux combats comme un guerrier.
» Quand l'iniquité me dépouille,
» De la scorie et de la rouille
» Je fais jaillir l'or sous mes pas ;
» A moi la gloire et le miracle !
» Mon bras triomphe par l'obstacle,
» Non, l'enfer ne prévaudra pas. »

A sa voix, une sainte Aumône
Immense comme l'Océan,
Couvre l'autel, soutient le trône,
Et conserve le Vatican.
Le monde émerveillé regarde ;
A toute heure elle fait la garde
Autour du Pontife immortel,
Par son élan, par ses prestiges
Rappelant les anciens prodiges
Qui combattaient pour Israël.

Rome a revu l'ange de Pierre
Messager de la liberté
De ses mains vidant l'aumônière
Au trésor de la Papauté ;
De vils geôliers bravant la haine,
Il rompt les gonds, brise la chaîne

Qui devait asservir la foi,
Et par l'obole et sa merveille
Montre à la terre qu'un Dieu veille
Au salut du Pontife-Roi.

Courage ! que les dons jaillissent
Plus féconds, plus nombreux encor !
Qu'ils s'épandent et réjouissent
Le cœur de Pierre et son trésor !
C'est ta puissance, ô Sainte Eglise,
Tu tiens la verge de Moïse,
Frappe encor, frappe le rocher ;
A flots d'amour déverse l'onde,
La nappe limpide et profonde
Ne demande qu'à s'épancher.

Frappe, et remplis l'urne épuisée
Aux mains du grand-prêtre Aaron,
Qu'en tout lieu la plaine arrosée
Refleurisse comme Sâron.
De la source mystérieuse
Le Christ est l'onde merveilleuse
Où s'abreuve l'humanité,
Elle n'abonde au cœur de Pierre
Que pour répandre sur la terre
La vie et la félicité.

Coule donc, ô source bénie !
Tu portes l'arche sur tes flots,
A ta vertu Dieu la confie
Comme au grand cœur de ses héros.
Tu trempes l'âme des zouaves ;
Qu'un Goliath devant tes braves
Jette le cri du Philistin,
Rome se montre étincelante ;
Tremblant de honte et d'épouvante
A sa vue, il a fui soudain.

Ils avaient juré sa défaite,
Levé le drapeau triomphal ;
Dans les débris de la conquête
Taillé même un cercueil royal ;
Ils tenaient Rome et son domaine,
Leur char s'élançait dans l'arène,
Quand le zouave au cœur de feu
Le roule sanglant dans l'ornière
Laissant empreint sur la poussière,
En traits vengeurs, l'arrêt de Dieu.

Ainsi s'en va la race impie,
Comme autrefois les fils d'Edom
Qui déroulaient leur trame ourdie
Contre le Seigneur et Sion :
A l'œuvre ! de la maison sainte,
Disaient-ils, détruisons l'enceinte,

Creusons des fondements nouveaux ;
Sans voir qu'au fond de leur assise
Contre une obole de l'Eglise
Se briseront tous les marteaux.

Seigneur ! quand tu posais la pierre
Qui porte le temple de foi,
Ton compas mesurait la terre,
Tu disais : « Ce sol est à moi ;
» Portion de mon héritage,
» Je le garderai d'âge en âge,
» Moi, l'Eternel ! C'est mon serment.
» Malheur ! Quelque doigt qui le touche
» Au souffle brûlant de ma bouche
» Desséchera comme un sarment ;

» Nul potentat sur ses collines
» Ne tiendra le sceptre royal
» Sans que soudain mes mains divines
» Ne renversent son joug fatal. »
Non que Dieu réserve à la barque
Qui porte Rome et son Monarque
Le calme et la sérénité,
Elle qui doit dans la tourmente
Conquérir sur l'onde écumante
Sa palme d'immortalité.

Seigneur ! tu lui fournis des armes
Selon les combats et les temps ;
Dans le sang, la flamme et les larmes
Tu forges les traits triomphants.
Ton amour est le grand mystère !
Une crèche sauvait la terre,
Un berceau sauvait Israël ;
Aujourd'hui l'obole féconde
Avec Rome sauve le monde,
Un denier garde l'Eternel !

L'abbé LESAGE,

*Aumônier de l'Hôpital militaire
de Saint-Omer.*

(DIOCÈSE D'ARRAS)

MON HOMMAGE AU SAINT-PÈRE

Pontife, je te vois, au bruit de la tempête,
Immobile, et semblant présider une fête,
Et le Christ, dirigeant le monde par ta main,
Neuf le fera sortir du Concile romain.
Jamais on ne verra chanceler ton courage.
En vain l'ange déchu va déchaînant sa rage,
Avec l'aide de Dieu tu sauras triompher,
Nous verrons devant toi l'injustice étouffer.
Maître, plus d'une fois on aperçut tes larmes
Arroser les autels. D'où venaient ces alarmes ?
Regardant l'avenir dans un sombre couchant,
Il te semblait qu'hélas ! l'emportait le méchant ;
Et soudain ton amour convoque le Concile.
Déroule ton drapeau, gardien de l'Evangile ;
Elève hardiment ce signe protecteur ;

Marche, Pierre est conduit par la main du Sauveur.
Arrache à l'impiété ses iniques conquêtes ;
Sur ton front resplendit le nimbe des prophètes ;
Ta main, ta forte main a pour sceptre la Croix ;
À ce signe divin, sont désarmés les rois.
Il te sera donné d'abaisser les coupables.
Mais accourir vers toi tes frères vénérables,
Et tous, vivifiés par l'Esprit créateur,
Relevez, relevez le culte du Seigneur ;
Rendez à Jésus-Christ, rendez son héritage.
En vain, dans un dernier effort, le brigandage
Tentera d'envahir l'éternelle Cité ;
Tonnez sur eux, hérauts d'un Dieu ressuscité ;
Ils seront à vos pieds accablés par l'orage.

Jules BASSET.

(DIOCÈSE DE BORDEAUX)

LE CONCILE

SONNET

Un Concile ! mais c'est du Ciel une caresse ;
L'Eglise y sent qu'Elle est de son Dieu les amours ;
Et tous les cœurs chrétiens, tressaillant d'allégresse,
En bénissent l'aurore, en béniront les jours.

Mais pourquoi donc chez nous tant de joie et d'ivresse ?
A nos transports pourquoi donner ce libre cours ?
Ah ! c'est que de Jésus la charité nous presse ;
Et le Concile apporte à nos maux un secours.

On dirait la justice éteinte sur la terre ;
La morale du Christ a semblé trop austère ;
Sa voix est méconnue, et ses dogmes sont vieux.

Vous croyez que tout va périr dans cet orage,
Que la barque de Pierre est tout près du naufrage ?
Sur Dieu, sur le Concile, ah ! tournez donc les yeux.

A. P.

(DIOCÈSE DE LA ROCHELLE)

SAINTE-MARIE-MAJEURE

O gracieuse basilique !
Que de charme ! Que de beauté !
Du Ciel on dirait le portique,
A cette douce majesté !

C'est le temple que tu préfères,
Toi dont voulut naître mon Dieu ;
J'y viens méditer les mystères
Que me rappelle ce saint lieu.

Il me parle de la naissance (1)
De Jésus-Christ, mon Rédempteur ;
Il me proclame la puissance
De la Mère de mon Sauveur.

Rome, le chrétien s'agenouille
A tes mille autels vénérés ;
Emu, de ses larmes il mouille
Le marbre des parvis sacrés.

(1) On garde, à Sainte-Marie-Majeure, outre d'autres reliques insignes, la crèche de Bethléem.

Mais dans ce riant sanctuaire,
O tutelle des orphelins,
Un jour plus suave m'éclaire,
Je cause avec les chérubins.

Sur votre enfant, Vierge Marie,
Que tout déshérite ici-bas,
De l'humble chantre qui vous prie,
Soutenez, dirigez les pas.

Je n'ai pas de don magnifique
Pour vous l'offrir à deux genoux,
Mais vous recevrez ce cantique
Que j'aurai modulé pour vous.

C. D.

(DIOCÈSE DE NANCY)

LE COLYSÉE

Il est encor debout le monument antique
Où Rome, qu'animait un transport frénétique,
De spectacles cruels repaissait ses regards.
Ils sont là les gradins où l'innombrable foule
S'agitait bruyamment, comme une immense houle,
Aux jeux ensanglantés donnés par ses Césars.

La voilà, la voilà la formidable arène
Où dans l'enivrement la ville souveraine
Accourait se livrer à des émotions,
Comme elle eût applaudi des triomples sublimes,
Tandis que les chrétiens mouraient, douces victimes,
Sous le fer des bourreaux, sous la dent des lions.

Maintenant, dans l'arène où règne le silence,
Une croix empourprée à notre aspect s'élance,
Et de tant de martyrs surmonte le tombeau.
Sur ces grands souvenirs, cette éclatante image
Du plus froid visiteur sollicite l'hommage,
Et toute âme est émue à ce vivant tableau.

L'ange dépose encor d'invisibles couronnes
Sur ce sol où mouraient les Vierges, les matrones,
Les saints sur qui du Christ était tombé le choix ;
Et nous, les fils de ceux qu'ici ceignit la gloire,
Ce qu'ils crurent, nos cœurs ont juré de le croire,
Et nous nous prosternons au pied de cette croix.

D. E. F.

(DIOCÈSE DE STRASBOURG)

A SA SAINTETÉ PIE IX

TU ES PETRUS.

Rome, Rome où me luit une lumière pure,
Thabor où chaque jour le Christ se transfigure,
Je vénère la main du divin Fondateur
Qui, sur ce Roc déjà dix-neuf fois séculaire,
De notre Rédempteur nous montre le Vicaire,
      L'ange, l'infaillible Docteur.

Tandis qu'autour de nous le monde est périssable,
Que tant de monuments sont bâtis sur le sable,
Ici brille un foyer qu'alluma le Seigneur,
Rien ne le destitue et rien ne le décime :
Les siècles l'ont heurté, mais sa force sublime
      De leurs outrages est vainqueur.

Quand le loup infernal qui rôde sur la terre,
Menace le troupeau de sa dent meurtrière,
O suprême Pasteur, aux accents de ta voix,
La brebis et l'agneau déroutent sa furie,
Ils s'abritent soudain dans cette bergerie
      Que tu protéges de la Croix.

Lorsque l'orgueil poursuit, dans sa haine profonde,
La Vertu qui bénit et la Ville et le monde,
La France catholique et ses pieux enfants
Proclament vivement la foi qui les anime ;
De tous ces cœurs s'échappe une voix unanime :
    « Respect au Père des croyants ! »

La Révolution, dans ses hideuses haines,
Veut-elle dérober à Pierre ses domaines,
Méditant d'étouffer la foi du Rédempteur ?
La France est attentive, ô Rome, à tes alarmes,
Elle t'offre son or, te défend de ses armes,
    Ton bouclier, c'est sa valeur.

Pontife, bénis-la, bénis-la ma patrie,
La France qui combat, qui conserve, qui prie ;
Que protége Michel de son glaive de feu :
Elle est des nations et le cœur et la tête ;
D'âge en âge ce cri chez ses fils se répète :
    Par elle les œuvres de Dieu.

                    P. FANIER,

Vicaire de Saint-Jean-Baptiste d'Arras.

LE CENTENAIRE
DE LA MORT DES SAINTS APOTRES PIERRE ET PAUL
PRÉLUDES
A la tenue du prochain Concile universel.

SECONDE PARTIE (1)
MESSE DE SAINT PIERRE ET SAINT PAUL
CÉLÉBRÉE PAR NOTRE T.-S.-P. LE PAPE PIE IX
DANS LA BASILIQUE VATICANE
Le 29 *juin* 1867 ;
Précédée de la canonisation des saints.

De l'Eglise je vois flotter les pavillons,
Je vois se déployer les bannières chrétiennes.
De vos langues d'airain, cloches aériennes,
Livrez à tous les vents de joyeux carillons :
    Annoncez à ce peuple immense
    Que le Saint-Père va passer,
Que le Ciel et la terre enfin vont s'embrasser,
Que le Grand jour a lui, que la fête commence ;
Conviez à la joie, et les anges de Dieu,
    Et les saints et les saintes,
    Et les âmes qui dans le feu
Attendent que le Ciel mette fin à leurs plaintes.

    Les enfants si pieux
De Benoît, de Bruno, du séraphin d'Assise,
    Toutes les gloires de l'Eglise,
D'un pas grave et réglé défilent à mes yeux.

(1) La première partie a été publiée dans la *Semaine religieuse* de Lyon,

La famille de Dominique
Attire le regard de chacun, la voilà !
Et puis vient à son tour la famille angélique
D'Ignace Loyola.

De la procession la chaîne se déroule,
Et les anneaux succèdent aux anneaux,
Et je vois s'avancer, lents, à travers la foule,
Les évêques d'abord, et puis les cardinaux.

Elevé dans les airs, le Très-Saint Père passe
De sa cour escorté :
Quelle douceur et quelle grâce,
Et quelle majesté !
Ah ! sous le triple diadème,
Il est beau cet auguste et vénéré Vieillard
Sur qui le monde entier attache le regard,
Que la terre bénit, qu'elle acclame et qu'elle aime.
Il parle, il fait un signe, et l'on accourt à lui
Des quatre vents du ciel et des confins du globe,
Afin de saluer, de contempler celui
Qui porte nos destins dans les plis de sa robe.

Satan, le révolté, le prince de l'orgueil,
Vient et veut se mêler à l'imposante suite,
Mais, dès que de Saint-Pierre il a touché le seuil,
L'effroi de lui s'empare, il prend soudain la fuite.

Le peuple est réuni
Au sein de l'archibasilique,
De la grandeur de Dieu ce temple symbolique,
Et qui rappelle à l'âme l'infini.
Quelle splendeur, quelle magnificence !
C'est le jardin qu'au temps jadis
Habitaient nos parents à l'état d'innocence ;
C'est le Ciel, c'est le Paradis.

L'Eglise entière,
Dans ce beau jour, que le peuple à venir
Jamais ne cessera d'exalter, de bénir,
Est prosternée aux pieds de Simon Pierre ;
Dans ce jour, le plus beau des jours,
L'Eglise entière est prosternée
Aux pieds de ce grand Paul qui tenait enchaînée
La multitude à ses discours.

Sur un léger et vaporeux nuage
L'un et l'autre du Ciel les voilà descendus,
Afin de recueillir et l'honneur et l'hommage
Qui dans ce lieu leur vont être rendus.
Nageant dans les flots de lumière,
Vers le peuple à demi penchés,
Je vois Paul, je vois Pierre,
Et Pierre sur le Pape a les yeux attachés.

Ames de nos martyrs, innocentes colombes,
Un moment suspendez votre sommeil si doux ;
  Quittez vos chères catacombes,
Et pour fêter ce jour venez vous joindre à nous.

Afin de rehausser l'éclat de cette fête,
L'Eglise, dans ce jour, à de pieux mortels
A voulu décerner l'honneur des saints autels,
  Et de gloire ceindre leur tête.

Si ces mortels heureux de Dieu furent bénis,
S'ils portèrent de fruits une grande abondance,
C'est que l'Esprit d'En-Haut leur donna la prudence,
Et qu'au Siége de Pierre ils restèrent unis.

Le Très-Saint Père donc, à ces âmes fidèles,
  Sel de la terre, honneur du genre humain,
    De sa royale main
Distribue et départ les palmes immortelles.

Dans ces frères chéris et dans ces chères sœurs,
Qui de ce bas exil ont subi les tristesses,
Et qui de notre chair ont connu les faiblesses,
Voilà que nous avons de nouveaux défenseurs.

Dans les saints le Seigneur est grand, est admirable :
Lui seul, dès le principe, a tiré du chaos
Notre terre, et le ciel, vaste, incommensurable,
Et lui seul a formé le cœur de ces héros.

Ces hommes faits de chair et ces fragiles femmes,
De l'amour du vrai bien il sut les embraser ;
Il leur fit mépriser
Les folles passions qui consument nos âmes.

Ils sont assis chacun sur un trône d'honneur :
Le combat fut d'un jour, éternelle est la gloire ;
Ils sont rassasiés de biens, Dieu les fait boire
A la coupe du vrai bonheur.

Membres glorifiés de la famille humaine,
Vous à qui nous venons de dresser des autels,
Là-haut, souvenez-vous de vos frères mortels,
Priez pour nous, sainte Germaine.

Jusques aux monts sabins le canon retentit,
De l'ancien Latium sous mes pas le sol tremble,
Et depuis le plus grand jusques au plus petit,
Nous louons le Seigneur, nous le chantons ensemble.
Le chérubin, le séraphin,
Et les neuf chœurs des anges,
A l'envi du Très-Haut célèbrent les louanges,
Maintenant et toujours, à jamais et sans fin.
D'une voix unanime
Nous te bénissons, ô mon Dieu !
Ton nom est redoutable, il est saint en tout lieu,
Dans le Ciel, sur la terre, et dans le noir abîme.

Dansez et chantez tour à tour,
De la Ville Eternelle ô vous les sept collines !
C'est le Jubilé, c'est le jour
De la miséricorde et des faveurs divines.

Et je m'approcherai de l'autel du Seigneur,
Du Dieu qui se complaît à bénir l'innocence,
Qui me ramène aux jours de mon adolescence,
Qui me rend ma jeunesse et réjouit mon cœur.

Plein d'espérance, exempt de crainte,
Vers le Dieu protecteur j'élève le regard,
Car de la nation qu'il sait n'être point sainte,
Avec un soin jaloux je me tiens à l'écart.

Le Seigneur seul sera mon salut, mon refuge,
Quand pèsera sur moi la tribulation ;
Il lit au fond des cœurs, il voit l'intention :
Il est bon, il est juste, il sera seul mon juge.

Le lion déchaîné ne me fera point peur,
Ni le tigre altéré de sang, ni la panthère ;
Mais depuis que je suis exilé sur la terre,
Toujours j'ai redouté l'homme inique et trompeur.

Pourquoi me laisses-tu plongé dans la tristesse,
Et livré sans défense aux mains de l'ennemi?
Assez longtemps, Seigneur, j'ai pleuré, j'ai gémi,
Et la douleur assez longtemps fut mon hôtesse.

    Ils ont déchiré mon manteau,
A démolir mon toit, mon foyer, ma demeure,
J'ai vu de ces méchants s'appliquer le marteau ;
C'est pourquoi je gémis, et c'est pourquoi je pleure.

    De repentir et de regret touché,
A celle dont le cœur toujours vierge m'assiste,
Au puissant saint Michel archange, à Jean-Baptiste,
A Pierre, à Paul, je fais l'aveu de mon péché.

De la loi de mon Dieu je méconnus les charmes,
Devant tous je l'avoue, et j'en suis repentant ;
Oui, je veux imiter Pierre et Paul dans leurs larmes :
Si je ne suis martyr, je serai pénitent.

Jésus, qui réparas la faute de la femme,
    Ah ! je tombe à genoux :
Seigneur, Seigneur, Seigneur, ayez pitié de nous ;
    C'est le cri de mon âme.

Gloire à Dieu dans le Ciel et dans l'immensité,
Et dans ce lieu d'exil où pour un temps nous sommes,
La paix, la paix à ceux d'entre les hommes
Dont le cœur est rempli de bonne volonté !
La paix, elle si belle,
La paix, elle est si douce au cœur !
Les autres biens n'ont pas de prix sans elle,
La paix, c'est le bonheur.
Elle vaut mieux que la joie elle-même ;
Quand je goûte la paix, je me ris des plaisirs ;
Elle est l'objet, le but de mes désirs,
Par-dessus tout je l'aime.
Pour acquérir ce trésor auquel rien
N'est à comparer dans le monde,
Pas n'est besoin d'habileté profonde ;
Il faut vouloir, il faut faire le bien.
En voyant de plusieurs la molle indifférence,
Je me disais : Voilà la paix !
Ce n'en était que l'apparence,
Je me trompais.

Par la Vierge Marie,
Et par son cœur immaculé,
O mon Dieu, je te prie
Pour les miens et pour moi, pour le peuple assemblé.
Par saint Paul et saint Pierre,
Qui de ton Fils Jésus furent les deux témoins,
Je te fais la prière
De daigner nous aider dans nos pressants besoins.

Pardonne à nos âmes contrites,
Qui de tes grâces ont mille fois fait abus,
Et regarde d'En-Haut les infinis mérites
De ton doux Fils Jésus.

Ah ! de ta parole sacrée
Et pleine d'onction,
Jésus, auteur de ma rédemption,
Mon âme haletante a soif, est altérée.

Après elle je cours
Comme le cerf après les eaux de la fontaine ;
Ta parole est vraie et certaine,
Elle l'était hier et le sera toujours.
Que l'insensé rejette ta parole ;
Tes décrets et tes lois,
Moi, semblable à l'enfant qu'on envoie à l'école,
Je prête l'oreille à ta voix.

La parole de l'homme est vide,
A l'oreille elle fait du bruit,
Mais la tienne, elle échauffe, elle éclaire, elle instruit,
Et de la recevoir toujours je fus avide.
De l'entendre il m'est doux,
Et de tes entretiens j'aime les paraboles ;
De la vie éternelle à toi sont les paroles :
A quel autre maître irions-nous ?

Sans qu'à cet acte saint aucun ne me contraigne,
Je me lève, je fais le signe de la croix,
Pour marquer devant tous que fermement je crois
Ce que le Pape dit, ce que l'Eglise enseigne.

Je crois à l'Evangile, à nos traditions,
    Je crois aux doctrines de Pierre,
    Centre et foyer de la lumière,
Au nom de Jésus-Christ parlant aux nations.

Le soleil dans le ciel peut s'obscurcir, s'éteindre,
Et dans le firmament la lune peut pâlir ;
Moi, je m'attache à Pierre, et je n'ai rien à craindre :
Je ne saurais errer, je ne saurais faillir.

Et, certes, de ma foi je puis me faire gloire,
Quand je vois, là, cinq cents évêques se lever,
Et, debout, eux aussi, tous ensemble, approuver
Ce que le vrai chrétien est obligé de croire.

Tant ceux du rite grec que du rite latin,
    Ils se lèvent comme un seul homme,
Par ce signe attestant qu'ils tiennent pour certain
Tout oracle émanant de la bouche de Rome.

Non, non, nous n'avons pas de crainte à concevoir,
De Dieu l'Eglise n'est ni morte ni mourante ;
Dans cette légion de prélats je crois voir
Les Pères qui jadis délibéraient à Trente.

Ils se lèvent, ils sont disposés à souffrir
Pour la religion, pour le Pasteur suprême,
A subir les affronts, les injures, et même,
A l'exemple de Pierre et de Paul, à mourir.

La foi de mes aïeux dans moi vit pleine, entière,
Car jusques à ce jour le Christ n'a point menti,
Et, devant moi, debout est encore la pierre
Sur laquelle le Christ a lui-même bâti.

Depuis qu'à Pierre il fit l'éternelle promesse,
   Dix-huit siècles ont passé,
Et le roc qui des vents est assailli sans cesse
Reste ferme, résiste, il n'est point renversé.

Les vagues de la mer, follement mutinées,
A la rage des vents unissent leur effort,
   Mais, notre Dieu, c'est le Dieu fort,
Et son œuvre subsiste et survit aux années.

Contre la Sainte Eglise, ensemble et tour à tour,
Levèrent le drapeau le schisme et l'hérésie,
Le faux et vain savoir, l'orgueil, l'hypocrisie,
  Et cependant l'Eglise vit toujours.

Les systèmes sont morts, les écoles sont mortes,
Et l'Eglise toujours s'avance, haut le front,
Et de l'enfer jamais les puissances, les portes
  Contre le Christ ne prévaudront.

Dans ce jour mémorable, honneur, louange, gloire,
A Pierre, à l'Abraham de la nouvelle loi ;
De Pierre, de Céphas la prompte et vive foi
Accuse de ce temps l'esprit si lent à croire.

Afin de confirmer et de certifier
Les choses dont il fut le témoin oculaire,
De Néron il brava la stupide colère ;
La tête en bas, Néron le fit crucifier.

  Nos croyances ne sont pas vaines :
  Paul aussi mourut et versa
   Tout le sang de ses veines,
Pour sceller cette foi que tard il embrassa.

 Il inclina la tête sous l'épée,
Et du sang de ce Paul, du citoyen romain,
 La terre fut abondamment trempée :
A Pierre, à Paul, gloire éternelle, *amen.*

Mon Dieu, l'homme est petit et sa misère est grande,
Mais sois bon envers nous et laisse-toi toucher ;
Du haut de l'empyrée, ah ! daigne te pencher :
Écoute ma prière, accueille mon offrande.

Il m'est doux d'habiter dans ta sainte maison,
Et de participer à ce mystère auguste ;
Il m'est doux de laver mes mains avec le juste,
Et de t'offrir les fleurs, les fruits de la saison.

Au nom de Jésus-Christ et par les mains du prêtre,
J'offre à ta redoutable et sainte Majesté
Les trésors que je tiens de ta grande bonté,
Et je mets à tes pieds ma personne et mon être.

Oui, de Pierre et de Paul, dans ce jour plein d'éclat,
Qui dans cette cité tant de peuples attire,
Je t'offre les travaux, le dur apostolat,
Les tourments si nombreux, le glorieux martyre.

Oui, de Pierre et de Paul, que je proclame heureux,
Dans ce jour solennel dont la pompe et les rites
Enchantent notre oreille et captivent nos yeux,
Mon Dieu, daigne agréer les singuliers mérites.

Le grand mystère va s'accomplir sur l'autel ;
Jette, jette un regard favorable et propice
Sur cette douce hostie et sur ce sacrifice,
Bien meilleur que celui de l'innocent Abel.

Que l'immolation de ton cher fils te rende
Attentif à nos vœux, sensible à nos douleurs ;
Des enfants de tes saints sèche, sèche les pleurs,
Et ne repousse pas les présents et l'offrande.

Je te fais tous ces dons et me présente à toi,
Pour te marquer, Seigneur, ma pleine dépendance,
Pour appeler d'En-Haut de tes biens l'abondance
Sur le peuple assemblé, sur mes proches, sur moi.

J'assiste à ce terrible et divin sacrifice,
Pour l'expiation de mes péchés passés,
Et pour que, devant toi, tout à fait effacés,
Ils ne provoquent plus les traits de ta justice.

Sursùm corda !....
Ces mots ont remué le fond de mes entrailles ;
Je me suis redressé, comme fait le soldat,
Quand vient à résonner le clairon des batailles.

Nous ne sommes pas sourds à ce touchant appel ;
Dans le vide et la solitude
Ne se perd pas la voix de ta Béatitude :
Très-Saint-Père, nos cœurs sont tournés vers le Ciel.

Sursùm corda !... ce cri sublime
Nous convie à gagner les sereines hauteurs ;
Il nous réchauffe, il nous ranime,
Il nous reproche nos lenteurs.
Il provoque et pousse notre âme
A se débarrasser des sens,
A monter, à monter, comme le pur encens,
A s'élever comme la flamme.

Oui, nous prenons le vol vers le divin séjour,
Et nous ne replierons nos ailes,
Qu'une fois arrivés aux plages éternelles,
Aux pures régions de l'ineffable amour.
Et là nous redirons sans cesse,
En l'honneur du Fils de David,
Qui, dans les siècles, règne et vit,
L'éternel hosanna, le chant de l'allégresse :

Saint, saint, saint, trois fois saint, Jéhovah, le Seigneur,
Et que nos langues enflammées
Célèbrent le Dieu des armées,
Le Dieu fort et puissant, le Dieu triomphateur.

De la terre et du ciel grand et souverain Maître,
Qui commandes aux flots, qui réprimes les vents,
Toi, par qui nous avons le mouvement et l'être,
Ah ! souviens-toi de ceux qui sont encor vivants.

Mon Dieu, nous te prions de secourir le Pape :
Sous le pressoir, hélas ! tu l'as mis, tu le tiens ;
Daigne te souvenir de lui, fais qu'il échappe
A ses persécuteurs, qui sont aussi les tiens.
Et de l'Église fais que de ses yeux il voie
Le triomphe promis et longtemps attendu ;
Qu'à la tranquillité, qu'à la paix, qu'à la joie,
Après tant de soupirs, il soit enfin rendu.

Veille, veille sur Pie et sur ses destinées :
De ses projets que rien n'interrompe le cours ;
Que de saint Pierre il voie et passe les années,
Remplis-le de ta force et prolonge ses jours.
Plus d'un enfant ingrat à l'attrister s'applique,
Mais sur lui de partout les traits ont beau pleuvoir,
La durée est promise au Siége apostolique,
Rien ne saurait des clefs entamer le pouvoir.

Nous te prions, mon Dieu, d'assister, de défendre
Sa Grandeur Monseigneur l'évêque de Viviers ;
Du Très-Saint-Père quand la voix se fait entendre,
Oublieux de son âge, il part un des premiers.

Au sein de cette belle fête
Je vois avec bonheur, je vois avec fierté
De mon évêque la houlette,
Et mon pays représenté.

Mon Dieu, jette un regard d'amour et de tendresse
Sur tous ces cardinaux, qui gémissent, hélas !
Sous une dignité dont le poids les oppresse,
Et sur cette assemblée immense de prélats.

En des jours à jamais néfastes,
En un temps d'exécrable et honteux souvenir,
Viviers eut le malheur de souiller, de ternir
De son passé si pur les annales, les fastes,
Mais le Ciel tour à tour a suscité, choisi,
Pour réparer le mal, le scandale du schisme,
Qui de nos cœurs troubla le saint patriotisme,
Melin, Bonnel, Guibert et Delcusy.

Sous ta protection, Père-Saint, daigne prendre
Cette élite de beaux et valeureux enfants,
Qui sont venus à Rome te défendre,
Et fais que leurs drapeaux soient un jour triomphants.
Du grand Lamoricière, ah ! bénis les zouaves,
Ces jeunes gens dans qui revit le vieil honneur,
Remplis de piété, mais résolus et braves,
Prêts à verser leur sang pour te venger, Seigneur.

Ils ont la sagesse en un âge
Où de l'homme le cœur cherche la vanité ;
De l'ange ils ont la piété,
Du lion ils ont le courage.
Pour la cause du Pape ils brûlent de mourir,
De leur belle jeunesse ils font le sacrifice ;
De Judas Macchabée et du vaillant Maurice
Le siècle a vu dans eux la tige refleurir.

De nos vieux preux ils ont retenu les devises,
De l'opprimé, du faible ils sont les défenseurs,
Ils sont les bouillants redresseurs
De grands méfaits, de folles entreprises.
De zèle pour le bien, d'héroïsme enflammés,
Que le clairon soudain dans les airs retentisse,
Ils iront secourir, de pied en cap armés,
La vérité, le droit, la vertu, la justice.

Quand le Fils du Très-Haut s'abaisse jusqu'à nous,
Nous, de nous élever nous ferions la folie !
Aux pieds de Jésus-Christ je me mets à genoux,
Je me prosterne et m'humilie.
Vainement la raison ne te reconnaît plus
Sous ces voiles et ces espèces,
Jusqu'à t'anéantir vainement tu t'abaisses,
Ah ! dans ce sacrement, je t'adore, ô Jésus !

Si petit que je sois, je vous fais ma prière,
Et vers vous mon regard timide s'élevant,
Je vous dis, ô Jésus, ce qu'un jour vous dit Pierre :
Oui, vous êtes le Christ, le Fils du Dieu vivant.

Jésus, ô bon Jésus, victime expiatoire,
Souviens-toi, prends pitié de ces pauvres chrétiens
Qui souffrent dans le feu, que là-bas tu détiens
    Dans la prison du Purgatoire.

    Du feu sacré de ton amour
        Brûlent ces saintes âmes,
    Plus encore que de ces flammes
Que ton sang et tes pleurs doivent éteindre un jour.
        Prête une oreille favorable
A leurs pieux soupirs, à leurs gémissements ;
Mets un terme à leurs maux, abrége leurs tourments :
Elles ont faim et soif de ta face adorable.

Pour tous les décédés, pour nos parents défunts,
Dieu le père, reçois ce divin sacrifice,
  Et vois d'un œil complaisant et propice
Jusques à toi monter cet encens, ces parfums.

A l'intrépide, au fier, au grand Lamoricière,
    Au glorieux, à l'immortel soldat
      Qui combattit le bon combat,
Seigneur, ouvre le ciel, séjour de la lumière ;

A l'essaim de jeunes héros
Qui, sans calcul humain, pleins de fougue, et sans pause,
Défendirent les droits de l'Église et sa cause,
Donne le Ciel, lieu de repos.

Père, père de tous, qui dans le Ciel habites,
Que ton nom soit béni, glorifié, chanté,
Que ton règne s'étende et n'ait pas de limites,
Que s'accomplisse en tout ta sainte volonté ;
Donne-nous à chacun du jour la nourriture,
    Que nos péchés nous soient remis,
Comme nous remettons et l'offense et l'injure
    Que nous firent nos ennemis ;
A la tentation ne va pas nous induire,
    Ecarte de nous le péril,
Délivre-nous de mal, de tout ce qui peut nuire :
    Ainsi soit-il.

Agneau de Dieu, dont le sang ôte, efface
    Les péchés de l'humanité,
Ayez pitié de moi, faites-moi grâce,
    Et ne voyez que ma fragilité.

Agneau de Dieu, dont le sang ôte, enlève
    Les péchés de l'humanité,
Ayez pitié du Fils de la pauvre Ève,
    Et rendez-lui sa première beauté.

Agneau de Dieu, dont le sang ôte, lave
    Les péchés de l'humanité,
Ayez pitié d'un malheureux esclave,
    Brisez les fers de sa captivité.

    De la faveur insigne
De voir mon doux Jésus pénétrer sous mon toit,
    Dans ce logis si nu, si froid,
        Oh ! je ne suis pas digne.
    Éloignez-vous de moi, Seigneur,
    Dirai-je, à l'exemple de Pierre ;
        Arrière, arrière !
    Je ne suis qu'un pécheur.
    Victime innocente et chérie,
    Une parole seulement,
    Et mon âme sera guérie,
Et l'amour la fera vivre éternellement.
Venez, venez, et quand vous serez dans mon âme,
        O mon Jésus si doux,
Rien ne pourra dès lors me séparer de vous,
        Ni le fer, ni la flamme,
    Et mon amour pour vous sera plus fort
        Et que la haine et que l'envie ;
        Il triomphera de la vie,
        Il triomphera de la mort.
        Faire de vous ma nourriture,
Dans ma propre substance, en moi vous transformer,
    Cette parole n'est point dure ;
    Pour la comprendre, il me suffit d'aimer.

Allez, la messe est dite !...
Le grand mystère est consommé.
Rome, Rome, à présent il faut que je te quitte,
Il faut me séparer d'un père bien-aimé.
A pas lents, à regret, je sors, je me retire
    De cette Rome, de ce lieu
  Où Pierre et Paul ont souffert le martyre,
Pour rendre témoignage à Jésus, l'Homme-Dieu ;
    Mais, avant, ah ! je m'humilie
    Une fois de plus sous la main
      Qui lie et qui délie ;
      Amen, amen.

  Un bruit a cours et dans Rome circule,
D'heure en heure il s'étend, d'heure en heure il grandit ;
    Le Quirinal le dit au Janicule,
    Le Vatican à l'Aventin le dit :
      Dans de solennelles Assises,
Et dans ce vaste temple, au pied de cet autel,
Doivent se réunir l'Église et les Églises ;
Ainsi le veut le Pape, ainsi le veut le Ciel.

    A l'heureuse nouvelle,
  Le monde entier a tressailli ;
De joie a palpité la milice immortelle,
    Et l'enfer a pâli.

Les Puissances se sont émues,
Au lieu de chanter l'hosanna,
Comme si rugissait l'émeute dans les rues,
Comme si sous les murs campait Catilina.

Que paisible et léger soit le sommeil des princes;
Le Concile qui va s'ouvrir
N'est pas une menace à leurs chères provinces,
Et leur couronne n'a nul danger à courir.

Et la foule, à tromper, à séduire facile,
Tremble, elle aussi, de son côté.
Sait-elle ce qui va sortir de ce Concile?
Plus de paix pour le peuple et plus de liberté.
Donc, Saint-Père, tu n'as qu'à dire une parole,
Un désir de ton cœur ce nous est une loi ;
Fais un signe du haut de ce fier Capitole,
Et, tous, nombreux, pressés, nous reviendrons à toi.

La famille du Christ et te vénère et t'aime :
Si c'est ta volonté, Très-Saint-Père, au revoir ;
Au jour dit, nous viendrons, afin de recevoir
Tes arrêts qui sont ceux de la vérité même.

Aux sources de l'erreur et de l'impiété,
A des torrents fangeux nous sommes las de boire ;
Propose à notre foi ce que nous devons croire :
Nous appelons le jour, grande est l'obscurité.

Joseph CARSIGNOL,

Membre correspondant de la Société littéraire de Lyon. Membre de l'Académie pontificale de la religion catholique et de celle des Arcades.

(DIOCÈSE DE VIVIERS)

Bourg-Saint-Andéol (Ardèche).

L'ÉGLISE ET LA FRANCE

Pierre, envoyé du Christ, vint dans Rome païenne
Jeter les fondements de l'Église chrétienne.
Pour les âges futurs il scella de son sang
Le Siége qu'il fondait au nom du Tout-Puissant.
Et vainement depuis, l'hérésie ou le glaive
Contre ce saint pouvoir et s'acharne et se lève,
Il résiste à la force, il soutient les combats,
De ses nombreux martyrs le glorieux trépas
Est de chrétiens nouveaux une heureuse semence.
Assoupie un moment, l'épreuve recommence ;
Mais plus la tyrannie attaque notre foi,
Plus les cœurs vont s'ouvrant à la nouvelle loi.
Ceux qui dans nos martyrs pensaient trouver des lâches,
Rencontrent des héros debout, baisant les haches
Qui leur ouvrent du Ciel les célestes clartés.
Vous n'êtes rien pour eux, terrestres voluptés ;
Ils en auront là-haut de chastes, de sublimes.
Frappez, bourreaux, frappez ! immolez des victimes!
La vertu des chrétiens bravera vos fureurs ;
De l'enfer en tombant ils demeurent vainqueurs :

Satan est écrasé dans sa noire entreprise.
Constantin sur le trône a fait asseoir l'Église,
Après la vision qui lui dit dans les cieux :
« Prends la croix de Jésus et sois victorieux ! »

    Constantin renverse Maxence,
    La Croix orne le Labarum,
    L'empire se porte à Byzance,
    Et le Pape règne au Forum.
    L'empereur, par ce fait, déclare
    La royauté de la tiare ;
    Et Charles le grand, roi des Francs,
    Confirme à la Ville Éternelle
    La succession solennelle
    Acquise au Père des croyants.

Désormais pour l'Église il n'est plus de barrière ;
Elle fera partout rayonner la lumière.
Au sein de tout vallon et sur toute hauteur
Elle fera fleurir la foi du Rédempteur.
Il n'est pas de forêts, il n'est pas de bourgades
Où n'aillent pénétrer ses saintes ambassades.
Elle franchit les monts, elle passe les mers ;
Elle doit à la Croix attirer l'univers.
La Croix doit surmonter les royales couronnes,
Sauver les nations, affranchir les personnes.
Parce qu'elle est l'espoir, l'amour, la vérité,
Les peuples lui devront la paix, la liberté.
En vain l'ambition et l'orgueil en délire
Tentent de Jésus-Christ d'anéantir l'empire ;
Elle va dominant la puissance et l'erreur ;
Sans cesse elle combat les combats du Seigneur ;

A travers les périls, à travers les outrages,
Le navire triomphe et brave les orages.
Et la France, toujours fidèle à sa valeur,
Sur la Rome chrétienne étend un bras vengeur.
Cent fois Rome vaincra l'implacable hérésie.
Des complots destructeurs machinés par l'impie
   Elle déjouera les détours ;
Elle va poursuivant sesgran des destinées,
Et de toute insolence, et de toutes menées
   Elle se dégage toujours.

. . . .

Sur elle récemment la tempête a grondé,
Le Vatican se voit par la vague inondé :
De son Pontife-Roi Rome pleure l'absence.
Mais un long cri s'élève au sein de notre France.
Elle a dit : « En avant ! Vive la Papauté ! »
Et par delà les monts ce hourra répété,
Les bandits dont les pas souillaient la ville sainte,
Ont, devant nos soldats, déserté son enceinte.
Les champs de Mentana nous rediront plus tard
Comment du Roi-Pontife est porté l'étendard,
Et comment sait marcher cette jeunesse altière
Qui défend de son bras le trône de saint Pierre.

Mais notre âge est partout travaillé par l'erreur.
Le vice s'insinue et dégrade le cœur ;
Le serment n'est qu'un mot ; l'imposture et la feinte
A la face du Ciel s'affichent sans contrainte.

Droits acquis, foi jurée, honneur, sincérité,
Sont des mots sans valeur : déclin, caducité !
Le dogme est méconnu, la morale s'efface,
Le talent sans intrigue est privé de sa place....
Mais il a retenti le généreux signal
Qui convoque de Dieu le puissant tribunal ;
Le Concile s'assemble et sa force propice
Sur la terre fera refleurir la justice.
Les peuples reviendront s'incliner au Saint-Lieu,
Et nous vivrons en paix sous le règne de Dieu.

A. MAVRÉ, INSTITUTEUR.

(DIOCÈSE DE MEAUX.)

DEUX MOTS, DEUX CRIS

J'ai deux mots, j'ai deux cris, qui sont tout un poëme
De ces mots que l'on dit en priant, à genoux :
« Père Saint, je vous *crois*; Père Saint, je vous *aime;*
» Et je ne crois et n'aime ainsi, que Dieu, puis Vous.

» Vous, l'Infaillible *voix* ; Dieu, le *Verbe* lui-même ;
» A vous deux un seul Vrai qui parle et vient à nous.
» Vous le Saint-*Père*, et Lui, la *paternité* même ;
» A vous deux un seul Bon qui tend des bras à tous.

» Oh ! que chez les esprits nul ne soit plus rebelle !
» — La vérité, substance ou parole, est si belle ! —
» Que nul ne trouve l'ombre où resplendit le jour...

» Que chez les cœurs, chacun soit *complètement* frère :
» Du même père fils et fils de même *mère*....
» Que tous soient un, enfin, dans la *foi*, dans l'*amour*.

Camille REY.

(DIOCÈSE DE CARCASSONNE)

Castelnaudary.

PIE IX

FOI, ESPÉRANCE, CHARITÉ

FOI

Je crois en vous, ô Pie, ô successeur de Pierre,
    De l'Église le fondement ;
De l'univers entier vous êtes la lumière,
    La doctrine et l'enseignement.

De la vie à venir vous êtes la science,
Vous pouvez nous ouvrir et nous fermer les Cieux,
Car le Christ vous a dit : « O Pierre, ta puissance
» Doit s'étendre sur tous, en tout temps, en tous lieux. »

Des préceptes divins vous êtes la parole
    Que n'infecte jamais l'erreur ;
Le Seigneur vous donna la garde du symbole
    Dont il est lui-même l'auteur.

Sans vous, tous réunis, les Évêques, nos pères,
Ne pourraient définir un dogme, un point de foi ;
Le Sauveur vous a dit : « Va, confirme tes frères ;
» Tu ne saurais faillir, ils failliraient sans toi... »

Lorsque naguère, au sein d'une auguste assemblée,
  Vous avez élevé la voix,
Proclamant, devant tous, Marie Immaculée,
  Le monde a répondu : « Je crois ! »

Qui ne croit pas en vous n'est plus qu'un hérétique,
Et devient le jouet de sa faible raison.
Nier votre pouvoir, c'est être schismatique,
Du grand arbre vivant inutile tronçon.

Où nous mèneriez-vous, répondez, sans ce Maître,
  Philosophes divagateurs ?
Ah ! si vous triomphiez, nous verrions reparaître
  Le paganisme avec ses mœurs.

Sophiste, vainement contre lui tu déclames.
Nous, chrétiens, devant lui nous tombons à genoux,
Reconnaissant en lui le grand Pasteur des âmes,
En lui le Rédempteur habitant parmi nous.

ESPÉRANCE

J'ai dit : Je crois. Je dis : J'espère ;
Oui, j'espère en vous, et pour tous.
Combien de fois, dans sa colère,
Satan, le foudroyé jaloux,
N'excita-t-il pas des tempêtes
Contre la Barque du Pêcheur ?
L'orage passait sur les têtes,
Et Pierre demeurait vainqueur.

On vit la puissance romaine
Sur l'Eglise peser longtemps,
Et sous le glaive de sa haine,
Le sang ruisseler trois cents ans.
La vie émane de ces tombes ;
La croix orne les étendards ;
Le Pape sort des Catacombes
Et règne où régnaient les Césars.

Non moins terrible, l'hérésie
A son tour sonne le tocsin,
Et déchire, dans sa furie,
La robe du verbe divin.
Pierre parle, et le noir nuage
Fait place à la sérénité,
Et de l'imposture dégage
La radieuse vérité.

Que de fois on vit des armées
Sur la Ville sainte accourir,
Mais par le Seigneur réprimées,
Bientôt confusément s'enfuir !
Vous passerez comme les autres,
Contemporains envahisseurs ;
Sur vous, du tombeau des Apôtres
Eclateront des feux vengeurs.

Le Pape, ô princes de la terre,
Peut se passer de votre appui ;
C'est dans le Seigneur qu'il espère,
Car le Seigneur est avec lui.
Vous l'avez laissé sans défense
Contre un odieux ennemi ;
Vous ébranlez votre puissance,
Lui n'en est que plus affermi.

CHARITÉ

J'ai dit : *Je crois, j'espère*, et je dis : Je vous aime,
Pontife, et bien des cœurs le disent à leur tour :
Ne saluons-nous pas dans votre diadème,
  La foi, l'espérance, l'amour ?

Plus de vos ennemis s'enflamme la colère,
Plus bouillonnent les flots de leurs noires fureurs,
Plus notre amour pour vous, ô Pie, ô notre Père,
   Se dilatera dans nos cœurs.

Les zouaves français veillent au Capitole.
Le Denier de saint Pierre est un royal trésor
Où le simple chrétien dépose son obole,
   Où le riche verse son or.

Ouvre-toi, maintenant, Concile œcuménique,
Salut des temps présents, garant de l'avenir :
Pour te glorifier, Vérité catholique,
   Les Cieux viennent de s'entr'ouvrir.

C'est que le mal est grand ; du fond des noirs abîmes
On dirait que Satan est monté parmi nous,
Tant la vertu faiblit, tant nous voyons de crimes
   Se commettre aux regards de tous.

La raison contre Dieu s'élève avec audace ;
Elle veut régner seule en détruisant la foi :
« De l'antique Éloïm j'occuperai la place, »
   Dit-elle, « Jéhovah, c'est moi ! »

Le vice est triomphant, la pudeur est bannie ;
De ses excès le siècle a cessé de rougir.
Sordide vêtement, partout l'ignominie
    S'étend comme pour nous couvrir.

Mais nous tournons les yeux vers la chaire de Pierre,
Dont les rayons divins illuminent les cœurs :
Le salut de nos temps sera dans la lumière
    Dont elle garde les splendeurs.

A Monseigneur notre Évêque

Vénérable prélat, nous venons de l'entendre,
Vous allez nous quitter ; recevez notre adieu.
Bien tristes nous serions, si vous n'alliez défendre
    L'Eglise et notre Dieu.

Allez, nos vœux ardents vous suivront, ô bon Père,
Si cher par vos vertus au premier des Pasteurs.
Pour vous suivre au Palais du successeur de Pierre,
    Avec vous sont nos cœurs.

Dites-lui que sa foi règle notre croyance,
Que sur son front pour nous le feu céleste a lui ;
Que, lorsqu'il a parlé, rempli de confiance,
    Chacun de nous est avec lui.

J. J. H. REVERTÉGAT.

Vicaire de la Cathédrale de Fréjus.

A SA SAINTETÉ PIE IX

SOUVERAIN PONTIFE HEUREUSEMENT RÉGNANT

Rome se dissolvait dans son ignominie ;
La Chaire de saint Pierre y rappela la vie ;
Sève qui ranima les peuples abattus,
Et les fortifia pour les grandes vertus.
Elle a fait de nouveau germer sur cette terre,
Le triomphe des arts et l'héroïsme austère ;
Ce céleste foyer qui ne pâlit jamais
De siècle en siècle va prodiguant ses bienfaits.
Du peuple d'Israël le Conducteur sublime
Du Sinaï tonnant osant gravir la cime,
    Parla face à face avec Dieu,
Et lorsqu'il descendit, éblouissante étoile,
Son front ne pouvait pas être fixé sans voile,
    Il était rayonnant de feu.

De même au Vatican, la chaire apostolique,
Sina perpétuel du règne évangélique,
    Dicte ses lois à l'univers.
Le Pontife-Monarque est cet autre Moïse,
Qui de cette hauteur se présente à l'Eglise,
    Parmi la foudre et les éclairs.

A l'heure d'à présent tu dispenses, ô Pie,
A l'univers chrétien les promesses de vie ;
    Et sur lui levant les deux mains,
Tu conjures le Ciel et tu bénis le monde ;
Tu fais, tandis qu'au loin s'étend la nuit profonde,
    Resplendir des feux surhumains.

    Jamais plus brillante auréole
    Ne ceignit le front d'un mortel ;
    Jamais plus puissante parole
    Ne retentit près de l'autel.
    Jamais Prêtre-Roi magnanime
    Ne retint au bord de l'abîme
    Un âge plus ivre d'erreur.
    Jamais plus de sainte clémence
    Ne se trouva dans la puissance
    Qu'aux papes donne le Seigneur.

Pontife, gloire à toi, car ta mesure est pleine !
Assez longtemps ton front fut couvert de sueurs.
Mais non, je vois encore une nouvelle arène,
    Où vont s'exercer tes labeurs.

O Christ, en vain Satan, de perfides amorces
    A coloré son noir venin ;
Nous l'avons repoussé, confiants dans les forces
    De ton épanchement divin.

Soutiens-nous, que notre âme unisse
Ses transports aux transports des saints ;
Que ta volonté s'accomplisse ;
Nos cœurs adorent tes desseins ;
Et nous chanterons le cantique
De ce triomphe magnifique
Qu'espèrent tes enfants soumis.
Seigneur, la terre est dans l'attente,
Verse-lui, de ta main puissante,
Les secours à la Croix promis.

DE LAUGERIE ([1]).

(DIOCÈSE DE BORDEAUX)

[1] L'auteur de cette pièce compte dans les rangs de l'armée du St-Siège un de ses fils, aujourd'hui à Rome, et appartenant au corps des zouaves.

PARIS ET ROME

Justitia et pax osculatæ sunt. Ps. 84.

PARIS

De l'art je suis la cité reine,
Je suis le séjour des savants,
Et vers les rives de la Seine
Le monde accourt des quatre vents.
A mes féeriques journées
Succèdent de magiques nuits ;
A cent nations étonnées
J'adresse mes brillants produits.

ROME

Je suis mère d'un art suprême,
L'art divin de la charité ;
A mon radieux diadème
Brille l'or de la vérité.
Du bien je suis la souveraine ;
Peupler les Cieux est mon désir :
Les âmes, voilà mon domaine ;
Je veux à Dieu les conquérir.

PARIS ET ROME

Notre appui sera la justice,
Les devoirs alliés aux droits ;
Ainsi, que le Très-Haut unisse
En nos mains le glaive et la Croix.
Faisons revivre la croyance,
Soyons sœurs, donnons-nous la main,
Et dans cette intime alliance,
Rendons heureux le genre humain.

Eugène GALAIS.

(DIOCÈSE DE LA ROCHELLE)

AUX POËTES DE L'ALBUM

Maîtres, je vous salue ; un enfant des vallées
Qui ne connaît encor que les nuits étoilées,
    Le soleil des beaux jours,
Dont les hymnes ne sont encor qu'une espérance,
D'être accueilli parmi tant de chantres de France
    Bénira Dieu toujours.

Lorsque l'aube sourit aux toits de mon village,
Le soir, lorsque l'oiseau s'endort dans le feuillage,
    J'avais, timidement,
Jusqu'ici, sur la lyre exhalé ma prière ;
Maintenant, retrempé dans votre audace altière,
    Je chanterai plus dignement.

Eugène GALAIS.

(DIOCÈSE DE LA ROCHELLE)

A SA SAINTETÉ PIE IX

O Souverain Pontife, Évêque et Roi de Rome,
Digne Représentant de Jésus-Christ fait homme,
Je dépose à vos pieds le tribut de mes vœux.
Je suis un humble enfant de la vieille Armorique
Qui veut, toujours pareille à la vestale antique,
De la lampe sacrée alimenter les feux.

Chaque pas que l'on fait sur le sol de Bretagne,
Dans le creux du vallon, au flanc de la montagne,
Jusque sur les menhirs on distingue la Croix ;
Nos pères, réunis à la grande Vendée,
En invoquant le Christ sont morts pour une idée,
Et de leurs libertés ont défendu les droits.

Salut, noble vieillard, successeur de saint Pierre !
Pour vous j'adresse au Ciel une ardente prière.
Et prosterné vous-même au pied du Crucifix,
Vous implorez le Dieu de la miséricorde,
A l'univers entier vous prêchez la concorde,
Comme un père jaloux du bonheur de ses fils.

Recevez des Bretons le respect et l'hommage !
Vous êtes le Vicaire et la vivante image
Du Dieu qui resplendit aux sublimes sommets ;
Et, Jésus-Christ l'a dit de sa bouche immortelle :
« Contre la sainte Église et sa base éternelle,
Les portes de l'Enfer ne prévaudront jamais. »

Tant qu'un souffle de vie, animant nos poitrines,
Réchauffera nos cœurs au feu de vos doctrines,
Nous, Bretons et chrétiens, nous soutiendrons vos droits ;
Et, tant que les rochers de la rude Armorique
Braveront la fureur des flots de l'Atlantique,
L'Armor sera fidèle au culte de la Croix.

Honte aux vils apostats, à ces enfants parjures
Qui sur leur sainte Mère ont vomi des injures !
Honte aux nouveaux Judas qu'on voit, pour un peu d'or,
A d'infâmes bourreaux livrer le divin Maître !
Le perfide baiser dont se servit le traître
Ne souillera jamais les lèvres de l'Armor.

Vertus, malheurs, vieillesse, ont orné votre tête
D'une triple auréole. A travers la tempête,
Vers le port du salut vous guidez vos enfants ;
Qu'importe l'ouragan ! L'arc-en-ciel d'espérance
Annonce à l'univers la fin de la souffrance,
Et le Pape et la Foi sont encor triomphants.

Saint Père, bénissez notre vieille patrie
Qui par un souffle impur ne fut jamais flétrie,
Et qui conserve intacts les principes du beau.
Bénissez la province en dévoûments féconde,
Où la Foi, propageant sa racine profonde,
Jusque sur le sépulcre allume son flambeau.

Poursuivez, en guidant la barque de saint Pierre,
Sous les regards de Dieu, votre longue carrière.
Saint Père, bénissez deux immortelles sœurs
Que la Foi réunit : la France et la Bretagne !
Dans la noble patrie où régna Charlemagne,
Vous trouverez toujours de vaillants défenseurs.

Pierre MAURIÈS,

Sous-bibliothécaire de la ville de Brest.

Brest, le 28 Novembre 1869.

A NOTRE TRÈS-SAINT-PÈRE LE PAPE

Voyez-vous sur les flots d'une mer agitée
La barque du Pêcheur par les vents ballottée?
Elle semble devoir s'abîmer sans espoir;
Mais le divin pilote affronte la tempête,
Et regardant la mort qui plane sur sa tête,
    Il manœuvre sans s'émouvoir.

Tel tu nous apparais au milieu de l'orage,
Pontife; en butte aux coups d'une infernale rage,
Ta face resplendit de la paix de ton cœur.
Les chars de Pharaon n'arrêtent pas Moïse,
Les fureurs de Satan n'émeuvent point l'Eglise :
    Elle est la fille du Seigneur.

Contre le Dieu d'amour que prétendrait la haine?
L'archange foudroyé peut secouer sa chaîne,
Mais ne parvient jamais à dériver ses fers.
Il a beau s'entourer de nuages funèbres,
Tenter d'envelopper le soleil de ténèbres ;
    Néant que la nuit des Enfers !

Pie, on dit cependant que parfois la tristesse
Amasse sur ton cœur un lourd poids qui l'oppresse,
Et que des pleurs amers voilent ton œil béni.
D'ou viennent ces chagrins et cette angoisse amère.
Rappelant le Sauveur que la douleur atterre,
   Au jardin de Gethsémani ?

Ah ! c'est qu'il songe alors à ces fils infidèles,
Que des anges du Ciel n'abritent plus les ailes,
Que l'Église a cessé d'étreindre dans ses bras :
Il ne les bénit plus de sa voix caressante ;
Et même sur leurs fronts la foudre menaçante
   Est prête à frapper des ingrats.

O Père désolé, détourne la paupière,
Porte-la sur les fils dont l'âme te vénère.
Pour consoler ton cœur de son déchirement,
Nous avons notre amour pour la foi de nos pères,
Nous avons, pour défendre et venger nos mystères.
   Un héroïque entraînement.

Tu sais comment plusieurs sont tombés pour l'Église,
Tu sais quelle valeur, quelle audace électrise
Ceux qui non loin de toi restent tes défenseurs.
Si les envahisseurs te menaçaient encore,
Ils sauraient par l'élan pieux qui les dévore
   Devenir des triomphateurs.

Écoutons, écoutons, dans la Ville Éternelle,
Parlant à l'Univers cette voix solennelle !
L'Esprit Saint l'inspira, l'Esprit Saint la conduit ;
Le Concile est tenu ; salut, brillante aurore,
Nous annonçant un jour que l'espérance dore,
    Après une pénible nuit !

A Mgr L'ÉVÊQUE

Le Pape vous appelle, ange de Tarentaise ;
Lorsque vous reviendrez dans votre diocèse,
Vous nous apporterez ces décrets précieux
Qui doivent de la foi confirmer le symbole ;
Et nous écouterons votre sainte parole,
    Comme la parole des Cieux.

Désiré GUMÉRY.

(DIOCÈSE DE TARENTAISE).

AU SOUVERAIN PONTIFE

O pontife de qui le règne
Est désolé par la douleur,
Quelque amertume qui t'atteigne,
Avec ton cœur souffre mon cœur.

Avec toi j'étais à Gaëte,
De la Ville Sainte proscrit,
Puis je prenais part à la fête,
Quand te ramena Jésus-Christ.

J'ai suivi les fils de la France,
Montant la garde au Vatican,
Deux fois foudroyant la jactance
De Garibaldi le forban.

Notre patrie, environnée
Des souvenirs de nos aïeux,
Reste toujours la fille aînée
De l'église qui vient des Cieux.

Tu proclamas immaculée
La Mère de mon Rédempteur,
Et sur le mont, dans la vallée,
Nous tressaillîmes de bonheur.

Notre âme flétrit la malice
Qui te dérobe tes États :
Nous espérons dans la Justice
Du Seigneur, le Dieu des combats.

A la splendeur du centenaire,
A l'éclat de tes noces d'or,
Rome a fait connaître à la terre
Combien de Foi survit encor.

Et par la vertu du Concile
Qui dans quelques jours s'ouvrira,
Dieu vengera son Évangile,
Son Église triomphera.

UN PAUVRE AGRICULTEUR.

(DIOCÈSE DE LYON)

L'ÉVANGILE

Rome, cité de Pierre où se tient le Concile,
A ton Pontife-Roi, Dieu donna l'Évangile,
Pour le garder toujours dans son intégrité.
Aussi, malgré l'impie et sa folle jactance,
Jésus, pour triompher, t'a légué sa puissance,
Lui, la force, le bien, la foi, la charité.

Brun MARIE.

Lyon.

A NOTRE-DAME DE ROC-AMADOUR

Salut, mont de Roc-Amadour,
Sanctuaire de nos montagnes !
Je te salue avec amour,
O protecteur de nos campagnes !

La joie habite dans mon cœur,
Quand je t'adresse mon hommage ;
Je sens s'éloigner la douleur
Quand je vénère ton image.

Vallons, rochers silencieux,
Grands tableaux de la solitude,
Votre aspect rapproche des Cieux
Et donne la mansuétude.

Mère de Dieu, dans notre exil,
Couvre-nous d'une égide sainte ;
Il ne craindra pas le péril
L'ami de ta pieuse enceinte.

Prodigue ta protection
Aux évêques partis pour Rome.
Contre la Révolution,
Ils vont venger le Fils de l'homme.

Départs de Missionnaires pour des contrées lointaines

Ainsi, pour accomplir votre saint ministère,
Vous quittez nos climats pour un autre hémisphère !
Que le Dieu tout-puissant bénisse vos travaux ;
C'est de vous que l'on dit : oh ! que leurs pieds sont beaux !
A travers les forêts, les vastes solitudes,
Vous courez des dangers, mais sans inquiétudes :
Et vous allez portant aux peuples étonnés
Les trésors de la foi que Dieu vous a donnés.
Quel cœur n'applaudirait à ces fermes courages,
Qui vous poussent, joyeux, vers ces lointains rivages
Où vous allez donner les semences du Ciel ?
Annoncez Jésus-Christ, prêtres de l'Eternel ;
Aux peuples visités par votre noble zèle,
Assurez le bonheur de la vie Eternelle.

Comte d'HUMIÈRES.

(DIOCÈSE DE CAHORS)

A SA SAINTETÉ PIE IX,

EXILÉ A GAETE

Sur sa jeune tige élancée,
   La fleur qui, mollement bercée,
Imprudente, se livre au caprice des vents,
Sans les soins et l'appui d'une main protectrice,
Pourra-t-elle sauver son frais et blanc calice
    Contre la fureur des autans ?

   Ainsi, dans le sein des tempêtes,
Au milieu des dangers qui pèsent sur nos têtes,
Celui que Dieu créa pour aimer et souffrir,
   De nos maux unique espérance,
   Sans une céleste assistance,
Saura-t-il conjurer les maux de l'avenir ?...

   Mais semblable à l'astre que voile
    Un instant le ciel nébuleux,
Nous te verrons encor, comme la douce étoile
A qui nous confions notre espoir et nos vœux,

Reprendre après l'orage un éclat radieux :
    Lumière si pure et si sainte,
    Que Dieu fit pour orner les cieux,
    Non, tu ne fus jamais éteinte
    Et brilles toujours à nos yeux.

V. de BAUMEFORT.

(DIOCÈSE D'AVIGNON)

L'ANGE TUTÉLAIRE

L'homme, dans sa frêle existence,
Reçoit du Ciel, dès sa naissance,
Pour présider à ses destins,
Un ange, soutien tutélaire,
Qui, du séjour de la lumière,
Veille sur ses pas incertains.

Mais par une ineffable grâce,
Cet ange, franchissant l'espace
Pour mieux nous secourir encor,
Dans le saint amour qui l'enflamme,
Souvent, sous les traits d'une femme,
Veille sur un si cher trésor.

Au génie il ceint la couronne
Qui sur un noble front rayonne,
Brillant d'un éclat immortel :
Animés d'une foi brûlante,
Buonarotti, Pétrarque, Dante
Ont connu cet ange du Ciel.

Il est pour nous l'astre propice
Qui sur les bords du précipice
Nous éclaire sur notre sort ;
Il est, dans le fort de l'orage,
L'esquif échappé du naufrage
Qui nous ramène dans le port.

Il est la Madone divine
Aux pieds de laquelle on s'incline
Dans ces instants mystérieux
Où, par une douce prière,
Nous voyons l'ange de la terre
S'envoler vers l'ange des Cieux.

Sans cesse invoquons l'assistance
De cette céleste influence
Pour conduire et guider nos pas ;
Car tous, dans la nature entière,
Avons notre ange tutélaire,
Et le méchant seul n'en a pas !

O vous, le père des fidèles,
Que Dieu, des sphères éternelles
Eclaire d'un trait lumineux,
Espoir, espoir dans la victoire !
Car Marie, au sein de sa gloire,
Protège vos jours précieux.

V. DE BAUMEFORT.

(DIOCÈSE D'AVIGNON)

L'ORIENT ET L'OCCIDENT

Occident, Occident, tu languis dans tes îles,
Et l'Orient, au deuil qui plane sur ses villes,
Au triste souvenir de sa vieille grandeur,
Elève, suppliant, les bras vers le Seigneur.
Les arts vinrent un jour de ces lointaines plages,
De leur prestige heureux enchanter nos rivages.
Du Jourdain, du Thabor, enfin du Golgotha,
Vers nous du Rédempteur la lumière éclata,
Et de Jérusalem vers nos bords essaimèrent
Ceux que de leurs rayons les Cieux environnèrent.
Le ciel veut qu'à son tour notre Europe aujourd'hui,
A ce même Orient accorde son appui.
Il est là-bas, il est bien des terres désertes
Demandant à porter encor des moissons vertes.
Sur les nobles cités où le sable s'étend,
Le moment vient de rendre un aspect éclatant.
L'espace parmi nous borne notre industrie ;
Portons-en le rayon au sein de la Syrie,
Dans ces vastes Etats où l'aveugle Koran
De la grande énergie atrophia l'élan.

Pourquoi d'ailleurs, pourquoi le moderne génie
Vient-il d'unir les mers et d'Afrique et d'Asie,
Si ce n'est pour répondre aux besoins colossaux
Des peuples rapprochés et des âges nouveaux ?
L'Islam dégénéré penche vers sa ruine,
Et sa destruction aisément se devine.
Sur les pays nombreux que sa main accabla,
L'Occident se le dit : « Je dominerai là ! »
Le Carmel, le Liban, Tabarieh, Solyme
Où du Dieu Rédempteur est le tombeau sublime,
Réclament nos secours pour leur prospérité,
Et pour reconquérir leur vieille liberté.
Mais de ces lieux aimés des chrétiens, l'espérance
Est surtout, avant tout, dans l'appui de la France.

Ces renouvellements, il faut les accomplir,
Non point par le canon, si prompt à démolir ;
Non point par les efforts de cette politique
Que l'on peut à bon droit nommer la foi punique ;
Mais par les dons pieux de vertueux chrétiens.
Rendons à l'Orient des prêtres, ces soutiens
Qui sèment les bienfaits du céleste Evangile.
Donnons-lui des Hermas, des Jacques, des Cyrille.
Rendons-lui son clergé plein d'austères vertus,
Ses couvents renversés, ses temples abattus,
Et nous verrons soudain reparaître la vie
Sur la terre où longtemps domina l'atonie.
Pour rendre la vigueur à ses flancs épuisés,
Souvenons-nous des preux nos pères, les Croisés.

Alors refleuriront, de Sâron à l'Ithome,
La croyance des Paul, la foi des Chrysostôme.
Et nous rétablirons sur ce monde attristé
La force, la richesse et la félicité.
Le Concile qui s'ouvre en ce moment à Rome,
De cette renaissance est l'éclatant prodrome ;
Rendez à Jésus-Christ les peuples énervés,
Et de leur déchéance ils seront relevés.

Rome et Jérusalem, beaux noms dont la puissance
Fait tressaillir l'Europe, et plus que tout, la France ;
Rome et Jérusalem, éternelles cités,
Le temps ne ternit pas vos saintes majestés.
Rome et Jérusalem, grandes par vos ruines,
Vous êtes les témoins des promesses divines.
Rome et Jérusalem, sources de l'idéal,
Pôles de la croyance et du monde moral,
En dépit de l'erreur, en dépit des années,
Du monde vos deux noms portent les destinées.

C.-R. GIRARD,

Directeur du Journal La Terre Sainte
et de l'OEuvre religieuse d'Orient.

(DIOCÈSE DE GRENOBLE)

DIWAR-BENN ANN TAD-SUNTEL AR PAB

ROM HAG AR SENED

WAR DON KANAOUENN AR MOUSSIK BIHAN

(Ar werz-man a hall bean kaned enn eur vale)

O Tad-Santel, burzud ar bed,
Enn amzer-man truezuz,
C'houi zo bed, a zo, vo bepred
Dinec'h ha meurbed joauz.
Ja, bezit drant, o Tad-Santel,
Rak Doue ho tifenno
Gand ann dud vàd a Vreiz-Izel,
Kalonek bete'r maro.

C'houi gand Doue, war ann douar.
Lekeet war-n-omp-ni da ren,
Dre ho Santelez hep he far
C'houi disk d'imp heul he lezen.
Renet bepred, o Tad-Santel,
Renet war ar bed kristen :
Ann holl dud euz a Vreiz-Izel
Vo stag ouz-Hoc'h da viken.

Trugarez d'ec'h, o ma Doue !
Roet c'heuz nerz d'hon Zad mâd
Da dougen, hep n'em glemm morse,
Kerliès a galonad :
Pî nao n'em guzan e Gaët,
Harluet euz Rom, he vro !
Nikun n'en deuz c'hoaz ankouet
Devez Kastelfidardo !

Pet gwech ouz-penn n'eo-han ket bet
Gourdrouzet, enn he balez,
Gand ar fallan tud euz ar bed,
Ijinuz e pep drougiez !
Mès Pî nao oa bepred Pî nao !
Pebez Vikel da Jezuz !
Mar kleve komz euz ar maro,
Pî nao oa bepred Joauz.

Doue zo hag a vo gan Ec'h :
Dalc'hit mâd 'ta, Tad-Santel;
Da viken C'houi a vezo trec'h
D'ann hini a zo mevel,
Mevel map-henan Lusifer,
Gand ann holl anaveet.
D'Ho teurel diwar drôn sant Per
Birviken ne vo lezet !

Bevit eta, bevit dinec'h,
O Tad ar c'haradekan,
Sikour hon peden vo gan-Ec'h :
Se eo hon zikour kentan ;
Ha mar deufe d'Ec'h c'hoaz ezom
Euz zikour divrec'h hon bro,
Eur gir, mar plij, ha prim da Rom
Breiz-Izeliz a redo.

Mar Hoc'h euz bet, a-raok breman,
Gwalc'h ho kalon a c'hlac'har,
N'em dic'haouit da vihanan,
Chetu d'Ec'h eur joa dispar :
Nag a gant Eskob, levenez !
Direded euz a bep bro,
'Vit sentin ouz Ho Santelez,
Ar gwellan euz ann Tado !

En em dastumet holl breman,
Pab hag Eskibien meuluz,
Enn eur Sened ar zantelan :
Se a blijo da Jezuz.
Gan-Ec'h e man Spered Doue,
Rei a rai d'Ec'h sklerijen ;
Ha plijet gant-han goude-ze
Ma heulfomp gwell he lezen !

D'Ec'h-hu, holl Dado ar Sened,
Trugarez a lavaran
Euz ann holl boan a gomerfet
'Vit gloar Doue er bed-man.
Doue da roio d'Ec'h digoll
Euz ho labouriou poaniuz,
'N'eur ober d'Ec'h gweled ann holl
Troed a dû gant Jezuz.

Mès, eunn digoll evurusoc'h
E vezo klevet Doue
O c'hervel pep-hinin Anoc'h,
Enn divez euz he vue,
Evit mond d'he heul d'ann Envo.
Me ive fell d'in, er gloar,
Gallout gwelet neuze Pi nao :
N'Hen gwelin war ann douar.

Ann Otro PRIGENT,

Person Lanvilin, — c kanton Landreger.

AU SUJET DU SAINT-PÈRE LE PAPE

ROME ET LE CONCILE

Sur l'air de la Chanson du petit mousse

(MARCHE)

O Saint-Père, vous, qui vous attirez l'admiration de l'univers, à cette époque déplorable, vous avez été, vous êtes et vous serez toujours sans inquiétude aucune, et fort joyeux. Oui, Saint-Père, soyez gai, car le bon Dieu vous défendra par l'intermédiaire des bons habitants de la Basse-Bretagne, qui sont pleins d'ardeur jusqu'à la mort.

Préposé par le bon Dieu pour régner sur nous ici-bas, vous nous apprenez, par votre sainteté sans pareille, à suivre sa sainte loi. Continuez à régner, ô Saint-Père, continuez à régner sur l'univers chrétien : tous les habitants de la Basse-Bretagne vous seront attachés pour toujours.

Soyez béni, ô mon Dieu ! vous avez donné à notre bon Père du courage pour supporter, sans jamais se plaindre, tant de crève-cœur : Pie IX se réfugier à Gaëte, chassé de Rome, sa patrie ! Personne n'a encore perdu le souvenir de la journée de Castelfidardo !

Que de fois, en outre, n'a-t-il pas été, dans son palais, menacé par les plus méchantes gens du monde, ingénieux dans l'art de faire tout ce qui est mal ! Mais Pie IX était toujours Pie IX ! Quel Vicaire à Jésus-Christ ! Entendait-il parler de la mort, Pie IX était toujours joyeux.

Dieu est et sera avec vous : tenez donc bon, ô Saint-Père ! Vous serez à jamais victorieux de celui qui est le domestique, le domestique du fils aîné de Lucifer, connu de tout le monde. Vous faire descendre du trône de saint Pierre, cela ne lui sera jamais permis !

Vivez donc, vivez sans crainte, ô Père le plus digne d'être aimé ; vous aurez le secours de nos prières : c'est l'aide première que nous vous donnons. Et s'il arrive encore que vous ayez besoin du secours des bras de notre pays, un mot, s'il vous plaît, et les Bas-Bretons courront bien vite à Rome·

Si, avant cette époque où nous sommes, vous vez eu le cœur rassasié de chagrins, au moins maintenant dédommagez-vous, car voici pour vous une joie sans pareille : Que de centaines d'évêques, ô bonheur ! accourus à la hâte de tous les pays, pour obéir au désir de Votre Sainteté, vous, le meilleur de tous les pères !

Maintenant, Pape et Evêques qu'on ne saurait trop louer, réunissez-vous tous dans le plus saint des Conciles : ce sera bien agréable à Jésus-Christ. Vous avez l'esprit de Dieu, il vous donnera des lumières. Qu'il lui plaise de faire en sorte que plus tard nous accomplissions mieux sa sainte loi !

Vous tous, Pères du Concile, je vous remercie d'avance de toutes les peines que vous vous donnerez pour procurer la gloire du bon Dieu en ce monde. Que le bon Dieu vous récompense de tous vos pénibles travaux, en vous faisant voir tout le monde prendre le parti de Jésus-Christ !

Mais, un plus heureux dédommagement, ce sera d'entendre le bon Dieu appeler chacun de vous, à la fin de sa vie, pour monter à sa suite dans les Cieux. Pour mon compte, j'ai le plus vif désir de pouvoir contempler alors Pie IX dans la gloire, puisque je n'ai pas d'espoir de le voir sur la terre.

L. M. PRIGENT,

Curé de Lanmérin (France)

(Côtes-du-Nord). Canton de Tréguier.

AR PASTOR MAD

PII NAO

Enn hano hor Zalver Jezuz,
Mari he Vamm garantezuz,
Enn hano sant Per ha sant Pol
Eur gomz zo et dre ar Bed-holl.

Komz hon Tad Santel, Pii naved
A ia dre bevar c'horn ar bed,
Komz ar Pap, Tad ar Gristenien,
Duduz evel son eunn delenn,

Telenn Remengol ha Gwengam,
Telenn ar Werc'hez sakr, hor Mamm,
Telenn ar zent koz euz a Vreiz
Zigasas d'hon tadou ar feiz.

Skignet eo komz hon Tad Santel
Er bed dre ar pevar avel;
E Breiz-Izel p'en em gavaz
Kalounou breiziz a dridaz.

Pii nao a c'halv ann Eskibien
Euz ann holl vroio d'he gichen,
D'harpa ar feiz, d'harpa ar groaz
A zo pounner war he ziou skoaz.

Pii nao, c'houi, eo ar Pastor mad
D'ar Gristenien c'houi a zo Tad,
Eun Tad santel, ann Tad gwela
Zo bet biskoaz war ar bed ma.

Pii nao, gant Doue oc'h karet,
Doue a ro d'hec'h he Spered.
Astenn a ra he zorn noz-deiz
Da ziwall, da zifenn he Iliz.

Ann Iliz katolik, romen,
Gwir Iliz-Vamm ar Gristenien
Savet gant Jezuz, hor Zalver
Da choum diflach e peb amzer.

Eskibien Breiz gant ho kalon
Da gaout Pii nao kerzit da Rom,
Da gaout hon Tad karantezuz,
Henvel oud hor Zalver Jezuz.

Doue a roï d'hec'h he vennoz
Arc'heskop Roazon *hon Tad-koz*,
Eskop Kemper, Eskop Gwened,
Eskep Sant Briek ha Naoned.

Pa 'z it da Rom, c'houi hon Tadou,
Kasit gan-hec'h hor c'halounou
Ha lakit-ho gant hor pedenn
C'harz treid Pii nao zo eur zant gwenn.

Ar zent a zigasas ar feiz
D'hon tadou koz gwechall e Breiz,
Evid-hoc'h a bedo Doue,
C'houi zo henvel oc'h ar zent-ze.

El-mad hor bro hoc'h ambrougo
D'ho kas rag-eeun dirak Pii nao,
Pii nao hon Tad hag hor Roue,
Ren war ar bed enn hanv Doue.

Lavarit mad d'hon Tad Santel
Eo karet gant tud Breiz-Izel,
E pedont evit-han noz-deiz
Doue, ar Werc'hez ha sent Breiz.

D'hon Tad Santel lavarit c'hoaz
E karfemp holl dougenn he groaz
'Vit gounid d'emp, d'hor bugale,
He vennôz ha Baradoz Doue.

LE BON PASTEUR

PIE IX

Au nom de notre Sauveur Jésus, de Marie, sa Mère aimante, au nom de saint Pierre et de saint Paul, une parole s'est fait entendre dans le monde.

C'est la parole de notre Saint-Père Pie IX, qui se répand dans l'univers; la parole du Père des Chrétiens, douce comme un son de harpe,

La harpe de Rumengoll, de Guingamp, la harpe de la Vierge, notre Mère, la harpe des vieux saints de Bretagne qui apportèrent la foi à nos pères.

La parole de notre Saint-Père a été entendue aux quatre vents du ciel; lorsqu'elle arriva en Bretagne, tous les cœurs bretons tressaillirent de joie.

Pie IX appelle à lui les Evêques de tous les pays pour défendre la foi et soutenir la croix qui s'appesantit sur lui.

Pie IX, vous êtes le bon Pasteur, vous êtes le Père des chrétiens; Père saint, le meilleur Père qui fût jamais.

Pie IX, Dieu vous aime et vous donne la lumière de son Esprit; nuit et jour sa droite veille à la garde, à la défense de son Eglise ;

L'Eglise catholique et romaine, l'Eglise des chrétiens fidèles édifiée par Jésus, notre Sauveur, inébranlable jusqu'à la fin des temps.

Évêques de Bretagne, allez de tout cœur à Rome, allez-y trouver Pie IX, notre Père bien-aimé, semblable à notre Sauveur Jésus.

Dieu vous bénira, Archevêque de Bretagne, *notre Grand Père*, Evêque de Quimper, Evêque de Vannes, Evêques de Saint-Brieuc et de Nantes.

Puisque vous allez à Rome, vous, nos Pères, déposez avec nos prières nos cœurs qui vous y accompagnent aux pieds du grand saint Pie IX.

Les saints qui apportèrent la foi à nos pères en Bretagne prieront Dieu pour vous, vous semblables à ces saints.

Que le bon ange de la Bretagne vous conduise sûrement à Pie IX, notre Père et notre Roi, qui règne sur le monde au nom de Dieu.

Dites bien à notre Saint-Père qu'il est aimé des Bretons, qu'ils prient sans cesse pour lui Dieu, la Vierge et les saints de Bretagne.

Dites encore à notre Saint-Père que nous voudrions tous porter sa croix pour nous mériter à nous, à nos enfants, sa bénédiction et le paradis de Dieu.

J.-P.-M. LESCOUR,
Barde de N.-D. de Rumeng l.

Morlaix, 5 novembre 1869.

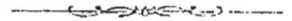

AR VICTONED

DA HON TAD SANTEL, AR PAP

E-c'harz ho treid-choui, Tad Santel,
Martoloded, labourerien
Euz a vro Leon, e Breiz, a-bell
Laka ho c'halounou kristen.

Choui zo hon Tad, Penn ann Iliz,
Pastor a gas denved Jezuz,
Kador kredenn ar gwir feiz
Tour-tan dreist ar bed Lugernuz.

Ar boblou euz ar Gristenez
Enn amzer zo gant ho diou-skoaz,
Gant ho c'halon hag ho furnez
Harp ac'hanoc'h dindan ho kroaz

Evel-d-ho, ni holl dud a Vreiz
Dioud hor dalloud ni hoc'h harpo ;
Kristenien omp ha tud a feiz,
Ar feiz n'e spont rak ar maro.

Gant ann holl ni zo dilezet,
Nemet gan Jezuz hag he Vamm,
Hag hep madou n'omp paour erbed,
Gant feiz kre ha karantez flamm.

Anez ar feiz, ni ne harsfemp
Oud ar bo an war-n-omp o tiroll ;
Anez karantez, e varvfemp ;
Karantez Doue a vir da goll.

Gant-ho mar treuskammomp biskoaz,
O vont dre hentchou ar vuez.
Ni dro d'ar gastiz hon dion skoaz,
C'houli c'houlenn evid-omp truez ;

Goulenn a reomp digant Jezuz,
Enn eur ouela, peoc'h d'ann Iliz ;
D'hoc'h, Tad Santel, madelezuz,
Iec'hed hanerz oud ann direiz.

D'ann diroll enn he reverzi
Dre nerz Mari e vezoc'h treac'h ;
Dleourez d'hoc'h, red eo d'ezhi
Dizamma, Tad Santel, ho peac'h.

Gant eur zant braz zo ber ganet
Enn Hiberni, sant Malahias,
Seiz-kant vloaz zo eo diouganet
D'e-hoc'h, Tad Santel, *kroaz war groaz.*

Mar lavaraz ar wirionez,
(Gant piou e ve dislavaret ?)
Ne gomzaz euz ar garantez,
Dizoan ho kaloun glac'haret.

Alao ar garantez wirion,
A raok arne, kurun ha tan,
A c'halv da zont war he c'halon
He bugale, evel eur vamm.

Gant ho kalon hopeuz galvet,
Tad, ho pugale Eskibien ;
Hep dale int en em gavet
Euz a bep bro enn ho kichen.

Deut int erit mad ann ene,
Da zizalla he dallentez,
Da gemeret ali ann Ee,
Da ziskouez d'hoc'h ho charantez.

Evid omp ni holl, Bretoned,
Ni a zalc'h d'hor feiz kalounek,
Feiz hon tadou zo bet distroet
Gant hor zent dre ar brezonek,

Ni a garfe gwitibunan
Mont d'ho kaout da heul hon Tadou,
Mont, Tad Santel, braz ha bihan
Da boket d'ho treid, d'ho roudou;

Da c'houlenn nerz erit herzel
Oud ar poaniou, oud ar pec'hed,
Hage Breiz, hor bro, o vervel,
Gallout dioud ann ifern tec'het;

Kaout d'ar vamm ha d'he bugale,
D'ann tad, Tad Santel, ho pennoz,
Ma vo easoc'h d'ezho bale
D-hoc'h heul war hent ar Baradoz.

LES BRETONS

A NOTRE SAINT-PÈRE LE PAPE

Saint-Père, des marins, des laboureurs de leur pays de Léon, bien loin en Bretagne, déposent leurs cœurs chrétiens à vos pieds.

Vous êtes notre Père, le Chef de l'Eglise, le Pasteur qui paît le troupeau de Jésus, le siége inébranlable de la vraie croyance, le Phare élevé qui éclaire le monde.

Tous les peuples de la Chrétienté mettent, dans ce temps, leur cœur, leurs forces et leur sagesse à vous soulager sous votre croix.

A leur exemple, nous tous, Bretons, nous vous soutiendrons selon notre pouvoir, nous sommes chrétiens et hommes de foi ; la foi ne tremble pas devant la mort.

Bien que délaissés de tous, excepté de Jésus et de sa Mère, quoique dépourvus de fortune ici-bas, nous ne sommes pas pauvres avec une foi vive, une charité ardente.

Sans la foi nous ne pourrions résister aux maux qui nous assiégent ; sans amour nous mourrions, sans l'amour du Dieu qui sauve.

Si avec la foi et l'amour nous tombons parfois sur le chemin de la vie, nous acceptons le châtiment, et vous implorez pour nous la miséricorde.

Par nos larmes, nous demandons à Jésus qu'il accorde la paix à l'Eglise ; à vous, Père saint et bon, de la santé, de la force pour terrasser le péché.

Par la puissance de Marie, vous triompherez du désordre qui monte comme une marée ; elle est votre obligée, Saint Père, et vous doit d'alléger votre fardeau.

Il y a sept siècles, un grand saint, saint Malachie d'Hibernie, vous a prophétisé *croix sur croix*, Saint Père.

S'il a annoncé la vérité (qui peut le méconnaître?) il ne parla pas de l'amour qui console votre cœur affligé.

Semblable à une mère, toujours l'amour véritable, avant l'orage, la foudre et les éclairs, appelle ses enfants et les met sur son cœur.

Père saint, votre cœur a appelé vos enfants, les Evêques, et tous avec empressement sont accourus à vos côtés.

Ils sont venus pour le bien des âmes, pour éclairer leur intelligence, pour prendre conseil du Ciel, pour vous témoigner leur amour.

Quant à nous, Bretons, qui tenons tous de cœur à la foi que, par la langue bretonne, les saints ont enseignée à nos ancêtres,

Nous voudrions, tous, suivre nos Pères, et avec eux aller, grands et petits, embrasser vos pieds et baiser l'empreinte de vos pas ;

Aller demander de la force pour résister au péché, aux souffrances, afin qu'en mourant en Bretagne, notre pays, nous puissions éviter l'enfer ;

Aller obtenir à la mère, à ses enfants, obtenir au père votre bénédiction qui les aiderait, Père saint, à marcher à votre suite sur le chemin du Paradis.

G. MILIN.

Brest (Finistère), 1er novembre 1869.

L'ART

Après avoir feuilleté un Album des loges de Raphaël

L'art est un dieu jaloux : il ne veut pour fidèles
Que des cœurs embrasés d'un rayon toujours pur,
Et qui vers les hauteurs montent à grands coups d'ailes.
Comme vers le soleil les aigles de l'azur.

C'est là-haut qu'il faut voir les suprêmes modèles ;
Là, qu'aux élus le Beau promet le prix futur ;
C'est là qu'un seul reflet des gloires immortelles
Consacre en un moment le front le plus obscur.

Dans votre ascension, ô chercheurs d'harmonie,
Malheur à qui sans honte énerve son génie !
De toute défaillance affranchissez vos cœurs,

Et s'il le faut enfin pour atteindre la cime,
Epuisez votre souffle en un élan sublime
Qui vous emporte au Ciel, expirants, mais vainqueurs !

Achille MILLIEN.

SAINTES FEMMES

Vous à qui la Vierge Marie,
S'occupant de notre salut,
Bernadette, et toi, Mélanie (1),
Dans votre indigence apparut,

Je parle souvent du mystère
Qui vous fut alors révélé ;
A chaque instant ce ministère
Préoccupe mon cœur troublé.

N'avez-vous pas dit à nos âges,
Au nom de la Reine du Ciel,
Que son Fils est las des outrages
Faits à son nom, à son autel ?

Et nos âges, dans leur mollesse,
Dans leur impiété, que font-ils ?
Du Christ ils raillent la promesse,
Et n'aperçoivent nuls périls.

(1) Allusion à l'apparition de la Salette et à celle de Lourdes.

Cependant le temps suit sa marche ;
Le Seigneur tend à ses desseins.
On ne se sauve que dans l'arche ;
Dieu ne reconnaît que ses saints.

Tandis que l'orgueil nous captive,
O Jésus, tu te lèveras !..
Malheur ! oh ! malheur à Ninive
Sourde aux menaces de Jonas !

Le Ciel toujours par ses prophètes
Parle aux peuples impénitents,
Et qui moissonnent les tempêtes
Dont ils avaient semé les vents.

Seigneur, ton ange nous visite ;
Son glaive est levé contre nous...
Je t'adore ; fais que j'évite
Les châtiments de ton courroux.

A. GAY-TRÉHU.

(DIOCÈSE DE COUTANCES)

IMPERAT VENTIS ET MARI

Sur la plaine d'un lac, sous une douce brise,
Une barque glissait, symbole de l'Eglise.
   Le temps était serein.
La voile autour du mât s'enflait silencieuse
Et dans ses bleus replis l'onde capricieuse
   Disait un nom divin.

Appuyant aux parois sa main toute-puissante,
Jésus y reposa sa tête ravissante,
   Et bientôt s'endormit.
La vague alors parut adoucir son murmure,
Respectant le repos du Dieu que la nature
   Dans sa marche bénit.

A ses côtés assis, douze hommes en silence
Méditaient les discours et la tendre éloquence
   De leur divin Docteur,
Et détournant souvent leurs regards du rivage,
Ils contemplaient en paix le céleste visage
   Du Verbe rédempteur.

Mais voilà que soudain l'horizon devient sombre ;
Le soleil s'est voilé, le lac déferle, l'ombre
  Enveloppe les flots.
Le navire est battu par la vague écumante ;
La subite terreur que répand la tourmente
  Glace les matelots.

Le Seigneur sommeillait toujours, et les douze hommes
L'éveillant... « Regardez le péril où nous sommes ;
  » Maître, nous périssons ! »
Et de leur peu de foi Jésus-Christ les gourmande ;
Il se lève, à la mer agitée il commande :
  « Calmez-vous, aquilons ! »

La tempête écoutant cette voix souveraine,
Le flot s'est adouci, le Ciel se rassérène
  Et reprend sa splendeur.
Tibériade alors accourt sur le rivage
Et dit : Quel est, ô mer, Celui dont le langage
  Commande à ta fureur ?

Joseph-Henri THIERRY.

(DIOCÈSE DE ROUEN)

L'ANGE ET LES PERLES

(LÉGENDE)

Après avoir veillé durant toute une nuit,
Au Tout-Puissant, pour nous, adressé sa prière,
    Au lever du jour, le Saint-Père,
  La paix dans l'âme, s'endormit.
Auprès de ce Pontife à la fermeté rare
    Resplendissait une tiare
Dont un pieux chrétien naguère lui fit don.
    Et sur la couronne papale
      Une perle orientale
  Eblouissait les yeux de ses rayons.

    Sur le marbre de la croisée
    Une fleurette au soleil exposée
      S'inclinait perdant sa couleur.
Sur elle étincelait d'une douce lueur
    Une humble goutte de rosée.
Celle-ci crut pouvoir donner le nom de sœur
    A la noble perle irisée.

— « Moi, ta sœur! — dit la perle avec un ton hautain,
» — Moi qui luis constamment, moi dont l'éclat divin
» Eblouit le regard et que chacun admire !
» Non, tu n'es pas ma sœur! Le soleil du matin,
» S'il chauffe quelque peu, suffit pour te détruire,
» Tandis que ma beauté ne verra pas de fin. »

La fraîche goutte de rosée,
De ce triste orgueil offensée,
Dit à la perle « A quoi sers-tu?
» A faire applaudir dans ce monde
» Les purs reflets dont je t'inonde. —
» Car, resplendir, c'est ma vertu. »
— « Et toi, — dit la perle inhumaine,
De son éclat, hélas! trop vaine, —
» A quoi sers-tu? Tu n'en sais rien. »

— « Je sers à soulager la peine,
» Et, sur cette terre incertaine,
» A mourir pour faire le bien. »

Après ces mots, la goutte de rosée
Glissa sur la tige embrasée
De la fleur qui courbait son front pâle et mourant;
La tige reverdit jusques en sa racine
Et la fleur reprenant sa teinte purpurine,
Se balançait au doux souffle du vent.

De la voûte azurée
Un ange descendit,
Dans sa main recueillit
La goutte de rosée.
Et le Maître divin,
Père de l'humble qu'il réclame,
En fit un diamant dont la flamme
Para le front d'un chérubin.

La perle un jour perdit son reflet rare([1]),
Et ne rehaussant plus l'or fin de la tiare
Fut mise à l'abandon.
Superbes, profitez tous de cette leçon.

J. B.^{te} FITERRE,

Lieutenant des Douanes et membre de l'Union des poëtes.

Bayonne, 26 mai 1869.

([1]) Les admirables reflets dont la perle est parée se nomment *orients*. — Les perles sont sujettes à des maladies qui leur font perdre leur *orient*, tantôt pour quelque temps, tantôt pour toujours.

(Note de l'Auteur).

SOUVENIR DU JUBILÉ ET DU CONCILE [1].

Autour du successeur de Pierre,
Enfants du Christ, rallions-nous ;
Et fiers d'un Pontife si doux,
Marchons toujours sous sa bannière.

Ref. Gloire au Pontife universel,
    L'honneur et l'amour de la terre,
    Gloire au saint Vieillard d'Israël,
Bis. A lui nos cœurs, c'est notre Père !

Sur son front brille la couronne
De la plus sainte royauté ;
A Rome, pour l'éternité,
Le Christ un jour fonda son trône.

Gardien des vérités divines,
Guide fidèle et saint Pasteur,
Il est l'infaillible Docteur
D'un siècle aveugle en ses doctrines.

(1) Cantique populaire qui se trouve chez l'auteur, avec la musique, 48, rue Mage, à Toulouse.

En vain les peuples du naufrage
Menacent son trône de Roi ;
Inébranlable dans sa foi,
De l'Enfer il brave la rage.

Les méchants, dans leur sombre ivresse,
Disaient: « Qu'il descende au tombeau! »
Mais d'un éclat toujours nouveau
Le Ciel embellit sa vieillesse.

Voyez du monde catholique
Tous les Pontifes, à sa voix,
Venir se ranger à la fois
Près de la Chaire apostolique.

Seigneur ! sur le nouveau cénacle
Versez l'éternelle clarté,
Et de l'Esprit de vérité
Pierre pour nous sera l'oracle.

Dociles à sa voix féconde
Nos fronts soumis se courberont,
Nos cœurs dans la foi trouveront
L'arme qui doit sauver le monde.

Dans ce temps de folles tempêtes
Gardez, Seigneur, ce nautonier
Dont le bras seul peut éloigner
La foudre grondant sur nos têtes.

Dès l'origine préservée
De l'esclavage des Enfers,
Sauvez le Pape et l'Univers,
O Vierge-Mère Immaculée !

Saintes phalanges dont la gloire
Brille de rayons immortels,
C'est Lui qui dressa vos autels,
De vous il attend sa victoire.

Honneur à la Barque de Pierre,
Dieu la protége de son bras,
La Barque ne sombrera pas ;
Le Vatican garde la terre !

L'Eglise, c'est notre patrie,
Le Pape seul en est le Roi ;
Sans crainte affirmons notre foi :
« Vive Jésus, Joseph, Marie !... »

Aloys KUNC.

PROSA IN HONOREM

IMMACULATÆ CONCEPTIONIS VIRGINIS MARIÆ

Reverendissimi Domini Episcopi sacro Concilio assistentes, obsecrantur in Domino et per viscera beatæ Virginis, ut hanc prosam, seu sequentiam à Sanctorum Rituum Congregatione benignè approbatam admittant in diœcesibus suis et etiam postulent ut cuni ac recitari possit in omnibus ecclesiis catholicis usque ad terminos orbis terrarum, et sic ponant novam coronam gloriæ super caput Deiparæ, et Matris nostræ immaculatæ, et fideles audientes hæc verba: *Thronum Petri stabilem exorent, ex toto corde, pro felici statu Sanctæ Romanæ Ecclesiæ et Sedis Apostolicæ.*

TRADUCTION DE LA PROSE DE L'IMMACULÉE CONCEPTION

A LA VIERGE SANS TACHE

Marie est conçue sans tache originelle, Elle marche toute belle, immaculée, à la splendeur de la lumière divine; Que la cité sainte applaudisse !

A sa vue tous les Cieux s'écrient : Voici la Fille du Père, l'Épouse du Saint-Esprit, la royale Mère du Christ, que la Sainte Trinité couronne.

On la proclame Mère de Dieu, l'Arche vivante de la nouvelle alliance, portée sur la mer orageuse pour secourir les malheureux que le naufrage a submergés.

Elle apparaît comme une aurore resplendissante annonçant le jour du bonheur, Elle brille comme l'Arc symbolique tout radieux parmi les nuées du Ciel : Elle porte, en effet, le soleil dans ses flancs.

Oui, c'est cette merveilleuse Vierge-Mère qui donne le jour au Fils de Dieu, écrase la tête du serpent infernal, devient le salut des mortels, et leur ouvre le temple de la gloire.

Bientôt elle est élevée au-dessus des astres et va s'asseoir à la droite de son Fils ; là elle est vénérée des Esprits célestes, et du haut de ce trône sublime, elle répand sur nous la rosée de la grâce.

Conservez inébranlable le trône de Pierre, en déployant la force de votre bras ; ô Vierge sainte, soyez à jamais le ferme appui du Souverain Pontife et que les ennemis de l'Église reculent épouvantés.

Déjà vous avez brisé la puissance arrogante de Satan frémissant de rage : O Marie, à présent, marchez à notre tête, faites triompher ceux qui vous sont dévoués, ouvrez-nous le cœur de Jésus.

Que par vous, flambeau des âmes, éclate l'empire du Christ ! Que par vous, fleur des vallées, s'épanouisse, en tous les cœurs, la fleur de la pureté et la candeur de la justice !

O Reine des habitants du Ciel, soyez propice à nos vœux, et après les jours de cet exil, admis dans l'éternelle patrie, accordez-nous la couronne de gloire.

Ainsi soit-il.

Toutes les fois que cette Prose est chantée avant la Bénédiction du Très-Saint Sacrement, ce qui a lieu les jours de fête de la sainte Vierge et certains jours du mois de Marie, on ajoute, après le Salut, les deux strophes suivantes, mais on ne les chante point pendant la Bénédiction du Très-Saint Sacrement.

O Vierge, ô Maîtresse du monde, vous arrêtez le bras du Tout-Puissant; arrachez-lui ses foudres vengeresses, cachez-nous sous votre saint étendard, et ne dédaignez pas ceux qui sont vos enfants.

Voyez à vos pieds les pontifes de la terre, voyez les rois des nations du monde qui vous consacrent leurs personnes et leurs royaumes, et les fidèles, touchés de reconnaissance, qui vous offrent leurs cœurs et le tribut de leurs louanges.

Ainsi soit-il.

IMMACULATÆ VIRGINI MARIÆ

☨

HOC SIGNO VINCES

(5ᵉ TON TRANSPOSÉ, OU 13ᵉ TON ROMAIN)

Maria concipitur Sine labe criminis,
Tota pulchra graditur In splendore luminis;
Plaudat Dei civitas!
Vox auditur cœlitus : Ecce Patris filia,
Sponsa Sancti Spiritûs, Parens Christi regia,
Quam coronat Trinitas.

Deipara dicitur, Arca vivens fœderis,
Super aquas vehitur, Et subvenit miseris
Quos unda demerserat.
Ut aurora claruit, Diem pacis nuntians;

Ut arcus resplendu-it   Inter nubes radi-ans;

Ipsa Solem generat.

Virgo, Mater in-clyta,   De-um prodit fi-li-um,

Premit anguis capi-ta,   Fit salus mor-ta-li-um,

Pandit templum glori-æ.

Super astra tolli-tur,   Sedet nati dexte-ris

Ab Ange-lis colitur,   Et de thronis superis

Rorem spargit gra-ti-æ.

Thro-num Petri stabi-lem   Forti serva dexte-ra;

Virgo, summum præsulem   In ævum corrobora;

Ca- dant hos-tes inferi.

Ru - gi-en - tis dæmonis   Fre-gis-ti superbiam;

Ma-ri-a, dux agminis,   Da tu-is victoriam;

Et Je-su cor aperi.

Per te, lux ô mentium, Regna Christi fulgeant!
Per te, flos ô vallium, Pura corda floreant
Candore justitiæ!
O regina cœlitum, Votis sis propitia
Et vitæ post exitum, In æterna patria,
Da coronam gloriæ. A- men.

Si supradicta Prosa cantetur antè Benedictionem Sanctissimi Sacramenti, tunc, non in actu Benedictionis, sed post Benedictionem ipsam dicatur.

Virgo mundi Domina, Dei manum sustines,
Aufer illi fulmina, Tuere nos homines,
Natos ne despicias.
Te præsules obsecrant, Tibi reges gentium,
Se regnaque consecrant, Et corda fidelium
Laudis solvunt gratias. A- men.

DECRETUM.

Sacra Rituum Congregatio, utendo facultatibus sibi specialiter a sanctissimo Domino nostro Pio Papa IX tributis, benigne annuit ut suprascripta Prosa, ab eadem Sacra Congregatione diligenter revisa, cani ac recitari possit in Ecclesiasticis functionibus, dummodo id fiat extra officium et missam, et Reverendissimorum Ordinariorum expressus consensus accedat. Contrariis non obstantibus quibuscumque.

Die 27 junii 1867.

C. Episcopus Portuen. et S. Rufinæ.
Card. Patrizi, S. R. C. Præfectus.

D. Bartolini, S. R. C. Secretarius.

APPROBATIONS

L'usage de cette Prose a été permis dans les églises :

1° par Mgr le Cardinal-Archevêque de Bordeaux ;
2° par Mgr l'Archevêque d'Aix, le 26 février 1861 ;
3° par Mgr l'Archevêque de Rennes, le 24 mai 1861 ;
4° par Mgr l'Archevêque de Tours, le 5 mars 1863 ;
5° par Mgr l'Evêque du Mans, le 2 décembre 1860 ;
6° par Mgr l'Evêque de Valleguid, le 5 décembre 1860 ;
7° par Mgr l'Archevêque de Saint-Claude, le 6 février 1861 ;
8° par Mgr l'Evêque d'Angers, le 28 décembre 1860 ;
9° par Mgr l'Evêque de Marseille, le 24 avril 1861.

HYMNE A PIE IX

Oh ! qu'elle est belle l'auréole
De ce Monarque auguste et doux
Qui voit du haut du Capitole
Toute la terre à ses genoux !
Oh ! qu'il est saint le diadème
De ce Pontife universel
Qui tient ce pouvoir de Dieu même,
Et ne relève que du Ciel !

Seigneur, protége notre Père,
L'héritier du sceptre de Pierre,
Entoure-le de ton Esprit ;
Protége-le, Seigneur, ce Vieillard magnanime,
Ce dernier anneau d'or de la chaîne sublime
Qui remonte jusqu'à ton Christ !

Veille sur Lui, car le flot gronde,
Car le cri d'un peuple effréné
A troublé dans sa paix profonde
Ton prophète prédestiné.

Faut-il, mon Dieu, que rien n'arrête
La marche sourde du volcan,
Et que l'effort de la tempête
S'acharne autour du Vatican !

Seigneur, protége notre Père, etc.

Quoi ! dans des temps comme les nôtres
On verrait triompher le mal
Et le descendant des Apôtres
Forcé de fuir le Quirinal !
Une populace barbare,
Sans respect pour sa majesté,
Ferait tomber cette tiare,
La gloire de l'humanité !

Seigneur, protége notre Père, etc.

Non, tu ne peux changer de maître,
O, vieille cité des Césars !
Veuve de Lui, tu cesses d'être,
Tu déshonores tes remparts....
Il n'est pas de peuple ni d'homme
Qui puisse remplir un tel lieu ;
Rome ne sera jamais Rome
Qu'en restant l'épouse de Dieu !

Seigneur, protége notre Père, etc.

Non, Rome est avant tout chrétienne ;
Rome aux antiques souvenirs
Est à jamais la Cité-Reine
Des Apôtres et des Martyrs.
Entendez-vous leur voix qui prie
Pour que Dieu garde leur autel ?
Entendez-vous leur sang qui crie
Pour demander vengeance au Ciel ?
Seigneur, protége notre Père, etc.

Ah ! puissent les sombres présages
Qui troublent nos cœurs incertains
S'effacer comme des nuages
A la voix de tes Séraphins !
Et puisse leur main fraternelle
A travers les flots en courroux
Guider cette barque immortelle
Qui porte le salut de tous !

Seigneur, protége notre Père,
L'héritier du sceptre de Pierre,
Entoure-le de ton Esprit ;
Protége-le, Seigneur, ce Vieillard magnanime,
Ce dernier anneau d'or de la chaîne sublime,
Qui remonte jusqu'à ton Christ !

E. TURQUETY (1).

Juillet, 1862.

---

(1) Nous avons eu la bonne fortune de cet hymne d'un de nos grands poëtes modernes, aujourd'hui dans la tombe, grâce à M. Aloys Kunc, l'habile compositeur de musique religieuse, de Toulouse. Cette poésie a été comme

le chant du cygne d'Edouard Turquety, un breton comme MM. Lescour, Le Jean, Milin, Prigent; seulement il a chanté pour Paris, ce porte-voix universel, coupable de tant d'injustices.

Edouard Turquety écrivait ce qui suit à M. Aloys Kunc, en lui adressant sa dernière création :

« Cher Monsieur, je vous envoie mon *hymne à PIE IX*, et vous le recommande. Je vous prie d'être bien attentif au moment de l'inspiration, car mes strophes (il y a peut-être de l'amour-propre à le dire) demandent une musique *exceptionnelle ;* et doublées dans leur force par une musique de ce genre, elles pourraient obtenir un bien grand succès. Je les ai en quelque sorte improvisées, tant elles ont jailli vite de mon âme et de mon cœur ; et il y a plus de huit jours que je vous les eusse envoyées, si je n'avais préféré un peu d'attente et de réflexion. — Je crois que le rhythme convient à la musique. A l'œuvre donc ! Un des hommes les plus illustres de notre France à qui j'avais envoyé mon hymne, pour lui demander son avis, vient de m'écrire qu'il était digne, absolument digne du héros que je célébrais. Ces paroles d'un homme dont notre littérature s'honore le plus, m'ont été au cœur, et c'est pour cela que j'insiste sur la musique que vous allez lui consacrer. — Croyez, etc.

E. Turquety.

« Passy-Paris, ce 28 juillet 62. »

M. Aloys Kunc a pleinement répondu à l'attente du poëte, dans la musique qu'il a mise à l'*Hymne à Pie IX*. Elle se trouve chez l'auteur, à Toulouse, rue Mage, 48.

A. P.

REGNUM DEI

> Le monde attend une parole,
> Le siècle a besoin d'un héros.
> LAMARTINE.
>
> *Date lilia plenis manibus.*
> VIRGILE.

Il est écrit que deux grands hommes
Dans l'Occident doivent venir
Réaliser parmi les hommes
Les promesses de l'avenir.
Le premier, d'une vertu rare,
Sera paré de la tiare
Et publîra la vérité.
L'autre, sur le trône de France,
Par sa justice et sa vaillance
Etonnera l'humanité.

Jusqu'à l'heure qui les révèle
Ils vivent dans l'isolement;
Mais à leur front luit l'étincelle
Qui vient sur nous du firmament.

Pontife saint et grand monarque
Portent ainsi la haute marque
De leur céleste mission.
Envoyés d'une vie austère,
Ils vont régénérer la terre
Qu'abîmait la perversion.

Voici le nouveau Charlemagne,
Aimé des peuples, craint des rois ;
L'ange du Très-Haut l'accompagne,
Il a pris pour sceptre la Croix.
Il est nommé le fort, le sage ;
Il renverse sur son passage
Les Fils de Brutus déchaînés.
Il met un frein à l'anarchie,
Et restaure la monarchie
Sur ses fondements ruinés.

Le monde admire le grand homme
Dont Dieu bénit les étendards.
Maintenant vers la vieille Rome
Il tourne ses puissants regards :
Du prêtre souverain, du Juste
Il rétablit le droit auguste,
Les domaines, l'autorité ;
Le siége vénéré de Pierre
Jusqu'aux limites de la terre
Fait resplendir sa majesté.

Mais le Pontife magnanime
Sera généreux à son tour,
A son restaurateur sublime
Il veut rendre amour pour amour.
L'homme des fonctions divines
Le couvre du bandeau d'épines,
Qui met à l'abri des revers ;
En le sacrant, il le déclare
Le défenseur de la tiare,
Le premier roi de l'Univers.

Pie avait tenu le Concile,
Aurore d'un âge nouveau.
Avant de descendre tranquille
Et plein de jours dans le tombeau,
Il avait de cette assemblée,
A notre époque si troublée,
Proclamé les hardis décrets.
Son courage avait la promesse
Du triomphe et de l'allégresse ;
Il pouvait mourir sans regrets.

Ces décisions de l'Eglise
Le Pape au monde les prescrit,
Et le monarque favorise
Ces règlements du Saint-Esprit.
Ils vont l'un à l'envi de l'autre,
Le premier véhément Apôtre,

Le second l'appuyant en roi ;
Le monde que leur alliance
Remplit de ferme confiance
Se régénère dans la foi.

En tous lieux les vertus fleurissent,
Tout se rallie à l'unité ;
Luther et ses puînés périssent,
Photius est déshérité.
Albion avec la Russie
Rattachés à l'arbre de vie,
La robe du Dieu Rédempteur
N'est plus exposée à l'outrage ;
L'Eglise arrive enfin à l'âge
D'un seul troupeau, d'un seul pasteur.

Des Etats de ce faux prophète
Dont Médine fut le berceau,
Le monarque fait la conquête.
Il délivre enfin le tombeau
De Jésus le sauveur des hommes.
Le Christ règne, sur les royaumes
La paix étend sa douce main ;
Pierre de fleurs couvre sa barque,
Et le Pontife et le monarque
Sont le bonheur du genre humain.

Ah! qu'il vienne, Seigneur, qu'il paraisse ton règne!
De tes deux Envoyés nous saluerons l'enseigne.
Qu'ils redressent les fronts vers la fange courbés ;
Qu'ils rendent l'énergie aux courages tombés;
Qu'ils banissent des cœurs la froide platitude,
Donnant aux saints travaux l'élan sans lassitude ;
Qu'ils enferment l'orgueil dans un cercle de fer
Et clouent au pilori les docteurs de l'Enfer !

Ambassadeurs divins, le siècle est dans l'attente.
Qu'elle brille bientôt à nos yeux votre tente !
Accourez, accourez, ou des monts ou des flots;
Volez, et que d'Assur périssent les complots!
Sur tout audacieux se faisant Dieu lui-même,
Que la foudre en tombant prononce l'anathème !
Qu'il sèche d'épouvante et qu'il soit réprouvé
Le mortel qui s'était à son crime rivé !
Allons cueillir des fleurs où croissaient des épines !
Recueillons les fruits mûrs, présents de nos collines.
Nos ruisseaux sont de lait, nos sources sont de miel,
Et nos monts ont fleuri comme un autre Carmel.

Adrien PELADAN,

Directeur de la Semaine Religieuse de Lyon, *chevalier de Saint-Sylvestre, de l'Académie des Arcades, auteur de l'*Histoire de Jésus-Christ d'après la science, *etc.*

ÉPILOGUE

CONSÉCRATION DE TOUS LES POETES DE L'ALBUM

A NOTRE-DAME DE FOURVIÈRE

Lyon, le 8 Décembre 1869

Vierge, de Dieu choisie entre toutes les femmes
    Pour être sa Mère ici-bas,
    Modèle accompli de nos âmes,
Celui qui se consacre à vous ne périt pas.
Qui marche à vos clartés ne perd jamais sa route ;
Qui chemine avec vous n'est jamais fatigué ;
    A la douleur qui vous écoute
Le repos est rendu, le calme est prodigué.

Vous veillez sur Lyon, du haut de la colline
    Où nos aïeux, dans leur piété,
    Ont, sous votre égide divine,
Abrité les destins de la grande cité.
D'où nous viendra la bouche ou la lyre inspirée
Pour chanter dignement, ô Vierge, les secours
    Qui, de votre enceinte sacrée,
Descendirent sur nous, descendent tous les jours ?

Répondez, répondez, vous que l'espoir entraine
En gravissant l'âpre chemin ;
Qui revenez, l'âme sereine,
Après être montés dévorés de chagrin.
O vie ! et pour qui donc cesses-tu d'être amère ?
Même dans son bonheur l'impie est-il heureux ?
Votre sourire, ô Vierge-Mère,
Change en tableau riant l'horizon ténébreux.

Vous êtes dans le Ciel la vertu couronnée,
Et l'âme qui s'attache à vous
Ne sera pas abandonnée :
Vous puisez aux trésors des bontés de l'Epoux.
Nous venons donc placer, sainte Mère du Verbe,
Sous votre auguste appui nos plumes et nos cœurs :
Nous voulons glaner notre gerbe
Dans le champ où Jésus envoya les semeurs.

Dans nos temps asservis à la vile matière,
Quel est le sort du vrai penseur ?
Presque seul ce fils du tonnerre
Semble avoir conservé la crainte du Seigneur.
Sa tâche s'assimile au travail du manœuvre :
Le siècle ne vit plus à l'amour, à l'esprit ;
Du Maître on fait encore l'œuvre,
Mais c'est sans tressaillir en vous, ô Jésus-Christ !

Et qu'importe, penseur, si, comme un jour Elie,
    Le corbeau t'apporte ton pain;
    Si ton manteau qui se déplie
Divise pour tes pas les ondes du Jourdain?
Jéhovah, qui t'envoie annoncer sa parole,
N'est-il donc plus Celui qui règne dans le Ciel;
    Qui de Moloch brise l'idole;
Qui rend doux les lions sous la main de Daniel?

Et la Tour de David, Marie immaculée,
    Qu'à son autel nous implorons,
    N'est-elle donc plus appelée
Le Secours du chrétien, l'Arche de tous les dons?
N'est-elle plus du bien la splendeur sans mélange,
La rançon du captif, le pardon du pécheur,
    L'allégresse qui ravit l'ange,
Et la main qui répand les bienfaits du Seigneur?

                    Adrien PELADAN,

Directeur de la Semaine Religieuse de Lyon, *chevalier de Saint-Sylvestre, de l'Académie des Arcades de Rome, auteur de l'*Histoire de Jésus-Christ d'après la Science, *etc.*

FIN DE L'ALBUM

LISTE GÉNÉRALE

DES

SOUSCRIPTEURS A L'ALBUM

DE LA

POÉSIE CATHOLIQUE

Notre-Dame de Rumengol.
Notre-Dame de Guingamp.
Notre-Dame de Bulat.
Notre-Dame de Rostrenen.
Notre-Dame-d'Espérance de Saint-Brieuc.
Sainte-Anne d'Auray (Santez Anna Wened).
Notre-Dame de Fourvière.
Notre-Dame de Rocamadour.
Notre-Dame de la Salette.
Notre-Dame de la Garde.
Notre-Dame de Lourdes.
Notre-Dame des Victoires.
Notre-Dame de Verdelais.
Notre-Dame de Chartres.
Notre-Dame de Liesse.

Nota. — M. LESCOUR, président de la société des *Bardes bretons*, nous a transmis la souscription des six premiers de ces sanctuaires célébrés dans les poésies de ce poëte chrétien. M. le comte D'Humières nous a communiqué la souscription de Notre-

A

Astruc, Jean (Hérault).
Audibert, Pierre, id.
Asclépiade (fr.), directeur du pensionnat Saint-Gilles, à Moulins, 40 exempl.
L'Abbé Aigueperse, pour la bibliothèque du séminaire de Serrières (Corrèze).
Mlle Eléonore Austruy (Aude).
Mlle Adeline Amiel, id.
Mme Louise Aynard, id.
Archier, Rouen.
Mlle Aubin, id.
J. Alliès (Pyrénées-Orientales).
A. Actorie (Drôme).
Arnaud, château de Jasseron (Rhône).
Mme Arnau ddes Troyat, Bayonne.
Mme Avenel, Rouen.
Astruc Jean (Hérault).

Dame-de-Rocamadour. M. Victor Lac de Bosredon nous a apporté celle de Notre-Dame-de-Verdelais; Mlle A. V., celle de Notre-Dame-de-la-Garde, enfin, MM. Lescour, le comte D'Humières, Mme Cazanova de Zicavo, Mlle Pléney, M. Jules Rossier, M. Peladan, ayant souscrit pour Notre-Dame-de-Fourvière, ces six personnes pourvoient collectivement pour les six sanctuaires de Notre-Dame-de-Fourvière, Notre-Dame-de-la-Salette, Notre-Dame-de-Lourdes, Notre-Dame-des-Victoires, Notre-Dame-de-Chartres et Notre-Dame-de-Liesse. Leurs noms seront donnés avec la remise de l'exemplaire destiné à chacun des temples susdésignés de la glorieuse Vierge Marie.

La Commission de l'*Album*.

Mlle Eléonore Austruy (Carcassonne).
Mlle Adeline Amiel, id.
Mme Louise Aynard, id.
Mme Alboize, id.
Jacques Arnaud, id.
Mlles Airolles, id.
Anonyme, id.
Anonyme, id.
Anonyme, id.
Abbon, curé de Fouzillon (Magalas).
Albin, curé d'Autignac.
S. Aressy, principal du collége, Thiers.
Alphonse Aucourt, La Rochelle.
César Astruc, Laurens.
Marie Amans, id.
Appal, curé d'Andabre (Hérault).
Appal, G. P. (Lavillas).
Arribat, Pierre (Marcou).

B

F. Berthault (Somme).
Mlle Burine, Lyon.
Bousquet, curé de Serviez (Hérault).
Mme la Comtesse Bohrer, de Kreuznach, Lyon.
Mlle Rose Berger id.
Barrelon, id.
Bonnefous, Remy (Hérault).
Barthelémy, Jean, id.
Bridault (Charente-Inférieure), 2 exempl.
Barbrugghe, pour 4 personnes, 4 exempl. (Nord).

Mme Pierre Berindoague-Dumas, de l'Œuvre de la Corbeille de Marie, Lyon.
Mme Bullès, Bernarde (Aude).
Mme Batut, Jeanne, sœur de charité (Aude).
Bremond, ch. hon., curé de St-Tropez (Var), 2 ex.
Bru, curé de Couvert (Lot-et-Garonne).
L'abbé Boulet, premier vicaire de Trévoux (Ain).
Bérard, Villefranche (Rhône).
L'abbé de Beauvoir, vicaire de la Métropole, Rouen.
L'abbé Bosquier, chanoine, id.
Mme Vve Burel, Lyon.
Mlle Bouchard, id
Bousquet, curé de Balaruc (Hérault).
L'abbé Baroulier, ch. hon., Lyon.
De Belizal (Côtes-du-Nord).
L'abbé Barbaroux, curé de Vallauris (Var).
Le frère Bernardin, directeur des frères du pensionnat des Maristes, à la Côte-Saint-André.
Barthês, Bruxelles.
Mme Vve Bonnet, Lyon.
Joseph Broussin, Bayonne.
Mlle Hélène Bartholo, id.
Mlle Marie Bertaud, à la Pointe-à-Pitre.
Eugène Barthelémy, Rouen.
Mlle Burel, id.
Mlle Bobée, id.
L'abbé Blanc, curé de Bessenay (Rhône).
Boyer, notaire id.
Mme Brun, Lyon.
Baldy, Alfred (Hérault).
Brégand, Lyon.
Victor-Marie de Beaulieu (Le Puy).
Mme Bernarde Bullès (Carcassonne).
Mme Jeanne Batut, sœur de charité, id.

Mme Amédée Bausil (Carcassonne).
Mme Bausil, id.
Eugène Besaucèle, id.
L'abbé Bize, ch. hon. id.
Mme Antoinette Breul. id.
Mme Mélanie Barbès-Bel, id.
Mme Anne Barou, id.
Jacques Batut, id.
L'abbé Bonnaves, vicaire, Narbonne.
Mme Berger Germondez, Saint-Tropez.
Bremond, chan. hon. curé, id. 2 exempl.
Mme de Bonneval, id.
Et. Barrière, curé doyen, Conques-sur-Orbies.
Mme Berté, Rouen.
Mlle Bertin, id.
Mme de Bonnevallet, Arras.
Mlle Claire Briois, id.
Bellet Lefèbre, id.
Mme Dehée Bozenvalle, id.
Le chanoine Baroulier, Lyon.
De Belizal, Lamballe.
De Beauvoir, vicaire de la cathédrale, Rouen.
Boquier, chanoine, id. id.
L'abbé Bousquet, supérieur du grand séminaire, id.
Boulan, id.
Casimir Bellest, id.
Mme Berté, Rouen.
Berbrugghe, Bergues, pour 4 personnes, 4 exempl.
Brou, César, Laurens (Hérault).
J. Barthélemy, instituteur, Bédarieux.
Blayac, Casimir, Saint-Pierre-des-Chats.
Bouisset, Jean, (Aveyron).
L'abbé Emmanuel Birot, curé de Saint-Nicolas,
    La Rochelle.

L. Barthès, (Bruxelles).
L'abbé Joseph Bonnet-Montjoie, Carcassonne.
L'abbé Benoist, curé de Langoat (Côtes-du-Nord).
Beaupillier, curé archiprêtre, Lodève.
Barascud, curé de Saint-Pierre, id.
Mme Brunier, Lyon.
Mme B..., id.
Mme veuve Baré (Eure-et-Loir).

C

Mlle Florentine Chambard, Lyon.
Emile Clarisse, directeur du *Magasin Catholique*, Saint-Omer.
Aimé Courtois, Valenciennes.
Carlos, propriétaire, (Ardennes).
L'abbé Carbonel, curé (Basses-Alpes).
Corbière, François (Hérault).
Chanus, Jean-Joseph id.
Chavardez, Noël. id.
Combes, Noël id.
Crébassol, Etienne id.
Crébassol, Louis, id.
Chabeau, Léopold, id.
Cavalier, curé de la paroisse St-Louis, à Bédarieux.
Le curé de Laurens.
Le curé de Capestan.
Le comte de Cassagne, Béziers.
Mme Charbelay, Lyon.
Eugène Cherchin, Evreux.
J.-G. Chamonin, Dunkerque.
Carpentras, Visan.
Mlle Louise Chauvin, Evreux.

L'abbé Cosson, curé de Pommeret (Côtes-du-Nord).
Mme Cherblanc, Lyon.
Chorin, Rouen.
Mme veuve Casero, membre de plusieurs œuvres de charité.
L'abbé Combe, aumônier de la maison de bienfaisance, Marseille.
L'abbé Cordes, curé de Malves (Aude).
L'abbé Caussou, curé de Badens, id.
L'abbé Pierre-François Cros, Carcassonne.
L'abbé Gme. Cros, curé-doyen, id.
Ferdinand Combes. id.
Mme veuve Coste, id.
Mlle Eliza Cazes, id.
Mlle Germain Cavaillés, id.
L'abbé Cambon, id.
Mme Anna Combéleran, sœur de charité, id.
Victor Castel, id.
Cabec, curé de Saint-Nicolas-du-Pélem.
Mme Célestin Cavayé, Sigean.
L'abbé Chavanne, curé de Trèves.
Chevalier, Rouen.
Mme Chouart. id.
Mme veuve Capet-Flons, Arras.
Mme De Chauny, Id.
Cottois, Rouen.
Mlle Marguerite Celles (Aude).
Joseph Carsignol, Bourg-Saint-Andéol.
Mme Joseph Carsignol, id.
L'abbé Gaston Carsignol, vicaire à Gras (Ardèche).
L'abbé Constant, supérieur du collége de Bourg-Saint-Andéol.
L'abbé Charrière, curé de Saint-Vincent-de-Gras.
Le curé de Saint-Nicaise, Rouen.

Colard, chef d'institution, Ecully.
L'abbé Cadier, Sainte-Foy-lès-Lyon.
Charles Calvet, Montréal de l'A.
Benoît Cassignol, id.
Mlle Marie Chavanne, Lyon.
Mlle Cordomm, Rouen.
L'abbé Chaffanjon, aumônier du Calvaire, Lyon.
L'abbé Corompt, vicaire de N.-D.-Saint-Vincent, Lyon.
Cadenat, Jean, maire de Laurens (Hérault).
Cadenat, Étienne, adjoint, id. id.
Mlles Crouzillac, maîtresses de pension, Murviel.
Le docteur Carratier et sa demoiselle, id.
M. le curé d'Hérépian.
M. le curé de Levriez, près Bédarieux.
M. le curé du Bousquet.
M. le curé de Castanet-le-Haut.
M. Cadet, Laurens.
M. le Curé de Roujan.
M. le Curé de Fougères.
Crouset, Gme, et son fils Xavier, Mècle.
MM. le Curé de Poujol et son Vicaire.
M. le Curé de Villecelle.
M. le Curé de Saint-Martin, près Olargues.
M. le Curé du Mas-Blanc, près Bédarieux.
M. le Curé d'Aigues-Mortes.
M. Castel, Lunel.
M. Cros, curé doyen de Lunas.
M. Cros, curé de Vinas.
M. le Curé de Mélagues (Aveyron).
M. le Curé de Saint-Pierre-des-Chats.
Mlle Jean Célard, Roches-de-Condrieu.
Cros, Pierre, curé doyen de Lunas.
Mme Vve Colin, Lyon.

L'abbé Cazabon, proc. au Gr. Sémin., La Rochelle.
Cassagneau, secrétaire en chef de la mairie,   id.
Maxime Chevalier,   id.
Mme la baronne de Crouseilhes, Paris.
J. Couder, Bordeaux.
L'abbé A. Carré, Carcassonne.
M. le curé de Charnay-lès-Mâcon.

D

Mlle L. Digeon, Carcassonne.
L'abbé Debely, curé de Tourouzelle.
L'abbé Domne, vicaire de la cathédrale, Agen.
Mme Duris et ses enfants, Lyon.
L'abbé Delaville, professeur de rhétorique, etc., Caen.
Mlle Denantes, Lyon.
Delivet,   Rouen.
Mlle Debonne,   id.
Les Dames Ursulines,   id.
Les Dames de la Visitation, id.
Depaigne,   id.
Mlle Anne Dupuy, Lyon.
L'abbé Dumas, de Mornand, Loire.
Mme Daguerre, Bayonne.
Pierre Demansay (Charente-Inférieure).
Du Douet, Rouen.
Dufieu, Lyon.
Delbès, instituteur libre, Laurens.
Doumergue, curé de Doubs.
Durand, Marcounes.
Directeur du bureau de tabac, Melagues.
Mlle Virginie Dufour, Lyon.

Laurent de Dignoscyo, inspecteur des Domaines des Hôpitaux de Lyon.
Desmazières, notaire (Nord).
Mlle Dardel, Lyon.
Mme veuve Delpon, id.
Décamps, Amédée, (Hérault).
Dupont, Félix, id.
Donnadie, père, id.
Donnadie, Joseph, id.
Donnadie, Charles, id.
Le Directeur des frères à Tarare.
Les Directeurs de l'école Fénelon.
Dumoutier, curé archiprêtre de la cathédrale d'E-vreux.
L'abbé Dubuch, ancien curé (Gironde).
G. Delmas, curé-doyen de Durban.
Mlle Joséphine Deville, id.
Mlles Célestine et Joséphine Durand, id.
Mme Dupin, née Calvet, Carcassonne.
Mme veuve Denille, née de Rolland, id.
Mlle Elisabeth Durand, id.
Antoine Durand, sous-officier, id.
L'abbé Dubost, curé de Saint-Eucher, Lyon.

E

Mme d'Esquieu de Labaume, id.
Mlle Gabrielle d'Esquieu de Labaume, id.
D'Eté, notaire, Rouen.
Mme Elleviou (Rhône).
R. Emmanuel, curé de Saint-Genieys-le-Bas.

F

Mlle Férier, Lyon.
Fabrégat, Alexandre   (Hérault).
Fabre, Noël   id.
Farène, Pierre   id.
Farène, Jean   id.
Farène Joseph   id.
Fabrégat, Mathieu   id.
L'abbé Frère, aumônier de l'hospice Saint-Joseph, à Béziers.
Ferret, horticulteur, à Murviel.
Mme veuve Faucher de Georget, Viviers.
Fleury Giraud de Villechaise, Lyon.
Mme Françoise et Mlle Marcelline Fabre (Aude).
Mlle Adèle Fabre,   Carcassonne.
L'abbé Fouilhouze,   id.
Maurice de Fonvert, St-Tropez.
L'abbé Farnier, curé de Saint-Pierre-de-Maché, Chambéry.
Le frère Pothin, Beaune.
Fleury, libraire de l'archevêché, Rouen.
Mlles Flagne, Arras.
Fontaine,   id.
Faure, Andance.
Mlle Marie Font, Roches de Condrieu.
Mlles Francisteguy et Loyseau, Bayonne.
Four, Lyon.
Ferroul, instituteur libre, Laurens.
..... Fulcrand, maire de S.
Mme V. des Franes, née de M., Bracieux (L.-et-Ch.)

L'abbé Fulbert, directeur du catéchisme de persévérance, La Rochelle.
Félix Farjenel, id.
L'abbé Figeac, chanoine honoraire, Carcassonne.
Le frère Filther, directeur des frères, Lyon.

G

M. Georges Garnier (Calvados).
Gonon, Jean-Baptiste, Lyon.
Mme Blanche Germain-Vuitry (Ain).
L'abbé Goure, économe de Notre-Dame-des-Minimes, Lyon.
Mme Félicité Ganard, (Saône-et-Loire).
Mlle Guillemier, id.
Emile Genevoix, Paris.
Mlle Eudoxie Gerberon, (Vosges).
Gourgout, curé de Saint-François-de-Sales, Lyon.
Gorand, chanoine d'honneur, curé de Saint-Pierre, Lyon.
L'abbé Gauthier, missionnaire (Sarthe).
J.-P. Guiraud, curé de Coustonge.
Mlles Goury Carcassonne.
Mme Guillard, id.
Mme Guillard-d'Arcy, id.
Paul Gariel, avocat, Grenoble.
Victor Girardin, Douai.
L'abbé Gouteyrat, Limoges.
Jean George, Einville.
Granguillaume, Arras.
Mlle Garvey, Rouen.

Mme veuve Georges Gradt, Lyon.
Gabard, curé de Saint-Ferdinand-des-Fontaines, Libourne.
Mme Elyse Guichené, Bayonne.
Mme Louise Gèse, id.
Le Révérend Père général de la Grande-Chartreuse, 12 exemplaires.
Galzin, maire d'Avesnes (Hérault).
Galzin, maître tanneur, id.
De Guérin, inspecteur des écoles de l'arrondissement de Lodève.
Mme veuve Germain, Lyon.
Le docteur Ginoux, id.
Geth. Laurens.
Mme Geth, id.
Etienne Gély, id.
Mme Félicie Granier, id.
Gache, Antoine, Peyremale.
Gache, François, Andabre.

H

Mme la marquise d'Hérisson-Cognet (Ain).
Hervieu Du Home, Paris.
Mme Pauline Henry, née Lemaître, Arras, 10 ex.
L'abbé Hugonin, chanoine, vicaire-général, Évreux.
D'Hété, notaire, Rouen.
Messieurs Henry, Arras.
Mme veuve Hass, Lyon.

J

Jobey jeune, négociant, Lisieux.
Mlle Mélanie Jacquemont (Rhône).
S. Jean-Baptiste-Antoine-Marie.
Jolibois, curé de Trévoux.
Mlle Jourdan, Lyon.
Mme Sidonie Lannollier-Mayran, Montréal de l'A.
Mme Vve Jaquemet-Cazeaux, Lyon.
Raoul Jaquemet-Cazeaux, Lyon.
Mme Jouy de Veye, Carcassonne.
L'abbé Jeuffrain, curé de la Métropole, Rouen.
L'abbé Jacquier, curé de Gras (Ardèche).
Mme Jourdaine, Rouen.
Mlle Infernay,   id.
Mme Vve Jacob, Lyon.
Mme Vve Jordan-Leroy, id.
Imbert, Laurens.
Jourdan et sa fille, id.
Jean Louis, Le Poujol.

K-L

Aloys Kunc, chevalier de Saint-Sylvestre, Toulouse.
L'instituteur communal, Mélagues.
J. Ch., instituteur communal.
L'instituteur du Mas-Blanc.
Lepoivre Thernink, Arras.

Mlle Adélaïde Lepoivre, Arras.
Mme Vve Legentil-Tréca, id.
M. Lecerf, id.
Mlle Loré, Rouen.
Mlle Lacroix, id.
Mlle Lemierre, id.
Antoine Lerebourg, id.
Mlle Madeleine Lannollier (Aude).
Auguste Laffoux, Montpellier.
Mlle Maria Lavène, id.
Mlle Lamoureux, Lyon.
Victrice Lion, manufacturier, Elbeuf.
L'abbé Lesage, aumônier de l'Hôpital militaire, Saint-Omer, 2 exempl.
Lescour, barde de Notre-Dame de Rumingol, et sa famille, Morlaix.
Mlle Lacoste, Bayonne.
Mlle Julie Lesseps, id.
Leroux, curé, à Coatreven.
Mlle Lecœur, Rouen.
Mlle de Laval, Lyon.
Mas Jean, Lesquière.
Méric, médecin (Hérault).
Elzéar Lanetier, Laurens.
Mme Caroline Levère, id.
Mlle Eugénie Lagarde, id.
Mlle Claire Lac Reveille, id.
Mlle Claire Levère, id.
Libes Pierre et sa famille, Mècle.
La Vigerie, Coubion.
L'abbé Armand de Laage de Saintes (La Rochelle).
Vital-Désiré, J.-F., Le Faucheur, id.

L'abbé Debeney, auteur du *St-Rosaire, Beauvallon*, etc., Lyon.
Mlle Céleste Le Sage (Calvados).
Mme Vve Prosper Lambert, Lyon.
Mlle Pauline Lefaucheux, Mayenne.
Mlle Le Ferle (Rhône).
Levère, Emmanuel, maître d'hôtel, à Bédarieux.
Levère, Etienne, Laurens.
Le Maire de Laurens.
Lapalus, curé arch., Digoin (Saône-et-Loire).
Lange, Bédarieux.
L'abbé Laure, Toulon.
De la Balmondière (Saône-et-Loire).
Le R. P. Dom Laurent Hecth, religieux bénédictin de l'abbaye d'Einsiedeln.
Léo de Laborde (Saône-et-Loire).
Victor-Camille Laborie de Vabrettes (Le Puy).
Mme Sidonie Lannollier (Aude).
Mme Amand Laperrine,   Carcassonne.
Mme Vve Lamarque,   id.
Mme Leyrac,   id.
Mme Labeaute, née Guillard-d'Arcy,   id.
Mme de Laur, née de Rolland de Blomac.
Mlle Elisa de la Jonquière, Carcassonne.
Lignon, notaire, Saint-Tropez.
Mme Anne Longueville, Vve Arnau (Aude).
L'abbé Loth, prof. à la Faculté de théologie, Rouen.
De Lespinois, conservateur des hypothèques, id.
Le docteur Leroy,   id.
Lerebourg, négociant,   id.
Victor Lac de Bosredon, Verdelais, 2 exempl.
Lemaître père,   Arras.
Félix Lemaître,   id.
Hippolyte Lemaître,   id.

Mme de Longchamp, Lyon.
L'abbé Landry, supérieur du Séminaire, Marrey.
L'abbé Laffon, curé à Bourigeole (Aude).
L'abbé Latrepie, Capendu, id.
Le marquis de Kerouartz, Guingamp.
Kribs, curé de St-Pierre-le-Maestricht (Hollande).

M

Mme Marquézy, Rouen.
Michel Mézerette, Laval.
Mercier, Châteaurenard.
Le même, pour 5 autres personnes, 5 exempl.
François Marchal, Einville.
Marinier, Sainte-Foy-lès-Lyon.
Monvoisin, Arras.
Mme de Montije, id.
De Monchy, id.
Morel Delahay, id.
Mlle Martel, id.
Le Male, Douai.
Martin, Rouen.
Jules Marquesy, id.
Mlle Michel, id.
Mme de Moy, id.
François Mouret, près Béziers.
Mlle Alexandrine Mongin, Arcis-sur-Aube.
Mlle Laure Marsan, Bayonne.
Léon Marquésy, Rouen.
L'abbé Mouterde, vicaire de Bessenay.
Mme Vve Mantel, Lyon.
Mazières, Louis, Laurens.

Mlle Berte Mazières, Laurens.
Mme Vve Monet, Lyon.
P. Marly de Bernage, Charleville.
L'abbé Marty, curé de Bagnoles (Aude).
L'abbé Montrosier, aumônier de l'hôpital, Lodève.
Mme la comtesse Charlotte de Mercey-Duroure (Ain).
Moreau, Lyon.
Mme Marie des Mazis (Allier).
L'abbé Mesnard (Vendée), 2 exempl.
L'abbé Matton, chapelain de Fourvière.
Mlle Rosalie Maraval (Aude).
L'abbé Marcel, Lyon.
Martel, Emile (Hérault).
Martel, Auguste, id.
Marcelly, Pierre, id.
Martel, Jules, id.
Miquel, Alexandre, id.
Ménard, Joseph, id.
Mége, Auguste, id.
Moulinier, Prosper, id.
Ménard, curé de Saint-Alexandre, Bédarieux.
L'abbé Mocquin, vicaire, Carcassonne.
Mme la baronne de Munck, id.
Mme Mandoul, née Cabrié, id.
Mlle Marie Mestre, id.
Joseph Massé, id.
Mme Marty-Jaffus, id.
Mlle de Malafosse (Saône-et-Loire).
Le docteur Jules Mége, Saint-Genieys-le-bas.
M. le maire de Rosès (Hérault).
Martin, curé d'Agde.
Mallet, docteur en médecine, La Rochelle.
Mme de Meslon, Bordeaux.
Le comte de Montbrian (Ain).

N

Nègre, Basile (Hérault).
Mlle Louise Noyaux, institutrice, Lyon.
Mme Vve Marie Nègre, Carcassonne.
Mlle Nolet, Rouen.
Mlle Mathilde Noël, id.
Louis Noël, id.
Mme Norbert-Carére, Bayonne.
M. et Mme Germain Nègre, Laurens.
M. le nouveau vicaire de Saint-Gervais-la-ville.
Noyer, Cartairade.
Noubhières, Magalas.
Mme Vve Nau, née Simon, La Rochelle.
Mme Vve Nicolle, Lyon.

O-P

Mme d'Orgeval (Ain).
Mlle Pléney, Lyon.
Perret (Ain).
Le frère Alexandre Pagès, Mècle.
Eugène Pagès, prêtre (Hérault).
Mlle Panatard, Lyon.
L'abbé Perret, aumônier de l'Orphelinat de Saint-Joseph-de-Beauport (Ain).
Privat, Pierre (Hérault).
Prades, Jacques id.
Prades, Alfred, id.

Poujol, Jean, (Hérault).
Palhiès, Alexandre, id.
Peyre, Xavier, id.
Poujet, Jules, id.
Pagès, Alexandre, id.
Pagès, née Barralette, id.
Pagès, Elise, id.
Pastré, Martin, notaire, Autignac.
Mme Perrault (Loir-et-Cher).
L'abbé Perruquéty, précepteur, Lyon.
Mme Alexandrine Pagès-Pullés, Montréal-de-l'Aude.
Le docteur Perrussel, honoré d'un bref de SS. Pie IX, de l'Ordre royal de Charles III, honoré d'une médaille d'or pour services pendant le choléra, de plusieurs sociétés savantes, Lyon.
La sœur Pourprix, Charité de Lyon.
Peyre, curé de Cascastel.
Pomiès frères, Carcassonne.
L'abbé Pelofy, curé de Sonnac.
Mlle Joséphine Péchamat, Montréal-de-l'Aude.
Pelofy, curé de Saint-Martin-Lys.
Planté, curé, aux Sorinières.
Mme de Pennelé, Guingamp.
Mlle Madeleine Pech (Aude).
Mme Vve de Pomplain, Auxerre.
Pillon Dumortier, Arras.
Le Pimont-Coast, Rouen.
L'abbé Petit, curé de Saint-Godard, Rouen.
Mlle Pimont, id.
Prigent, ancien juge de paix, Lannion.
Mme Vve Place, Lyon.
Jean Pioch, Laurens.
Pontal, J.-P. (qui a sauvé plusieurs personnes au péril de sa vie), Laurens.

Portal, Pierre.
Palmade, inspecteur des écoles, Béziers.
Philippon, de Soumont.
Mme Joséphine Peladan, Lyon.
Joseph-Aimé Peladan, id.
Mme Vve Perrault-Maynaud, id.
L'abbé Adrien Petit, doyen du Chapitre, La Rochelle.
Potel, ingénieur des ponts et chaussées, id.
Privas, curé d'Avesne (Hérault).
M. Perrotin, curé de Prissé-lès-Macon.

Q

L'abbé Quèvremont, Rouen.
Eugène Quèvremont, id.
Mlle Anne-Marie Queffeulou, Lanmérin.

R

Le frère Redemptus, directeur des Frères, Vaise.
L'abbé Raphanel, curé de Saint-Remire (Ardèche).
Jules Rossier, imprimeur, Lyon.
Mme Jules Rossier, id.
J. Racinet, id.
Eugène Rideau, La Rochelle.
Amédée Révél, id.
Mme la baronne de Rolland de Blomac, Carcassonne.
Mlle Elisa Roger. id.
L'abbé Rigal, vicaire général, id.

Mme Alcide Roumens, Carcassonne.
Mme Vve Rogues, née de Tonnac, id.
Mme Vve Raymonde Roubineau, id.
L'abbé Rigaud, id.
Mme Cécile Rancoule, sœur de charité, id.
Le Très-Révérend Père Reverdy, des Frères prêcheurs, id.
L'abbé Robert, aumônier du Lycée, id.
Mlle Elisa Roubaud, Saint-Tropez.
Mme Renon, id.
Le chanoine Ribière, Limoges, 12 exempl.
Roujon, André, négociant, Saint-Jean-de-Barrou.
Mlle Marie de Reboul, Bourg-Saint-Andéol.
Mlle de Roussel, Rouen.
Le Révérend Père Rosaire, de la Société de Jésus, Directeur de l'Œuvre militaire de Fourvière, 4 exempl.
Mme de Ranfreville, Rouen.
Mlle de Ranfreville, id.
L'abbé Revertégat, vic. de la cathédrale, Fréjus, 2 ex.
Mlle Richard, Lyon.
Mlle R., Sainte-Foy.
Mlle Jenny Roquebert, Bayonne.
Le Frère Rogatianus, directeur du pensionnat Saint-Joseph, Châlon-sur-Saône.
Vve Rambaud, Lyon.
Mme Ray, id.
Joseph Reveille de la Treille, Laurens.
Resseyer Marie, id.
Ribemalle, près Olargues.
Mlle Recur, Bayonne.
Mme Rouquette, id.
P.-A. Ronzon, Lyon.
J. Ribolet, Charlieu.

L'abbé Robert, aumônier du lycée de Carcassonne.
Rouvière, Charles (Hérault).
Rieux, Victor   id.
Rivès Antonin, père, id.
L'abbé Ratier, curé de Saint-Germain Beaupré.
Mme Rocher, Lyon.
L'abbé J. Rémond, recteur (Côtes-du-Nord).

S

Mme la Supérieure générale des sœurs de l'Instruction de l'Enfant-Jésus (Le Puy), 2 exempl.
Mme la Supérieure du même ordre, Beaulieu (Charente-Inférieure).
Le vicomte Fernand de Saint-Andéol, Grenoble.
Sabatier, docteur en médecine (Hérault).
Sœur Louise-Marie de Jésus et sa communauté, Serrières-de-B.
Marie-Louise Savarin, id.
L'abbé Serve. vicaire, Pommeret (Côtes-du-Nord).
L'abbé Sarazin, curé (Seine-et-Marne).
Sœurs de la Sainte-Famille, Durban.
Armand Scheurer, Carcassonne.
Madame la Supérieure du couvent de Notre-Dame, id.
Mlle Pauline Sabatier, Carcassonne.
Mme Charles Séguevesse, id.
Mlle Saint-Pierre-de-Nieubourg, Saint-Tropez.
Mme la Supérieure des Ursulines, Arras.
Les sœurs de Saint-Joseph, Bessenay.
Seriziat-Carrichon, Lyon.
Sudre,   id.
Sœurs de la Providence, Magalas.

J. Saltet, curé de Laurens.
Mlle Noémi Sèbe, institutrice, id.
Les Sœurs du Bon-Pasteur, Annonay.
L'abbé Savineau, chanoine, La Rochelle.
Surrault, inspecteur d'académie, id.
Le Grand Séminaire de Saint-Brieuc.
Le Petit Séminaire de Tréguier.
Le Petit Séminaire de Plouguernevel.
Augustin Siret, La Rochelle.
Mme Saint-Paul-Quris, maîtresse de pension, id.
Dominique Sengla, adjoint au maire, Soumont.
Les Sœurs de l'Espérance, Lyon.

T

L'abbé Jean Taille, chanoine, La Rochelle.
Edouard Terrasse, instit. libre, id.
Texier, frères, id.
M. Thorel, Lyon.
L'abbé Trichaud, mission. apostolique (Vaucluse).
L'abbé Tournois, précepteur, Tours.
Mlle Nelly-Theulon, Notre-Dame-de-Lorette.
Terrin-Lamothe, C^r de la Légion d'Honneur, Carcassonne.
Taillandier, Rouen.
Mme André Toucas, au Rayol (Var).
L'abbé Truel, supérieur du petit séminaire Saint-Pierre, Rodez.
La comtesse de Tramecourt de Sescantais, Arras.
Mme Thierry, id.
Tabrurin, ingénieur civil, Lyon.

Taillandier, Rouen.
Mlle Elise de Tourville, id.
Théron, curé de Villemagne.
L'abbé J.-M. Urvoy, professeur au petit séminaire de Tréguier.

V

Gustave Vanaecke (Nord).
Mme Alfred Vernay de Corcelles (Ain).
Vernasobres, Jean (Hérault).
Vernasobres, Henry, id.
Vernasobres, Gabriel, id.
Villarès, Martin,   id.
Villarel, aîné,   id.
Vernasobres, César, id.
Vergely, Lucien,   id.
Vignes, Dominique, id.
L'abbé Vian, chanoine honoraire, Lorgues.
L'abbé Vian, vicaire,   id.
L'abbé Emile Visinet, curé de Serrières de Briord.
Hyacinthe Vaysse, curé de Quintillan.
Mme Emilie Vergues, Carcassonne.
L'abbé Vergnes, curé de Villegly.
L'abbé ....., vicaire de Saint-Tropez.
Vincha Lestagnoy, Arras.
L. Vandenkerckhove (Nord).
Voulan, Pont-Saint-Esprit.
Wiart-Loth et sa famille, Origny-en-Thiérache.
Vidal, Guillaume, Mècle.

TABLE

DES MATIÈRES

	Pages.
Dédicace, par Adrien Peladan.	IX
Cardinaux, Patriarches, Archevêques et Evêques, souscripteurs à l'*Album*	XV
La France a Rome, par Adrien Peladan fils.	XVII
Lettres de NN. SS. les Evêques.	XXXVII
Tableaux des auteurs de l'*Album*	LII
Préface, par la Commission de l'*Album*.	LX
Prologue. — Jésus-Christ a la nouvelle Jérusalem, ou le Concile œcuménique de 1869, par Adrien Peladan	1
Je suis catholique romain, par le même	5
A Sa Sainteté Pie IX, par J.-B. Vallée.	7
Le Concile œcuménique de 1869, par Mme Richard.	9
Espérance, par Marie-Amélie Prost	11
Cantique pour le Jubilé, par Chamson.	13
Tu es Petrus, par C. Constantin.	15
Hommage, par L. Droux.	17
A Pie IX, pontife-roi, par Léon Robin	19
Emittes Spiritum tuum, par l'abbé Donis	21
Rome catholique, par A. Hector Berge.	25
Surge et loquere, par L. Bourgoin.	27
Non prævalebunt, par l'abbé Alphonse-Marie Giraudet.	29
Le Concile, par M. Mesnard.	34

Le Christianisme, par E. Burgade	37
L'Emilienne, par Mingasson	41
Le siècle de Pie IX, par A. Caublot	44
Triomphe, par Ludovic Briault	45
L'Eglise catholique ralliant le monde autour de la Croix, par Eugénie Cazanova, de Zicavo	50
A Sa Sainteté Pie IX, par Aulard, baron de Kinner	54
Un mot sur le héros d'Aspromonte, par Mingasson	55
Prions pour le Concile, par l'abbé Stanislas Neveu	57
Rome chrétienne, par le même	58
Pie IX et le Concile, par une religieuse	59
Bienfaits de Pie IX, par l'abbé Victor de Lestang	61
Ode a Pie IX, par Auguste Lestourgie	63
L'Eglise, par Louis de Verrières	67
La vengeance divine, par le même	68
Le But, par le même	69
Tableau du Jugement dernier, d'après le tableau de Michel-Ange, par Caminat	70
Consolations chrétiennes, par Eugène Mahon de Monaghan	74
Chant de l'époux, par Mlle Eulalie Amigues	78
Le Pape a Rome, par l'abbé Baseans	80
Ecrit sur un portrait de Pie IX, par Abel Chauvet	84
A Nostré Sant-Péro Pio IX, par P. Gadrat	85
A la Proubidenço, par le même	87
A l'Omé moudérat, par le même	89
A l'Immaculado Bierjo Mario, par le même	91
Oumatgé dé proufoun respèt d'un pronfessou de pinturo a Sa Santétat Pio IX, par Honoré Prache	93

Gloire a Pie IX, a Rome et au Concile, par Paul Raynaud 98
Rome ou la mort, par l'abbé Pech 102
Au glorieux Pie IX, par Léon Cros. 109
Vir Dei es tu, par l'abbé Alboize. 111
Ma page de l'Album, par J.-P. Ancé. 114
Stances a la très-sainte Vierge, par Abel Chauvet 116
A Notre Saint-Père le Pape, a l'occasion du Concile, par Mme Marie Cavaillez 118
Grandeur de Pie IX, par F. Daujard 121
Rome et Paris, ou Pie IX et l'exposition en 1867, par F. A. 124
A Sa Sainteté Pie IX, par Louis Oppepin. . . 133
Le drapeau catholique. Aux zouaves pontificaux, par Astier 135
Pie IX, par le même. 139
O Crux, ave, par le marquis Louis de Laincel. 140
Le rocher de Pierre, par Charles Soulairol . . 144
Départ pour Rome, par Adrien Peladan. . . . 148
A Sa Sainteté Pie IX, par l'abbé Peyret . . . 150
A Pie IX, par le frère Marie-Symphorien. . . 152
Chants d'espérance. — Rome. — Le Pape. — Le Concile, par Félix Marquésy 154
In Concilii oecumenici celebrationem, par Ach. Anger, prêtre. 164
A Sa Grandeur Mgr Bravard, évêque de Coutances et d'Avranches, partant pour le Concile, par Marie Lecorps, née Ravenel 174
Pie IX et le Concile. — Foi, espérance, charité. Conclusion, par Georges Garnier. 177
Veni, Sancte Spiritus, par le frère Pagès . . . 181
Vous êtes Pierre, par Jobey jeune . , . . . 183
A Rome catholique, par Courdouan. . , . . 185

Ad te Dominum clamavi, par Denis Ginoux. . .	187
Lou Concile, par Bourelly	190
Le Concile œcuménique de 1869, par Carbonel .	200
L'Arche sainte, par l'abbé Féraud	202
Magna parens, par Louis de T.	205
La ville éternelle, par un solitaire.	207
Rome et la France, par G. de Kerhardène. . .	210
Le Concile a Rome, par le même.	211
Castelfidardo et Mentana, par Mme Marie de Kerhardène.	213
Au Concile, par un prêtre missionnaire . . .	215
Jésus, pontife éternel, par J. L.	225
Ode latine, a Sa Sainteté Pie IX, par Johannis Morgon	227
A la très-sainte Vierge, par le même. . . .	232
A notre très-saint Père Pie IX, par Gustave Demange	237
Saint Pierre, par l'abbé J.-M. Jameaux . . .	241
Aux chrétiens, par un maire de village . . .	245
Notre saint-père le pape Pie IX, poëme breton, par J.-P.-M. Lescour.	246
Traduction.	249
Dominus conservet eum, par L.-J. Lemaire. . .	251
La Scala santa, par le docteur Andrevetan . .	253
Pie IX ou la grandeur chrétienne, par G. de Kerhardène.	255
La tiare est bénie, par Mme Pauline Henry, née Lemaître.	257
La Chaire éternelle, par F. L.	262
Aspiration catholique, par un poëte villageois.	265
Hymne a Pie IX, par Sylve de Saint-Henry, Henry Calhiat	266
Nova et vetera, par le même.	268

Aux Canadiens français, soldats de Pie IX, par Victor de Laprade 277
Rome catholique, par A.-J. Chartiez. 280
Lettro rimado ein potuei limousi sur notré Saint-Péro lou Papo Pio. nau, par l'abbé Ribière, chanoine 281
Traduction. 287
Le Councilé é la réboulucíou, par J. Barbier. . 293
La cinquantaine de Pie IX. — Les Espérances, par M. P. 299
Invocatio beatæ Mariæ, par l'abbé Victor de Lestang 304
Salutatio beatæ Mariæ, par le même 306
Castelfidardo, par Théobald Neveux, A. C. G. . 309
Mentana, par le même 311
Le Concile du Vatican, par le même 315
La Barque de Pierre, par P. Mingasson . . . 318
Vœux de l'Eglise d'Agen dans son veuvage, par l'abbé Manuel 321
L'Eglise, par A. Turcy, prêtre 323
Lumen in cœlo. — Le futur Concile, par A. Andrieu. 327
Vivat summus sacerdos, par Charles Martel. . . 330
Les Catacombes, par l'abbé Fayet. 333
Le nouveau Concile œcuménique, par L. Boudevillain, curé. 336
Venite ! par Jean Calvet 339
Le Concile, par J. Gachard, curé 340
Aux prélats traversant la France pour se rendre au Concile, par A.-J. Chartiez . . . 342
Psaume, par Armand Granel 345
Le dix-neuvième siècle, par Johannis Morgon . 349
A Pie IX, par Vauchot. 351

Ad Pium nonum, par l'abbé Lamouroux	353
Ad episcopatus cohortem, par J. Calvet.	359
La clef et le gouvernail, poëme breton, par J.-M. Le Jean.	361
Traduction.	364
La ville des Papes, par Auguste Aigueperse.	367
Napoléon Ier, par Charles Postel.	375
Simon-Pierre, par Mme Ernest Barutel	379
Beatæ Mariæ Virgini, par l'abbé Victor de Lestang.	382
Mes compliments au Saint-Père, par Martin Alphonse	383
Jérusalem, par Emile Deschamps	384
A Sa Sainteté Pie IX, par Antony Rénal	385
Odelette a Pie IX, par le Dr L. Frestier.	387
Hymne, par Flavie Cabrol	389
Le 8 décembre 1869, par Pauline Henry, née Lemaître	391
A Pie IX, par la sœur C. de M.	393
La Rome des Gaules et le Concile du Vatican, par l'abbé Lominy	396
Et vidit quòd esset bonum, par Joséphin Soulary.	399
Le triomphe de l'Eglise par la Croix, par Victor Lac de Bosredon	400
Sur le Saint-Père, par Dador.	405
A Pie IX : Tu es Petrus, par Gannat.	407
Le Christ au XIXe siècle, par F. Maury	414
Rome, par le même.	420
Le Panthéon, par A. B.	426
Le Denier de saint Pierre, par l'abbé Lesage	427
Mon hommage au Saint-Père, par Jules Basset	433
Le Concile, par A. P.	435
Sainte-Marie-Majeure, par C. D.	436

Le Colysée, par D. E. F.	438
A Sa Sainteté Pie IX, par P. Fanier.	440
Le Centenaire. — Préludes a la tenue du prochain Concile universel, par J. Carsignol.	442
L'Eglise et la France, par A. Mavré	466
Deux mots, deux cris, par Camille Rey.	470
Pie IX. Foi, Espérance, Charité, par J.-J. Revertégat	471
A Sa Sainteté Pie IX, par de Laugerie.	478
Paris et Rome, par Eugène Galais	481
Aux Poetes de l'Album, par le même.	483
A Sa Sainteté Pie IX, par Pierre Mauriès.	484
A notre Très-Saint-Père le Pape, par Désiré Guméry.	487
Au souverain Pontife, par un pauvre agriculteur.	490
L'Evangélie, par Brun Marie.	492
A Notre-Dame de Rocamadour, par le comte d'Humièrès.	493
Départ de Missionnaires, par le même.	494
A Sa Sainteté Pie IX, exilé à Gaëte, par V. de Baumefort.	495
L'Ange tutélaire, par le même.	497
L'Orient et l'Occident, par C.-R. Girard.	499
Au sujet du Saint-Père, en breton, par L.-M. Prigent.	502
Traduction.	506
Le bon Pasteur, en breton, par J.-P.-M. Lescour.	507
Traduction.	512
Les Bretons a notre Saint-Père le Pape, en breton, par G. Milin.	515
Traduction.	519
L'Art, par Achille Millien.	522
Saintes Femmes, par A. Gay-Tréhu	523

IMPERAT VENTIS ET MARI, par J.-H. Thierry. . .	525
L'ANGE ET LES PERLES, par J.-B. Fiterre. . . .	527
SOUVENIR DU JUBILÉ ET DU CONCILE, par Aloys Kunc.	530
IMMACULATÆ VIRGINI MARIÆ.	533
TRADUCTION.	534
IMMACULATÆ VIRGINI MARIÆ (hymne noté). . .	537
HYMNE A PIE IX, par E. Turquety	542
REGNUM DEI, par Adrien Peladan.	546
EPILOGUE. CONSÉCRATION DES COLLABORATEURS DE L'ALBUM A NOTRE-DAME DE FOURVIÈRE, par le même.	551
LISTE GÉNÉRALE DES SOUSCRIPTEURS.	555
TABLE DES MATIÈRES.	584

FIN DE LA TABLE

JOURNAL RELIGIEUX UNIVERSEL

LA
SEMAINE RELIGIEUSE
DE LYON
ET DE LA PROVINCE

Rue Sainte-Hélène, 23, Lyon

Huitième année. --- 6 Francs par an.

La *Semaine religieuse de Lyon et de la province* serait bien nommée aussi la Semaine universelle, à cause des sujets nombreux et choisis de sa rédaction. Elle donne en effet dans les 16 pages in-8º de chacun de ses numéros qui sont hebdomadaires :

Un article de doctrine sur une question d'actualité; des variétés, des légendes, des élévations, toujours actuelles et d'une grande diversité.

Dans un petit format, cette Revue tend à s'élever, par sa forte rédaction, à la hauteur des grands journaux religieux.

Nos 16 pages de chaque samedi ne s'adressent pas à quelques centaines de lecteurs agglomérés, mais à la France entière.

Une correspondance de Rome donne, dans chaque numéro, le récit circonstancié des actes de Pie IX, du Concile et des faits de la Ville éternelle. Cette correspondance est écrite sous l'inspiration du Souverain Pontife.

Les nouvelles religieuses de la France et du monde chrétien.

Quelques bonnes poésies, des anecdotes de choix.
Des variétés morales, hagiologiques.
Des articles d'histoire, d'archéologie religieuse, de liturgie.
Des analyses et des extraits de bons livres nouveaux.
Tout, en un mot, ce qui peut animer et bien remplir une revue qui a sa place marquée partout, dans le presbytère, dans les familles, dans les maisons pieuses, dans les mains de l'homme de foi.
Ce journal intéresse toujours et ne tombe pas dans l'atonie d'un trop grand nombre de nos feuilles religieuses.
Les abonnements partent du 1er janvier, ou si on le préfère du 1er de chaque mois.
Notre *Semaine religieuse*, patronnée par plusieurs Evêques, est consacrée à la défense du catholicisme; à l'exaltation de ses dogmes et de ses amabilités. Elle se recommande essentiellement par la fermeté de sa rédaction et par les soins donnés à ses travaux. Elle aime donc à rappeler à tous les fidèles leur devoir de concourir, autant que cela est en leur pouvoir, à la propagation des saines doctrines, à l'encontre des mauvaises si répandues de nos jours. On voit de riches impies prodiguer des monceaux d'or à la diffusion des publications subversives. Les catholiques opulents seront-ils les seuls à ne rien faire pour la cause du bien ? Nous devons tous, selon notre position, notre obole ou notre talent à la bonne presse. Sachons donc, par les temps difficiles qui courent, faire des actes de foi dont il nous sera tenu compte pendant les jours d'épreuves que nous traverserons peut-être, puis dans un monde meilleur.

Le directeur,

Adrien PELADAN.

Directeur de la SEMAINE RELIGIEUSE DE LYON, chevalier de Saint-Sylvestre, de l'Académie des Arcades de Rome, auteur de l'HISTOIRE DE JÉSUS-CHRIST D'APRÈS LA SCIENCE, etc.

23, rue Sainte-Hélène, à Lyon.

NOTA. — L'*Album du Saint-Père* continuera d'être envoyé *franco*, au prix de 5 francs, seulement aux abonnés anciens et nouveaux de la *Semaine Religieuse*.

BREF

DE

SA SAINTETE PIE IX

ACCORDÉ

A L'ALBUM DE LA POÉSIE CATHOLIQUE

à l'occasion

du Concile œcuménique de 1869 (1)

Dilecto Filio Equiti Hadriano PELADAN, Rectori ephemeridis, cui titulus : *la Semaine religieuse de Lyon.*

PIUS PP. IX.

Dilecte Fili, Salutem et Apostolicam Benedictionem.

Dum *Album catholicæ poesis* a te oblatum evolvimus, Dilecte Fili, nequivimus non delectari eo consilio, quo tu

---

(1) Nous sommes enfin heureux d'adresser aux Poètes et aux Souscripteurs de l'*Album à l'occasion du Concile*, le

christianis ingeniis argumentum proponens nobili hac arte dignum, eam à fluxis hisce et abjectis ad pristinam sublimitatem suam indolemque rebus excelsis celebrandis comparatam erigere studuisti. Alacritas vero tot vatum, qui ex omnibus Galliarum regionibus obla-

---

Bref dont l'a honoré le Saint-Père. Notre zèle pour hâter l'obtention de ce haut et bien-aimé témoignage, est allé se briser contre l'inexplicable indifférence d'un homme dont par charité nous ne dirons pas le nom.

Le bel exemplaire de l'*Album*, destiné au Souverain-Pontife, est imprimé sur papier teinté de Hollande, doré sur tranche, relié en maroquin rouge, avec encadrements dorés dont un formé de fleurs de lis et de croix alternés. Le dos est semé de fleurs de lis. Le plat gauche porte, entre deux branches de laurier formant couronne : *Concile du Vatican, 8 décembre* 1869. Sur le premier plat se lit cette dédicace en caractères augustaux : *Pio Nono Pontifici Maximo. Regi Patri Heroi*. A Pie IX, Souverain-Pontife, Roi, Père, Héros. La reliure est doublée de satin blanc avec un riche filet or. Les gardes sont également en satin.

La boîte contenant ce précieux envoi est demeurée trois mois ensevelie dans les bureaux de la douane romaine. Découverte et retirée de cette nuit par une personne amie, le riche volume est allé dormir deux mois de plus dans une nouvelle catacombe. Pendant ce temps nous ne cessions pas d'attendre, mais en vain. Sur nos lettres, la même personne obligeante qui avait découvert le volume offert à la douane, le retira de la nouvelle obscurité où il sommeillait. Cette fois, il fut mis dans les mains d'un éminen-

tam arripuerunt ultro occasionem, ut divinas Ecclesiæ notas ac virtutem, et istius Petri cathedræ prærogativas doctis elegantibusque carminibus illustrarent et extollerent, sicuti nobis novum præbuit testimonium fidei illius et pietatis, qua gens tua in Apostolicæ Sedis præsidium a divina providentia, uti videtur, electa semper floruit ; sic rursum ostendit quantum litteris artibusque liberalibus fovendis religio nostra sanctissima conferat. Gau-

---

tissime Cardinal, qui avec la grâce qui le distingue, le mit sans retard sous les yeux de Pie IX. En même temps, un autre digne Archevêque, confident aussi de nos peines, intervenait auprès de la cour de Rome, et constatait combien on y était justement étonnés du retard mis à la présentation de notre *Album*.

Cependant le glorieux Pie IX feuilletait les chants de nos poètes, les applaudissait ; et huit jours après nous recevions le Bref qui précède, doux et précieux dédommagement à une longue attente.

A. P.

NOTA. — Il reste dans nos mains un petit nombre d'exemplaires de l'*Album du Concile*. L'ouvrage n'a pas été mis en librairie. Nous réservons ces exemplaires aux poètes et aux souscripteurs de ce même *Album* et de celui que nous avons annoncé sous le titre de : *Le triomphe de Notre-Dame*. Le prix reste celui de la souscription, 5 fr. rendu franco.

demus itaque plausu, quo passim excerpta fuit ista collectio, laudibusque sapientum quibus fuit decorata ; tibi vero et omnibus, qui pio cœpto tuo, vel opere, vel suffragio sunt adstipulati pergratum profitemur animum. Hujus autem ac paternæ Nostræ benevolentiæ pignus, nec non divini favoris auspicem Apostolicam Benedictionem tibi, et iisdem peramanter impertimus.

Datum Romæ apud S. Petrum, die 2 junii, anno 1870. Pontificatus Nostri anno vigesimo quarto.

Pius PP. IX.

A Notre cher fils le Chevalier Adrien Peladan, Directeur de la SEMAINE RELIGIEUSE DE LYON, à Lyon.

PIE IX.

Cher fils, Salut et Bénédiction Apostolique.

En parcourant l'*Album de la poésie catholique* dont vous nous avez fait hommage, cher fils, nous n'avons pu nous empêcher de nous réjouir de la pensée que vous avez eue de faire appel aux talents chrétiens et de leur proposer un sujet vraiment digne de la poésie. Ainsi vous avez eu à cœur de faire remonter cet art si noble, des frivolités et des bassesses où on le ravale, à sa hauteur primitive et au sublime caractère qu'il s'est fait en célébrant les grandes choses.

L'empressement avec lequel tant de poètes de toutes les parties de la France ont saisi cette occasion de glorifier et d'exalter par de savantes et élégantes poésies la vertu et les marques diverses de l'Eglise, ainsi que les prérogatives de cette chaire de Pierre, cet empressement a été pour Nous un nouveau témoignage de la foi et de la piété qui ont toujours fleuri dans votre nation, laquelle semble avoir été choisie par la divine Providence pour le soutien de ce Siége Apostolique. En même temps il nous a montré une fois de plus combien notre très-sainte Religion est propre à inspirer le goût des lettres et des beaux-arts.

Nous nous réjouissons des applaudissements que votre Recueil a reçus et des éloges dont les hommes de savoir l'ont honoré.

Nous vous remercions hautement, vous et tous ceux

qui par leur coopération ou par leurs encouragements, ont pris part à votre pieuse entreprise.

En témoignage de notre gratitude et de notre bienveillance paternelle, et comme gage de la faveur divine, nous répandons avec grand amour sur vous et sur eux la Bénédiction Apostolique.

Donné à Rome, à Saint-Pierre, le 2 juin 1870, la 24ᵉ année de Notre Pontificat.

PIE IX.

SUPPLÉMENT (1)

ESCUALDUNEC

Aita Sainduari.

Tu es Petrus......

I

Erromaco aldetic beha argui hari ;
Eguiaren arguia handic zaicu ari.
Beha dezagun beha orai Erromari,
Erromaco Eliza Ama Sainduari ;
Beha dezogun beha umeec Amari ! (bis).

---

(1) Ce poème, arrivé tardivement, n'a pu paraître qu'en supplément. Nous n'avons pas cru pouvoir le négliger, à cause de l'idiome basque dans lequel il est écrit, et qui est sans analogue, puis du mérite littéraire qui est supérieur.

II

Hara Aita Saindua, Jésus en ordaina,
Aphez Soberanoa, Artzainen Artzaina.
Jondoni Petiriren ondoco zucena
Fedearen gainean trompa ez daitena,
Erromatic mundu hau arguitcen du dena.

III

Jondoni Petiriri ciozcan Jaincoac
Atchikitcerat eman fedezco gakhoac.
Fededunen Artzainac, mundu gucicoac
Horra nun diren orai haren gana joac
Guciac argui eder haren arraioac.

IV

Jesusec Piarresi erran cion behin :
« Elizaren cimendu hi behar haut eguin.
« Hartaco nahi diat harriz izan hadin.
« Enaiac deus ez cirok irabaz hirekin ;
« Berac dic minharturen hi jotcearekin.

V

« Hire gain uzten diat ene arthaldea,
« Bai bildox bai ardien chuchen alhatcea.
« Hiri zarok Anaien indarreztatcea ;
« Hic idek edo hex duc Ceruco athea ;
« Hic duc ene gakhoen podore bethea.

VI

Munduco nahasduren cirimolac ditu
Orai arterainoco guciac funditu ;
Piarresen harroca guti du higuitu ;
Elizaren arbola chutic da guelditu ;
Inharrosteaz zaizco erroac handitu.

VII

Lurreco puchantciec uste zuten eiki
Aise behar zutela Eliza aurdiki.
Berac dire erori, guero ecin jeiki !
Guciac goaki bainan Eliza egoki...
Hemezortci menderen berri ja badaki.

VIII

Erroma, ô Erroma ! Hiri famatua !
— Lehen dena harena omen cen mundua. —
Piarresen harroca han da landatua,
Eta mundu gucico Eliza Saindua
Dena haren gainean da asentatua.

IX.

Norc erran Pierresen Erroman sartcea ?
— Usa zaio ohartu Emperadorea. —
Bi nausiac elgarri jartcen dire beha :
Bat amulxua becein oxoa bertcea
Hauta zac hor Erroma zoin zaican hobea.

X

Hainbertce guirichtino odol irexiric
Berari odol hura zainetan sarthuric,
Erroma chutitu cen guirichtinoturic,
Emperadorec berec tronutic jauxiric,
Aita Saindua zuten utci han jarriric.

XI

Aita eta Erregue : bi podoren beta
Sacratuac dagoci haren escuetan.
Ez da maiteagoric nihungo aitetan,
Ez eta hain zucenic munduco printcetan ;
Eguiaren exaiec dute beguietan.

XII

Mundua, Erromari cer diok galdetcen ?
Egui-eta guezurra han bake ditecen.
Horra beraz, Mundua certaratu haicen :
Eguiaric ez nahi, hauxiz-mauxiz baicen ;
Aita Sainduac ordian osoric dauc zaintcen !

XIII

Oi cein handi, cein eder, cein gora zaren zu !
Zuri loriatuac beha gaozkitzu.
Aita Saindu maitea haur bihotzdun batzu,
ESCUALDUNAC gu ere zureac gaitutzu,
Ez da zureric baicen Escualduntzat haizu !

Gr. ADÉMA, pe

Hommage de l'auteur à M. Franchisteguy,
Vicaire Général de Bayonne.

LES BASQUES

AU SS. PÈRE LE PAPE.

Là-bas, du côté de Rome, voyez cette clarté. C'est de là que nous éclaire la lumière de la vérité. Regardons aujourd'hui, regardons Rome ; regardons la sainte Eglise-mère, cette Eglise de Rome : oui, nous qui sommes les enfants de cette tendre mère, ne nous lassons pas de la contempler.

Voilà notre Saint-Père : il tient là la place de J.-C., c'est le Pontife souverain, le Pasteur des pasteurs, le successeur, l'héritier légitime de Pierre. Lui, ne saurait errer dans la Foi. Oui, le voilà qui de Rome répand sa lumière sur le monde entier.

C'est au bienheureux Pierre, que le Seigneur donna à garder les clefs de la Foi. C'est vers lui que sont accourus encore aujourd'hui de tous les points de l'univers les pasteurs des Fidèles. Chacun d'eux est un brillant rayon de cette belle lumière.

Un jour, Jésus dit à Pierre : « Je m'en vais faire de toi le fondement de mon Eglise ; c'est pourquoi je veux que tu sois de pierre... contre toi l'ennemi ne saura jamais prévaloir. Les coups qu'il te portera ne pourront que le blesser lui-même.

C'est toi que je charge du soin de mon troupeau et de paître sûrement soit les agneaux, soit les brebis. C'est à toi de confirmer tes Frères. A toi la puissance d'ouvrir ou de fermer les portes du ciel. A toi le pouvoir plénier de mes clefs.

L'ouragan des bouleversements de ce monde, que n'a-t-il pas détruit jusqu'ici ? Seul le roc de Pierre n'en a guère été ébranlé. L'arbre de l'Eglise est toujours resté là debout. A chaque secousse, ses racines n'ont fait que s'étendre et se développer.

Certes, les puissances du siècle ne doutaient pas qu'il leur serait aisé de jeter à terre l'Eglise de J.-C. Elles sont tombées elles-mêmes, et n'ont pu jamais se relever. Tout le reste disparaissant, l'Eglise demeure. C'est ainsi qu'elle a déjà vu passer dix-huit siècles.

Rome, ô Rome !... ville à jamais renommée ! (jadis le monde entier, dit-on, lui appartenait.) C'est là qu'est planté le rocher de Pierre, et c'est sur ce roc inébranlable que se trouve bâtie la sainte Eglise dont l'étendue embrasse l'univers.

Qui nous dira l'entrée à Rome de l'apôtre Pierre. — Vite l'Empereur s'est aperçu qu'il est là. — Voilà deux maîtres en face l'un de l'autre et se regardant tous les deux. L'un : quelle mansuétude !.. L'autre : quel monstre ! ô Rome ! lequel des deux préfères-tu ?... Choisis.

Après s'être d'abord gorgé de sang chrétien ; ce sang sacré ayant pénétré dans ses veines, Rome enfin se leva chrétienne. Les empereurs eux-mêmes se hâtèrent de descendre de leur trône et d'y laisser assis le père des chrétiens.

Pape et Roi... Ces deux pouvoirs réunis sont sacrés dans ses mains. Il n'est pas de père plus tendre, plus aimé, et parmi les princes il n'en est pas d'aussi juste... Les ennemis de la vérité l'ont tous en aversion.

O Monde, que veux-tu de Rome ? Que la vérité y fasse la paix avec l'erreur. Voilà donc où tu en es, ô Monde : ne vouloir admettre de vérités qu'en les faisant transiger avec le mensonge ! Mais le Pape est là qui te la garde cette vérité, mais qui te la garde entière.

Que vous êtes grand ! beau, sublime ! C'est vous qu'aujourd'hui nous aimons à contempler dans le ravissement de notre joie ! O Père saint, Père bien-aimé ! voici des enfants qui ont aussi du cœur et de l'amour... Oui, nous aussi Cantabres, nous sommes à vous ; et l'on n'est des nôtres que quand on est à vous.

G. A.

Imp. Jules LANÇON, à Lons-le-S.

Lyon. — A. PÉRISSE, Imprimeur de S. S. le Pape et de S. Em. le Cardinal,
Vᵉ NICOLLE et J. ROSSIER, successeurs.

Lyon. — A. PERISSE, Imprimeur de S. S. le Pape et de S. Em. le Cardinal,
Ve NICOLLE et J. ROSSIER, successeurs.

www.ingramcontent.com/pod-product-compliance
Lightning Source LLC
Chambersburg PA
CBHW061959300426
44117CB00010B/1406